U1000614

安徽师范大学中国诗学研究中心资助项目

安徽诗人研究文存

钱澄之研究文存

丛书主编　刘运好
本书主编　潘务正

黄山书社

图书在版编目(CIP)数据

安徽诗人研究文存.钱澄之研究文存/刘运好丛书主编;潘务正本书主编.—合肥:黄山书社,2024.4

ISBN 978-7-5737-0931-8

Ⅰ.①安… Ⅱ.①刘… ②潘… Ⅲ.①钱澄之(1612-1693)—诗歌研究 Ⅳ.①I207.22

中国国家版本馆CIP数据核字(2023)第192058号

安徽诗人研究文存·钱澄之研究文存

ANHUI SHIREN YANJIU WENCUN QIAN CHENGZHI YANJIU WENCUN

丛书主编 刘运好

本书主编 潘务正

出 品 人 葛永波

策　　划 胡传志 汤吟菲

责任编辑 朱莉莉

装帧设计 观止堂_未 氓

责任印制 李 磊

出版发行 黄山书社

地　　址 安徽省合肥市蜀山区翡翠路1118号出版传媒广场7层 邮编:230071

印　　刷 安徽新华印刷股份有限公司

版　　次 2024年4月第1版

印　　次 2024年4月第1次印刷

开　　本 700 mm × 1000 mm 1/16

字　　数 330千字

印　　张 23.25

书　　号 ISBN 978-7-5737-0931-8

定　　价 96.00元

服务热线 0551-63533706

销售热线 0551-63533761

官方直营书店(https://hsss.tmall.com)

版权所有 侵权必究

本版图书凡出现印装质量问题,请与出版社联系。

联系电话:0551-63533711

目 录

总　序

一

安徽地处江淮腹地，江淮文化是安徽历史文化的灵魂。穿越历史的隧道，我们可以发现安徽的历史文化何其辉煌！这里有著名的繁昌人字洞，通过已经发掘的石器，确认了200万年至250万年前早期的人类遗存，将人类在亚洲出现的历史至少提前了30万年，推翻了20世纪初古生物学家马修《气候和演化》所鼓噪的中亚高原是人类摇篮的结论；也有著名的蒙城尉迟寺遗址，是国内目前保存完整、规模宏大、以大汶口文化晚期为主的原始社会聚落，从发掘的实物看，当时养殖、制陶、酿酒等技术都相当发达，这证明安徽农耕文明至迟在公元前5000年左右就已经高度成熟，这在农耕文明史上意义何其重大！当人类蹒跚地走进“轴心时代”，安徽又诞生了老子、庄子，与齐鲁的孔子及西方的苏格拉底、柏拉图，古天竺的释迦牟尼，共同创造了人类文明的高光时刻。

江淮文化在空间分布上主要集中于皖北与皖南。皖北文化以春秋战国的道家为核心。以老庄为代表的皖北道家文化圈与以孔孟为代表的齐鲁儒家文化圈，遥相呼应，双峰并峙，成为耸立于世界文化之林的独特文化景观。儒道思想互补、圆融，不仅有效地化解了人与自然、人与秩序的存在悖论，而且科学地构筑了主体存在与群体聚合、生命自由与社会秩序的互相联结的辩证理论体系。儒道既深刻影响了中华民族的文化心理、自然观念、伦理秩序、政治结构的和谐共生的关系，也对整个人类处理人和自然之间、不同国家之间、强权种族之间，如何和谐相处、规避丛林法则、构建人类命运共同体，贡献了独特的理论架构。

皖南文化以宋代之后的“徽学”为核心，形成了以朱熹为翘楚的新安理学和以戴震为领袖的徽州朴学。朱子不仅将“涵养”“致知”“力行”作为行为准则，凸显修身养性的重要意义，而且以“正心”“诚意”作为修身、齐家、治国、平天下的必要条件，推崇“一心兴邦”的黜私为公的家国情怀。实际上，张载提出的“为天地立心，为生民立命，为往圣继绝学，为万世开太平”，是整个新安理学最为激荡人心的至理名言，也成为中国知识分子历史担当的宏伟理想。在理学笼罩朝野、难与争锋之时，“朴学”也悄然兴起，至清代而蔚为大观。理学谈义理，朴学重考据。从宋代的程大昌到明清之际的黄生、姚际恒，再到乾隆时期的江永、汪绂，徽州朴学成就斐然，戴震则集其大成。朴学从考据学立场出发，重新阐释了儒家“理”“天道”“性”“才”“道”“诚”“权”等一系列哲学范畴，弥合了“灭人欲，存天理”的人为对立，建构了一个情理和谐的宇宙境界和人生境界。无论从学术文化还是从人生境界上说，理学与朴学都构成互补而非对立的关系。皖北的道家和皖南的徽学是支撑“皖学”的两大核心。

二

江淮是吴楚和中原的联结点。兼有中原的理性和吴楚的浪漫，是江淮文化的基本品格。因此不唯学术理性造就了“皖学”的辉煌，浪漫情调也催生了江淮文学的繁荣。只是因为“天下文章莫大乎桐城”——“桐城派”响亮的名头，既给江淮文学戴上令人景仰的桂冠，极大地提升了江淮文学的地位，也部分转移了人们对江淮文学全面审视的视线。以安徽为核心的江淮文学岂是一个桐城派所能代表的！

遥远的历史且不说吧。在汉代，汉代淮南王刘安组织文人撰写《淮南子》，融贯诸子，漫然包容，汪洋博洽，绚丽多彩；梁孝王刘武修建梁园（菟园），孕育了枚乘、邹阳、庄忌和司马相如等一流的汉代辞赋家。如果说辞赋由梁园而鼎盛，尔后辐射京师，造就一代之文学——汉赋，大约也不算言过其实。至魏晋时期，最为辉煌的建安文学也是扎根于江淮沃野的。“三曹”是那个时代文学的标志。鲁迅在《魏晋风度及文章与药及酒之关系》一文中推崇曹操文章清峻、通脱，是“改造文章的祖师”；说曹丕的时代是一个“文学自觉”的时代，因为他以“气”为主，所以华丽、壮大；也称赞曹植“文章做得好”。建安文学不仅是“汉魏风骨”的代表，也是中国文学史发展的转关。此后的正始文学，“嵇志清峻，阮旨遥深”（《文心雕龙·明诗》）。我们常识性的误解是，正始文学以竹林七贤为代表。其实，“阮旨遥深”是曹植后期文学的直接延伸，“嵇志清峻”才是正始文学的独特风格。这一风格恰恰形成于围绕在嵇康周围的嵇喜、刘伶、郭遐叔、郭遐周及以《思旧赋》垂名的向秀等人组成的文学群体。皖籍作家是构成这一文学群体的核心。

唐宋以降，虽然没有出现李白、杜甫那样的双子星座，苏轼、辛弃疾那样的巅峰对决，但是不仅李白、辛弃疾流寓江淮，创作大量诗词，构成安徽诗路的绚丽彩虹，而且也出现了后世诗名不彰、当时声誉极隆的“五言长城”刘长卿，元白新乐府运动的积极倡导者、参与者李绅、张籍，及晚唐“诗旨未能忘救物”（杜荀鹤《自叙》）的现实主义诗人杜荀鹤。宋代则有其诗被陆游称之与欧阳修文、蔡襄书“三者鼎立，各自名家”（《梅圣俞别集》序）的梅尧臣，“文章如大海之起涛澜，泰山之腾云气，倏散倏聚，倏明倏暗”（《张于湖先生集》序）的张孝祥，以及因编撰《江西宗派图》而在文学批评史上声名鹊起的吕本中等。如果以籍贯论，宋代还出现了一位与李清照齐名的歙州词人朱淑真，其《断肠集》至今读来也令人肠断。元、明两代皖籍诗人创作呈现下降趋势，至清代而复振。除了享誉中外的桐城派，其中元代方回虽以《瀛奎律髓》闻名于世，然其诗也“格力苍坚，在江湖诸集之上”（《四库全书简明目录》卷十七），成就显然超越了宋末江湖诗派。明末清初被称为“江左三大家”之一的龚鼎孳、王夫之推崇曰“诗体整健”的钱澄之，以及清代被誉为“南施北宋”的施闰章等，都是有口皆碑的名家。有清一代无论是学术还是文学，几乎集中于江南地区，成为“徽学”的重要研究对象之一。这种现象至现代而大放异彩，仅就新文化运动的旗手陈独秀、学术成就卓著而以《尝试集》开拓新诗天地的胡适而言，就足以振聋发聩了。

面对如此辉煌的安徽文化，如何从学术原典及其学术研究的视角，进一步加以发掘、研究，就非常必要了。《安徽诗人研究文存》也由此而产生。

三

为了落实中共中央办公厅、国务院办公厅《关于实施中华优秀传统文化传承发展工程的意见》以及《安徽新时代古籍工作实施意见》，深入发掘安徽文化底蕴，深化安徽诗人研究，强化安徽文化的认同感与归属感，安徽师范大学中国诗学研究中心由胡传志教授策划，刘运好教授任总主编，约请全国知名专家、学者，组织编写了《安徽诗人研究文存》。

《安徽诗人研究文存》以皖籍诗人研究为收录对象，共收录关于曹操、曹植、嵇康、刘长卿、张籍、梅尧臣、吕本中、张孝祥、方回、钱澄之、胡适等十余人的研究论文。论文收录范围，始于1921年，迄于2021年，以中国学者研究论文为主体，也酌情收录中国学者发表于海外期刊、海外学者发表于中国期刊的论文。所选学术论文必须以问题为核心，“研究综论”“会议纪要”“文坛掌故”之类，一律不予收录；重要学术著作中具有学术论文性质的相关章节也酌情收录。收录文章必须兼顾思想性与学术性两个方面：第一，有明显意识形态问题，或背离社会主义核心价值观的论文、专著章节，一律不予收录；有特定时代标记，但并无政治倾向问题的论文、专著章节，可酌情收录。第二，收录的论文、专著章节注重以下三点：（1）创新性。所选文章必须具有学术创新的特点，观点新、材料新、视角新，或三者皆备，或必具其一。（2）示范性。所选文章必须具有学术示范意义，蕴涵丰富的学术信息以及新的学术生长点。（3）时段性。所选文章在充分注重创新性、示范性的前提下，必须从学术史的角度，兼顾论文发表时段。对于不同诗人的不同研究现状，由分册主编斟酌处理，保留编选者的学术个性。

每一诗人的研究文存独立成册，有前言、正文、主要论文（论著）索引三个部分。（1）前言，由分册主编撰写，虽各有特点，却也要斟酌以下三点：其一，从文学史视角，对所研究的诗人作简要评价；其二，从学术史视角，对历代研究成果略加评说；其三，从前瞻性视角，对所研究的诗人提出若干有学术意义的理论话题。（2）正文，即所选论文、专著章节。体例上遵循以下四点：其一，论文尊重原著，原则上不作修改、删节；论著节选必须是构成独立论文的形式。对于原文表达的语病、引文谬误、错别字等则径改。其二，论文标题一仍原著，论著节选若原文没有标题，可由分册主编增设标题；为了保持全书格式相对统一，所选论文一律不设“内容提要”“关键词”，只录全文。其三，论文注释，早期论文保留原来注释形式，但相对统一，若引古籍须标明作者、著作名称及卷数、篇名，如“《淮南子》卷一《原道训》”；若引期刊须标明期刊名、出版日期或期别，如“《燕京学报》第19期”，一律采用脚注形式。新时期以后论文，无论发表于何种期刊，注释一律采用《文学遗产》论文规范格式。其四，注明文章来源，期刊注明刊名，著作节录注明节录之章节（名称）、出版社及出版年份。（3）主要论文（论著）索引，突出“主要”，不必求全。此外，为了协调丛书各分册规模，便于读者阅读，所选篇幅控制在30万字左右。

相对于辉煌的安徽文化及其深厚的学术研究而言，《安徽诗人研究文存》仅仅是尝鼎一脔。这是一个需要不断努力、不断深化的理论命题。

出于各种原因，截至出版时，我们未能与本套丛书的全部著作权人取得联系。敬请作品的著作权人或与著作权有关的权利人与安徽师范大学中国诗学研究中心联系，以便奉上稿酬和样书。

刘运好

2023年5月

前　言

◎潘务正

对于文学，读者都爱“以血书之”的作品，因为它们是“为情而造文”的真情流露，而非“为文而造情”的虚假粉饰。诗人或因身世浮沉，或由情感受挫，或是路见不平，或为山河破碎，而将其“感”寄之于文字，从而形成摄人心魄的力量。特别是在易代之际，诗人赖以生存的山河故土被敌人的铁骑肆意践踏，其所信仰的文化传统也遭到无情蹂躏，面对此番形势，难免情动于衷，字字泣血。阅读这些作品，虽然从中欣赏不到华美的辞藻以及精心的运思，但肯定会为其真挚的情感所打动。尤其是明清易代，不仅被视为王朝的颠覆，更被看作是文化的毁灭。因此，在前仆后继的反抗中，产生了一首首一篇篇震撼人心的诗文。

在钱澄之过完三十三岁生日的第三天，也即公元1644年农历五月初二日，多尔衮率领清兵进入北京紫禁城。此后，钱氏开始了他漫长的新朝人生，他也曾起兵抵抗清军，在南明永历王朝中短暂任过翰林院庶吉士，又因不满小朝廷的混乱局面，间道归里，以遗民的身份生活在乡野之中，直到八十三岁溘然长逝于“田间”。在桐城学者、诗人、古文家等身份之外，他留给后世最伟岸的形象，是一个意志坚定的明遗民。他的著作的被禁毁和被发现，他的诗文及学术著作的被阅读和被推崇，均与这一身份有着密切的关系。

钱澄之研究的相关情况，2009年杨年丰撰有《钱澄之研究综述》，分三个时段加以介绍，分别是：从钱澄之的时代，到光绪三十四年（1908）《藏山阁集》被发掘整理并排印刊行的大跨度阶段，可以称作钱澄之的前研究阶段；从光绪三十四年（1908）《藏山阁集》排印刊行，至民国二十四年（1935）前后的近现代时期，是钱澄之研究的正式开始阶段；1949年至2009年，钱澄之研究在当代的状况（杨文于此阶段又划分为几近停滞、新时期的新发轫、研究热情持续增长三个时期）[①]。2010年之后钱澄之研究更呈蓬勃发展的趋势，惜目前无人加以梳理。杨文以时间为线索，本文为避免重复，以研究专题为线索进行梳理。

一

钱澄之研究，离不开对其著述的文献整理，而钱氏之著述的整理，大致可分为三个时期，一是生前亲自督工刊板，二是晚清时期乡人的抄录刊刻，三是20、21世纪之交学者的整理出版。

钱氏生前曾两次编纂其诗文集等著作。在他从闽中间道归里后的第十个年头，长子法祖汇其十年来之诗为《田间集》藏诸家。同乡友人左国棅、国材兄弟欲传其诗，删汰其中过悲者，存十卷，康熙元年友人姚文燮刊成[②]。虽所删不惬钱氏之意，然友人好意，亦无可奈何。如果说这次刊刻出于不得已，那么在晚年即康熙二三十年间成规模付梓则是他乐观厥成的了却心愿之举。其时遗民与新朝官员乃至贰臣多有交往，钱澄之也不例外，他与顾炎武外甥昆山徐乾学、徐秉义、徐元文三兄弟交往密切。在他们的资助下，钱氏亲自前往苏州督工，《田间易学》

① 刊载于《苏州大学学报》2009年第6期。

② 《田间集自序》，《田间文集》卷一五，黄山书社1998年版，第292—293页。又，可参考陈祖武《钱澄之著述考略》，《文献》1984年第3期。

《田间诗学》《庄屈合诂》《田间文集》依次付梓，至二十九年《田间诗集》亦开雕，合得五种，是为斟雉堂刻本（斟雉堂为枞阳钱氏堂号）。然这一年徐家发生重大变故，两江总督傅拉塔疏劾举人徐树本贪污受贿，其父徐元文、伯父徐乾学遭牵连被革职。这种情况下，已经开雕的五种著述难以刷板，钱氏八十二岁给友人的信中还感慨说所刻之书“刷本甚少，无由奉教”，北京大学图书馆藏康熙三十三年《田间易学》就是在他过世后一年的刷本[①]。

此次刊刻，钱澄之并未将《所知录》纳入计划之中。此书记载隆武元年至永历五年间其亲身经历的南明王朝重大史事，并附以己诗与所记之事相照应。康熙前期虽文网不如后期及雍、乾二朝之烈，然此书所涉之事亦甚为敏感，故钱氏生前就已小心对待。又据《与余佺庐书》，钱氏拟将诗文稿分为两类，“可行世者为存稿，余为藏稿”[②]，则《田间诗集》《田间文集》为“存稿”，而《藏山阁诗存》《藏山阁文存》当为“藏稿”，集名就有藏之名山之意。《所知录》所录73首诗歌，有68首来自《藏山阁诗存》，可见此集与《所知录》性质相似，为不宜行世者。因此，《藏山阁集》与《所知录》同以抄本的形式流传。

由于钱澄之生前亲自督工刊刻，故其著述得到较好的整理。然其后乾隆年间，文网渐密，钱氏著述亦遭到不同的对待。《四库全书》中收录《田间易学》《田间诗学》《庄屈合诂》三种，馆臣分别赞之为“持论平允……义尤明畅”，“考证之切实”，并揭示后者为“以《离骚》寓其幽忧，而以《庄子》寓其解脱”[③]，可谓深得其心。而其诗文集，则被列入违碍书目之列，据记载，《田间诗集》被禁毁三十八部，《田间文集》被禁

① 参见汤华泉《钱澄之〈藏山阁存稿〉编集流传考述》，《文献》2003年第1期。
② 《田间尺牍》卷四，收入《藏山阁集》，黄山书社2004年版，第517页。
③ 分别见《四库全书总目》卷六、卷一六及卷一三四。

毁三十二部，还有一部《所知录》。书、版被毁，钱氏著述很长一段时间湮没无闻，竟至存世无多。

钱澄之著述重见天日，则要等到道咸年间及以后。根据王汎森的研究，道咸时期清朝出现大规模内乱，统治秩序渐行松弛，遗献逐渐复出[①]。道光年间出版的木活字本《荆驼逸史》丛书，收集揭露明清之际史事的著作，钱氏《所知录》赫然在列，是后此书在清末又由新学会社排印出版，在学者所统计的十五种版本中，除此两种排印本外，其他十三种都是抄本。晚清书贾为射利，大量刊刻禁书，正如马其昶所说的“光绪初，禁网大弛”，戴名世《南山集》被书贾“争传印”[②]，作为遗民的钱澄之著述再次得到重视。桐城后学热心乡先贤著述的整理刊刻，藏书家萧穆抄得钱氏族裔白渠先生抄本《藏山阁集》[③]，光绪三十四年（1908）由龙潭室铅字排印，此为清代唯一印行之本。萧穆撰文发表于本年《国粹学报》第49期，重点推介《藏山阁集》三种即《诗存》《文存》与《尺牍》，称其“皆有关于文献，生平经世之略，亦可于此见矣”[④]，当是为本年排印之《藏山阁集》作宣传。宣统二年（1910），钱氏八世族孙品三出家藏全集付印，并请姚鼐后裔永概为序，由钱氏振风学社重印，所据之底本即康熙本。此次只重印了《田间诗集》《田间文集》两种；《田间易学》《田间诗学》及《庄屈合诂》因未遭禁毁，原版藏于家祠中，“岁一印之”[⑤]，今可见有同治二年（1863）斟雉堂重刊

① 王汎森《道、咸以降思想界的新现象——禁书复出及其意义》，《权力的毛细管作用——清代的思想、学术与心态》，台北联经出版事业股份有限公司 2013 年版，第 611 页。

② 《南山集序》，《抱润轩文》卷四，《清代诗文集汇编》第 781 册，第 248 页。

③ 《跋田间先生藏山阁集》，《敬孚类稿》卷七，黄山书社 1992 年版，第 171 页。

④ 萧穆《〈藏山阁集〉三种》，《国粹学报》第 49 期。

⑤ 姚永概《重印钱田间先生诗文集序》，《慎宜轩文》卷三，《清代诗文集汇编》第 791 册，第 317 页。

本，藏于安徽省图书馆。至此，钱氏全集七种均有刊行，钱澄之生前的遗憾终如愿以偿。

20、21世纪之交，钱澄之的著述得到集成性整理。1984年，陈祖武就对钱澄之著述进行考察，重点关注《所知录》《田间集》《田间诗集》《田间文集》《藏山阁集》等[①]。1989年安徽省将钱氏著述列入古籍整理出版规划之中，1992年《钱澄之全集》又被列为全国古籍整理出版"九五"重点项目，这促使学人集中精力整理其著述。钱仲联先生闻知此事，欣然提笔作序。其间，殷呈祥校点之《庄屈合诂》1995年由黄山书社出版；三年后，吴怀祺校点之《田间易学》、彭君华校点之《田间文集》、诸伟奇校点之《田间诗集》均由黄山书社出版。而汤华泉校点之《藏山阁集》、朱一清校点之《田间诗学》与诸伟奇辑校之《所知录》分别于2004年、2005年和2006年由黄山书社出版，列入《安徽古籍丛书》之中。汤华泉《钱澄之〈藏山阁存稿〉编集流传考述》（《文献》2003年第1期）、诸伟奇《钱澄之的〈所知录〉》（《安徽史学》2007年第3期）介绍《藏山阁集》《所知录》的整理情况，诸伟奇又撰《钱澄之与〈钱澄之全集〉的编纂》（《第三届全国桐城派学术研讨会论文集》）介绍全集编纂的艰辛历程。《钱澄之全集》的整理出版，为研究提供了宝贵的资料，促进了其学术成就与文学成就的研究[②]。

在著述整理的同时，钱澄之年谱也得以编纂并加以完善。最早编纂年谱的是钱氏少子撝禄，起万历四十年壬子（1612），终康熙十一年壬子（1672），题为《钱公饮光府君年谱》，或题

① 陈祖武《钱澄之著述考略》，《文献》1984年第3期。

② 汤华泉《钱澄之〈藏山阁集〉集外诗零拾》（《古籍研究》2005年第2期），张晖《钱澄之〈田间诗集〉版本及佚诗》（《文学遗产》2009年第6期），金媛、陈开林《皖籍作家佚文摭遗——以吴应箕、方文、钱澄之、程瑶田、凌廷堪为例》（《古籍研究》2018年第2期）等。

《钱公饮光先生年谱》，“于先生六十年出处及时事颇为委曲详尽”[①]。此谱以抄本的形式流传。宣统二年（1910），钱品三于振风学社刊印的《田间文集》后附《钱公饮光府君年谱》；1911年，《国粹学报》第75至79期刊登了萧穆的抄本，名《先公田间府君年谱》。诸伟奇整理的《所知录》后附《钱公饮光府君年谱》，即据振风学社刊行本整理而成，谱中引钱氏著作有误者，皆据原著加以校正。2010年苏州大学杨年丰博士学位论文《钱澄之文学研究》、暨南大学林红硕士学位论文《钱澄之〈田间诗学〉研究》后均附《钱澄之年谱简编》，虽简但全，补全了钱氏六十二岁至八十二岁间的事迹。2018年安徽师范大学出版社出版的钱奕珠点校《钱澄之先生年谱》，以萧穆抄本为底本，并影印宣统二年振风学社刊印本附于其后。钱奕珠为补年谱之缺憾，依据钱氏晚年诗集与书信，整理出后二十一年年谱初稿，2008年以“田间后裔”笔名，首次将全谱在枞阳网上刊载；后又请《钱澄之传》作者钱王刚审订；2012年又参阅杨年丰《钱澄之年谱简编》做部分调整。2018年以《先公田间府君年谱续编》为名，附在两种年谱后一同出版。至此，钱澄之一生事迹始得到较为完整的呈现。但吴航有感于以上诸种年谱“往往缺乏史料支撑，于钱氏行迹、交游、思想变化与学术成就较少关涉”，“因此，重纂一部内容完整、前后贯通、考据翔实的新谱很有必要”。在新谱撰成之际，先抽出钱氏康熙十二年行迹编年进行发表[②]。惜新谱至今未见出版。

与年谱编纂有关的是钱氏生平交游研究。钱澄之生平，死后其子孙似未曾乞名人撰墓志铭，直至距其离世四十五年后，即乾隆二年十二月，始有方苞撰《田间先生墓表》，由于无从得

① 萧穆《记田间先生年谱》，《敬孚类稿》卷五，第127页。

② 吴航《钱澄之清康熙十二年行迹系年》，《淮北师范大学学报》2014年第1期。

到其后人所书之行状，故只能“志其大略”[①]。全祖望有感方苞未见《所知录》，乃抄以寄方氏，以便他能“详序其本末”，并作《题田间先生墓表后》，详载吴农祥所述钱澄之以副都御使兼学士时持节受高一功、李锦等降时事，一同寄与方氏[②]。二文所记钱澄之生平皆较简略。徐鼒《小腆纪传·文苑》中有《钱澄之传》，专记闽亡后事，当得之于《所知录》，以彰显其抗清意志。宣统二年振风学社刊刻的《田间文集》卷首录有《田间公家传》为钱氏后人所撰，此文叙生平较详。1918年，《民彝》1卷10期登载马其昶《钱田间先生传》，亦较简略。2012年，杨年丰发表《明遗民钱澄之生平述略》，分幼年、少年、青年、壮年四期简要介绍其生平；2015年发表《钱澄之传略》，在前文基础上又增加中年、老年两期[③]。在创作《方以智传》之后，钱王刚有感于钱澄之的研究宣传十分有限，2014年又创作完成《钱澄之传》，全书以十一章的篇幅，详细描绘钱氏一生[④]。

钱澄之一生经历丰富，结交师友众多，关于其交游亦有学者关注，如胡金望对其得黄道周知遇之恩的考察[⑤]，吴航爬梳稽考出其与沈应瑞、汪蛟、吴李芳等人的交往[⑥]。黄语《钱澄之前期交游考》（《厦门教育学院学报》2006年第4期）着重考察其与钱棅、方以智、孙临、吴德操、方畿、徐孚远、方其义、刘广胤、刘湘客、瞿式耜、张同敞、钱邦芑、汪蛟等人交往的情

---

① 方苞撰，刘季高标点《方苞集》卷一二，上海古籍出版社2009年版，第338页。

② 全祖望撰，朱铸禹汇校集注《全祖望集汇校集注·鲒埼亭集外编》卷三〇，上海古籍出版社2000年版，第1364页。

③ 杨年丰《明遗民钱澄之生平述略》，《山西财经大学学报》2012年第4期；杨年丰《钱澄之传略》，《长春师范大学学报》2015年第11期。

④ 钱王刚《钱澄之传》，安徽人民出版社2014年版、合肥工业大学出版社2017年版、安徽人民出版社2017年版。

⑤ 胡金望《诗人、学者、志士的知遇情怀——从〈藏山阁集〉看钱澄之与黄道周的交往》，《闽台文化交流》2006年第1期。

⑥ 吴航《明遗民钱澄之交游三考》，《白城师范学院学报》2016年第4期。

形，而宫丹丹《钱澄之中后期交游考》（《淮南师范学院学报》2010年第2期）则着重考察黄道周、瞿式耜、徐孚远、金堡、徐乾学、魏学渠、胡长庚、曾灿诸人的交往事迹。此外，庄学香《钱澄之与阮大铖》（《古典文学知识》2002年第3期）对有亲戚世谊而终走上不同道路的二人之交往进行了梳理。考察钱氏之交游，对于深入研究学术渊源、完善生平事迹有重要的作用。

二

钱澄之的研究，可分为学术研究、诗文研究，以及学术思想与文学之关系研究等方面（这一方面内容较少，并入展望一节论述）。本节先介绍其学术研究。

钱澄之投入较多的精力注《易》《诗》《庄子》《楚辞》，成《田间诗学》《田间易学》《庄屈合诂》等学术著作，并撰有史部著作《所知录》，均取得很高的成就，深得四库馆臣的推崇。学界对此的研究成果较为丰硕。

关于《田间易学》的研究。骆永顺结合钱氏《北山楼记》及《年谱》，考证此书成于康熙十年（1671）钱澄之六十岁时（《浅论钱澄之〈田间易学〉成书年代》，《黑龙江史志》2013年第21期），成书时间的确定，为进一步研究奠定基础。钱氏易学的渊源，吴怀祺《钱澄之与清初易学》（《古籍研究》1995年第1期）有较全面的论述，其远源是朱熹、蔡清，近源除家学外，主要是黄道周、方以智等。钱氏治《易》，博采汉、宋，兼综象数、义理，又对前人有所批判，形成独具特色的易学观。蒋国保在此之外又增加以科学解《易》、以老庄解《易》等（《钱澄之易学思想散论》，《周易研究》2013年第5期）。吴、蒋二先生还特别论述钱氏易学以史解《易》的特征，这一点也是骆永顺《钱澄之以史证易的解易方式——以随卦为例》（《社科纵横》新理论版2013年）、陶有浩《论钱澄之史学观的易学思想特色》（《史学史研究》2015年第3期）论述的重点，骆文指出钱氏以历史解读《周易》体现了他强烈的政治理想和经世致用的学术旨趣，陶文指出钱氏通过完善易学变通观和传统的社会变革理论，坚固了他的遗民价值世界。显然，以史证易与钱氏经世思想有联系，汪学群《钱澄之的经世易学》（《中国社会科学院研究生院学报》2003年第4期）认为钱氏易学顺应了明末清初经世思潮，与同样产生于忧患时代的《周易》的经世本质完全契合。钱澄之论《易》时，特别注重感应说，而感应的根源在于人与万物的相通，故涉及"人性论"，陶有浩《钱澄之人性论探析》（《第二届安徽文化论坛："文化安庆与社会主义文化建设新路径"研讨会论文汇编》，2014年）就是以钱氏易学为中心，讨论其中体现的人性本善的思想。以《田间易学》为学位论文选题者有陶有浩《钱澄之易学思想研究》（苏州大学2014年博士学位论文）、骆永顺《钱澄之易学研究》（山东大学2014年硕士学位论文），前者2017年以《〈易〉理为宗：钱澄之易学思想研究》为名由安徽大学出版社出版，该书分五章，探讨了钱氏易学的寄怀功能、渊源、主旨、易学哲学以及其会通的特色，是第一部全面系统研究钱氏易学的专著，其价值自不容忽视。

关于《田间诗学》的研究。钱澄之诗经学属于尊序派，但对于《小序》有不同的处理方式。周挺启《钱澄之〈田间诗学·古序考〉论析》提出钱氏关于《小序》论点有二：《小序》不可废，其首句可信而申续之文有待商榷；首句为采诗太师所题，申续之文为东汉卫宏续作（《商丘师范学院学报》2012年第4期）。张明花《钱澄之〈田间诗学〉考》认为其以尊"古序"为立场，或申说《序》说，或据《序》说而另作发明，或对《序》说存疑，或直接否定《序》说对诗篇作文学解读（《求索》2013年第11期）。钱氏治诗的路数，张晓芬《和而不流，别而不僻——论钱澄之〈田间诗学〉中“群”的意识》谓其兼采汉、宋，旁援明儒之论，但终以毛《传》说解为旨归（《诗经研究丛刊》第二十七辑，2015年）。潘冬《钱澄之〈诗〉学思想探析》也发现钱氏治《诗》不主一家，而是以“从其是者”为选择标准兼采诸家之言，与宋代以来诗学研究主流不同（《凯里学院学报》2009年第2期）；作者另有《钱澄之〈诗〉学观探析》（《新西部》下半月2008年第12期）分析钱氏论《诗》不以义理辞章，而从声乐的角度探讨《诗》之本原，避免了义理辞章家解经之弊端。钱澄之在诠释诗旨时，以经符史，借经说史，借历史情境表达个人忧患，体现遗民意识。对此，学者多有论述，张晓芬《和而不流，别而不僻——论钱澄之〈田间诗学〉中“群”的意识》、王政《由〈田间诗学〉二南邶鄘卫风看钱澄之说诗》（《淮北煤炭师范学院学报》2006年第6期）、杨年丰《钱澄之〈田间诗学〉借经说史的诠释思路与内涵》（《诗经研究丛刊》第二十八辑，2015年）、于浩《情与史的交融：钱澄之〈田间诗学〉中的情感体悟与史鉴意蕴》（《中国典籍与文化》2016年第1期）均注意到此种特色。而周挺启《论钱澄之〈田间诗学〉的训诂成就及其不足》（《诗经研究丛刊》第二十八辑，2015年）肯定其训诂成就在于考补前说、择善而从、自立新训、因音求义，明古今音变，同时也指出其有不辨优劣、盲从新解、误解他说尤其是误解联绵词等三大不足，持论比较公允。《田间诗学》深得当代研究生的青睐，学位论文就有四篇[①]。

关于《庄屈合诂》的研究。研究此部著作时，有的偏重于“庄诂”，有的偏重于“屈诂”，也有从“合诂”角度加以论述

① 分别是周挺启《钱澄之〈田间诗学〉研究》（华东师范大学博士学位论文，2013年）、潘冬《钱澄之〈田间诗学〉研究》（贵州大学硕士学位论文，2008年）、林红《钱澄之〈田间诗学〉研究》（暨南大学硕士学位论文，2010年）及冯晓睿《钱澄之〈田间诗学〉研究》（广西大学硕士学位论文，2013年）。

的。学者注意到钱氏解庄的思想极为多元，有以儒解庄者[①]，有以佛学解庄者[②]。钱澄之汇通庄学与易学，“以庄继《易》”（《庄屈合诂自序》），其对《庄子》的解读流露出鲜明的遗民意识（林欢纯《钱澄之庄学研究中的遗民意识初探》，《韶关学院学报》2014年第9期）。在《楚辞》的注释中，钱氏的思想亦较复杂，施仲贞、周建忠《论钱澄之〈屈诂〉中的儒道互补思想》（《南通大学学报》2020年第3期）认为，其中一方面充溢着浓厚的致君尧舜、中兴南明的儒家精神，另一方面又表现出“以藏为用”和因循“时”势的道家思想。由于《离骚》是爱国诗人屈原之作，故钱氏之《屈诂》更明显体现其遗民意识，陈欣《论钱澄之的楚辞观与方法论》（《学术交流》2011年第10期）、纪晓建《有谁问我心修法，授予灵均一卷经——明遗民钱澄之对楚辞接受与研究》（《海南大学学报》2012年第5期）、黄建荣《钱澄之〈屈诂〉的注评特色散论》（《江西社会科学》2012年第12期）、谢模楷《钱澄之〈屈诂〉的经学阐释及其影响》（《河北师范大学学报》2019年第1期）、张琰《论钱澄之〈楚辞屈诂〉中的“遗民视角”》（《扬州教育学院学报》2018年第3期）等文都重点关注于此。钱澄之说“庄屈无二道”，故合诂之；又“以庄继《易》，以屈继《诗》”（《庄屈合诂自序》），体现出学术研究的汇通思想，学者对此也有阐释，如葛亚杰《明末清初遗民士人对屈原精神的诠释——以王夫之、钱澄之、屈大均为例》（《湖南工业大学学报》2020年第5期）、朱华英《庄骚融通视野下钱澄之的屈骚阐释》（《山东青年政治学院学报》，2020年第4期）及陈欣《论钱澄之的楚辞观与方法论》均于此加以阐释。钮

① 见张永义《以庄继易：钱澄之的庄学观》（《中山大学学报》2006 年第 5 期）、任新民《钱澄之及其〈庄子内七诂〉述评》（《朱子学刊》2017 年第 1 期）、林欢纯《钱澄之庄学研究中的遗民意识初探》（《韶关学院学报》2014 年第 9 期）。

② 见韩焕忠《钱澄之对〈庄子〉的佛学解读》，《徐州工程学院学报》2014 年第 5 期。

则圳《“以儒解庄”与“会通庄屈”——钱澄之〈庄屈合诂〉的注庄立场与遗民情结》（《中华文化论坛》2018年第4期）认为钱氏“以儒解庄”的注庄立场、“以庄继易”的核心主张、“会通庄屈”的遗民情结，皆在庄学史上具有一定特色。黄振萍把握钱氏汇通的学术路径，从总体上阐发其易学、诗学及《庄屈合诂》的成就在于，其治学并不专主一家，而是博采众长，会通融贯；与乾嘉学术的精纯不同，钱澄之的学术撰述背后，蕴含着深沉的现实关怀，贯穿经世致用思想[①]。研究《庄屈合诂》的学位论文亦有三篇[②]。

《所知录》研究。董根明《钱澄之史学思想初探》（《安徽史学》2017年第4期）从史学的角度，充分肯定其价值在于表现出强烈的史学意识和史学关怀，其“文直”“事核”的史著原则，“存疑”“质证”的史学批评理论，“彰往”“察来”的史学经世思想和宏阔的史学视野，在明遗民阶层和清初学术界产生广泛的社会影响，彰显了史学研究领域的开山之功。持相近观点的还有王丽（《钱澄之的史学思想》，《宜春学院学报》2013年第8期）等。吴航《钱澄之南明史记载的认识与实践》（《淮阴师范学院学报》2016年第3期）指出钱澄之借此书保存南明历史，是一部“当代史”。钱氏在记录南明史事之时，以其自作诗印证，体现出“诗史”精神，对此，张晖有深刻的论述，下文再专门介绍。论述是书“寓史于诗”特点的尚有牟哥《管窥钱澄之史学思想》（《佳木斯职业学院学报》2016年第1期）等。

① 黄振萍《清代学术史研究范式的反思——以钱澄之为例》，《明清论丛》2014年第2期。

② 硕士学位论文有陈欣《钱澄之〈屈诂〉研究》（贵州大学，2009年）、黄巧红《钱澄之〈庄屈合诂〉研究》（闽南师范大学，2013年）、嵇雪娇《儒家真孤：钱澄之庄学思想研究》（山东大学，2022年）。

可以看出，当今学界对钱澄之学术思想的研究比较充分。作为遗民，他在学术著作中蕴含经世思想，不仅是明清之际学术思潮的体现，更是钱氏爱国精神的反映，而吸引后世学人研究其学术贡献的，不仅在于其学术成就，也在于其中寄托的爱国热忱。

三

钱澄之不仅是明清之际著名的学者，也是影响很大的诗人、古文家。清人诗选中常选其诗，如钱谦益《吾炙集》、朱彝尊《明诗综》、卓尔堪《明遗民诗》、陈维崧《箧衍集》、邓汉仪《诗观》、朱笠亭《明诗钞》、沈德潜《明诗别裁集》、刘大櫆《历朝诗约选》、张应昌《清诗铎》、陈田《明诗纪事》等，民国间徐世昌《晚晴簃诗汇》亦收其十题十六首诗，至于桐城地域选本如王灼《枞阳诗选》、方宗诚《桐城文录》、徐璈《桐旧集》等，所选其诗文更多，并在选本及诗话、文话中评论其创作特色。

钱澄之文学创作中，诗歌的成就最高，影响最大，故研究者亦众，涉及诗学思想、诗歌情感及创作风貌等各个方面。刘声木说“其论诗文精妙，实开桐城诸老之先河，至当而不可易，洵后世学人之龟鉴”①，充分肯定其诗文理论的地位。20世纪80年代，何鹏《试谈钱澄之的文艺思想》是第一篇全面论述钱氏文学思想的论文，钱氏针对前后七子复古论，痛斥“陈言”，提倡真实。而要“去陈言”，则须有性情；打破温厚和平的“诗教”；同情人民，关心人民；要穷理，以解决认识的深化问题

① 刘声木《苌楚斋随笔·三笔》卷八“钱澄之论诗文”条，中华书局1998年版，第630—631页。

等[①]。赵永纪《钱澄之的诗和诗论》指出钱澄之论诗最推崇杜诗真实、深刻地反映社会面貌的一面；强调“苦吟”；反对温厚和平的诗教，推崇悲愤之诗[②]。张铭认为钱澄之主张诗歌创作本乎性情，崇尚苦吟，在“理、气、法”的关系上提出了独到的见解[③]。

研究钱氏诗歌创作的成果比较集中。刘天行《明末遗民钱澄之的诗歌》（《昆明师范学院学报》1980年第6期）、马亚中《留得真诗在人间——论钱秉镫的诗》（《江淮论坛》1985年第3期）、赵永纪《钱澄之的诗和诗论》、陈友冰《钱澄之创作论稿》（《安徽农业大学学报》2010年第1期）等论述钱氏诗歌内容上注重反映现实，揭露社会黑暗，展现民生疾苦，歌颂抗清斗争，记录历史事件，抒发故国之悲，表达遗民情感，描写自然风光；艺术表达求真尚质，淡语苦情，情感深沉而内敛，语言直白浅显而不粗糙低俗，平顺流畅。这方面的成果尚有赵庆元、赵春燕《钱澄之〈田间诗集〉评析》（《安庆师范学院学报》2004年第5期）、张铭《钱澄之诗歌创作的艺术成就》（《安庆师范学院学报》2004年第4期）等。

随着研究的推进，对钱澄之诗歌的研究越来越细化、深入。以上总论的内容，后来又作为专题加以讨论。钱氏诗歌中，最令人动容的无疑是其抗清志意，以及失败后仍秉持不弃的遗民情怀。宣统二年（1910），《国粹学报》第74期刊载钱澄之遗文四篇：《黄檗山居记》《黄忠端公祠堂重建碑记》《虎丘二姜先生祠记》《文学刘臣向墓表》，此四文收在《田间文集》中。《神州丛报》亦开辟《绍介遗书》栏刊载钱氏遗文，1913年第1卷第1册刊载《初至端州行在第一疏》《拟上行在书》《请

① 何鹏《试谈钱澄之的文艺思想》，《艺谭》1982 年第 3 期。

② 赵永纪《钱澄之的诗和诗论》，《阜阳师范学院学报》1986 年第 1 期。

③ 张铭《钱澄之的诗歌创作主张》，《安庆师范学院学报》2009 年第 1 期。

宽金给事疏》；1914年第1卷第2册刊载《寄黄石斋阁部老师书》《端州拟上第二疏》。此五篇文章收在《藏山阁文存》卷一、卷二中。结合钱氏诸文的内容，以及刊发遗文的时间，不难发现《国粹学报》与《神州丛报》是将钱澄之作为抗清义士来宣传，以唤起人们的革命意志。时过境迁，钱氏诗中的遗民情怀依旧打动着后世读者的心，刘天行、马亚中、赵永纪、陈友冰诸文中均涉及其遗民意识。欧丽丽《浅析钱澄之诗歌中的民族情结》（《内蒙古农业大学学报》2010年第2期）论述钱氏缅怀故国、不肯臣服新朝的民族气节，激荡着爱国主义激情。杨年丰《明遗民钱澄之诗歌中的汉朝情结》（《山西财经大学学报》2012年第3期）发现钱氏在诗歌中通过以“汉”代指“明”，表现遗民诗人独有的“汉朝情结”。前期的《藏山阁集》中有愍时伤世之感、舍生忘死之志、压抑愤懑之思、穷途末路之叹[①]，后期的《田间诗集》在苦涩的四季中悲黄昏、叹落日、拜杜鹃、哀孤雁，无不流露出遗民情怀[②]。钱氏自云“吾诗悲”“其声往往激楚”（《田间文集》卷一五《田间集自序》），这种与温厚和平相反的格调，正是遗民意识的体现，其感人者亦在于此。

钱澄之常在诗歌中反映重大历史事件，希冀为“故国”存史；或带着强烈的主观情感，写自己的所见、所闻，以叙事诗的形式诠释“心史”的独特价值取向，从而发挥“诗史”的功能[③]。《藏山阁诗存》涉及南明唐王、桂王等朝史事，记录闽越唇齿相依却又阋于墙，永历的朝政失纲、党派纷争互相掣肘，而南

① 纪晓建《琅琅石户经声远，破案焚香诵楚辞——由〈藏山阁集〉看钱澄之哀民伤世情怀》，《中国韵文学刊》2012 年第 1 期。

② 赵春燕《“天时已变江流里，人事常悲夕照中”——析钱澄之遗民心态之悲深恨长》，《语文学刊》2013 年第 1 期。

③ 方弘毅《论钱澄之诗歌的“诗史”功能》，《名作欣赏》2016 年第 26 期。

明终致覆灭的悲剧。刘诚先生说此集是“南明抗争的史诗”[①]，杨年丰认为其“以诗存史”，体现了诗史精神[②]。姜克滨以其歌行体为例，分析其“诗史”在艺术上的表现，即从“实录”精神出发，多写抗清斗争，以人系事，将史、事、人有机融合。吸收小说叙事的特长，在叙事技巧和人物刻画方面有不少创新之处，书写易代之际血与火的史诗[③]。《所知录》虽是一部史学著作，但史事之后附有其自作诗，日本学者清水茂说，他这么做“显然是想留下一份历史的形象记录，以‘诗史’自居”[④]，可谓深得其用心。翟勇认为在其师黄道周的感召下，钱氏以诗为史，寓褒贬、思考于其中[⑤]，而张瑞杰则将其诗与同为遗民的吴嘉纪进行比较[⑥]。钱澄之将诗与史结合，诗中有史，史中有诗，是对“诗史”传统的继承与发扬。

学者还特别关注钱澄之的田园诗，朱则杰在《清诗史》中甚至单独列出“田园诗人钱澄之”之目。钱氏诗歌有陶诗风味，清人早已指出过，朱彝尊即云：“心存忠义，地处闲逸，情真，景真，事真，意真。田间一集，庶几近之。”[⑦]韩菼称道：“读先生之诗，冲淡深粹，出于自然，度王孟而及陶矣。”[⑧]均就其诗风近陶而言。这种风格，集中体现在钱氏所创作的田园诗上。1929年12月怒潮发表的《田间诗人钱饮光——陶渊明第二》一文，直

① 刘诚《南明抗清斗争诗史——读钱秉镫〈藏山阁诗存〉》，钱仲联主编《明清诗文研究丛刊（试刊）》第二辑，1982 年。

② 杨年丰《试论钱澄之〈藏山阁集〉的诗史精神》，《深圳大学学报》2010 年第 5 期。

③ 姜克滨《血与火的史诗——论钱澄之歌行》，《黑龙江社会科学》2011 年第 1 期。

④ 清水茂《钱澄之的诗》，《清水茂汉学论集》，中华书局 2003 年版，第 108 页。

⑤ 翟勇《情感的回归：隆武朝的黄道周及其门人诗风》，《北京化工大学学报》2021 年第 1 期。

⑥ 张瑞杰《试论明末清初遗民诗人吴嘉纪、钱澄之诗作异同》，《山西农业大学学报》2012 年第 6 期。

⑦ 朱彝尊《静志居诗话》卷二二。

⑧ 《田间文集序》，《有怀堂文稿》卷三，《清代诗文集汇编》第 147 册，第 100 页。

接以钱氏为陶后第一人，说他“热情勃勃，忧国忧民之心，比黄顾诸先生有过之无不及，继乃尽情发愤而为可歌可泣的诗歌，终则归老田园的诗人”，肯定其诗歌写实本质，表达对诗人高洁操守的崇敬之情：“我以为最难能而可贵的，莫如当得国家分崩离析，社会纷扰凌乱的时会，而有一个提起担子，可以佐辅时君，建勋业以垂不朽；放下担子，可以退隐田园，没齿无怨言，发而为文辞，光明磊落的人。”文章注意到钱澄之诗歌中特具田园风光、学习陶渊明的闲适一面①。杨年丰称“这是一篇真正意义上的论文，它揭开了钱澄之研究新阶段的序幕”②，所言不虚。日本学者吉川幸次郎和他的学生清水茂也关注钱氏田园诗，清水茂认为朱彝尊评钱氏所用的“真”与明末的“真诗”说不谋而合③。当代中国学人于此较为关注，魏琳、李瑞智论述其田园诗的创作风格与艺术特色④，何长江从钱、陶诗之意象的比较论述其田园诗⑤，而夏正亮则从气节操守、生存方式与生活态度、诗文及艺术风格方面来论述钱澄之对陶渊明的接受⑥。

学位论文也从不同的角度研究钱澄之诗，整体研究如庄学香《钱澄之诗文研究》（南京大学2002年硕士学位论文）、杨年丰《钱澄之文学研究》（苏州大学2010年博士学位论文）、张铭《钱澄之诗歌研究》（安徽大学2004年硕士学位论文）、谭景方《钱澄之及其诗歌研究》（台湾铭传大学2005年硕士学位论文）、张瑞杰《钱澄之诗歌研究》（苏州大学2008年硕士学位论

① 《世界月刊》第6期。

② 杨年丰《钱澄之研究综述》。

③ 清水茂《钱澄之的诗》，《清水茂汉学论集》，中华书局2003年版，第106—108页。

④ 魏琳《论钱澄之田园诗的创作风格》，《大众文艺（理论）》2009年第15期；李瑞智《论钱澄之田园诗的艺术特色》，《甘肃高师学报》2008年第3期。

⑤ 何长江《试论钱澄之的田间诗及其与陶诗意象比较》，《天津教育学院学报》1991年第3期。

⑥ 夏正亮《论钱澄之对陶渊明的接受》，《湖北师范学院学报》2010年第5期。

文）、李彦娜《钱澄之诗学思想研究》（河北大学2012年硕士学位论文）、何蓝敏《论钱澄之诗歌的“诗史”精神》（湘潭大学2019年硕士学位论文）等；研究前期诗歌的有许晓燕《钱澄之闽粤桂诗歌研究》（安徽大学2007年硕士学位论文）、郗晓莉《钱澄之及其〈藏山阁诗存〉研究》（暨南大学2008年硕士学位论文）、刘威志《明遗民钱澄之返乡十年诗研究（1651—1662）》（台湾东吴大学2010年硕士学位论文），研究其后期诗歌的有赵春燕《钱澄之〈田间诗集〉研究》（安徽师范大学2006年硕士学位论文）等。

钱澄之古文成就不及诗歌，研究的成果也不能与之相提并论。值得一提的是，民国二十三年（1934）5月安徽省图书馆馆刊《学风》第4卷第4期发表姚子素《桐城文录入选诸家著述考》，其中引用方宗诚《桐城文录》叙例云：“桐城之文，明三百年至钱田间先生渐就博大，盖由深于诗、易、庄、屈，又务经济，尚气节，故议论多实际，而记事文多奇气，虽未尽雅洁，而已开方、刘、姚之渐矣。矧其行谊，又足为后学之师表乎！”充分肯定钱澄之古文创作的成就及其在桐城文派中的地位，这与刘声木所定位的开“先河”接近，比较早地重视钱氏古文创作。二十一世纪以来，研究钱氏古文的逐渐增多，举其要者，如赵庆元、吴娜《情真·词达·气畅·自然——钱澄之〈田间文集〉探析》（《阜阳师范学院学报》2004年第4期）、张瑞杰《钱澄之“情道”观在散文创作中的体现》（《西昌学院学报》2010年第1期）、《试论明末清初遗民钱澄之记体散文的创作特点》（《常熟理工学院学报》2012年第7期）等。吴航《钱澄之晚年信札系年考证》（《古籍研究》2016年第2期）则从文献的角度考订其文。

台湾学者谢明阳《明遗民的“怨”“群”诗学精神——从觉浪道盛到方以智、钱澄之》（大安出版社2004年），以江南遗民界的精神领袖觉浪道盛禅师、道盛禅师的托孤传人方以智、以及曾沾溉道盛思想的钱澄之三人为对象，探讨诸遗民如何在特殊的生命情境中，建构以“怨”“群”为核心观念的诗论体系，借以呈现遗民群体随着时间流逝，由“怨怒不平”而过渡到“和而不流”的精神演变轨迹。主体部分的四章中，第三章论“怨”的诗学精神，以觉浪道盛、方以智为主，而第四章“群”的诗学精神则以钱澄之为主，分别论述“群的意义：和而不流，别而不僻”“群的为诗之法：情不溢而独至”“群的处世之道：托不得已以养中”“群的遗民志节：心伯夷之心”，论证翔实，能抉发明遗民的幽微情志，对钱澄之文学创作的研究有一定的开拓作用。

目前为止，大陆地区钱澄之研究的唯一一部著作，是张晖的遗著《易代之悲：钱澄之及其诗》（人民文学出版社2014年）。2009年在《文学遗产》第6期发表《钱澄之〈田间诗集〉版本及佚诗》，这应该是他研究钱澄之的第一篇论文；2011年在《中山大学学报》第4期发表《文体与遗民心境的展现——以钱澄之的晚年著述为例》，2012年《中国诗史传统》第五章《明清之际“以诗为史”阅读传统的建立》后附《诗与史的交涉——钱澄之〈所知录〉“以诗为史”的书写样态》（生活·读书·新知三联书店出版），可以看出2013年3月15日病逝前，张晖已至少投入四年的精力研究钱澄之文学。《易代之悲：钱澄之及其诗》是一部未完稿。按照作者生前的写作计划，全书共分七章，以钱澄之的诗歌创作、诗学交游、诗史构建、诗论撰述为切入点，呈现明清易代之际士大夫的沧桑体验与婉曲心境。本书较为完整的部分是第二章《诗与史的交涉——钱澄之〈所知录〉“以诗为史”的书写样态及其意涵之研究》、第三章《钱澄之1651年返乡诗初探》、第五章《从复明志士到穷愁遗老：钱澄之重返福建（1664—1667）的感伤旅程》、第六章《晚年著述文体与钱澄之

"遗民"身份的自我构建》、第七章《真与悲：钱澄之诗论诠说》及附录一与刘威志合撰之《明遗民钱澄之集外诗文函札辑考》。而第一章《导论》存提纲和部分材料，第四章"抵抗黑暗：钱澄之诗中的南京长干塔塔光"是作者最为用力的章节，但仅存开篇和部分材料；附录二《钱澄之年谱初稿》以钱㧑禄《先公田间府君年谱》为基础，补以诗文系年，并从中钩沉若干史事，仅存初稿[①]。另外，2014年由中国社会科学出版社出版的另一部遗著《帝国的流亡——南明诗歌与战乱》中，上编"诗歌中的流亡"之"奔赴行朝"之"奔赴永历"及"亡国士大夫的返乡：生还"之"钱澄之自粤返皖"都涉及钱澄之的诗。从现存篇章来看，涵盖了钱澄之诗学研究的大部分命题，体现出新、精、深的特点，将钱澄之诗学研究大大推进了一步。可惜那些未能完成的篇章，永远也见不到成稿了！

四

应该说，钱澄之的研究，文献整理已经比较充分，21世纪以来，其学术研究、文学研究都取得长足的进展，尤其是近年来，更显出蓬勃发展的趋势。研究的全面开展，为向纵深处开拓提供了可能。今后，钱澄之的研究，还可以在以下几个方面继续推进。

一是学术研究、学术研究的会通、学术思想与文学观念之间的关联等研究仍须加强。《田间易学》《田间诗学》《庄屈合诂》及《所知录》虽已经有较多的研究成果，但还可以从本体及其在清代学术史上的意义等方面继续深入探索。钱澄之说"庄屈无二道"，又说"易学、诗学无二义"，也就是说，其三部

① 参见《整理说明》，《易代之悲：钱澄之及其诗》卷首。

著作《田间诗学》《田间易学》《庄屈合诂》都是相通的，包括《所知录》，也与这几部著作关联密切。这说明，在钱氏的学术视界中，经学、史学、子学及文学都是会通的。关于这方面的研究，还不够充分，除前面提到的如以史解《易》、以《庄》继《易》等的论述外，专门研究其间会通的成果还不多。因此，《诗经》学、易学、《庄子》《楚辞》之间的复杂关系还有必要进一步挖掘。尤其是学术研究与文学的关系，除《所知录》的“诗史”体现等关注得较为充分，易学与诗学的关系也有严寿澂《诗通于〈易〉——田间诗论诠说》、刘立群《钱澄之诗学的易学渊源发微》等[①]，但总体来说，还不够全面。易学本身博大精深，易学与文学的关系尤为复杂，钱氏易学有自身的特色，他说：“《易》无体，以感为体；诗有音，感而成音”（《田间集自序》），将《周易》感应说与诗歌的感物说相联系；《乾·文言》云：“利贞者，性情也。”孔疏云：“性者，正而不邪；情者，性之欲也。言若不能以性制情，使其情如性，则不能久行其正。”钱氏《见易》云：“性者，情之本；情者，性之用。有生以后情用事，而性日漓，失其本情矣。利贞者，敛情以归性也。”[②]关于诗歌性情之论，亦与之有密切的关系，在《叶井叔诗序》中他说：“诗以道性情。……诗也者，发乎情，止乎礼义，准礼义以为情，则情必本诸性。”[③]可以看出其诗歌性情论来自易学性情论。也就是说，只有理解钱氏的学术思想，才能充分认识其诗文观。在这一领域，还可以展开多方面的讨论。

二是诗学观及诗歌创作研究有待深入。研究钱澄之诗学观的成果较多，20世纪80年代以来，这方面的研究越来越细致，最为

① 分别见《传统中国研究集刊》第六辑，上海人民出版社2009年6月，第253—273页、《古典诗文的经纬——古代文学理论研究》第四十七辑，2018年。

② 《周易上经》，《田间易学》卷二，第193页。

③ 《田间文集》卷一四，第258—259页。

集中的当数张晖，其《易代之悲：钱澄之及其诗学》的第七章分别从“性情与学问”“性与情之关系”“‘真’的诗学”“以‘性情’和‘真’来否定唐宋诗之争”“‘悲’的诗学与反对温柔敦厚”“钱澄之论杜诗”等六个方面来论述，可谓非常全面。如果要加以开拓的话，可以考虑其诗学与学术思想的关系，这一点上面已经有所说明。另外，还可以从其诗学与明清之际如前后七子复古派、公安派、云间诗派、虞山诗派等关系入手，论述其诗学的渊源。研究清代诗学，重视理论的研究远远超过创作的研究，钱澄之研究亦是如此。钱氏诗歌反映明清易代之际的诸多重大历史事件，他的抗清、流亡、归里、赴京、返闽、往来吴中等地，均形之于诗，无论诗史也好，田园也罢，均值得深入研究。其创作风格重苦吟，反对过分雕饰，提倡本色，追求自然，这些在其诗歌中是如何体现的？钱氏诗学陶渊明、杜甫、王维、孟浩然、白居易等人，学陶论述稍多，但如何学杜、白，却涉及较少，这也是今后可以着力的地方①。至于钱氏与桐城诗人如方以智、潘江、方文等的一系列诗学活动，涉及的亦不多②。可见，钱氏诗歌研究仍有较大的开拓空间。

三是钱澄之古文的研究大有可为。在钱澄之文学研究中，古文研究最为薄弱。彭君华说，钱澄之文既是学人之文，又是哲人之文、古文家之文，是三者的有机结合③，所论甚是。可以看出钱氏古文是清初顾炎武、黄宗羲与王夫之等学人之文、哲人之文以及侯方域、魏禧、汪琬等文人之文的结

① 钱澄之学白，可参看潘务正《明清之际桐城诗学宗白倾向》（《安徽大学学报》2019年第6期）中的相关论述。

② 张兵《桐城文化氛围与钱澄之的诗歌创作》仅有摘要，一直未看到成文。见2005年《第十一届明史国际学术研讨会会议手册》。

③ 《整理说明》，《田间文集》卷首。

合。钱氏古文以唐宋八大家为宗主，推崇“文以载道”“陈言务去”等理论主张，又融合理学家之论，“其所谓道，一本于宋四大儒”[①]，强调“理得”“气至”“法亦备”，然后为文“行之乎不得不行，止乎其所不得不止”[②]，与明清之际古文理论重理、法的追求相通。在艺术上，追求“以本色为佳”，肯定“纯驳互见”之文为本色之体现[③]。可以看出与公安派心源遥接，又在一定程度上成为桐城文派的先导。这些方面，还需要进一步展开，向纵深处挖掘。

四是钱澄之在桐城派中的地位尚需加以确认。关于钱澄之在桐城派中的地位，刘声木称其为“先导”，惜如何开启先河，后来者并无多少论述，现仅见张瑞杰《试论钱澄之对桐城派的影响》（《长治学院学报》2010年第1期）一文，该文认为，钱澄之针切时弊、文以载道的创作宗旨、以“气”运文的行文法度和语词雅洁的文风主张极大地影响了桐城派方苞、刘大櫆、姚鼐等人，对后世桐城派文论体系的形成有筚路蓝缕的开创之功。该文比较全面地论述了钱澄之在桐城文派中的影响，然亦有不足之处：一是论文而未及其诗，亦未涉及其学术成就的后世影响，桐城派既是文派，也是诗派，又是学派，所以应该从这三个方面来综合考察其地位。二是就文派而言，将钱氏的影响局限于针切时弊、文以载道的创作宗旨、以“气”运文的行文法度和语词雅洁的文风，就有点简单化了；而且，这些方面也不需要钱澄之的开启，唐宋八家及归有光等人均可施加。所以，如何定位钱澄之的宗派地位，还需要认真研读钱氏学术著作、诗文作品，并结合桐城派的核心观念、学术研究传统及文学创作风格等方面加以考虑。

① 《匏野集序》，《田间文集》卷一三，第249页。
② 《江汉持澜集序》，《田间文集》卷一三，第240页。
③ 《容斋集序》，《田间文集》卷一四，第261页。

本书选入的20篇文章，是各个时期钱澄之研究比较有代表性的论文，覆盖其经学、史学、子学研究，最主要的是文学研究。希望本书的出版，能进一步推进钱澄之的研究。

《钱澄之全集》序

◎钱仲联

这里刊印的《钱澄之全集》，计《田间易学》十二卷、《田间诗学》十二卷、《庄屈合诂》不分卷、《藏山阁集》（包括文存六卷、诗存十四卷、尺牍四卷）二十四卷、《田间文集》三十卷、《田间诗集》二十八卷。《所知录》及附录等一册。其中《易学》《诗学》《合诂》及《田间诗文集》，均康熙二三十年间，昆山徐氏助资雕版于苏州，澄之亲自督工雠校行世。惟《藏山阁集》，据澄之《与廖明府书》，亦曾付梓，然未见人间藏有印本，清同治间，桐城萧穆于澄之族裔香圃家见之，乃香圃祖父白渠手抄本，光绪三十四年戊申，龙潭室主、瑶楼居士始据萧藏抄本排印，列为《龙潭室丛书》之一，今此排印本亦不易得，盖除《田间易学》《田间诗学》采入《四库全书》外，其行世之诗文集，已列入四库违碍书目，原刻版籍，久已无存了。今安徽省古籍整理出版规划委员会，汇刊《钱澄之全集》于《安徽古籍丛书》中，列入国家古籍整理出版“八五”重点项目，其有功文献，嘉惠士林，岂仅一省而已。

清初，皖地出了好几位学者、文学家。其中可分几种类型：一是爱国遗民，如桐城的钱澄之、方以智；二是降清的著名诗人，如怀宁的阮大铖、合肥的龚鼎孳；三是在明朝未有科名，入清后始应考入仕，有良吏之称的如宣城施闰章。阮大铖为钱澄之的中表，因是阉党，澄之对他深恶痛绝。然阮在戏曲界既称巨擘，其《咏怀堂诗》，近贤陈三立“标为五百年作者”，章太炎亦致推崇，以为“榷论明代诗人，如大铖者鲜矣”。二家都主张不以人废言。龚鼎孳为“江左三大家”之一，以高官降清，名节有亏，然在京常能以其地位，庇护一些爱国志士，因此时论加以曲谅。施闰章为“清初六大家”之首，久有定论，今阮氏戏曲四种及《施愚山集》，均已刊入《安徽古籍丛书》中，得到广泛传播了。

现在来谈钱澄之（1612—1693）与方以智（1611—1671）。二人都是杰出学者、哲人、志士、古文家、诗人，都曾为僧，方僧名大智、钱僧名幻光。以智长澄之一岁，而科名早显，明崇祯十三年进士，官翰林院检讨，在南明桂王朝，为詹事府左中允，充经筵讲官，遭宦官排挤，后在梧州出家，北归后居金陵及青原山，著《通雅》《物理小识》《易余》《性故》《浮山前后集》等，盖以学术为主，诗文为余事。澄之身世，有近似以智处，初名秉镫，明亡前不过一诸生，南明唐王时，授漳州府推官，桂王朝授礼部仪制司主事，考授翰林院庶吉士，知制诰，桂林陷后东归，改名澄之，字饮光，后因避祸一度削发为僧，仍还俗。二家都是桐城人，在诗文方面，可说是桐城文派、桐城诗派的先导。二家都是学人，所以强调学问的重要，方氏《通雅·诗说》提出“读书深，识力厚，才大笔老”“驱使古今”的主张。澄之说得更精辟深透，在他的《文集·诗说》中说：“诗者，文事中之最精者。文中数百言不能尽者，诗以一句尽之；文中数十百言作转者，诗以一字转之。”他认为诗中不仅有“别才”，且有“别学”。“才人之才，声光是也；诗人之才，气韵是也。”“学人之学，淹雅是也；诗人之学，神悟是也。”就诗论诗，则澄之的造诣，更在方以智之上，现在表过方以智，专论钱澄之。

《四库全书总目提要》说澄之“家世学《易》，又尝问

《易》于黄道周”“其学初从京房、邵康节入，故言数较详，盖黄道周之余绪也。后乃兼求义理，参取王弼《注》、孔颖达《疏》、程子《传》、朱子《本义》，而大旨以朱子为宗”。又称其《田间诗学》“持论颇为精核，而于名物训诂山川地理，言之尤详”。至于诗歌创作，《藏山阁集》的《生还集·自序》自述其为诗过程云：“予自总角学诗，迄今二十年。其十年茫如也。戊己以后，始能明体审声，一窥风雅之旨。所拟乐府，以新事谐古调，本诸弇州新乐府，自谓过之。五言诗远宗汉、魏，近间有取乎沈、谢，誓不作陈、隋一语，唐则惟杜陵耳。七言诗及诸近体，篇章尤富，皆欲出入于初、盛之间，间有为中、晚者，亦断非长庆以下比。此生平学诗之大概也。”福王朝，因避阮大铖之祸，东走吴江，入浙入闽入粤入桂。所作载于《藏山阁诗存》中的，反映坎壈的遭遇、艰险的行役，以及山川胜概、风俗动态等，沉沉夥颐，尤以纪载天时人事之变迁、南明抗清斗争可歌可泣的事迹和南明政权内部勾心斗角之争的作品，具有诗史价值。回乡以后，隐居田园，躬耕劳动，坚持民族气节，《田间》一集，即其晚期作品，风格与陶渊明为近。综其全诗，以白描擅胜者为多，兼陶、杜之长而不摹其迹，自创新面目。其诗特点，一是“感慨讽谕，婉而多讽，真得古三百篇之旨”（姚文燮《钱饮光诗序》）。集中如《乞儿行》《绿林豪》《水夫谣》《哀哉行》之类新旧乐府，《假亲王》《假后》《髯绝篇》《哀江南》之类叙事古诗都是。二是自抒性情，冲淡深粹，得渊明神理，而如《咏史》诸作，复有渊明金刚怒目的一面，在同时代爱国遗民诗人中，澄之与吴嘉纪为同一类型，而与顾炎武之坚苍质实学杜、屈大均之浪漫奇肆学李者，分树旗纛，卓然大家。清初大诗人查慎行曾从澄之学诗，可见其影响之大。钱谦益、周贺、朱彝尊、姚文燮、郑方坤、沈德潜、韩菼诸名大家，备致推崇，可见世有定论。次论其古文创作。澄之古文，有物有则，雅言畅洁，一扫枝叶。诚如萧穆《藏山阁集跋》所云：“其书疏议论书牍，皆论明季时政；杂文皆纪南渡时事，皆有关于文献，生平经世之略，亦可于此见矣。”论桐城派古文，后海先河，澄之为昆仑之源，当无疑义。

余弱冠读澄之诗文，服膺数十年。今安徽省古籍整理出版规划委员会刊印此全集，诸伟奇同志嘱为序言，不辞弇陋，书引喤之辞如此。

一九九四年七月三十日八十七叟钱仲联于苏州大学。

（原载《古籍研究》1994年2月）

清代学术史研究范式的反思

——以钱澄之为例

◎黄振萍

钱澄之（1612—1693），安徽桐城人，自号西顽，“予读张子《西铭》，而窃怪其顽之订也，遂自号为西顽”。[①]他又号“田间”，则是因为晚年居住的地方为农田所环绕，寓江湖野老专意著书之意。1644年明清鼎革后，由钱秉镫改名钱澄之，寓澄清天下之志。在明清之际的动荡中，钱澄之备尝艰苦，四处奔走，为抗清努力，虽妻子死于清兵而不为所屈，[②]曾在隆武、永历短暂立朝行事，[③]事不成而无奈归田著述，其遗民志节著称于世。

钱澄之的学术渊源，一方面为家学。钱澄之的父亲钱尔卓（1567—1640）早年习《庄子》，“晚年邃于《易》，然不肯著书，或劝之，曰：‘传之吾子足矣。’故其说散见于《辅仁遗编》，亦尝口授镫，今录为《见易集》。晚年再读《宗镜录》，明儒释同归。于象山、阳明之学，多有发挥”。[④]一方面则来自黄石斋，钱澄之的《易》学即传承于黄道周（1585—

① 钱澄之《左眠樵初度序》，《田间文集》卷一八，黄山书社1998年版，第357页。

② 《先妻方氏行略》，《田间文集》卷三〇，第564页。又参见黄宗羲《桐城方烈妇墓志铭》，《黄宗羲全集》第10册，浙江古籍出版社2005年版，第473页。

③ 参看钱澄之《行朝录》，黄山书社2006年版。

④ 《先考敬修先生镜水府君行略》，《田间文集》卷二九，第552页。

1646）之易学，钱澄之《寄黄石斋阁部老师书》说："顷者亡命吴门，蒙老师召至舟中，勖其狂愚，诲以学《易》。"[①]钱澄之的学术著作除了《田间易学》[②]，主要还有《田间诗学》和《庄屈合诂》。

然而，对于钱澄之这么一位学有根底、著作丰硕的学者，前人却关注极少，对他的学术思想就更是付之阙如，著名学术史家张舜徽（1911—1992）对此深觉奇怪，他感慨说："（钱澄之）治经之功，似非顾氏（按：顾炎武）所能逮。不知近人考论清初学术者，何以忽之。"[③]这个现象颇为值得思考。本文先梳理以往学术史论述中的钱澄之，再进而讨论钱澄之的学术思想，并对以往的清学史撰述范式进行些许反思。

一、学术史论述中的钱澄之

以往的清代学术史论述中，并没有特别标举出钱澄之。章太炎（1869—1936）《訄书》之《清儒》没有论及钱澄之，[④]刘师培（1884—1919）曾想仿黄宗羲《明儒学案》做一部《近儒学案》，在其章节构想《诸儒学案中（新派）》有"领澄之"，疑"领"字为"钱"字之讹，[⑤]刘师培《近儒之〈诗〉学》列有"钱

---

① 钱澄之《寄黄石斋阁部老师书》，《藏山阁集》，黄山书社 2004 年版，第 368 页。

② 关于钱澄之的易学研究，参看汪学群《清初易学》第二章《明遗的程朱易学》之"钱澄之的易学"，商务印书馆 2004 年版，第 245—293 页。

③ 张舜徽《田间文集》，《清人文集别录》卷一，华中师范大学出版社 2004 年版，第 19 页。但是张舜徽先生自己所著《清儒学记》亦未收录钱澄之。

④ 章太炎《訄书》（重订本），《章太炎全集》（三），上海人民出版社 1984 年版。

⑤ 刘师培《刘申叔遗书》，《近儒学案序》，《左庵外集》卷一七，江苏古籍出版社影印本 1997 年版，第 1756 页。徐亮工编《中国近三百年学术史论》引刘师培此文亦作"领澄之"，上海古籍出版社 2006 年版，第 227 页。

澄之《田间诗学》”，称其“无家法”，[①]并未见详细论说。徐世昌（1855—1939）《清儒学案》卷帙浩繁，他把钱澄之归于王夫之的“船山学案”之“船山交游”，[②]仅做简单介绍，并无专章，亦无其学术思想之论述。

钱穆（1895—1990）《中国近三百年学术史》无片言只语提及钱澄之，[③]在他为计划撰写的清儒学案所列目录《清儒学案序目》也没有收录钱澄之。[④]梁启超（1873—1929）在《中国近三百年学术史》六《清代经学之建设》中把钱澄之列入顾炎武（1613—1682）的“亭林学友表”，[⑤]此外，梁启超把钱澄之列入“初期经学家表”，只是列名，并无论述。[⑥]

侯外庐（1903—1987）主编的《中国思想通史》挖掘表彰了不少被以往学术史所忽略的人物，在明清之际的思想学术方面，浓墨重彩地推出了方以智（1611—1671），钱澄之曾为方以智《通雅》作序，这里也透露出钱澄之地位的重要信息，因为钱澄之尚比出身显赫、名列晚明四公子之一的方以智年轻一岁。但《中国思想通史》该部分的作者把《通雅》序作者误写为“钱澄”，[⑦]显然作者并没有看到钱澄之的著述，不然不会有此疏忽。近期的学术史资料集与论著，比如杨向奎的《清儒学案新

① 刘师培《近儒之〈诗〉学》，《刘申叔先生遗书·经学教科书》第 1 册第 32 课，江苏古籍出版社影印本 1997 年版，第 2085 页。钱澄之研究《诗经》确实不主一家，但这不妨碍其价值，详后。

② 徐世昌《船山学案》下“船山交游”，《清儒学案》卷八，中华书局 2008 年版，第 430—431 页。

③ 钱穆《中国近三百年学术史》，商务印书馆 1997 年版。

④ 钱穆《中国学术思想史论丛》（八），《钱宾四先生全集》第 22 册，台北联经出版公司 1998 年版。

⑤ 梁启超《中国近三百年学术史》，人民出版社 2008 年版，第 77 页。

⑥ 梁启超《中国近三百年学术史》，第 83 页。

⑦ 侯外庐主编《中国思想通史》第 4 卷下册，人民出版社 1960 年版，第 1125 页。

编》，依旧无钱澄之的名字。[①]

关于钱澄之的研究，之所以出现这种令张舜徽也觉得不可解的冷落情况，大概主要由于钱澄之的著述流传不广，获取较难，甚至长期被列入禁毁，难以查找。[②]另一方面，也是由于以往清代学术史研究各有自己的论述脉络，[③]容易聚焦论述脉络中重点人物，对这些脉络之外的人物则容易有所忽略，在论述中被边缘化，此问题将在文末讨论。

在以往文献得到充分揭示、资料获取较易的今天，[④]是到了在全面掌握明清之际学术思想资料的基础上，对钱澄之的学术思想状况有个全面把握的时候，并进而反思以往的清学史论述脉络。

二、钱澄之的学术思想总体趋向

钱澄之的诗歌沉郁悲壮，当得上“诗史”之誉。[⑤]虽然钱澄之的诗歌与文章均为上乘，但他以经学自负，晚年对子孙说：“吾所望于子孙者，读书课耕而已……但能明白义理，通达古今之事势，传吾之经学，以不愧田间子孙，足矣。”[⑥]可见，他的学术思想需进一步考察挖掘。

---

① 杨向奎《清儒学案新编》，齐鲁书社 1985—1994 年版。

② 《田间文集》和《田间诗集》均列入禁毁名录，《田间易学》和《田间诗学》收入四库，《庄屈合诂》入四库存目，《藏山阁集》与《所知录》以抄本流传。

③ 参考丘为君先生《清代思想史“研究典范”的形成、特质与义涵》，《清华学报》第 24 卷第 4 期，1996 年 12 月。此文另见丘氏《戴震学的形成：知识论述在近代中国的诞生》附录，新星出版社 2006 年版，第 212—264 页。

④ 《续修四库全书》《四库全书存目丛书》《四库全书未收书丛刊》《四库禁毁丛刊》等大型丛书的相继出版，以及大量明清之际文献的整理出版（比如《橡章丛书》中的明清人文集），使得我们能够方便看到与利用的文献，远远超出 20 世纪的学者。

⑤ 关于钱澄之的文学思想与成就，请参考马亚中《钱澄之文学研究》，苏州大学 2010 年博士论文。导师为杨年丰教授。前不久去世的青年学人、中国社科院文学所张晖有专著论述钱澄之的文学，三联书店近期将出版。

⑥ 《西田庄记》，《田间文集》卷一〇，第 191 页。

首先，以钱澄之与顾炎武的一次对话来考察钱澄之的学术宗尚问题。

据前所述，梁启超把钱澄之列入“亭林学友表”，给人造成的印象是钱澄之与顾炎武有着相同或相近的学术宗尚。其实，梁启超这个说法值得商榷。首先，顾炎武和钱澄之交往并不多，顾炎武集中仅有《燕中赠钱编修秉镫》诗提及钱澄之，“一别秦淮将廿载，天涯垂老看犹在”，[①]两者来往并不频繁。其次，最为重要的是，钱澄之与顾炎武的学术宗旨与活动有非常大的差异，这可以在钱澄之给顾炎武侄子徐元文（1634—1691）的信中非常清楚地看到，这封信非常重要，录之如下：

向与阁下聚首于令母舅宁人寓斋，宁人极诋阳明之学，又出吴江一老生所寄骂阳明书，比之毒药猛兽，遍示坐客。弟见其方寸败纸耳，字画怪诞，文理恶劣，皆陈羹馊饭语，不惟未尝见阳明书，并未尝读程朱书者，不知宁人何以欣然夸示人也？弟见宁人骂兴甚勇，如此固陋，尚欲引之为助，其所以恶阳明者至矣，故默不与辩。酒间，问曰：“顾泾阳何如？”曰：“正学也。”弟曰：“余观其《学》《庸》，亦颇采阳明语，何也？”宁人大咍，以为妄，问弟见诸何书，弟偶失记，无以应，益大噱，久之，曰：“君元来于此事甚浅。”阁下尔时亦主宁人之说，以泾阳深辟阳明者也，犹记之乎？弟比大惭，非惭其学之浅，惭其以为妄也。既抵家，搜诸敝簏，得之，盖顾先生《小心斋札记》也，即命儿子钞稿奉寄，托为转致宁人，以谢此惭。顷再至汴梁，则孙征君重刻《圣学宗传》，所谓《小心斋札记》，俨然载于其后。书行，想阁下与宁人皆得见，故不更寄所录也。征君学阳明之学，弟不敢知，但泾阳先生采阳明语，一一

① 王冀民《顾亭林诗笺释》下册，中华书局1998年版，第805页。

可按，弟固非妄言也。[①]

尽管写信对象是顾炎武侄子，钱澄之并不忌讳他对顾炎武的评价。通过这封信所提供的信息，我们可以深入了解钱澄之的学术宗尚。

钱澄之曾到顾炎武住处进行学术讨论，从二人的争论中，我们清楚地看到顾炎武对王学的抨击带有极强的情绪化，“极诋阳明之学”，顾炎武把王学比喻为“毒药猛兽”，所举之例证其实只是孤陋寡闻的吴江老生的唾余之言而已。钱澄之先是默然不作声，既而举顾宪成（1550—1612）《小心斋札记》为例做调和之论。顾炎武不相信顾宪成会引用王阳明的学说，虽然钱澄之当时不记得具体出处，但后来翻检出孙奇逢（1584—1675）《圣学宗传》中所录顾宪成的《小心斋札记》，正是顾炎武所不愿相信的内容。由此可知，在明清之际激于国变而反王学的氛围中，钱澄之并不是反王学的人，梁启超把他列为激烈反王学的顾炎武的“学友”，并不合适。钱澄之的父亲钱尔卓“于象山、阳明之学，多有发挥”，恰好说明钱澄之是从阳明学入手，对阳明学有着深切的体认。

在信中，钱澄之继而借评价顾炎武的学术，阐述自己的学术主张：

宁人学问淹博，弟不能窥其万一，但似详于事而疏于理，精于史而忽于经……至于稽古之勤，考证之核，近世罕有其匹，意其目力所到，应无遗编，而顾先生《小心斋札记》独未之见，又可怪也。抑弟更有请焉：阳明宗象山，象山与考亭异者，吴幼清以为一主尊德性，一主道问学也，圣人之学具是二者。今谓主其

① 《与徐公肃司成书》，《田间文集》卷四，第69页。

一，岂即废其一耶？亦其所从入不同耳。读书而有悟，与悟后之读书何以异哉？若宁人，不喜人言性与天道，专以多闻多见、好古敏求为圣人之为学，则自不信有悟之一路也，岂其然乎？[①]

钱澄之肯定顾炎武“稽古之勤，考证之核，近世罕有其匹”，但又认为顾炎武“详于事而疏于理，精于史而忽于经”，而且“不信有悟之一路”，这种时人评价与梁启超所认为的“大抵清代经学之祖推炎武，其史学之祖当推宗羲”大相径庭。[②]他还认为朱熹和陆九渊只是学术路径之区别，都是圣人之学，两者不可偏废。从这些评价中，我们能看出钱澄之的学术主张，他以经学自诩，同时对“博学于文”之外的“悟之一路”有肯定，反倒比顾炎武偏激路线显得更加博大。

钱澄之宗王学，治经学，但并不像传统经学家那样讲究门户，株守一经，墨守成规，而是博采众长，转益多师，由他治《诗经》学可以充分体察到这一点。

顾炎武之侄徐元文曾给钱澄之的《田间诗学》作序，时为康熙二十八年（1689）冬十月，序云：

先生于《诗》最长，皆原本风雅，故其说《诗》，能实见其所以然，而非悬揣漫测以求苟异者也。夫读书者，惟虚公而无所偏倚，乃有以得其至是至当。朱子之作《集传》，其意亦以为敛辑诸儒之说，而非一人之独见也。惟其先有诋诃《小序》之见横于胸臆，故其援引指摘，时有不能无疑者。后人说《诗》，若先有诋诃《集传》之见横于胸臆，则其所援引指摘，不足以服人之心，有甚于朱子者矣。我独善夫饮光先生之《诗学》，非有意于

① 《与徐公肃司成书》，《田间文集》卷四，第70页。
② 梁启超《清代学术概论》，中华书局1998年版，第17页。

攻《集传》也，凡以求其至是至当而已。于汉、唐、宋以来之说者，亦不主一人也。无所主，故无所攻矣；无所攻，无所主，而后可以有所攻、有所主也。其斯为饮光先生之《诗学》也，其诸异夫攻其所必攻，主其所必主者欤！[①]

徐元文的总结是很符合事实的，钱澄之并不先以某种“宗旨”横亘于自己胸中来定取舍，不是像一般儒生以护卫或攻击朱熹的《诗集传》的立场来进行撰述。他的《田间诗学》没有遵照朱熹《诗集传》废《诗序》的做法，而是“大旨以《小序》首句为主”，同时采录诸儒论说，除了《毛诗正义》之郑玄注和孔颖达疏、朱熹《诗集传》之外，还广泛撷取程颐、程颢、张载、欧阳修、苏辙、王安石、杨时、范祖禹、吕祖谦、陆佃、罗愿、谢枋得、严粲、辅广、真德秀、邵忠允、季本、郝敬、黄道周、何楷等宋明人的诗经撰述二十余家，“自称毛、郑、孔三家之书，录者十之二，《集传》录者十之三，诸家各本录者十之四”。[②]

钱澄之在给张英信中详细阐述了自己撰写《田间诗学》的方法：

弟于《诗》特宗小序，以小序去古未远，其世次本末虽难尽据，然大要不甚谬也。至于注疏传注，诸儒之说，未尝专徇一家。朱子《集传》凡从郑夹漈说者，概不敢遵；若毛氏之傅会，郑氏之穿凿，皆力辟其谬，亦各从其是者而已。《诗》与《尚书》《春秋》相表里，然必考之“三礼”以详其制作，征诸“三传”以审其本末，稽之“五雅”以核其名物，博之《竹书纪年》及《皇王大纪》，以辨其时代之异同与情事之疑信。而

① 徐元文《田间诗学序》，钱澄之《田间诗学》卷首，黄山书社2005年版，第1—2页。

② 《四库全书总目》卷六，中华书局1965年版，第36页。

且列国之封域、山川之形势变迁不一，即今之舆志以考古之图经，而参以平生之所亲历，则郑《谱》言之不详，而图经所载亦未确也。若夫义理文句之奥，诸儒多以臆解，朱子置为未详，细绎经旨，本自分明，循理据实，绝无牵强，于是或发先儒之所未发，或先儒见及之而说未能畅者，则极言以畅之。自乙卯冬以来迄今，凡七易稿矣。二雅异音，三颂各体，周之典礼、殷之宗祀、鲁之郊禘，其源流度数具载于《诗》，莫不为之考详辨正，自谓于经学有微功焉。①

这段话里尤其需要注意的是，钱澄之把《诗经》放置在当时的时代中来进行综合考察，“考之‘三礼’以详其制作，征诸‘三传’以审其本末，稽之‘五雅’以核其名物，博之《竹书纪年》及《皇王大纪》以辨其时代之异同与情事之疑信”，还结合图经，自己的经历，七易其稿才完成。所以《四库全书总目》总评《田间诗学》说：“持论颇为精核，而于名物、训诂、山川、地理言之尤详。”②

与《田间诗学》不遵朱熹《诗集传》不同，钱澄之《田间易学》则“大旨以朱子为宗”。因钱澄之曾从学黄道周的缘故，故其《田间易学》“言数颇详”。但钱澄之并不是专走术数一路，《田间易学》还兼求义理，参取了王弼《周易注》、孔颖达《疏》、程子《易传》、朱熹《周易本义》中义理方面的论述。他对易图的看法比较平允：“其说不废图，而以陈抟《先天图》及《河洛》二图皆因《易》而生，非《易》果因此而作。图中奇偶之数，乃揲蓍之法，非画卦之本。”③

综合以上对《田间诗学》与《田间易学》的考察，我们可以

① 《与张敦复学士书》，《田间文集》卷五，第 86 页。
② 《田间诗学》，《四库全书总目》卷一六，第 131 页。
③ 《田间易学》，《四库全书总目》卷六，第 36 页。

知道，钱澄之于学术并不专主一家，而是“各从其是”，充分体现出后来乾嘉考据所倡导的“实事求是”精神，钱澄之并不是株守家法的经生陋儒，前揭刘师培认为钱澄之“无家法”，恰是钱澄之的优长之处。

三、钱澄之学术思想中的会通精神与现实关怀

钱澄之的学术著作并不是孤立存在着的，也就是说，他在进行学术撰述的时候，心中就有个整体设计，使得他的学术自成一体系。这一体系的核心思想是：“天下非至性之人不可以悟道，非见道之人亦不可以死节也。”[①]他从至性出发，以悟道为中继，以死节为终点，从而完整地构筑了他的学术——人生体系。

在这一体系中，钱澄之以他的《诗经》《易经》研究为基础，庄子、屈原研究为延续。前面论述过，钱澄之的学术是以受学于黄道周（1585—1646）的《易经》研究为基础的，钱澄之晚年回归田间之后，“则覃心学《易》，自谓于图象外别有得也，故又名其居曰乐易堂”，所以先撰述了《田间易学》。钱澄之既而认为《诗经》和《易经》相通，“吾学《易》者也，尝谓《诗》通于《易》。《易》无体，以感为体；《诗》有音，感而成音。彼无所感而吟者，无情之音，不足听也。是以论《诗》者当论其世也，论其地也，亦曰观其所感而已。吾不知世所为温厚和平者何情也？悲从中来，郁而不摅，必遘奇疾，何则？违吾和尔。风也者，所以导和而宣郁也，吾极悲而情始和也”。[②]

由于《诗经》能“导和而宣郁”，从而使钱澄之“极悲而情始和”，可见，钱澄之的学术是为人生的学术，并不是为学术而

① 《庄屈合诂自序》，《田间文集》卷一二，第232页。

② 《田间集自序》，《田间文集》卷一五，第292页。

学术，而是有着活泼泼的生命力。

钱澄之认为《庄子》和《楚辞》是发展《易经》和《诗经》的。他在《庄屈合诂自序》中说："以《庄》继《易》，以屈继《诗》，从而诂之，于二经之宗旨，庶益足以转相发挥。"钱澄之的所谓"诂"，并不是汉儒那样的琐碎训诂，"而谓之诂者，吾于庄不欲高谈玄远，以更增其谬悠；于屈不敢强事穿凿，以曲其悲愤，惟是依文释义，使学者章句分明，以进窥其大旨之所在，犹是吾《易学》《诗学》之义也"。[①]

钱澄之把《庄子》和《楚辞》合一进行训诂，其实是为了进一步阐释他的以《易经》为本、《易经》和《诗经》合一的思想："岂惟庄子本于《易》？屈子亦《易》也。吾以屈子续《诗》，庄子亦诗人也。诗可以群，可以怨，屈子其善于怨，庄子其善于群者乎？吾合诂之，使学者知庄屈无二道，则益知吾之《易学》《诗学》无二义也。"[②]

钱澄之构筑起以《易经》为基础，以《诗经》为羽翼，并广之《庄子》和《楚辞》的学术体系，核心是从这个体系中，至性之人可以悟道，从而死节。《四库全书总目》窥见了这一点，"盖澄之丁明末造，发愤著书，以《离骚》寓其幽忧，而以《庄子》寓其解脱，不欲明言，托于翼经焉耳"。[③]

钱澄之是以著述来抒发其孤愤，所以他从来就不是一个埋首书斋的老儒，在学术著述的隐微之处，跃动的是他经世济民的

① 《庄屈合诂自序》，《田间文集》卷一二，第231页。钱澄之的好友方以智亦持此种观点，方以智《东西均·神迹》："晤（悟）同未悟，本无所住，《易》《庄》原通，象数取证，明法谓之无法，犹心即无心也，何故讳学，以陋橛株？是谓（以理学）激禅。"（方以智著，庞朴注释《东西均注释》，中华书局2001年版，第158页）关于明遗民论庄子，参考谢明扬的博士论文《明遗民的庄子定位论题》。（台湾大学文史丛刊第115种，台大出版委员会2001年出版）

② 《庄屈合诂自序》，《田间文集》卷一二，第232页。

③ 《四库全书总目》，第1139页。

忧国忧民之思。比如，他在《田间诗学》严谨的《诗经》考辨背后，“而更欲与世共明者，则‘变风’‘变雅’是也”，这是什么意思呢？长期以来，研读《诗经》的士子多遵循《诗》是“温柔敦厚”的看法（“温柔敦厚，诗教也”），淮南王刘安对《诗经》的评论“《国风》好色而不淫，《小雅》怨诽而不乱”，钱澄之认为《国风》记载卫宣、齐襄、陈灵之事：“丑言无忌，宁讳其淫乎？采风者因其言之丑而录之，以为淫者诫，故曰‘不淫’，以是谓之温厚，而诗人未尝温厚也。《小雅》当幽厉之世，宫闱左右肆其指斥，不谓之乱，得乎？原其心，惟冀闻之者之知所畏惧，虽得罪而无悔，故曰‘不乱’。以是谓之和平，而《诗》未尝和平也。是以论《诗》者，必论其世也：生当明备之世，自有安和岂乐之音；处多难之时，自多哀怨愁苦之调……今之为诗者，大抵缘饰汉事，规摹唐音，不顾其所当之时，所处之地，务袭陈言，全失本色，虽格调俨然，而真意尽矣，而犹斤斤号于人，以为不如此则不可名风雅。呜呼！是亦未有以《国风》《小雅》之义告之者矣”，“弟于诸什，字字诂释，寻绎发挥，益尽其妙。虽曰研经，亦思有以晓夫世之侈口风雅者，使自得诸其性情也”。[①]可见，钱澄之对“风雅”的理解，与经学家有着多大的差异！

前揭徐元文给《田间诗学》所作的序很有意思，一方面肯定钱澄之的变风变雅说，一方面则认为:

夫有先生之《诗学》，而后能为先生之诗，惜乎其放弃而不复返，其言无所施之于清庙明堂，为光华硕大之辞，而第仿厥体于变风、变雅，以写其忧思牢愁也。[②]

① 《与张敦复学士书》，《田间文集》卷五，第87—88页。

② 《田间诗学序》，《田间诗学》卷首，第1页。

作为清朝官僚的徐元文钦佩钱澄之的才学，然而，他感慨钱澄之的才学“无所施之于清庙明堂，为光华硕大之辞”，只是用变风变雅来抒发“忧思牢愁”，看出了钱澄之《诗经》研究蕴含的深沉的黍离之悲。另，从徐元文的评论可以推测，他很可能只是看到了钱澄之的《诗》学著述，而没有看到钱澄之寄托庙堂之悲的史著。这方面，除了他记述隆武、永历史事的《所知录》之外，[1]他的修志思想与实践特别反映出钱澄之史学经世的特点。

钱澄之对修志的意义与价值有自己独特的认识，他说：

夫郡志犹国史也，异时朝廷纂修，往往取各郡志以为张本。史不可以不信，则志不信可乎？今世之好伪也，凡一切行状、碑志皆饰词谀说，大抵出于其门生故人之手，不则其子弟力能得之于当时士大夫之名能文者，或以贿取之。若是，则必有无力无贿而其人其事遂湮没无传者，多矣。而作史者遂欲据之以纪实，毋怪今之史争以为伪史也。惟是郡邑志非一家之私言，乡评难淆，庶几犹存公论之万一于此，而更不信焉，则史宁有一足据者乎？[2]

钱澄之认为郡志能起到国史的作用，在崇祯朝灭亡、实录不修的情况下尤其如此，但是郡志如果不据实直书的话，也会造成很大的问题，会使“伪史”横行。钱澄之在颠沛流离之中，不忘投身于郡县志的编纂之中，就蕴含了为前朝保留史迹，使真相得以传世的用意。1646（丙戌）、1647（丁亥）年间，钱澄之在福建，建宁的当事者嘱托他修纂郡志，钱澄之发现已经修成的各

① 钱澄之《所知录》，黄山书社 2006 年版。

② 《建宁修志与姚经三司李书》，《田间文集》卷五，第 74 页。

县县志里面以"节义"列名的人很少，他对此非常奇怪，询问建宁当事者，原来是官员因为害怕，不敢把丙戌秋抗清死难者录入郡志。钱澄之努力争取，也只是保存了几个大家熟悉的人。[①]壬子（1672），钱澄之经过江阴，江阴县令苦留他修志书。钱澄之问县志可不可以记载乙酉秋（1645）守城抗清的事迹，县令说不能，钱澄之说："他吾不知，如戚中翰勋，城破之日，一门七命自尽，血书在壁，今屋毁壁立，每阴雨，字血逾鲜，如此忠赤，能使其终于湮没不彰乎？名教攸关，鬼神可畏，仆未敢闻命也。"于是辞去。钱澄之感慨："由是观之，吾人耳目既隘，地方居官者复以此事为忌，人传者益少，则吾人之所得知者盖寡矣。"[②]现在对钱澄之参与修纂的县志是否留存不是很清楚，但从他自述的经历，可见其用世之旨，无疑这种经世精神也贯注到前述学术著作中，不能简单以纯粹为学术而学术的作品视之。

四、余论

综上所述，钱澄之的学术思想有着鲜明的特点：首先，他虽然有王学的渊源，却并不专宗王学，而是博采众长，会通融贯，体现出学术的博大气象，这和清代学者讲门户，甚至专守一家，株守一经的情况有很大不同。其次，钱澄之的学术研究有着强烈的现实关怀，他的学术虽然不似乾嘉学者那么精纯，也没有做过整理典籍的工作，如果只是从学术功力排行榜来评价，他也许不算是最一流的学者，但是，他的学术都是有为而发，不是简单地为学术而学术，从而，他与那个波澜壮阔的时代发生了互动，他的学术研究成果也就成为理解明清之际这个时代的极佳材

① 《建宁修志与姚经三司李书》，《田间文集》卷五，第 77 页。

② 《复陆翼王书》，《田间文集》卷五，第 84 页。嵺城陆翼王曾辑明季以来诸君子死事实迹，汇为一编，取名《争光集》，请钱澄之作序，这是钱澄之的复信。

料，是不应该被忽视的。

那么，回到前揭张舜徽先生所发感慨，钱澄之为什么成为学术史上的失踪者呢？

首先，清代学术史研究自晚清发轫以来，已经取得极为丰硕的成绩，[①]其中尤其以对乾嘉学术的研究蔚为大观，[②]为后来的学术提供了非常好的范例和基础。对清学史研究大致体现为两种走向，一是梁启超、胡适等人基于民国氛围而提出乾嘉学术是中国的“文艺复兴”，梁启超认为清代学术较之先前有两大特色，一是“厌倦主观的冥想而倾向于客观的考察”，另一方面则是“排斥理论，提倡实践”，[③]因此浓墨重彩于表彰乾嘉“诸老整理旧学之总成绩”。[④]如前所述，钱澄之在这些榜单上虽偶有列名，但对经典整理与研究的成就比起王氏父子、段玉裁等无疑要逊色，所以也就被存而不论。在这种论述逻辑下，为乾嘉学术这座高峰寻源，就成为很自然的学术冲动，这方面的成果与论述极多。[⑤]其次，以钱穆为代表主“义理”的学者，则反梁启超的乾嘉学术为理学反动说，认为“清代经学考据之盛，亦理学进展中应有之一

① 参阅武少民《20世纪清代学术史研究回顾》，《东北师大学报》（哲学社会科学版）2002年第3期。

② 参阅陈祖武、朱彤窗《乾嘉学术编年》与《乾嘉学派研究》，河北人民出版社2005年版。陈祖武先生新近出版的《清代学术源流》（北京师范大学出版社2012年版）是为总结性著述。相关研究目录，请参考林庆彰主编《乾嘉学术研究论著目录（1900—1993）》（台北中研院文哲所1995年版）；另请参考相关研究综述，如雷平《近十年来大陆乾嘉考据学研究综述》（《史学月刊》2004年第1期），周积明、雷平《清代学术研究若干领域的新进展及其述评》（《清史研究》2005年第3期）。

③ 梁启超《中国近三百年学术史》第一讲《反动与先驱》，东方出版社2012年版，第1—12页。

④ 《中国近三百年学术史》第十三讲至第十六讲第216—432页。

⑤ 参阅胡凡《二十年来乾嘉学派形成原因与学术分野研究综述》，《中国史研究动态》2003年第2期。

节目，岂得据是而谓清代乃理学之衰世哉”？[①]因此他撰述的《中国近三百年学术史》以理学为主干，表彰理学以挽救世道人心。[②]钱澄之并不以义理撰述著称，自然也被弃而不论。至于在1949年之后的清学史论述，另有一路义理方面的成就是以侯外庐先生为代表，发掘明清之际的启蒙思想，成果亦极为丰硕，在这一理路中，顾炎武、黄宗羲、王夫之三大思想家被标举得极为突出。[③]钱澄之的学术思想体现不了这种理路，于是也只能成为旁观者。

因此，如果我们暂时把为乾嘉学术寻源、为启蒙寻源的研究范式放在一边，回到历史现场，在现今明清之际文献被大量呈现的时代，不以乾嘉学术的“精纯”或思想前卫进步为标准来观照明清之际这个波谲云诡的时代，把学术、思想与历史更好地结合，充分理解明清之际的学者“他们不是为学问而做学问，是为政治而做学问。他们许多人都是把半生涯送在悲惨困苦的政治活动中，所做学问，原想用来做新政治建设的准备，到政治完全绝望，不得已才做学者生活”，[④]有了这种认识，我们也许就能透过他们的“学术”而更好地理解那个天崩地解的时代。

（原载《明清论丛》2014年第2期）

① 钱穆《〈清儒学案〉序》，《中国学术思想史论丛》（八），安徽教育出版社2004年版，第357页。需要注意的是，钱穆所谓“理学”是以朱子学为中心的，王学及其后学并未收到关注。

② 钱穆《中国近三百年学术史》。其他著作还有：林庆彰、张寿安主编的论文集《乾嘉学者的义理学》（台北中研院中国文哲研究所2003年版），以及张寿安《以礼代理：凌廷堪与清中叶儒学思想之转变》（台北中研院近代史所专刊第72号，1994年）、《十八世纪礼学考证的思想活力——礼教论争与秩序重省》（台北中研院近代史所专刊第86号，2001年）。

③ 主要参考侯外庐主编《中国思想史》第五卷《中国早期启蒙思想史》（人民出版社1958年版），以及萧萐父、许苏民《明清启蒙学术流变》（辽宁教育出版社1995年版）。

④ 《中国近三百年学术史》第二讲《清代学术变迁与政治的影响》，第16页。

钱澄之易学思想散论

◎蒋国保

钱澄之（1612—1693），在明朝生活了32年，在清朝生活了50年，作为“天崩地解”时代的思想家，他的思想无疑反映了那个时代之学人固有的忧患与悲悯。就学术著作而言，他的忧患与悲悯，当主要表现在《田间易学》《田间诗学》。《田间易学》《田间诗学》，在四库馆臣看来，学术水平都相当高，皆堪称道。然320年间，研究钱澄之易学与诗学者寥寥，令本值得称道的学术迄今湮没无闻。有鉴于此，本文据《田间易学》以研究钱澄之的易学思想，希望系统、全面地把握钱澄之易学思想，以促进钱澄之学术思想的研究。之所以取名曰“散论”，无非是表明本文所写在结构上不刻意追求整齐划一，并非意在强调论文的散文化，以散文的方式写作此文。

一

钱澄之易学集众易学家思想之长，其思想渊源也就十分博杂。四库馆臣说，其易学之“象数”学思想，渊源于京房、邵雍、黄道周，而主要接续黄道周；其“义理”学思想，渊源于孔颖达、程颐、朱熹，而“大旨以朱子为宗”[①]。四库馆臣这一

---

① 纪昀等《田间易学提要》，载钱澄之《田间易学》，黄山书社1998年版，第743页。

论断远不足以揭示钱澄之易学思想来源上的博杂性。为了揭示钱澄之易学之思想来源上的博杂性，除了徐秉义的《田间易学序》，当先研读《田间易学》卷首的《易学凡例》。根据《易学凡例》，钱澄之论及的易学家有：扬雄、京房、王弼、韩康伯、卫元嵩、孔颖达、程颐、朱熹、邵雍、苏轼、邵伯温、陈抟、归有光、蔡清、黄道周、何楷、方孔昭、方以智、钱立志、钱法祖。在这二十家之外，钱澄之于《田间易学》中常引用的宋元明易学家尚有：张载、朱震、晁说之、吕祖谦、丘富国、钱义方、韩邦奇、张栻、项安世、丁易东、黄瑞节、胡炳文、郭雍、蔡渊、魏了翁、游酢、刘爚、王申子、胡方平、胡一桂、蔡清、郝敬、焦竑等。在《田间易学》中还有十余人虽有所引用，却因一时查不出其生平与著述而未予列举。但仅仅就这四十三家而论，钱澄之易学思想之来源上的博杂性也是可以推断的。

钱澄之对上列四十三家的论说之引用，或少或多，少则数次、多则十数次乃至数十次，不尽相同。在引用“尤多”（数十次以上）者中有王弼的《周易注》、孔颖达的《周易正义》、程颐的《周易程氏传》、朱熹的《周易本义》、胡一桂的《周易本义附录纂疏》、蔡清的《易经蒙引》、胡炳文的《周易本义通释》、钱立志的《见易》、黄道周的《易象正》、何楷的《周易订诂》、方孔炤的《周易时论》。从这十一家及其易著来看，钱澄之易学思想之渊源可具体分为三层：第一层为魏晋至晚明各家易说，其中尤以兼顾“象数”与“义理”的易说为重；第二层为其师黄道周的易学以及与他当面“相质问”的长者何楷的易学；第三层为桐城桂林方氏易学；第四层为钱氏家传易学。钱氏家传易学，开创于其祖钱融堂，发展成熟于其父钱立志，钱澄之集其大成，又传其子钱法祖。钱融堂的易学著述不明，钱立志的易学著述名《见易》、钱澄之自己的易学著述为《田间易学》；钱法祖的易学著述名《问易堂私识》，其中亦载有其表兄伯玉、湘之、幼安三人的易说数条。钱澄之的易学思想，应该说是这四层易学融会贯通的产物。其所以能贯通，既因为他坚持朱熹《周易本义》之“象数”与“义理”兼顾的取向，亦因为桐城桂林方氏易学与黄道周易学本来就有密切的联系。方以智在《时论后跋》中明确指出，方孔炤身陷西库时，曾与同陷西库的黄道周切磋易学“阅岁有八月”；方以智仲子中通更进而指出，方孔炤不但在西库与黄道周推衍易图，晚年又“通黄公之塞”（见《周易时论合编》卷首），克服了黄道周易学中不通之处。可以推断，如果方氏易学与黄道周易学相睽隔，则钱澄之在接续黄道周易学传统时，就不可能称引方氏易学以彰其说。

钱澄之反复引用这些著作，遵循以下原则：（1）宋代以前著述，“取其与宋儒旨不相悖，或有以开宋儒之先，或足与互相发明者”[①]，而是否合乎这个标准，又“要以程《传》及《体义》为据”，王弼《周易注》、孔颖达《周易正义》，就因为符合这个标准而被反复引用；（2）对程颐《易传》与朱熹《周易本义》则择善引用，“程《传》言之较畅者，则舍《本义》而存《传》，若《传》与《本义》各有发挥，则两存之，总取其义理通达而已”（《田间易学》，第1页）；（3）宋代以后，元儒的易学著述，因为“一以程朱为据”而“所录居多”（《田间易学》，第2页），例如胡炳文《周易本义通释》、胡一桂《周易本义附录纂疏》之被反复引用，就因为符合这个标准；而明代的易注虽多至“数十百种”，然因“近于穿凿”（《田间易学》，第2页）而为他所不取，只引用蔡清的《易经蒙引》，因为“蔡虚斋专主《本义》，而体贴极精，发挥尤畅”（《田间易学》，第3页）。从其引用原则看，四库馆臣断言其易学“大旨以朱子为宗”是符合其思想实际的。

① 钱澄之《田间易学》，黄山书社1998年版，第1页。下引该书只随文标注书名及页码。

二

《田间易学》卷首，除收有徐秉义的“序”以及钱澄之自拟的“易学凡例”外，尚收有《周易杂考》。此“杂考”，所考其实并不庞杂，它只涉及《周易》古今版本样式问题。这个问题，无非是指《周易》经文是否分上经下经、经文与传文相连还是相分之类的问题。对这类问题，流行的看法认为，古本《周易》不但经不分上下，而且经文与传文本不相连，各自独立，只是由于郑玄、王弼的先后改编，今本《周易》才变成了经文分上下、经文与传文相连的样式。王弼改编的今本《周易》，后来一直流传不绝，成为标准版本。然而宋代的晁说之、吕祖谦、朱熹却相继努力恢复《周易》古本样式。钱澄之认为，经朱熹之恢复，“已定正古文《周易》矣”（《田间易学》，第8页），但此后流传的仍是“淆乱之本，非古文也”（《田间易学》，第8页）。钱澄之为此感叹说：“古圣之经何其变之易而复之难，复之难而再变之又易也？”（《田间易学》，第8页）在他看来，六十四卦为伏羲所演，卦辞为文王所系，爻辞为周公所系，《易传》为孔子所撰；然而“《易经》之分上、下，必始于文王定《周易》之时”（《田间易学》，第8页），非后来才分的。传文（彖、象、文言）是孔子用来解释经的，“孔子恐其与文王辞（卦辞）杂，是以不合”（《田间易学》，第8页），所以古本《周易》传文（彖、象、文言）并不与经文相连。将传文称作“传”，出自孔子自己；而将六十四卦及卦爻辞通称作“经”，“不知起自谁始”（《田间易学》，第7页），只知在西汉孟喜注《周易》本已作“上、下经”之分，则题“经”字，当在孟喜之前；经文、传文既相分，则传文题目必殿以“传”字，决不能省掉“传”字，只作《系辞》《彖》《象》《文言》

等等。这样的省略为王弼所为，决非孔子所能接受，因为孔子要区别其“系辞”和文王“系辞”（卦辞），就只能殿以“传”字来区别之。

这就是钱澄之通过《周易杂考》所要表达的主要看法。此外，他恢复了“古《易》篇次：《周易上经》第一，《周易下经》第二。十翼：《周易彖上传第一》《周易彖下传第二》《周易象上传第三》《周易象下传第四》《周易系辞上传第五》《周易系辞下传第六》《周易文言传第七》《周易说卦传第八》《周易序卦传第九》《周易杂卦传第十》”（《田间易学》，第6页）。问题是，钱澄之考订古《周易》，似乎并非服务于其著作之体例，因为《田间易学》固然分别处理经与传，但只将《系辞》上下、《说卦》、《序卦》四传与经文分开，却仍承袭旧法将《彖》《象》二传与六十四卦经文相连、将《文言》与乾坤二卦经文相连；而相连的做法又有所不同：于《乾》《坤》两卦，是将该三传有关传文统附卦末，而此外六十二卦均是将《彖》《象》二传有关传文分附每卦卦辞之后，再将《象》传分附每一爻爻辞之后，这与朱熹将经文与“十翼”完全分开的做法是不同的。至于为何要这样编排，他没有给予说明。胡一桂论曰：“其初犹若今《乾》卦、《彖》辞、《文言》统附卦末。至王弼始以《彖》与《大象》之辞附卦辞下，分爻《小象》之辞各附当爻。辞下加‘彖曰’‘象曰’以明之”（《田间易学》，第6页）。臆之，钱澄之如此编排，似兼顾了郑玄与王弼的编排，也体现了其易学会通各家之特征。

《田间易学》卷一之“象数”学内容，具体可以分为三部分：第一部分论伏羲、文王八卦、六十四卦次序、方位图；第二部分论河图、洛书；第三部分在“筮法”的名义下纵论重卦（八卦、六十四卦）的推衍原则与推衍方法以及释卦之“通例”，亦即释卦的范式。下面依次论述之。

其一，伏羲、文王卦之次序、方位问题。这实质是追究卦是如何创造与扩展的。在这个问题上，历来的见解可概括为三说：画卦说、仿图书说、蓍演说。孔安国、刘歆皆以为伏羲仿河图以画八卦，朱熹更“以《图》中虚五与十为太极，奇偶数各二十为两仪；以一二三四合五而为四象；拆四方之合为乾、坤、离、坎，补四隅之空为兑、震、巽、艮”（《田间易学》，第11页），针对此说，钱澄之明确指出他不能认同：“皆牵强成说，愚不敢从。”（《田间易学》，第11页）。蓍演说与仿图书说的根本区别，在于它否认卦是画出来的，而以为卦是通过四十九根蓍棒演算出来的。此说也是钱澄之所不能接受的，因为在他看来，此说颠倒了“蓍”与《易》的先后关系，将《易》之推演（证明）方法说成《易》之得以产生的方法，然而实际上正相反，“揲蓍以尽《易》之变耳”（《田间易学》，第11页），“蓍因《易》而出，以通《易》之变者也”（《田间易学》，第12页），“蓍”只有在《易》之后才能产生。

钱澄之的基本看法是，《图》《书》与“蓍”都是“以通《易》之变者”，都后于《易》。这就不得不令人提出一个问题：他以为《易》是如何创造的？他的回答是：《易》是画出来的。《系辞传》已明言伏羲仰观天文、俯察地理而作八卦。此“作”字，历来的解释都以为是指“画”卦。但若再问如何“画”，又各主其说。或以为伏羲仰观俯察天地万物而有感悟而画，或以伏羲模仿“河图”而画，或以为伏羲聆听“八风”而有感触而画。[①]钱澄之说：“夫画卦在先，生蓍在后，观伏羲画卦之序，先有四象而后有八卦。”又说：“象者，圣人所画奇偶是也。”又说：“象列惟奇偶，重之尽于六十四卦。”（《田间易

① 李昉编纂，孙雍长、熊毓点校点《太平御览第8卷》，河北教育出版社1994年版，第728页。

学》，第85页）。这是说无论是单卦还是重卦，都是基于奇偶二象，是在画出奇（——）偶（– –）二象以后再推演出来的。那么，推演的原则是什么？

在钱澄之之前，叶适早就反对演蓍成卦说，而强调卦是画成的。如何画成卦？用他的话说，这个问题就是“易之始画”问题。叶适论此问题云：“其为三，阳也，天也，此易之始画本一而三者，非三则无以为八也；其有阴，则地也。理未有不对立者也。阳之一雷二水三山，阴之一风二火三泽，此卦也。其为六也，阳则《乾》《震》《坎》《艮》，阴则《坤》《兑》《离》《巽》，此义也。以卦则三足矣，以义必六，而交错往来，所以行于事物也。学者观其一，不观其二，此易道所以难明也。”[①]这说的是八卦由单卦变为重卦的方法，用叶适自己的话说，就是由“其为三”变为“其为六”。“其为三”指单卦，“其为六”指重卦。八单卦的形成的具体步骤是：先画三阳爻，此为“易之始画”，然后依据“有其阳则必有其阴”的思想原则，由阳爻推出阴爻，三阳爻、三阴爻画出来后，第三步是推出其余六单卦。

相对于叶适的易之推演原理——“理未有不对立者”，将“往顺来逆，阴阳之大分也”（《田间易学》，第25页）视为钱澄之的易之推演原理，就再恰当不过。钱澄之解释说：“凡自下而上曰往，自上而下曰来。”（《田间易学》，第25页）往为顺，来为逆，则从他的论述来断，他实际上认为重卦就是阴阳二象（——– –）根据“往顺来逆”原理推出来的。他解释此推演过程说：“一生二，二生四，四生八，八生六十四，一时俱就。”（《田间易学》，第593页）以为此推演过程并不意味着人的主观安排，只意味着人依据“阴阳之大分”而客观地反映爻象刚柔相推关系。而圣人创造《易》无非是简单地画出这一

① 叶适《习学记言》，上海古籍出版社1992年版，第5页。

关系，用不着复杂的数学演算："圣人作《易》，只是一奇一偶，于一奇上再加一奇一偶，于一偶上亦加一奇一偶，如是而成四象，何尝用七、八、九、六之数哉？"（《田间易学》，第44页）

其二，河图、洛书问题。钱澄之论曰：

《大传》曰："河出图，洛出书，圣人则之。"本继天生神物而言，是知《图》《书》者，圣人则以生蓍，非则以画卦也。故前篇详载《河图》之数，以为大衍之数所自始，若《洛书》，又《河图》之证佐耳。《易》《自易》，蓍自蓍，圣人画卦之时，只据所见阴阳奇偶之理为两仪，为四象，为八卦，以至重为六十四卦，皆自然而成，不假安排。原非有见于《图》《书》，仿而为之也。而《图》《书》所列阴阳奇偶之数，亦自然有两仪，自然有四象，与圣心所见者适合。虽不列八卦，而八卦与六十四卦之理，固已具足于四象之中。以蓍演之，遂有四千九十六卦之变，非蓍则卦不能变也。其曰《易》有四象，指圣人作《易》之有四象，而《图》《书》与之符也。《图》《书》为生蓍而出，盖造化所以通卦画之变，而尽圣人之神耳。《图》《书》之数，尽于四象，而必牵合八卦者，迂也。朱子于《河图》既拆四方之合，以为乾、坤、坎、离；补四隅之空，以为兑、震、巽、艮。于《洛书》，则以四方之正为乾、坤、坎、离，而以四隅之偏为兑、震、巽、艮。以位数分配，亦如后世纳卦之说。以文王八卦，纳入《洛书》，硬与差排，殊无义理。盖误认《易》所有之四象，皆本于《图》《书》，不知《易》有《易》之四象，《图》《书》有《图》《书》之四象。《图》《书》之四象，六、七、八、九之数是也。圣人作《易》，只是一奇一偶，于一奇上再加一奇一偶，于一偶上亦加一奇一偶，如是而成四象，何尝用七、八、九、六、之数哉？以七、八、九、六为四象者，揲蓍所用也。卦爻之称九、六者，后圣人因蓍之数老变而少不变，故以九、六为三百八十四爻之通称，取其爻爻皆可变耳。是则《图》《书》为蓍而出，九、六因蓍而称也。（《田间易学》，第43—44页）。

在这段论述中，钱澄之将《图》《书》不看作“图象”，而是归为“数”，由此以阐发《易》非本于《图》《书》，而《图》《书》反倒是用以尽《易》之变，即是用来解说《易》的。这是因为无“蓍”则不足以尽《易》之变，而《图》《书》则正“为生蓍而出”。“九、六因蓍而称”，则《图》《书》虽非《易》之本，然其义理与《易》相通，只是它是自然相通，决非人为编排所致，所以似朱熹那般“硬与差排”，便“殊无义理”，不足取。

在他看来，《图》《书》乃为蓍而生，应用来解蓍，否则《图》《书》由何处体现其变化无穷：“彼《河图》《洛书》所谓七、八、九、六之数，苟非由蓍衍而出之，其变之不穷由何而见？”（《田间易学》，第128页）他还不赞成蓍法生于文王演《易》之时，一再强调“夏商揲蓍”（《田间易学》，第128页），以为蓍法早在夏代就得以产生与运用。

除《图》《书》外的“易图”，钱澄之总体上给予了否定的评论，以为“要于易理无裨，徒取新人耳目尔”（《田间易学》，第4页）。也许出于这一认识，在《田间易学》成书时，他将钱氏所创制的“数图”一并“削去”。但在《田间易学》中，仍保存有“‘二气如环’一图”（《田间易学》，第4页）。此图全称为《阴阳二气如环图》。该图顺时针左行表阳气逐渐由盛到弱，逆时针右行表阴气逐渐由盛到弱，外环之左行以“乾”卦六爻表阳由盛到弱过程，依次为（由下往上）：乾初九、乾九二、乾九三、乾九四、乾九五、乾上九；

外环之右行以“坤”卦六爻表阴由盛到弱过程，依次为（由上往下）：坤初六、坤六二、坤六三、坤六四、坤六五、坤上六；在“上六”下标有“天根”，以示“阳入阴出”；在“上九”下标有“月窟”，以示“阴入阳出”。内环配以十二辟卦与十二地支。十二辟卦以坤乾二卦分左右，左边自下往上依次为：坤、复、临、泰、大壮、夬；右边自上往下依次为：乾、姤、遁、否、观、剥。左边之坤、复、临、泰、大壮、夬依次对应亥、子、丑、寅、卯、辰；右边之乾、姤、遁、否、观、剥依次对应巳、午、未、申、酉、戌。而内环与外环亦对应。内环之坤、复、临、泰、大壮、夬与亥、子、丑、寅、卯、辰依次对应外环之坤上六、乾初九、乾九二、乾九三、乾九四、乾九五；内环之乾、姤、遁、否、观、剥与巳、午、未、申、酉、戌依次对应乾上九、坤初六、坤六二、坤六三、坤六四、坤六五。

从这个图可以看出，邵雍的“天根月窟”说、汉儒的十二辟卦（十二消息卦）说以及卦气说，都是他创制此图的思想资源。他无非是借用这些资源来创制之，“以明阴阳之出入，所以分内外、别主宾”（《田间易学》，第4页）。

其三，从《筮法》开始，讨论的是重卦的推衍原则与推衍方法以及释卦之“通例”，亦即释卦的范式。这方面有两个论题：一是讨论衍卦的方法；二是讨论释卦的通例。钱氏关于解《易》通例的论述，将于下面分析。这里先分析他如何论衍卦方法，即八单卦衍为八重卦（八纯卦）、再由八重卦衍为五十六卦的方法。在钱氏那里，这包括以“揲蓍求卦”（《田间易学》，第93页）以及卦变的方法。他说：“揲蓍求卦之例，必先动而后变。”（《田间易学》，第129页）“先动而后变”，是指“虽变者数爻，而动只一爻”（《田间易学》，第129页），就是说由于此后起的一爻之变动而决定此前数爻变化之最后结局（成为某卦），是揲蓍求卦的通例。他解释说：“左氏占法，虽以变与动并言，而所主者，动也，故占者不举变爻……焦延寿专用变爻，自一爻变，以至六爻变，只看所变之卦以为占……盖得圣人一卦可变为六十四卦之说，知变而不知动者也，亦以动即变也。”（《田间易学》，第130页）这是批评汉儒焦延寿混淆动变，专以变爻为占，而不懂以“动”为主，根据“动爻”为占。明儒蔡清论云：“如五爻变，一爻不变，占者不变一爻为主，此不变之一爻者，其动者也。”（《田间易学》，第129页）就是将不变一爻视为“动爻”。然钱氏于《变动说》中却反驳蔡清：“变爻既多，乃取变爻之动者以为占，岂有复举不变者以谓之动乎？”（《田间易学》，第129页）如果数爻皆变，以何为动爻？他的回答是区别“变爻”与“动爻”，将最后变的一爻视为动爻：“自二爻变，以至于五爻变，必有最后变之一爻。盖此最后变之一爻甫动，而从上诸已变之爻，皆以定也。故虽变者数爻，而动只一爻，以此言动，则变与动，不相悖，亦不相碍。”（《田间易学》，第129页）这显然是将决定某卦之所以为某卦的那个变爻看作动爻，比方只有一个爻变，那变动的一爻即动爻；有二个爻变，那第二个变动的爻，就是动爻。有三个爻变，那第三个变动的爻，就是动爻。余皆类推。

将变爻区分为“动爻”与“变爻”，在钱澄之看来，决不是从卦象分阴阳，而是从爻象分阴阳。这是因为他认为分阴分阳只有于爻象（阴阳相间）中才有可能：

阴阳相间，而有爻名。爻者，交也。凡见诸画者，谓之位。位相间者，谓之爻，位则一定而不可易，爻则本阳也，而以阴居之；本阴也，而以阳居之。《大传》曰：“道有变动，曰爻。”言其阴阳不可定也。……三画不言爻，而言象，至重卦有六画，而言爻，则爻取阴阳相间之位无疑矣。九、六则所谓分阴分阳，迭用柔刚也。三画称象，六画具而称爻。六爻具而成卦，而卦亦称象，爻亦称象，然六画之爻，可以兼象，而三画之象，不可以言爻。（《田间易学》，第125—126页）

与论“揲蓍求卦”相比，钱澄之对如何变“卦”论述不多，而且所论也不那么清晰。我们通常将变“卦”区分为“变卦”与“卦变”。这在钱氏的论述里被区分为“蓍变”与“卦变”，所以他明确指出：爻位阴阳互换，“明为卦变，非蓍变也”（《田间易学》，第67页）。钱氏指出程朱关于《彖传》“卦变”的解释相左，然后对朱熹以“爻位移下挨上”作为“卦变”通例表示怀疑，因为在他看来，“卦变难以执一”（《田间易学》，第70页），则似朱熹那般“变卦”亦就“凿甚”，“终未免于蛇足矣”（《田间易学》，第69页）。那么如何具体“变”卦？他说“三阴三阳之卦，自《泰》《否》来，于《彖传》卦变之说，无不可通。”（《田间易学》，第69页）又说：“用意推说，但期于《彖传》不悖耳。”（《田间易学》，第70页）以为这没有什么固定的通例可循，只有根据《彖传》卦变说灵活推断。

钱澄之关于释《易》范式——包括《易》之自身称谓通例、汉儒释卦范例以及其自己对《易》之思想原则的概括与总结——的阐述，主要见于以下六论中：

一、论“易变”。论云：“凡《易》之称数，皆指七、八、九、六；称变，皆指阴阳老少之变”（《田间易学》，第129页），这是对《易》之称“数”、称“变”的概括，它告诉人们，《易》所谓“数”“变”，都不是泛泛而言，都是特指。

二、论《易》之所谓“变”当区分为“变化”与“变通”。论云：

《大传》之言通变亦自不一，曰“通变之谓事”，曰“变而通之以尽利”，曰“通其变，使民不倦”；继之曰：“《易》穷则变，变则通，通则久。”是变者，数之已穷而当变也。通者，因其当变而变之也。吾谓通与变，同为变也，而有辨焉。今夫物极则变，然造化之机，有不能一时顿变者，如寒极而暑，非遽能暑也，必渐变而温，而后至于大暑。暑极而寒，非遽能寒也，必渐变而凉，而后至于大寒。盖潜移默换，使人受其变，而不觉其变，斯为通也。是故阳数极于九，九则当变矣，不变六而变八者，以老阳变为少阴，犹是阳仪中之阴也。阴数极于六，六则当变矣，不变九而变七者，以老阴变为少阳，犹是阴仪中之阳也。程子曰：“圣人主化，如禹之治水，当顺治之。”顺者，通之谓也。古之治水者，太上因之，其次利导之，最下者与之争。夫所谓利导者，亦因其势而导之也。孔子曰：“殷因于夏礼，所损益可知也；周因于殷礼，所损益可知也。”夫或损或益，此变之事也。然因之而为损、为益，此通之说也。（《田间易学》，第130页）

强调变化，是易学的根本精神所在。钱澄之将这“变”（易）区分“变”与“通”两种形态，“通”是指渐变，变而使人不觉其变；“变”是顿变，如寒极而暑，暑极而寒，一时顿变。用于解释筮法，九六为生数、老阳老阴数，求得九六数当变，然实际上不变六而变八、不变九而变七，就是因为变八、变七属于变通，而非变化。变通只改变卦位，但由于前者仍然是阴仪中之阳、后者仍然是阳仪中之阴，这种变通只是顺势而变，并未改变它原来的属性。

论“错综”。他说：“错综二字，载诸《易》者止此，本揲蓍求卦之法，近世来矣鲜单拈此说《易》，为不传之秘，其谓错者，本诸《说卦传》。八卦相错，犹有据也，乃以反对之卦为综，谬也。即如矣鲜所云，依《本义》一低一昂之谓综，亦当以两体成卦一上一下而言，如地山《谦》、山地《剥》之类。若反对，则即一卦未动，而正看为一卦，反看为一卦也。综之义于何取乎？矣鲜学《易》三十年，始悟得错综二字，乃未见宋儒反对之说耶？”（《田间易学》，第93页）来矣鲜即来知德。根据来知德自己的定义，所谓“错”，是指“阴与阳相对”，如乾卦与坤卦，指阴阳卦爻画皆相反对，所以来氏强调“八卦相错，六十四卦皆不外此错也”；所谓“综”，“即织布帛之综，或上或下，颠之、倒之者也”[①]，是指八卦六十四卦卦象上下相互颠倒。然而钱澄之却认为，就八卦而言，以“错”成卦是有根据的，讲得通，可来氏以为六十四卦皆可以“综”法求得，就说不通，是谬论。

四、论“卦象”。“象”本指卜时灼龟壳形成的裂纹，在画卦之后，就特指卦象。卦象包括阴阳二仪、单卦、重卦之象。重卦之象还包含六爻之承乘比应以及互体等。然钱澄之眼中的“卦象”，却更为广泛，他说：

程子曰：“理无形也。故假象以显义。”朱子亦谓《易》为卜筮之书，所谓象者，皆是假此众人共晓之物，以形容此事之理，使知所取舍而已。苏子瞻曰：“易者，象也，象者，像也。象之言似也，其实有不容言者，故以其似者告于人也。”庄子谓《易》以道阴阳，阴阳不可见，圣人以奇偶两画像之，奇偶即象也……岂但潜龙、履霜之类为象？以至于君臣、父子、夫妇之大伦，君子、小人之分别，出处、语默之时宜，皆象也，皆以象阴阳也……吾观《本义》以象释卦，于乾不

① 朱伯崑《易学哲学史》第3卷，华夏出版社1995年版，第227、228页。

惟潜、见、飞、跃、亢为象，即君子终日乾乾，亦是象也。于坤不独履霜、黄裳为象，即含章、括囊，亦是象也。六十四卦，三百八十四爻，所系之辞，亦无非象也。若《本义》可谓精于言象者矣。（《田间易学》，第120—121页）

在钱澄之看来，“象”应包括：卦象所象征者、卦辞所表达的事物的具象以及卦辞所反映的事物之道理。这就将“卦象”的含义扩大到了取消“卦象”特殊含义的地步，为人们理解“卦象”含义造成了困难，人们势必要问，如此看来，“卦象”作为易学范畴的合法性何在？钱澄之似乎未考虑这个问题，他所考虑的只是：不必将卦象作狭义的理解，而应该向朱熹学习，“精于言象”，以为世界莫非“卦象”，万物只不过是奇偶二画的不同表现形式、亦即阴阳对立之不同表现形式而已。

五、论“卦位”。从其《卦位论》来看，他首先论述单卦与重卦之卦位之不同，以为“三画之卦与六画之卦，其位有不同”，其不同在于“《乾》《坤》位在中，《坎》《离》亦位在中”（《田间易学》，第121页），这是说单卦坎离中爻（二爻）与《乾》《坤》中爻（二爻）爻象相同，单卦初中上三爻以第二爻为中，单卦之中，叫作“位在中”；至于“六画之卦”则不然，“《乾》《坎》位在五，《坤》《离》位在二，《震》位在初，《艮》位在三，《巽》位在四，《兑》位在上”（《田间易学》，第121页），这是说八重卦的卦主位多不相同，只有《坎》《离》同于《乾》《坤》；其次，指出六爻何为正位：“凡阳卦居阳位，阴卦居阴位，是谓正位也”（《田间易学》，第121页）；再次指出按阴阳居位区分卦位而言有两种取法，“取阴阳之爻位亦可，……取八卦之正位亦可”（《田间易学》，第121页）。在一般的解释里，“当位”是指阳爻处于阳位（一、三、五）、阴爻处于阴位（二、四、六）；“正位”是指阳爻处于第五爻，阴爻处于第二爻。则他所谓的以爻位取、以正位取，无非是说卦主位的确立，既可以依照当位来定，亦可以依照正位来定。又次，他进一步区分之曰：“《涣》之九五，曰正位也。《兑》之九五，曰位正当也。《随》与《巽》之九五，皆曰位正中也，此皆就阴阳所居之位而言。若《需》之上六，《贲》六四，皆以阴居阴位者，而《需》上曰‘虽不当位’”；“《贲》四曰‘当位疑也’，则又以卦位论矣”（《田间易学》，122页），这是说就爻位取的话，《需》之上六，《贲》六四，因为皆阴爻居阴位，应属于“当位”；而《象》传何以或谓之“不当位”，或谓之“当位疑也”？他认为，《象》传所言不是以爻位来判的，而是从卦位来判的，因为从卦位来讲，重卦的内卦为阴位，外卦是阳位。

六、论“卦主”。“卦主”依取法不同，分别叫作“成卦之主”与“主卦之主”。与“成卦之主”取决定性的那一爻不同，“主卦之主”系诸爻皆恃之为主者，于是常常取第九五、六二爻为卦主，因为它属于既得“位”又得“中”之爻。在钱澄之之前，在“卦主”问题上，多是探讨“成卦之主”，然具体到某卦中哪一爻为成就该卦之卦主，却歧意纷呈。钱澄之在《卦主论》中，先叙述王弼、朱熹等关于某卦之卦主的不同见解之后，藉“十二辟卦”来阐述他关于“卦主”的见解：

十二辟卦，皆有卦主。以阳卦论之，《复》之所以为复者，初也，则初为《复》主。《临》之所以为临者，二也，非二则犹是复也，故二为《临》主。《泰》之所以为泰者，三也，非三则犹是《临》也，故三为《泰》主。《大壮》之所以为壮者，四也，非四则犹是《泰》也，故四为《大壮》主。《夬》之所以为夬者，五也，非五则犹是《大壮》也，故五为《夬》

主。以阴卦论之，《姤》之所以为姤者，初也，而以二为主，盖一阴至则二之所系者重也。《遁》之所以为遁者，二也，而以三为主，盖二阴至，则三之所系者重也。《否》之所以为否者，三也，而以四为主，盖三阴至，则四之所系者重也。《观》之所以为观者，四也，而以五为主，盖四阴至，则五之所系者重也。《剥》之所以为剥者，五也，而以上为主，盖五阴至，则上之所系者重也。阳卦以阳爻为主，阴卦亦以阳爻为主。阳卦主阳者，喜阳之生也。阴卦主阳者，防阴之长也。至于二纯卦，则固以中爻为主，乾主五阳，在上也；坤主二阴，在下也。（《田间易学》，124—125页）

从这一论述可以看出，钱氏论“卦主”亦主要就“成卦之主”的意义上论证，而未涉及“主卦之主”。

三

《田间易学》之“义理”学的内容，体现在他对《周易》经、传的阐释。朱熹在《周易本义》里是将《周易》经、传分开诠释，钱氏则是将《彖》《象》《文言》三传系于“经”下与“经”一并诠释，皆如今所见乾卦的经传排列方式，而第四卷的诠释“传”的部分，只涉及《系辞》《说卦》《序卦》《杂卦》四传。

钱澄之对《周易》经、传的阐释，就方法论原则而言，体现了“象数”方法和“义理”方法之兼顾。在运用“象数”方法层面，他的基本做法是学朱熹的《周易本义》，重在卦象分析。他的卦象分析，从某种意义上讲，可以视为其在第一卷“图象”中所谈的“象数”思想的具体运用，即全面依据以下诸说——纳甲说、卦气说、“承乘比应”说、互体说、卦位说、卦主说等——来分析卦象的含义。“义理”方法的运用，始于王弼的“扫象言意”，直接根据卦爻辞来解释卦的含义。这种解释范式，在后来的承续中，走向了两个偏向，或偏向于文字、典章的训诂，或偏向于思想的分析与贯通。钱澄之运用“义理”方法解《易》，固然不能说“扫训诂”，但他极少以文字训诂的方式来解《易》，毕竟是事实，这足以表明他之运用“义理”方法解《易》明显偏向于思想的分析与贯通。

《田间易学》之“义理”学的内容，就思想而论，无非体现了王（弼）孔（颖达）程（颐）朱（熹）四家《易》说的会通。四库馆臣就此评得好：“后乃兼求义理，参取孔颖达疏、程子《传》、朱熹《本义》，而大旨以朱子为主。”（《田间易学》，第743页）这在体例上就反映为以下诠释层次：第一层依次列引自王弼《周易注》、孔颖达《周易正义》、程颐《易传》、朱熹《周易本义》的诠说①；第二层主要列引自元明易家之诠说；第三层列引自《见易》《火传》《问易》的诠说；第四层列“今按”②。这四层，层层递进，层层补充诠释，最后以“今按”的方式总括钱氏自己的诠释。《火传》与“今按”都属于钱澄之自己的诠释，其分属两个层次，只是因为《火传》的诠释，是分列在每一爻下的诠释，而“今按”则往往是列于初爻前或六爻后的总括性的诠释。这种性质的诠释，相比于列在它前面的三层诠释，或补充之、或丰富之、或质疑之、或深刻之。由上面的诠释层次可以看出《火传》、“今按”之诠释，是严格意义上的钱澄之自己的诠释。那么，我们从中可以把握哪些“义理”方面的思想呢？我认为，根据《火传》、“今按”之诠释，大体上可以将钱澄之易学中的“义理”思想归纳为以下几点：

① 如只引其中的二家或三家，只是去未引者，然此先后顺序不变。

② 尚有“按”，但多为随处而“按”，且系对所引之他人论说的补充说明，并非就己见进一步发挥之；“按”的条目也仅数条，故这里不再列一层。

其一，对王（弼）孔（颖达）程（颐）朱（熹）四家《易》说的质疑与补充，尤其是对程朱《易》说的质疑与补充。例如关于《文言》“元亨利贞四德”，他虽不认同朱熹的解释，但他并不径直斥朱熹所解为谬，只是客观地叙述他与朱熹见解之不同：“独朱子以信为四德之主，而以知备四德之贞。愚谓知与信合而为贞。孟子所谓知斯二者弗去也。知是智，弗去是信。若知不真，信亦不坚，焉得为贞？”（《田间易学》，第180页）此外，他还以揭露程朱相互矛盾来质疑之，如在《蛊》卦卦辞“先甲三日，后甲三日”的解释上，程朱各主其说，对程朱说孰是孰非，他并未根据自己《先甲后甲先庚后庚论》中的定论，予以评判，而只是客观地表述程朱见解之不同：“今观程《传》谓甲者事之始，似从王《注》，《本义》辛、丁之说，则又主郑义也。”（《田间易学》，第305页）

其二，他对程朱等之《易》解的质疑与补充，固然难免受其主观成见所左右，但他自己却申明其质疑以《彖传》为客观依据。因为他认为《彖传》系孔子为解释“彖辞”而作，所以在他看来，这种质疑与补充实际是以“经”为依据的，也就是以孔子的解说为依据。这是在《彖》辞属“经”还是属“传”问题上，不从汉儒说而从宋儒说。

其三，对《周易》本例的总结与归纳。此类总结与归纳，往往以“凡”“大抵”字样显示，例如以下诸论：“《易》言涉大川者十二。其见于卦者八，见于爻者四。大抵卦体有《乾》《坎》《艮》《巽》者，皆取此象”（《田间易学》，第276页）；“大抵二、五两爻，取义皆有关于初、上”（《田间易学》，第365页）；“凡刚居二爻者，多称金，以得《乾》刚中爻也”（《田间易学》，第230页）；“凡《彖传》所言三阴三阳之卦，但以《泰》《否》求之，无有不通”（《田间易学》，第549页）；“凡险易之辞，皆指人使知所趋避而已”（《田间易学》，第600页）；“凡《系传》所言《乾》《坤》，皆指奇偶两画也”（《田间易学》，第613页）；“凡卦主独”（《田间易学》，第669页）。此皆以“凡”“大抵”字样表明其关于《易》通例或本例的总结与归纳。但也有“夫一者取二五相应为主，此论《易》之通例也”（《田间易学》，第419页）一类论断，并不以概括性的字样表示通例，而是直接指明某系通例。

其四，卦时说。在“图象”卷中，他并未论及“卦时”，这或许是因为“卦时”脱离爻之动态难以抽象地谈论，所以当他具体解释爻与爻之动态关系时，就比较重视揭示其所包含的“时”义。诸如解《剥》卦初六云：“众阴所欲剥者，上九一阳而已。阴势正盛，虽初阴在下，其目中固已无上九矣。硕果不食，未必不出于此，以为孤阳失势不足杀也，过其时，又不可得而杀矣”（《田间易学》，第335页）；解《坎》卦上六云：“上当此时，亦须有心亨一路，即于丛棘中安身可也”（《田间易学》，第373页）；解《夬》卦九五爻云：“瓜以五月生，杞以五月盛，于取象之中适合其时”（《田间易学》，第463页）。从这些论断不难看出，他以为“卦时”就是指在特定的时间段必定会出现的境遇与场景。

其五，元气说。他引蔡清语“总是一元之气，流行贯通，而无间然也”（《田间易学》，第171页），强调万物乃根源于元气。元气既贯通于“天”亦贯通于“地”，贯通于“天”为“天之气”，贯通于“地”为“地之气”；“天之气有首有尾”（《田间易学》，第179页），循环变化；“天之气周旋地之气”（《田间易学》，第265页），“地之气”为“天之气”所范围。元气贯通于人身，就表现为精气神，决定人之生存：“人之生，精气神而已。神一则气一，一则构精而化生，故神不专者，其精不能构也”（《田间易学》，第679页）。万物就本质而言既是“一气之流行”，则万物生成、发展、成熟、毁灭亦无非是元气循环流行过程。他将这个过程称为“贞下起元”（《田间易学》，第196页），强调“元亨利贞四德”只是意味着“元气”循环：“元亨利贞四德，只是一元之气，始而终，终而始，析而四之则为四时，分而二之则为阴阳；贯而一之，总为一气”（《田间易学》，第196页）。“元气”之分析，“非平分之分，乃分析之分”（《田间易学》，第323页），它是对阴阳二气平衡状态的打破。阴阳平衡，用他自己的话说，叫作“阴阳平分”。在他看来“阴阳平分，以气数论之，本无低昂”（《田间易学》，第321页）。这是说，根据“气数”来论断，阴与阳二气本来无高低之分，它们是平衡的依存关系。钱澄之所谓“气数”，是指元气流行必定的趋势。如果我们的推断不误，则他实际上是认为“元气”流行必趋向于阴阳二气的平衡。换言之，他认为平衡（平分）是元气原本的状态，“元气”之流行则意味着此平衡被打破，改变了原本的状态。

第六，阴阳说。在钱澄之的思想体系里，“元气”说与“阴阳”说是密不可分的，因为他认为“元气”本来就意味阴阳二气之平衡的统一。这就难怪他在强调“总是一气”的同时，亦强调“盈天地无非阴阳”（《田间易学》，第587页）。“无非阴阳”换一个说法，也可以叫作“总是阴阳”。那么天地“总是一气”与天地“无非阴阳”在他的思想里有什么区别？其区别就是，他以“总是一气”来回答何为万物究极的本源，而以“无非阴阳”来回答元气何以流行、万物何以变化。他说：“阴阳，易也，张子所谓两也。”（《田间易学》，第605页）他借用张载“两”范畴，将对立统一（两）确立为世界根本道理：“天下之理尽于两，一在两中，实无一也”（《田间易学》，第681页）。这是说，就世界的根本道理而论，阴阳二气的平衡统一就体现在阴阳二气之对立统一之中，并不存在脱离阴阳二气之对立统一的阴阳二气的平衡统一；阴阳二气的平衡统一是相对的，而阴阳二气之对立统一则是绝对的。

四

比较而言，《田间易学》鲜明的特色在于三点：一是以科学解《易》，二是以老庄解《易》，三是以“史”解《易》。以科学解《易》，在《田间易学》里，表达最薄弱，但也非毫无迹象，例如论“日月运行”（《田间易学》，第112页）、“月行九道”（《田间易学》，第115页），就是运用天文学的科学知识来解释易学图象，又如引其子《问易》所谓“冬至，日与天会，月与地会，为《复》。夏至，日与天遇，月与地遇，为《姤》。不动。焉有会、遇耶？大约天包地外，地旋于天中，地质不旋而地气自旋，是为动耳”（《田间易学》，第196页），来解《文言》所谓“坤至柔而动也刚，至静而德方”，就属于以科学道理解《易》。

以老庄解《易》也不多，但要多于以科学解《易》。他从这方面解《易》，侧重有三，一是以老庄的论说来解《易》之术语与论断，例如他解《履》卦上九“其旋元吉”说：“《庄子》曰：庖丁踌躇四顾，善刀而藏之，其旋之谓也。”（《田间易学》，第263页）又如他解《系辞上传》“鼓万物”云：“老子云：‘天地之道，其犹橐籥乎！虚而不屈，动而愈出也。’此鼓万物之说也。”（《田间易学》，第608页）二是揭示《易》与老庄在思想上的根本差别，例如他解《象》辞“天行健，君子以自强不息”云：“一部《老子》，全旨在柔，大《易》全旨在刚。此《老》《易》之分。”（《田间易学》，第176页）三是指出道家思想与《易》义有相通之处，例如解《象》辞：“天行健，君子以自强不息。”又云：“道家虽用在柔，而体贵刚，故

亦取法于《乾》。”（《田间易学》，第176页）

以“史”解《易》是《田间易学》最常见的现象。大致区分的话，它可分为三种情况：（1）直接以历史人物、历史事件解爻辞，如他解《坤》卦六五“黄裳元吉”云：“文王正合此爻，文王身为西伯，率长诸侯，不可谓非尊位也。而屈于殷王之下，小心服事，有《坤》道焉。若文王可谓得黄裳之吉者矣。”（《田间易学》，第210页）又如他直接将《益》卦六四“迁国”解为“公刘迁邠，太王迁岐”：“迁国者，周之家法也。公刘迁邠，太王迁岐，去其害而趋其利，皆依民情之欲迁以迁也……所谓公者，指公刘、太王而言。”（《田间易学》，第451页）再如他解《师》卦六五“长子帅师，弟子舆尸，贞凶”云：“裴度请勿置监军，而淮蔡皆定。李德裕请罢监军，而三镇皆定。此任将之效也。古今任将不专，而致败者，荀林父邲之战、郭子仪相州之败是也。自有观军容使，唐卒以此亡其国矣。”（《田间易学》，第250页）（2）以历史人物的行为与历史事件阐发卦象含义，如他解《比》卦六三“比之匪人”云：“《象传》谓下顺从也，则三亦在比五之列。三与上，本居相应之位，志在比五，而不能得诸上。如马援劝隗嚣专意东方，而嚣不听，卒至陨灭。《传》曰不亦伤乎。盖知上有后夫之凶，而伤其愚也。”（《田间易学》，第250页）又如解《大壮》卦六五《象》辞“丧羊于易，位不当也”云：“四阳锋不可遏，遇柔而止，五以柔道驭刚，正以成就刚德。光武曰‘吾治天下以柔道’，五之谓也。”（《田间易学》，第406页）（3）以历史人物的行为与历史事件发挥《易》理，如他解《小畜》九五“富以其邻”云：“邻指上九，五四之孚，既固，又欲凭其宠灵使高位如上九，亦自托于四也。如汉武帝使萧贤过孔光私第，欲光与交欢以贵之。上九，本阳德而受畜于阴。阴阳既和，正如孔光迎贤而拜，奏杀王嘉以媄贤，而贤之权遂侔于人主矣。”（《田间易学》，第256页）又如解《遁》九三爻辞“系遁”云：“三之系甚难，而其心甚苦，孔文举之系汉，狄梁公之系唐，所以保全善类，犹一丝之系九鼎。有三之系，而后有四之好、五之嘉。有三之疾惫，而后有上之肥也。”（《田间易学》，第400页）

钱澄之易学这四大特征，即“象数”与“义理”之兼顾、以科学解《易》、以老庄解《易》、以“史”解《易》，孤立地看，各自都有其源头，或是对朱熹解《易》路数的坚持，或是对桐城方氏以科学解《易》、以庄解《易》的效仿，或是对《诚斋易传》以“史”证《易》的承袭和推进，但整体上看，集这四大特征于一身的易学体系，在中国易学史上并不多见，从这个意义上，可以判定钱澄之易学的确属于易学史上“集大成”之易学。凡“集大成”之易学，都是兼用诸家易学路数，而又于某路数上有突出的表现。如果我们从以下四个易学解释学路数——占卜的路数、文字训诂的路数、哲学的路数、史证的路数——来把握钱澄之易学在路数上的突出表现的话，那么他的突出表现就无疑在于以“史”解《易》、以“史”证《易》。从这个方面来把握钱澄之易学的学术贡献，我认为他对方以智父子之易学[①]的超越具体就体现在他比方以智父子更自觉地坚持以“史”证《易》路数。而就以“史”证《易》的路数来看，他上接杨万里的解《易》路数[②]，下开史学派解《易》路数，其贡献在于承先启后，为他以后的重“义理”之易学家提供了以“史”解《易》、以“史”证《易》范式。

（原载《周易研究》2013年第5期）

① 我曾将钱澄之归属于桐城桂林方氏学派，并强调方氏学派之易学具有“集大成”之特色。

② 《田间易学》引用杨万里《诚斋易传》多达几十条。

论钱澄之以《易》理为旨归的易学观

◎陶有浩

自四库馆臣将中国古代易学发展史归纳为“两派六宗”以来，人们大致都以此为标准来划分易学家的学派归属。就对易学史粗线条、宏观的梳理和分析角度来看，这一看法的提出有其积极意义和学术根据，但如果以此来评断所有的易学家，则失之周全。多数易学家往往是象数和义理兼顾；有的则根本跳出了关于象数和义理学术划分的局限，主张站在另一个高度上来认识《周易》。前者的代表是朱熹，后者的代表是明清之际的钱澄之。作为遗民，钱澄之在抗清复明无望之后，归隐故里，专心整理学术心得。其易学思想的主要特色集中而系统地体现在他对于《易》理的相关论述中。

一、“《易》理”“义理”有别

从构成形式上看，《易经》有符号系统（卦、爻象）和文字系（卦、爻辞）两大部分。两大系统本是相互发明、互相促进的，但在不同的解《易》者那里，由于知识储备和习惯等原因，出现了倾向性选择，有了取辞和取象的不同。取辞，偏向于对文字意义的解读和延伸；取象，则侧重于分析卦、爻象及其相互关系，并常常将对象进行量化处理。这两种倾向在《易传》和后世治《易》者那里分别被明显强化，形成了义理学和象数学的区分。二者除了探讨的重点领域相异外，区别还体现在对于《周易》的定位上。前者主要以其为“神道设教”和讲求天地之理、阴阳之道的手段；后者除了用《周易》符号来解说道理外，还以它为占筮的工具。因为文字系统和符号系统在根源上的统一性，两大流派在长期的争论中又相互影响。但是，由于二者关注点的趋向不同，他们之间的相异性也十分明显。象数一派经常利用自然万物及其相互关系来说明道理和论证占筮过程及结果的合理性，因而其知识体系所涉及的范围就必然包含自然科学领域。义理一派长于说理，为了使《周易》所蕴含的道理简便易懂，经常用人们身边所熟悉的事情来进行类比。“因象而有占，吉凶悔吝，其占辞也。占具存乎象，众人不能明也，而以得失忧虞人事之易知者明之，本以卦爻占人事，此转以人事明卦爻也。”①人们采取与“推天道以明人事”相反的路径，用“推人事以明天道”方式来窥测卦爻之理。这样久而久之，就容易使其关注点只停留在人事领域，出现治《易》视野狭隘化的倾向。就个人而言，可以因兴趣和知识基础不同，而对两类知识有所偏好；但就整个社会而言，这两类知识都是必需的。宋明时期，由于程朱理学统治地位的确立，程朱易学的影响也超越了其他学派易学。因为部分学者对朱熹易学的理解不全面，大多专注于其易学中的义理之学，而对其中的图书之学重视不够，造成了这一阶段易学研究中义理之学的明显性优势。加之义理易学本身所可能带来的研究视野狭隘化弊端，在这一时期也逐渐显现出来，从而使得整个社会易学研究的关注点倾向于人事领域。它在一定程度上影响了古代社会后期自然科学的发展。从这一角度看，杨振宁认为《易经》阻碍了中国近代科学的启蒙，实际上所指的就是研究视野狭隘化的义理易学。

① 钱澄之著，吴怀祺校点《田间易学》，黄山书社1998年版，第594页。

这种状况无法满足社会发展对完善知识体系的需要，出于对学术发展短处的自我觉醒，学者群体开始寻找在当时条件下发展自然科学的便利路径。另外，随着西方传教士来华所带来的相对比较先进的自然科学知识，在开阔国人眼界的同时，也对其产生了强烈的刺激。学者们一方面以“西学中源”说维护中华的学术自尊；另一方面，也在实际行动上专注于自然科学领域的研究，以证明自身的学术优势。而易学中的象数一脉先天就与自然科学有着亲缘关系，所以在明朝中后期出现了象数学的复兴，方以智就是其中的代表。另一部分学者则开始反思中国自然科学落后于西方的缘由。经过深入思考后，他们认识到其咎在于“推人事以明天道”的解《易》路径所造成的专注于人事领域的易学研究的片面性。钱澄之就是后者中的巨擘。本来由身边所熟悉的事物和道理出发，通过逻辑推理和类比获得更为广阔领域的知识，是一条很好的学术路径。但如果把注意力过多放在前者身上，忽略或轻视后者，就会忘记为学的初衷。如何扭转这一不良的学术倾向，钱澄之所走的道路是重拾人们所熟悉的一对概念，即“《易》理”和“义理”，赋予其各自严格的定义区分。在钱澄之之前，学者虽然在治《易》时也经常使用这两个概念，但基本上都是在相同的层次和意义上进行应用。我们通过研读钱澄之的相关论述发现，他是有意识地区分了“《易》理”和“义理”的概念内涵。

最为明显的表现是，他在《易学凡例》中同时使用了这两个概念，且各自都出现了三次。关于“义理”：在谈到程氏易学时，钱澄之说：“程《传》专言义理，略去图象，其理多就人事指实而辞或繁复”。[①]认为程颐易学专注于阐发“义理”而对当时比较流行的图象之学涉及较少，且所言基本都和“人事”相

① 《田间易学》，第1页。

关。第二处是在讨论《田间易学》资料援录的原则时说，于程《传》和《本义》之间取舍的标准是“总取其义理通达而已”。[①]对《周易程氏传》和《周易本义》中都有的内容，钱澄之拣取的原则是看哪一个述理通畅。第三处是评述朱熹《周易本义》的主要特点时，说“于义理宗程《传》，于图象宗邵子”。[②]认为《周易本义》在思想来源上，兼取程颐和邵雍之学，从而断定它是义理和象数兼备。“《易》理”概念出现的情形：一、“《易》理至宋儒而大明，元人继之。诸儒一以程朱为据，而皆精通邵氏之《图学》及《启蒙》之筮法，其辨极微，其说綦详矣。”[③]在钱澄之看来，《易》理到宋儒那里“大明”的表现就是宋儒治《易》成果既含程朱之学，亦有邵氏之学。这一特质被元代易学继承了下来。二、“《易》理无所不蕴，凡得其一端，皆足以入神”[④]。《易》理范围广大，且作用神奇。三、“《图》学相传有本，……要于《易》理无裨，徒取新人耳目尔。”[⑤]在研究易学的各种形式中，钱澄之不太看重图书之学，主要原因就是认为它对于发明《易》理的积极意义不大。

综上，首先，钱澄之在篇幅不长的《易学凡例》中，将“《易》理”和“义理”对举，且对两者的特征进行了清晰的区别性描述，绝非无意为之，而是出于对往昔治《易》者混用这两个概念，导致在治《易》的致思路向上，偏重于人事状况的反省。因为这样就很容易导致在探讨易学时忽略它在原则上的最初定位，即《易》是对天地宇宙的拟喻，而把它仅仅局限在人类社会领域。这一倾向若得不到纠正，就会影响人们观察事物的习

① 《田间易学》，第 1 页。
② 《田间易学》，第 1 页。
③ 《田间易学》，第 2 页。
④ 《田间易学》，第 2 页。
⑤ 《田间易学》，第 4 页。

惯和视野。其次，在钱澄之看来，“义理”在外延上，多指人事而言，三才之道中当以人道为主；内涵上，则指向人类社会之理，亦即伦理道德。这是程颐易学的主要的特征。“《易》理”在外延上的主要特征是“无所不蕴”，当涵括天地人三才，“义理”只是其中之一；内涵上当指天地宇宙之理。要完整地把握《易》理，在进行易学研究时，除了精研义理之外，还需关注象数，而这正是朱熹易学的主要特征。

可以看出，在处理“《易》理”“义理”“象数”三者的关系时，钱澄之减缩了“义理”概念的范围，扩大了“《易》理”的涵括对象。他认为，“象数”与前二者不是同一层次的概念。在其眼中，总的知识体系划分为“人事”领域和外于“人事”的领域两大块，大致相当于现在所说的人类社会和自然界两大领域，前者即为“义理”概念所指向的内容。这两个领域互相区别，各有不同的特点和运行规律。在传统天人合一观念主导下，钱澄之追求超越于人类社会和自然界的普遍性规律，将“《易》理”概念界定为是用《易》的形式来展现天地万物的法则和规律，在涵括的范围上相当于前面所讲的“人事”领域和外于“人事”领域的两者之和。象数之学本身虽也是一种丰富的知识体系，但从最终指向看，其价值是工具性的，它应该是和文字系统的性质一样，只是表述《易》理的一种形式，本身地位与《易》理截然不同；而义理与《易》理在性质上是相同的，区别只在于两者包含的范围不同，前者只是后者的一个组成部分。三个概念的关系可以总结为：《易》理是层次最高、内涵最宏富的概念，义理只是《易》理的一个组成部分；象数是表述《易》理的一种形式；由于《易》理中包含义理，所以象数所体现的内容范围也涉及了义理但其表现的重点对象是外于“人事”的领域，即自然界。这样，它就和文字系统一起共同完成了表述《易》理的职能。因为《易》理统摄人类社会和自然界，精研《易》理就不可能排除自然科学知识，这就需要关注象数之学。钱澄之是从这一立场出发主张重视象数之学的。

二、《易》理的表达与运用

在确定了《易》理的至高地位后，钱澄之以《易》理表述和应用为主线梳理了《周易》文本的发展历史，并对其各种组成要素的地位进行了评断。

出于提高行为有效性的目的，在长期实践和认识水平提升的基础上，人们逐步形成了各种认识和诠释客观世界的方式。易学就是古人认识和解释世界、处理与外在环境关系，并进而发展自身的一种方式。要发挥这样的作用，《周易》必须做到：在准确性上，真实反映客观规律，即“易与天地准”；在全面性上，要能包容天地间一切法则，即“冒天下之道”，亦即“非于《易》外有所为理也”。[①]钱澄之未能看到探索中失败的价值，认为承担认识世界并利用认识成果来发展人类自身重任的，只能是一些少犯错误甚至不犯错误的圣人。他们在易学发展中的地位是“未有圣人之先，《易》在天地。既有圣人之后，《易》在圣人”。[②]这里所说的“《易》”是指有待于用恰当形式来表现的天地之理。在文本之《易》产生前，其蕴藏于天地万物之中。圣人在认识天地之理之后，用符号和文字的形式来表现认识的成果，即形成了文本之《易》。文本之《易》产生后，人们通过文本之《易》获得关于宇宙万物的知识，并以之指导自己的生活。钱氏从认识论角度指出《周易》是初民们观察事物的结果。这在很大程度上还原了《周易》的本来面目，揭掉了加在它上面的神秘面

① 《田间易学》，第605页。

② 《田间易学》，第637页。

纱。[1]

在各种表现天地之理的形式中，圣人首选的方式是“象”，主要是爻象、卦象。因为“万物莫不有对”[2]，所以用阳爻和阴爻以象之。古人将认识的整体对象划分为三大块：天道、地道和人道。这种观念反映到卦象结构中，体现为三画经卦的产生。经卦虽然很好地象征了天地人三才的意蕴，但未能表现出三才内部的有对、有待，这样重卦产生就成为必要。“圣人作《易》之妙，妙于六画以为卦也。若止于三画，则天、地、人皆独而无两”。[3]钱澄之认为，最初的《易》文本只有卦象而无文字。如此形式展现的《易》理过于隐晦，对于一般人来说，认识有困难。为了使其能为多数人掌握，圣人从两个方面提升认识《易》理的容易度：一，“文王、周公因奇偶成像，复假人世共见之物理事宜，以形容其所似，则又像其象也。”[4]文王、周公以人们日常生活所熟悉之物来说明《易》符号体系的意义，即三画卦和六画卦，然后再通过符号来认识《易》理。这就扩展了《周易》“象”的范围，除了符号之象，还涉及了事物之象。二是以文字配合卦象，“圣人系辞，原因卦画中有如是之象，系如是之辞。始因象以著辞，随以辞而显象，惟圣人能观于未有辞之象，众人则观其既有辞之象也。”[5]这便是《易》卦爻辞产生的缘由。它以象为依据，进一步阐述象的内涵。如此，就出现了第二种表述《易》理的方式：文字体系。钱澄之把《易》文本完善化的过程定位为阐述《易》理方法与手段逐步齐备化的过程。至于数，是对《易》理的量化讨论，作用在于说明天道变化的规

① 吴怀祺《钱澄之与清初易学》，《古籍研究》1995 年第 1 期。
② 程颢、程颐《河南程氏遗书》，《二程集》第 1 册，中华书局 1981 年版，第 123 页。
③ 《田间易学》，第 695 页。
④ 《田间易学》，第 120 页。
⑤ 《田间易学》，第 594 页。

律。“穷则变”，事物发展只有达到一定程度才会变，单纯的卦爻象组合本身无法呈现出变化的趋向，而数则能通过量的增减，比如七、八、九、六等，起到这一作用。“是变者，数之已穷而当变者。”[①]作为易学研究的一个重要视角和工具，易数侧重于描述事物发展过程中量方面的特征变化。关于易图，其在易学中的价值主要有两个方面：一是为圣人创制《易》的依据，“河出图，洛出书，圣人则之”（《系辞上传》）；二是直观展示《易》理。至于前者，钱澄之明确支持《系辞传》中提出的圣人“仰观俯察”“远求近取”而设卦的观点。至于后者，他曾经说：“《图》学相传有本，说《易》家好以己意创为新图，……要于《易》理无裨，徒取新人耳目尔。”[②]这样，易图的两个价值都被钱澄之给否定了。《田间易学》中对于易图，只有简单的介绍与评价，大多未做深入探讨。关于这一点，当代学者也有相同的论断，刘大钧说：“绵延达七八百年的宋人‘图’‘书’之说，其大部分易图，对于阐释《周易》原旨，并无重大价值”。[③]可见，钱澄之的认识当为确论，而且在当时的学术环境中能提出这样的看法，殊为难得。

在诸多表现《易》理的方式中，钱澄之特别看重象，认为《易》根源于象，“《易》不可见，而假象以像之”[④]，治《易》的根本就是研究象。文辞和数都是在象的基础上进一步表述和运用《易》理。在这一意义上，钱澄之扩大了《周易》象的范围：

岂但潜龙、履霜之类为象？以至于君臣、父子、夫妇之大伦，君子、小人之分别，出处、语默之时宜，皆象也，皆以

① 《田间易学》，第131页。
② 《田间易学》，第4页。
③ 刘大钧《周易概论》（增补修订本），巴蜀书社2010年版，第112页。
④ 《田间易学》，第667页。

象阴阳也。文王系卦有牝马、牝牛、豚、鱼、飞鸟之类，亦至琐矣。亦有但有辞而无象者，如元亨利贞，辞即象也。至周公系爻，或因《彖》以取象，《泰》《否》《剥》《复》之类是也。或舍《彖》而另取，如《咸》言取女，爻无男女之文。《豫》利行师，爻无军旅之义。以至物类之，至鄙人事之，至幻无所不取。孔子作《大象传》，则不出《羲》图中天、地、雷、风、山、泽、水、火八物也。三圣人者，各有所取。皆以明其所似而已。吾观《本义》以象释卦，于《乾》不惟潜见、飞跃、亢为象，即君子终日乾乾，亦是象也。于《坤》不独履霜、黄裳为象，即含章、括囊，亦是象也。六十四卦，三百八十四爻，所系之辞，无非是象。[1]

在钱澄之看来，易象除了包含一般意义上的事物之象和符号之象外，还应包括卦爻辞以及卦爻辞所反映的碎片化的事物之理。之所以有这样的认识，与他对《易》主旨的认识有关。钱澄之认为，《周易》的宗旨在于言理。这一主张和后世学者相一致，钱锺书在《管锥编·周易正义·乾》中说："《易》之有象，取譬明理也"[2]，前后贤的相同论断说明了《易》理在《周易》研究中的重要性。然天地万物各具己理，而这些理都是天地根本之理的具体表现。相对于天地根本之理而言，钱澄之坚持《易》所用的各种方式和手段，包括事物之象、符号之象、卦爻辞及其所反映之理，都是象。

圣人通过仰观俯察总结提炼出天地之道，然后以《易》的象、数、文辞的方式将之向众人展现。至此，完成了易学工作的第一步，更为重要的是要将《易》理运用于指导人们的生活。圣

① 《田间易学》，黄山书社 1998 年版，第 120—121 页。
② 钱锺书《周易正义》，《管锥编》（一），三联书店 2013 年版，第 20 页。

人制《易》的目的是使人认识事物的本性和规律，顺从客观的准则；同时，发挥人的主体地位，以《易》理为原则确定自身行为的规范，从而实现安身立命。后一点突出集中在四个方面：辞、变、象、占，亦即《系辞上传》中所言：“《易》有圣人之道四焉：以言者尚其辞，以动者尚其变，以制器者尚其象，以卜筮者尚其占”。

对于这一点，后人有不同的理解。虞翻偏向于主张辞、变、象、占是圣人表达《易》理的手段。钱澄之则坚持这四者是《易》理在实际生活中的运用，而非圣人表述《易》理的方式，“取其辞以发言，则言必中理；取其变以举动，则动必合宜；取其象以制器，则器必利用；取其占以卜筮，则筮必决疑。”[①]以《易》理为指导原则的辞、变、象、占能够达到十分理想的效果。朱伯崑经过深入研究也得出了类似的结论，认为《系辞传》这一段内容主要的含义为：“《周易》有圣人之道四：其一，卦爻辞是言论的根据；其二，卦爻的变化是行动的指导；其三，卦象是制造器物的蓝本；其四，占法是判断吉凶的手段。君子有所作为，事先要向《周易》请教，而《周易》则有问必答，告知将来努力的方向。”[②]这充分说明了钱澄之观点的科学性。钱澄之认为可以正确运用《易》理的主体不是所有的人，但也不仅仅是圣人，还有君子。在注释《系辞传》这一节内容时，他说：“此一节是泛指用《易》者，即下文所称之君子也。”[③]除了圣人、君子外，其他人群虽然也可以进行这四项活动，但是容易忽视或看轻《周易》的真正价值所在：“圣人之道不外乎辞、占、象、变四者，而人之用之，则徒尚是四者而

① 《田间易学》，第632页。

② 朱伯崑《易学哲学史》（第一卷），华夏出版社1995年版，第68页。

③ 《田间易学》，第631页。

已。圣人之道不与焉。”[①]当然，其中也有些活动是一般人无法实施或限制性实施的，比如说发明器具，“制器如舜之玑衡，周公之上圭。凡先王律度量衡之制，未有不本于阴阳阖辟往来之象者。”[②]只有具备了一定的素养和条件，才能进行尚象制器的工作。

三、阴阳：《易》理的根本与核心

对《易》和阴阳之间的关系，朱熹的论断是：“《易》，只消道‘阴阳’二字括尽”。[③]实际上根据朱伯崑、余敦康的观点，《易经》中并没有直接的阴阳辞句，以阴阳解《易》的做法是在战国时期才出现的。《易》之所以产生在于模拟客观世界，其是阐释天地之理的一种方式。《易经》虽未明确在本体和本源意义上使用“阴”“阳”字眼，却通过对事物的抽象概括，以“——”和“— —”符号来较为系统地表述对立统一思想。而由“——”和“— —”所构成的八经卦和六十四别卦，分别表示在相应特殊情形之下对立面之间的关系。和《易经》形成鲜明对比的是，《易传》中多次出现“阴”“阳”的字眼，并提出了“一阴一阳之谓道”的命题。由于《易经》和《易传》的奠基和形塑，后世治《易》者基本上都不离阴阳。钱澄之也说：“所谓《易》者，阴阳也。”[④]指出《易》的核心问题就是阴阳，其他特征最终都根源于阴阳之理。这是经过抽象之后提炼出来的概念。阴阳除了指代自然界的天地、大小、上下、枯华、东西南北等之外，还可指代人类社会领域的君子小人、吉凶、先后、得失、男女等对立的事物和现象，“所以见奇偶两画

① 《田间易学》，第631页。
② 《田间易学》，第632页。
③ 黎靖德《朱子语类》，《朱子全书》第16册，安徽教育出版社2002年版，第2160页。
④ 《田间易学》，第604页。

之妙，阴阳、君民、君子、小人，都判于此两画中。”[①]他们都是阴阳在人类社会中的普遍体现。这为钱澄之贯彻以阴阳观念解《易》奠定了坚实的基础。

阴阳在钱澄之的易学哲学中占有十分重要的地位。“阴阳合而卦画以成，阴阳开而卦爻以系。开者，分也。名以分阴阳而当，物以分阴阳而辨，言以阴阳之分而正，辞以阴阳之分而断”。[②]因为觉得对阐发《易》理无裨益，后期的钱氏对于易图抱有消极态度，将自己辛苦所创制的易图通通删除，唯一留下的就是《阴阳二气如环图》。该图以黑白两种颜色标明阴阳二气。图中颜色所示的是，二气在不同位置各自所占面积此消彼长地不断变化。顺时针左行表阳气逐渐由盛到弱，逆时针右行表阴气逐渐由盛到弱。只要一方增强，另一方肯定会减弱；反之亦然。这形象地表现了阴阳二气的对立关系。但如果超越微观的阴阳二气各自独立的立场，从整个图来看，阴阳二气始终相依而存在，未尝一刻分离。这说明两者间互相依存关系的恒久性。该图充分表达了钱澄之对阴阳关系的认识。

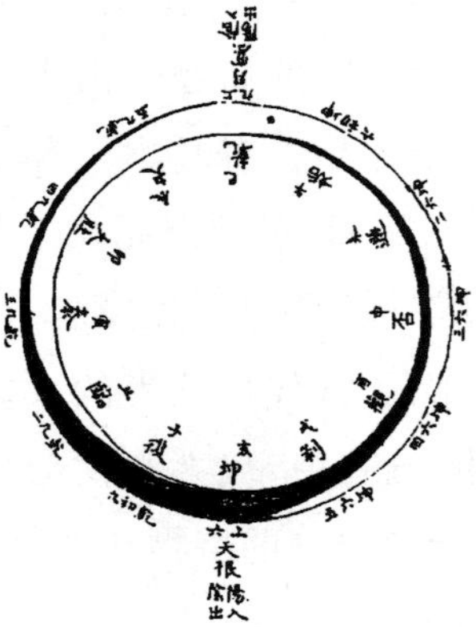

《阴阳二气如环图》

① 《田间易学》，第 670 页。

② 《田间易学》，第 682 页。

钱澄之对阴阳关系有一个总纲性的论述："一神两化，一在两中，无两则一不立，无一则两不行。《乾》《坤》两也，《乾》之易，《坤》之简，乃其所以为两也。易简不可以名一，而一在是焉。爻象吉凶皆生于两，本于一也。"[①]

首先，阴阳的对立性是钱氏关注的焦点之一。在某种情势下，钱澄之把这种对立关系看得非常尖锐，以"战""生死"这样的字眼来描述它的性质。阴阳对立关系通彻自然界和人类社会，如明晦、寒暑、往来、屈信、君子小人。对立产生的根源在于两者性质的截然相异，"阳实阴虚""阳主舒长，阴主惨急"。[②]总的来说，阳具有积极的、向上的特点；阴则有消极的、偏下的倾向。和前人相比，钱澄之不但认识到了阴阳相对的一面，而且论及了二者对立的原因，在理论阐发上较为全面和系统。

其次，阴阳相互依存、相互联系。这主要表现在：第一，阴阳虽然对立，但都以对方为自己存在的条件。钱澄之根据《方图四分四层图》中上下左右无不以次序相互交错的规律，推导出了"阴阳未始有独者"[③]的结论，不存在只有阳或只有阴的状态。阴阳的相互依存除了永久共存之外，还表现为两者的相互含有，即阴中有阳和阳中有阴，以《乾》《坤》两卦为例，《乾》本为纯阳之卦，但就爻位来看，其中二、四、上，属阴位；《坤》为纯阴之卦，同样就爻位看，初、三、五，属阳位。第二，阴阳之间的相互转化，表现在两个方向上：其一，二者地位的转化。以音律为例，"自子至巳为阳，律阳吕。自午至亥为阴，律阴吕。巳方之律谓之中吕，言阴阳至此而中也。而午方之律，谓之蕤

① 《田间易学》，第526页。
② 《田间易学》，第112页。
③ 《田间易学》，第27页。

宾，盖阳本为主，阴本为宾，蕤宾者，阳至此而反为宾。”[①]随着形势的发展，阴阳之间的主宾地位会发生变化。其二，以蓍策卦爻为例，转化表现为对立面之间的互变，即“阴变为阳，阳化为阴也。”[②]某种意义上，这也可以视为阴阳互生，即“阴生阳，阳生阴，生生不穷，而变化莫测”。[③]第三，阴阳相交。这是阴阳关系统一一面的第三种表现，这种关系的状态就像《阴阳二气如环图》所表述的那样，“如环无端”。

复次，扶阳抑阴。既然阳总是代表着积极的、正面的力量和良好的发展方向，那么，为什么人们不直接消灭阴而只存留阳？有学者就是以这一考虑为前提，得出了“道者，阳而不阴之谓也，一阴一阳，非所以谓道”[④]的观点。而钱澄之则没有这样的看法，他认为阴阳之间的对立统一关系是客观存在的，所以从现实角度考虑，阴阳关系的理想状态不是只有阳没有阴，而是阳包阴、阴从阳或阳主阴辅，这才是正常的阴阳关系。历史上，这一阴阳关系原则也曾被广泛地视为国家机器运转的设计方面的基本原理，钱澄之认为周王室形成的以冢宰领宦官宫妾的机制就是例证之一。但是，阳主阴辅只是理论上的常态，现实的情况常常是，“阳不能敌阴，君子不能敌小人，治日少而乱日多”。[⑤]为维护正常的自然和人伦秩序，只有扶阳抑阴才能保持阴阳和谐，其做法就是要善于根据不同形势恰当处理阴阳之“交”：“故处《泰》之时，利用交，不在于用君子，而在于使小人化为君子。处《否》之时，利用不交，不在于攻小人，而在于使君子不乱小人之群。”[⑥]当情势有利君子时，面对小人，君子的最佳态

① 《田间易学》，第107页。
② 《田间易学》，第587页。
③ 《田间易学》，611页。
④ 叶适《习学记言序目》上册，中华书局1977年版，第42页。
⑤ 《田间易学》，第226页。
⑥ 《田间易学》，第264页。

度不是攻击与绝交，而是与其交往，通过交往对其加以感化，以发掘其本身固有之善，以化其为君子。这可以说既是对《易》理的总结，也是钱澄之切身经历的提炼。例如，他对东林诸君子攻击阉党阮大铖过甚的反思就是明显的例证[①]；相反，如情势不利于己方，则首要的选择是保全自身的操守，不乱于小人之群。

四、结语

钱澄之以阐明《易》理为治《易》的最高追求，与之前以及同时代的易学家相比，他在此方面的相关理论是其在易学领域贡献的最突出体现。因为除钱澄之以外，学者在易学讨论中明确辨析、阐释“《易》理”和“义理”概念的情况不是很多，只是到了近代的易学大师尚秉和那里，才对二者进行了清楚地区分。[②]通常情况下，多数易学家都面临在象数和义理之间进行选择的问题。其实，囿于任何一方，都无法达到理想的治《易》效果，象数、义理兼顾才能更好地诠释《周易》。而只有站在高于二者的立场才能圆满解决这一困境，“《易》理”概念恰好适应这样的需要。它在一定程度上超越了象数和义理之辨，实现了二者的圆融统合。

钱澄之关于“《易》理”和“义理”概念的区分和讨论也是其易学思想中最具价值的部分。一方面，他对于这两个概念的内涵和外延进行了厘清和界定，这在一定意义上纠正了部分学者混淆“《易》理”和“义理”的倾向，使概念的使用更趋规范化和具体化，有利于相关讨论的进一步推进和延伸。另一方面，钱澄之以“《易》理”为纲来统领其相关的易学理论，使

① 见其著《藏山阁集》中的《南渡论》。

② 韩慧英《尚秉和之“阴阳相须”易理思想辨析》，《周易研究》2008年第4期。

他的思想更具体系化和条理化的特点，为我们完整认识其学术主张提供了条件。同时，他关于《易》理是对天地之理的易学化表达的定位，触及了对《周易》本质问题的探讨。可以将钱澄之的有关主张理解为，《周易》是对客观世界本质和规律的文本形式表达，是诠释世界的一种方式。如果我们顺着这一逻辑推理下去，就意味着，在可能的情况下，人们还可以创造出其他诠释世界的方式。这就和西方关于经典解释的主张相当接近了。当然，这一分析是我们根据钱澄之的相关理论推演而得出的，其本人的认识不一定达到这一程度。但是，钱澄之能够揭开罩在《周易》身上的神秘面纱，摆脱对它盲目崇拜的束缚，站在一定高度上来探讨其本质，就钱澄之所处的时代来看是实属不易的。

（原载《社会科学研究》2016年第3期）

以庄继易：钱澄之的庄学观

◎张永义

清初，具有遗民倾向的学者纷纷注解《庄子》，以寄托其隐遁或解脱之志。著名者如王夫之有《庄子解》《庄子通》，方以智有《药地炮庄》，释净挺有《漆园指通》等。钱澄之（1612—1693）也是其中之一，他晚年成《庄子内七诂》（与《楚辞屈诂》合编，称《庄屈合诂》），专门发挥个人对庄子思想的理解。由于钱氏是文学大家，曾被尊为桐城派之先导，他的学术贡献反而常为文学成就所掩盖。张舜徽先生《清人文集别录》论及钱氏经学成就时说："尊信《小序》，汇纳古今，则又与朱鹤龄治《诗》之法，若合符契。从知废《序》言《诗》之习，与夫固守一家之弊，至清初已渐见廓清。钱朱二家，桴鼓相应，皆于当时治经风气之转移大有关系也。""澄之颇以经学自负。观其平生专力致精，足践所言。治经之功，似非顾氏（炎武，引者注）所能逮。不知近人考论清初学术者，何以忽之。"本文不揣孤陋，仅就钱氏庄解之内容，略陈己意，以就正于方家。

一、"以意逆志"

钱氏之生平，《清史稿·遗逸传》有简略的记载："钱澄之，字饮光，原名秉镫，桐城人。少以名节自励。……是时复社、几社始兴，比郡中主坛坫者，宣城沈寿民、池阳吴应箕、桐城钱澄之及方以智。又与陈子龙、夏允彝辈联云龙社，以接武东林。……阮大铖既柄用，刊章捕治党人，澄之先避吴中。妻方赴水死，事具明史。于是亡命走浙闽、入粤，崎岖险绝，犹数从锋镝间，支持名义不少屈。黄道周荐诸唐王，授吉安府推官，改延平府。桂王时擢礼部主事，特试授翰林庶吉士，兼诰敕撰文，指陈皆切时弊。忌者众，乃乞假间道归里，结庐先人墓旁，环庐皆田也，自号曰田间，著《田间诗学》《易学》。”由此传，我们大体可以知道，澄之早年即有用世之志，积极参与党社活动。当清兵南下时，又奔走闽粤，从事抗清大业。及事不可为，乃返回乡里，隐居著述以终老。所需补充的是，钱氏发妻之死，并非由于党争，乃因清兵而亡，同时失去的还有一子一女①。他的返乡，也不是简单的“乞假间道归里”，而是与永历行朝失散后不得已的选择。一组64首的《行路难》细致地刻画了他返乡路上所经受的种种艰辛和凶险②。对澄之而言，满人所带来的，不仅是国仇，而且还有家恨，这当是他后来选择隐遁的最主要原因。

钱氏之著述，《田间易学》《田间诗学》皆收入四库，《庄屈合诂》见于存目。《四库提要》对澄之的经学成就评价颇高，如称其易学“持论平允”“不涉支离附会之弊”，称其诗学“持论颇为精核，而于名物训诂、山川地理，言之尤详”。对《庄屈合诂》，《提要》则有如下评论：“屈原之赋，固足以继风雅之踪。至于以老庄解《易》，则晋人附会之失。澄之经学笃实，断不沿其谬种。盖澄之丁明末造，发愤著书，以《离骚》寓其幽忧，而以《庄子》寓其解脱，不欲明言，托于翼经焉耳。”

《提要》此说，实已触及钱氏之微意。从极力表彰屈子之

---

① 钱澄之《田间文集》，黄山书社1998年版，第564页。

② 钱澄之《藏山阁集》，黄山书社2004年版，第326页。

气节，到大谈庄周之至性[①]，钱氏自己立身处世的态度尽在不言之中。但是，如果把该书完全看成是借题发挥，那就未免过于捕风捉影。钱氏《庄子内七诂·自引》曾自述其读《庄》之经历："余少时好读《庄子》，见郭子玄注，苦不得其解。有示以林希逸《口义》者，览之略有端绪。友人曰：'此训诂之学也，读庄子岂宜作如是解？'于是益求所谓能为《庄子》之解者而究心焉。而为二氏之学者，皆谈《庄子》。禅家以其得宗门之旨趣，道家指为有丹经之秘言，其说皆近似之，而吾不敢信也。则又有谓三圣人之学本同，其解《庄》也，取三家语句之相似者，影响印合，又不深畅其旨，但略一拈提，使人自悟，是不过借《庄子》发摅己见，以自成其一家之言，于《庄子》实未解也。"钱氏好庄，自少时已然，并非国变后的突发奇想。其读《庄子》，初由郭象、林希逸入，后在友人建议下，乃泛滥于二氏之庄解。他既已发现，不论是参以佛理、丹道，还是用三教相互印合，多属于"借《庄子》发摅己见"，并不能真正了解《庄子》，那么他自己注《庄》，断不会循此旧途。换句话说，钱氏注《庄》之目的，实乃为了发明庄子之意，决不仅仅是个人的寄寓之言。用钱氏自己的话来讲，这就叫"要是释《庄》，非自立说也"（《庄子内七诂·自引》）。

钱氏之书取名为"诂"，也是基于同样考虑："吾之解《庄》者屡矣。晚年，少有所进，乃尽废前解，而为之诂。盖真见世之所谓能为《庄子》之解者皆妄耳，故宁为训诂也。"（《庄子内七诂·自引》）必须提及的是，钱氏对"训诂"并无好感。他曾明告好友方以智："吾人读书，观大义而已。……至于器数之末，诂释之烦，点画之细，世自有窜句博物之徒。"[②]他

① 钱澄之《庄屈合诂·自序》，黄山书社 1998 年版，第 3-4 页。
② 《田间文集·通雅序》，第 227 页。

批评“训诂之学”说：“若惟言之是尊，毋敢略出己见，疑者缺之，未详者置之，惟通其章句而已，是训话之学也，是以无我之弊流为训诂。”[1]在解《庄》时，钱氏仍然“宁为训诂”，只能说明他对流行的肆意攀援之做法十分不满。

钱氏曾论及注书与著书的区别，最能代表他在这一问题上的立场：“甚矣，注书之难，难于著书也。著书者，欲自成一家言耳，其有言也己为政。注书者，己无心而一以作者之心为心，其有言也役焉而已。故曰：著书者无人，注书者无我。然自孔子《系辞》以来，如郭象之注《庄》，王辅嗣之注《易》，旁通发挥，往往出于古人意言之外，亦何尝不用我也？曰：非我也，古人之意之所在也。书不尽言，言不尽意，以意逆志，是为得之。”[2]著书立言，标准在己，故心中可以无人。注书则不同，注者服务于所注之书，自己无心而以作者之心为心，是谓无我。但是，无我并不意味着固守章句而已，还必须追寻作者的言外之意。就此而论，孔子之《系辞》，王、郭之注解皆可称为无我之作。既不愿以己意进退古人，又不想落入虫鱼饾饤之途，只希望设身处地，以意逆志，由七篇之脉络，上探庄生立言宗旨及言外之微意，这大概就是钱氏注庄之初衷。

二、《庄》本于《易》

《庄屈合诂》成书于康熙二十四年（1685），作者时年74岁。其中《庄子内七诂》只注内七篇，首列郭象及各家注，次及自家之“诂”，分章悉依焦竑《庄子翼》。每篇末尾有“总诂”，概述全篇之大意。此书完成之后，钱氏曾多方活动，希望

① 《田间文集·重刻昌谷集注序》，第229页。

② 《田间文集·重刻昌谷集注序》，第229页。

能够刊行。直到五年之后，才由徐乾学赞助，与《田间易学》《田间诗学》一同付梓。其间数年，钱氏与友朋通信，反复强调该书有“发前人所未发”之处[①]。钱氏自己并未明言创见何在，但综合全书（《庄子内七诂》）来看，其大要则在“《庄》本于《易》”一语：“自庄子以《诗》《书》《礼》《乐》及《易》《春秋》列为道术，后遂有‘六经’之称。而其称《易》也，曰‘易以道阴阳’，则一语已抉其奥矣。吾观其书，其言内圣外王之道，则一本于《易》。夫《易》之道，惟其时而已。庄子以自然为宗，而诋仁义，斥礼乐，訾毁先王之法者，此矫枉过正之言也。彼盖以遵其迹者，未能得其意；泥于古者，不适于今。名为治之，适以乱之。因其自然，惟变所适，而《易》之道在是矣。”[②]钱氏认为，易道之核心在“时”，庄子“因其自然、惟变所适”的主张恰恰就是重“时”的表现，所以归根结底，庄子之学只不过是易理的进一步发挥而已。

依据《田间易学·凡例》，钱氏出身易学世家，又曾问《易》于黄道周。其在易理方面的造诣，颇受时人的推崇。方以智编订父作《周易时论》，澄之与有功焉。著名禅僧觉浪道盛则把易学方面的质询转送澄之作答。钱氏六十岁时著成《田间易学》，以朱子《本义》为主，兼容义理和象数两派。在《田间易学》卷一中，他曾对“易道惟时”做过系统的发挥：“乾元统天，无终无始也。无始而万物资始，时至则然也。‘大明终始’，明其终始皆时为之也。”“亢，岂惟伊尹之放桐、周公之负扆哉！孔子亦有时而亢，诛华士、却莱夷、堕三都，当其时，宁知有得丧存亡耶？盖责任不在己，当潜则潜；责任在己，当亢则亢。若当亢而思潜，将宋陈宜中之占城不返为高蹈

① 《藏山阁集》，第457页。

② 《庄屈合诂·自序》，第3页。

乎？亢之时，一有知退知丧知亡之心，便失其正矣。”

“趋时”本为《易传》“爻位”说的一种，主要意思是，卦象之吉凶因所处时机而不同[①]。钱氏则把它推广开来，说明一切事物皆因时而动。他甚至认为，易道无超出于“时”者：“易之道尽于时。”[②]“时”如此重要，对人来说，知“时”便成为关键。当亢则亢，当潜则潜，否则极易失其正道。“时”的基础在于“变”，没有“变”就无所谓“时”。所以，趋时必须明“变”。钱氏《田间易学》卷九称：“惟变而后其道德和以顺，不变则反成乖戾也。惟变而义以理，不变则不能各得其宜也。穷理者，穷其变也。尽性者，尽其变也。至于命，则一任其自然，变而不知其所以变也。”《易》者，变易之学。只有变易，才能实现道德和顺，万物各得其宜。因此，“穷理”也好，“尽性”也好，“以至于命”也好，说到底，不过是穷变、尽变并安于变而已。

“安于变”就叫作“因任自然”“顺其自然”，而天地万物本来就是自然而然的：“乾本乎气之自然，故易。坤因乎乾之自然，故简。”（《田间易学》卷七）“万物固已自然，圣人又何事焉！圣人犹为之领袖耳。虽然一切制作，不过顺其自然。”（《田间易学》卷一）“自然”本是道家之术语，由王弼引入《易》注，一方面借以说明天道之自然而然，另一方面也是为了提倡一种因循无为的人生观[③]。钱氏显然受到了王弼这种做法的影响。所不同的是，钱氏并不以为“自然”得自于道家，而是易学本身就包含的内容。在这个前提下，《田间易学》卷七甚至引用老、庄之言来说明易理：“天下之理，非吾一人可以尽知尽能也。有不知而后无不知，有不能而后无不能。庄子曰：‘万物固

① 朱伯崑《易学哲学史》，北京大学出版社 1986 年版，第 55 页。

② 《庄屈合诂》，第 5 页。

③ 《易学哲学史》，第 271 页。

已自然，圣人又何事焉！’因其自然，又宁有不知不能者哉？易简之得，亦得其自然而已。”“老子云：‘天地之道，其犹橐龠乎！虚而不屈，动而愈出。’此鼓万物之说也。吾尝有诗曰：‘惟此中虚处，万化由之萌。橐龠空无有，鼓之风辄生。设有一物在，元化岂不停。’是知富有日新之德业，皆自无中出，故曰‘生生之谓易’。生生者，无中生有也。有之以为生，则生有时而息矣。”这两段话中，最令人吃惊的是，钱氏竟以“无中生有”解释《易传》之“生生”。张载批评二氏，曾认为道家最大的毛病就在虚气相隔、体用殊绝、不识有无混一之常①。小程子解释易理，也有“体用一源，显微无间”的说法。钱氏本自觉承继宋儒，却在关键问题上，走上了由辅嗣开创的以道说易的老路。

要之，澄之对易理的了解，本有取于道家之学。虽然他自己未必意识到或未必愿意承认，但这已经足以让他在《庄》书中发现大量与易道相通之处：“成即有毁，毁以为成。治极必乱，乱以开治。春夏之蕃孳，秋冬之凋落，相代实以相因。《易》‘穷则变，变则通’‘通其变，使民不倦’，因之而已。”②这是解释《齐物论》“其分也，成也；其成也，毁也。凡物无成与毁，复通为一”的。庄子之大意在说明“道通为一”，钱氏则注意到其中含有变化的观念，故以易道的变通说释之。“大易有四象，分阴分阳，而阴中有阳焉，阳中有阴焉，是谓阴阳老少。禅家本之为四料简，庄子于是中见非，非中见是，亦此四法。”③《齐物论》主齐是非，故曰“彼亦一是非，此亦一是非”。钱氏却从中看出《周易》四象的影子。阴中有阳，阳中有阴，正如是中有非，非中有是，阴阳之互涵酷似是非之无端。“太极即在阴阳中，离阴阳无太极也。倏忽时相遇于浑沌之地，舍倏忽无浑沌

① 张载《张载集》，中华书局1978年版，第8页。

② 《庄屈合诂》，第30页。

③ 《庄屈合诂》，第28页。

也。倏忽欲凿浑沌之窍，岂别有浑沌可凿乎？亦自凿耳。”[①]这是解释《应帝王》中“浑沌”寓言的。在庄书中，“浑沌”本代表着质朴和无为，钱氏则依照易理，更进一层。浑沌如太极，倏忽如阴阳。浑沌就在倏忽之中，离开倏忽别无所谓浑沌，正如太极即在阴阳之中，离开阴阳别无所谓太极。

类似的例子还有很多。最重要的，还算是关于“时”的讨论：“《易》之道尽于时，《庄》之学尽于游。时者入世之事也，游者出世之事也。惟能出世，斯能入世。即使入世，仍是出世。……七篇以《逍遥游》始，以《应帝王》终。谓之‘应’者，惟时至则然也。又曰：‘应而不藏。’此其所以为游，此其所以逍遥欤！”[②]“时”者时机，“游”者无待。知时机者，方能进退有度。无所待者，方能超越世间是非利害。以无待之心，应时而动，即为逍遥之游。引入“时”后，代表至人精神境界的“乘天地之正，御六气之辨”，就和乾卦的“时乘六龙以御天”一样，乃是“应时而动”的别称[③]。“应时而动”，则一切皆自然而然、不得不然[④]。时生即生，时死即死，时贫即安于贫，时富即安于富。该做匹夫时为匹夫，该当帝王时为帝王。如果生时求死，死时贪生，贫时羡富，富时爱贫，皆为不知时。

钱氏特别指出，如果不知时，潜亢异用，那么不仅不足以知庄子，甚至还是“庄子之罪人”：“吾尝谓庄子深于《易》，《易》有潜有亢，惟其时也。当潜不宜有亢之事，犹当亢不宜存潜之心。而世以潜时明哲保身之道，用之于亢时，为全躯保妻子之计，皆庄子之罪人也。若庄子适当其潜者也，观其述仲尼、伯玉教臣子之至论，使为世用，吾知其必有致命、遂志

---

① 《庄屈合诂》，第 132 页。

② 《庄屈合诂》，第 5 页。

③ 《庄屈合诂》，第 10 页。

④ 《庄屈合诂》，第 132 页。

之忠，为其于君亲义命之际所见极明耳。”[1]潜者隐遁，亢者用世。潜亢各有其时，该隐遁时即隐遁，该用世时即用世，是谓知时。具体到庄子来说，因为适当其潜，所以只好以藏为用。庄子并非不能用世，由《人间世》之致命遂志，可知庄子用世之道甚精，与儒家圣贤“致主泽民皆本之正心诚意之学，无以异也”[2]。相反，那些本当用世之时，却出于全躯保妻子之私心，而行明哲保身之道者，才是“庄子之罪人”。

不消说，当钱氏写下这段话时，心中定有无限的感慨。世道交丧、大厦已倾，不就是因为有太多本当有为时却选择了明哲保身之路的人吗？但是，回到注庄之主题，澄之此说却有替庄子辨“诬”的意思在。这一点其实也是其“《庄》本于《易》”说的内在要求。传统上，庄子多被看作不关心世事的高人隐士，要么“放荡而不法”（扬雄语），要么“腾世而独游”（夏侯湛语）。但在钱氏看来，庄子并非不关心世事，亦非不想为世所用，而只是“生非其时，落得无所可用”而已。[3]《人间世》中社树所谓“余求无所可用久矣，几死，乃今得之，为余大用”，正是庄子一生学问的象征。因此，“无所可用”不仅不是逃避，而且还是庄子深于易道的表征。圣人不也有云“天下有道则见，无道则隐”吗？所以，“当战国之时，既好放言，又思免祸，使人知其言有可用，而祸不免矣，故庄子以大言藏身者也”[4]。

同一个“无所可用”，从“避世”到“知时”，随着解释角度的转换，意义发生根本的改变。原来的那位喜欢“剽剥儒墨”（司马谈《论六家要旨》）“叛圣人者也”（《二程遗书》卷25）的庄周，一变而为“一旦而有臣子之事，其以义命自处

① 《庄屈合诂》，第74页。
② 《庄屈合诂》，第74页。
③ 《庄屈合诂》，第18页。
④ 《庄屈合诂》，第18页。

也，审矣”[①]的至性之人。庄子与圣贤之学的距离亦因此而拉近：那些批评仁义礼乐的话，只不过是“矫枉过正之言”；相反，过去常被当作寓言对待的孔颜对话，却处处透显出庄子对圣人用世之道的赞赏：“正己之道，夫子语颜回心斋之义尽矣。”“颜回自博文约礼以来，无日不从事于仁义礼乐。而一旦尽忘之，以至于坐忘，‘离形去智，同于大通’。人尽而天见，是殆‘以其知之所知，养其知之所不知’者，圣人之徒也。”“仲尼之徒，首推颜子，故于篇中再举之，尊颜子所以尊仲尼也。”[②]这里，孔子既不是被讽刺和调侃的对象，也不是暂且引重之人，而成了庄子心目中的圣贤。“心斋”“坐忘”这些《庄》书中的核心概念，在儒学的意义系统下，也都获得了新的解释。

不仅如此。庄子既无悖于圣人，庄学既一本于易道，那么儒家的其他文献如《中庸》、如《大学》、如《孟子》，全都可以拿来与《庄》书相发明：“顺自然”变成了“致中和”[③]，“守其宗”变成了“立大本”[④]，“无假”即“存诚”，“养生”即“立命”[⑤]。凡是庄子刻意强调的概念，在儒典中差不多都能找到相应的说法。问题是，如果依照这样的思路来解释，那么庄子与儒家还有什么区别呢？钱氏不满前人以佛理、丹道解庄，他自己是否也堕入到另外一种肆意攀援呢？《田间文集》卷四《与俍亭禅师论庄子书》为我们透露了个中消息：“夫庄子言道德而訾仁义，毁礼乐，其言必称老子，庄子为老子嗣久矣。然其意中所尊服者，则惟一孔子。其言之涉于侮慢者，此呵佛骂祖之智也。尝以己说托为孔子而称之者，以为孔子必当有是说也。而又

---

① 《庄屈合诂·自序》，第 4 页。

② 分见于《庄屈合诂》，第 74 页、120 页、121 页。

③ 《庄屈合诂》，第 126 页。

④ 《庄屈合诂》，第 80 页。

⑤ 《庄屈合诂》，第 51 页。

假托老子教孔子之说，以为孔老相见时，应作如是说也。一正一反，抑之扬之，以逼出孔子设教之所以然。若认作实语，便是痴人前说梦矣。”“孔子于子夏‘礼后’一语而深赏之，特不欲尽言之耳。庄子之源流实出子夏。子夏知其后而笃信谨守，不敢略其后焉，盖以非是后者无以治世也，此儒者之学也。庄子欲尽捐之，盖知当世之必不可以仁义礼乐治也。世不可治，而习其说者，徒以繁文长伪，而圣人之道不复见矣，固不如托诸老子，为天下无所可用之人，而徒存其大方，使万世而下庶几犹见圣人之道。杖人以为托孤于老子，岂不然乎？”

依照此信，钱氏对以下两点深信不疑：其一，庄子立言之宗旨，全是为了“圣人之道”。批评的话，属于呵佛骂祖；假托的话，也是为了逼出孔子言说背后的根据。那些形形色色的对话，纯属庄子有意的设计，均服务于同样的目的。甚至，庄子言必称老子，也是一种不得已的“狡计”：当后世儒学渐失其传的时候，在老子的传统中尚能保留一些圣人的真髓。其二，庄子出于子夏一脉，本来就根源于儒家。子夏与夫子论诗，因绘事后素而悟“礼后”（朱子以“忠信为礼之本”释之）。但子夏之所以仍然固守礼教，是因为他相信，没有仁义礼乐，社会就不可能得到治理。此属于儒家之正途。庄子则知道，战国乱世，仁义礼乐之教不可能实现，夫子立言设教之本反而容易为繁文所遮蔽，倒不如托身于无用，更能保存圣人之学的真精神。有了这两点做保证，钱氏自不必担心“肆意攀援”的指责。庄子既属儒家之别派，庄子之志既在发圣学之真精神，那么，以《易》释《庄》、进而把《庄》书与《大学》《中庸》《孟子》会通起来，难道不是合情合理的事吗？不过，这两点都不是钱氏的创见。前说出于澄之的师友觉浪道盛，后者则可以追溯到昌黎韩愈。它们一起构成了庄学史中一个绵延不断的传统。

三、嫡子还是孤儿?

自司马迁作庄子传，称“其要本归于老子之言”（《史记·老庄申韩列传》），学者多老庄并称。其间虽有黄老、老庄之分，但大体上都同意，老子和庄子属于同一个大的思想系统。魏晋时期，《道德经》和《庄子》书成玄谈之依据和素材，并被卷入当时的名教与自然之争，孔老优劣、庄圣之别成为话题。虽有激进者好老庄而薄周孔，但多数人仍奉孔子为圣人。王弼以“体无”定孔老高下，郭象《庄子序》以同一理由区别庄子和圣人：圣人“寂然不动，不得已而后起”，而庄子“虽未体之，言则至矣”[①]。表面上，庄圣有别，但与那些激进者相比，这种说法无疑拉近了庄子和孔子的距离。

至中唐时期，昌黎韩愈始提出，庄子源于孔门。其《送王秀才序》言曰：“吾常以为孔子之道，大而能博，门弟子不能偏观而尽识也，故学焉而皆得其性之所近。其后离散分处诸侯之国，又各以所能授弟子，原远而末益分。盖子夏之学，其后有田子方，子方之后，流而为庄周，故周之书喜称子方之为人。”[②]韩愈此文之主旨，并非想替庄子“正名”，而是要说明，惟有孟子才能代表儒家之道统。当他接着说“道于杨墨老庄佛之学，而欲之圣人之道，犹断港绝潢以望至于海也”时，源于子夏的庄周早被他当做害道的异端了。

比较吊诡的是，韩愈的批评常被人忽略，庄子源于孔门的说法倒给人留下了很深的印象。苏轼作《庄子祠堂记》，批评司马迁只得庄之粗迹，未了庄之微意。他认为，庄子实际上是“助孔子者”，这叫“实予而文不予，阳挤而阴助之”。东坡的根据

① 郭庆藩《庄子集释·卷前》，中华书局 1961 年版，第 3 页。
② 韩愈《韩昌黎全集》，中国书店 1991 年版，第 290 页。

在《天下》篇，诸子数家，孔子不与，正说明孔子地位之尊。另外，东坡也注意到《庄子》的文风，即所谓“正言无几”。其实，这两点也正是后来会通庄儒者最喜欢罗列的理由。

东坡同时，王安石亦有《庄周论》两篇畅发此意。王说的最大特点在“矫弊”论。大意是说，当战国之时，天下风俗大坏，“谲诈大作，质朴并散”，礼义之绪被抛弃，人们争趋于利益之途。庄子乃起而立说，“同是非、齐彼我、一利害”，目的是让人明白“足乎心”才叫作得。经过这样解释之后，庄子那些批评的话语，就可以转换为针对时弊而不是孔子了。与苏东坡一样，王氏从《天下》篇体会到庄子的自谦（《临川文集》卷六十八《庄周上》）。所不同的只是，在安石眼中，庄子对儒家已不是“阴助”，而且“有意”地“存圣人之道”了。

苏、王的说法影响很大，后来的注庄者多不能忽视庄子和儒家的关系问题。在庄学史上，开始形成一种“以儒解庄”的传统。著名者如林希逸、杨升庵、朱得之、觉浪道盛、方以智、钱澄之、林云铭、宣颖以及晚近的刘鸿典、钟泰等，可谓代不乏人。“以儒解庄”论，以明代中晚期为最盛。究其原因，或与阳明学之崛起、禅学之复兴有关。阳明学不拘守文字，重言外之意，有助于学者寻庄子之微言；禅学“呵佛骂祖”，正好为《庄子》书中那些嬉笑怒骂开出一种新的解释思路。

诸家之说，各有千秋，其中，最富特色的当属道盛禅师的“托孤说”，它对钱澄之和方以智的庄学作品产生了深远的影响：“死节易，立孤难。立孤者必先忘身避仇，使彼无隙肆害，乃能转徙深渺，托可倚之家，易其名，变其状，以扶植之成人。成后乃可复其宗，而昌大其后。予读《庄子》，乃深知为儒宗别传。夫既为儒宗矣，何又欲别传之乎？深痛战国名相功利之习，窃道术以杀夺，仁义裂于杨墨，无为坠于田彭。即有一、二真儒，亦未深究性命之极，冥才识而复其初。遂使后世不复有穷神知化之事，而天下脊脊，不能安性命之情，则所学皆滞迹耳。此嫡血之正脉，孤而不存，庄生于是有托孤之惧矣。”（引自方以智《药地炮庄·总论中》，《续修四库全书》第957册）道盛是明末清初著名的禅僧，方以智之师，曾被誉为“江南三宝”之一（另两宝为藏经和长干塔）[①]。道盛以禅师而好庄，著有《庄子提正》一书。他对庄子的看法可用“儒宗别传”四字来概括。“儒宗”是说庄子的真精神乃在儒学，“别传”是说庄子的外表却依托于老子。道盛把这种复杂关系比喻为：“非老聃之嫡嗣，乃尧孔之真孤。”

和王安石的说法相比，道盛此论更进一层。王安石称庄子意在“存圣人之道”，但同时又强调庄子知道自己“非大道之全”。可是，“托孤说”就不同了。“孤”乃仅存之血脉，惟此“孤”始能代表正统和真精神。说庄子为“尧孔真孤”，其意义不在于庄子之精神属于儒家，而在于儒家之正脉仅保存在《庄子》书中。这样一来，两千年的儒学史差不多被他一语推倒。无论如何，这一点大概是王安石所无法接受的。当然，这也是大多数“以儒释庄”者不可能走到的一步。道盛的说法显然受到了佛教内部判教论的启示。

对于尧孔之真髓、庄子之孤怀，道盛也有他的看法：“夫论大易之精微，天人之妙密，性命之中和，位育之自然，孰有过于庄生者乎？予之表系，不得不亟推之，正惧儒者之心印太孤也。”（引自方以智《药地炮庄·总论中》）世儒之不足既在“未深究性命之极”“不能知天立极”，那么尧孔之真髓自然就是“天人性命”之学了。而庄子恰恰早把天人性命之学发挥到了极致，举凡《易》之精微、《中庸》之慎独中和等，《庄》书皆有之。因此，要想接续儒家日渐式微的“天人性命之学”，就

① 钱澄之《田间诗集》，黄山书社 1998 年版，第 106 页。

必须到《庄》书中去寻找。惟有如此，儒者之“心印”才不会太孤。道盛曾经透露过他何以要提出看似如此怪诞的说法：“吾尝曰，道若不同，则不相为谋矣。是望人以道大同于天下，使天下之不同者，皆相谋于大同之道，必不使异端之终为异端也。即有谓予借庄子自托孤与自正孤，予又何辞！”（引自方以智《药地炮庄·总论中》）由这番表白可知，道盛所谓“托孤说”其实也是有所托的，其“自托孤与自正孤”容有异解，但会通三教、破除正统异端之别的目的还是比较清楚的。道盛“会通三教”的志向在弟子方以智的著作中得到贯彻，其“托孤说”则为钱澄之所继承。

方以智和钱澄之为同里好友。两人在明末同入党社，在岭南一起抗清，事败后又同被僧服，返还乡里。所不同的是，方以智投身于道盛门下，并积极传承曹洞法统，钱氏则恢复儒生本色，恪守儒释界限。很可能是因为以智的关系，钱氏与道盛过往密切，其情谊当在师友之间。道盛曾“全标庄子并付竹关”（“竹关”乃方以智修行处）[①]。10年后，方以智不负师托，著成《药地炮庄》。该书许多说法都属于对道盛宗旨的发挥，如释《逍遥游》：“游即息也，息即无息也。太极游于六十四，乾游于六龙，庄子之御六气，正抄此。”如释《养生主》：“此篇发明慎独中节之学，以一善刀而藏，消尽善恶名刑，邵子最赏提刀四顾，有旨哉！”如释《天下》：“庄子虽称老子，而其学实不尽学老子，故此处特立一帽子自戴之。非芒昧也，何能滑疑？非滑疑也，何能稠适而上遂乎？万物皆罗，莫足以归，有捉败此老曼衍藏身处者否？”以易道释逍遥，以中和解养生，以庄子不尽学老子，不过是把道盛的意思说得更具体而已。

钱澄之曾经评论《药地炮庄》说：“多禅语，而会通以

① 任道斌《方以智年谱》，安徽教育出版社 1983 年版，第 187 页。

《庄》《易》之旨。”[①]就会通《庄》《易》之旨来讲，钱氏自己也是这样做的，他所不满的是“以禅解庄”。钱氏曾告诉俍亭禅师说，“释自释，儒自儒”，与其把庄子称为“释家教外别传”，不如把他看成“儒家教外别传”，因为释氏是“出世法”，而庄子则有“用世之学”。因此，钱氏可以接受道盛的托孤说，但不同意把三教会为一炉。这大概也正是钱氏虽有许多看法与道盛、以智相同或相近，但仍然自别于他们的原因所在。

四、三点表彰

以上我们粗略地介绍了钱澄之对庄子的一些看法，以及这些看法与前人或朋辈的关联。现在的问题是，我们究竟该如何判定钱氏在庄学史上的地位？非常明显的是，“会通庄儒”并不是钱澄之的什么“孤明先发”，远的可以追溯到晋唐，近的可以联系到道盛。甚至，“以庄继《易》”也不是钱氏之专擅，其友方以智走的是同一条道路。在一些问题上，如庄子源于子夏，钱氏也只是因循旧说，并没有给我们提供什么新的像样的根据。

不过，钱氏之书仍有几点值得我们特别表彰：第一，对庄学与易理关系之梳理。《易》之《经》成书虽早，但《传》却与《庄子》属于同一个时期的作品。除了《庄》书提到过《易》之外，双方还分享着一些共同的概念和问题，如阴阳、变易、时等等。庄子有否受到过《易经》的启示？庄书与《易传》有否相互影响的痕迹？这都是早期思想史必须讨论的问题[②]。钱氏以易学家之素养，探讨两者之关联，无论其结论能否成立，都不能不说是一种有益的尝试。第二，“以意逆志”之解释原则。个人

① 《田间文集》，第 227 页。

② 参见陈鼓应《易传与道家思想》，三联书店 1996 年版。

觉得，钱氏对“注书”有一个极富启示意义的说法，那就是“旁通发挥”仍然可以属于“无我”。“注书”不能借题发挥，否则，那就变成了“著书”。但“注书”亦非“训诂”，否则就会变成窜句博物。以无己之心追寻古人言外之意，那才是“注书”之正途。考虑到《庄》书的性质，钱氏此说更为重要。“寓言十九，卮言曼衍”，如果借题发挥，可以上天下地，无所不通。但如果只据守章句，停留在字面意义，那又变成了食古不化。如何在两者之间保持平衡，实在是一件很困难的事儿。若说有一种接近的方法，“以意逆志”庶几得之。第三，“辞达而止”的行文风格。《庄子》文理兼备，多“悠谬之词、诡憰之句”，读者经常“茫然不知所谓”。注《庄》者如果再益以玄解，那就是“以水益水，何解之有”[①]。钱氏有此觉悟，所以在自己的《庄》诂中，决不故弄玄虚。他所不满于方以智的，也正在其《药地炮庄》充满禅机，句句让人不懂。在庄学史中，如钱氏这种风格者，实在不算多数。

（原载《中山大学学报》2006年第5期）

① 《田间文集》，第229页。

论钱澄之《屈诂》中的儒道互补思想

◎施仲贞　周建忠

钱澄之，安徽桐城（今安徽枞阳）人，明末诸生，明清鼎革之际著名的诗人、学者和抗清志士。据钱撝禄《先公田间府君年谱》“万历四十年壬子，府君生”[①]，及唐甄《田间先生八十寿序》“辛未岁四月二十九日，饮光钱先生行年八十生日也”[②]，钱澄之生年应为明万历壬子年（1612）农历四月二十九日，其卒年为清康熙三十二年癸酉（1693）。钱氏初名秉镫，字幼光；抗清复明失败后，见事不可为，一度出家为僧，名幻光，释号西顽；后复冠带改名澄之，字饮光，不仕新朝，退隐故里，结庐先人墓旁，环庐皆田，得号田间，虽穷愁踽踽，仍勉力坚守遗民气节，躬耕南亩，农闲授课业为生，著述明志以终老。钱澄之生平著述宏富，有《田间诗集》《田间文集》《藏山阁集》《所知录》《田间易学》《田间诗学》《庄屈合诂》等。其在楚辞方面的研究，主要集中于注本《屈诂》。

在钱澄之的世界观和人生观中，儒家精神是他一生思想的主流，《屈诂》中亦充溢着其浓厚的致君尧舜、中兴南明的儒家精神。吴孟复《庄屈合诂序》曰：“在《屈诂》中，愤世疾俗，语尤激切。”[③]“数百年后读此，可见庄周、屈原之心，更可见钱澄

① 钱撝禄《先公田间府君年谱》，《国粹学报》1911 年第 1 期。

② 钱澄之《所知录》，黄山书社 2006 年版，第 233 页。

③ 钱澄之《庄屈合诂》，黄山书社 1998 年版，第 2 页。

之之心，既以赏奇析疑，更以知人论世……盖此皆真知真感，出自心声者也。”[①]然而，据钱澄之书信《与徐方虎》“弟于去冬穷愁之中，又了得《庄屈合诂》一书……弟今年七十五矣，将更何竢耶”[②]，以及其诗《乙丑元旦立春》“诗文删罢闲无事，更注《离骚》订《七篇》”[③]，可推知《屈诂》应作成于清康熙二十四年乙丑（1685）。当时，清朝政府的统治已趋于稳固，康乾盛世初现端倪，“耕者在畔，贩者在涂，市无追呼之吏，人见吏亦不惊”（钱澄之《永安龚侯云石寿序》）[④]，士人百姓皆已安于新朝，光复明朝的祈愿已是幻梦一场。加之，此时的钱澄之已是七十四岁古稀之年，距清顺治十年他重葺故居、退隐乡间已有三十余年。青年时期“尝思冒危难，立功名”[⑤]，换来的却是党争排挤、不受重用，钱氏归隐后力济天下的热情逐渐消退，这位儒者于落寞、孤寂、悲愤的心境中，道家精神中知命顺时、委运任化、以藏为用的思想渐趋上升。因此，在钱氏的《屈诂》中又流露出著述者退避“出世”的道家思想倾向。

一、中兴南明、致君尧舜的儒家精神

钱澄之在闽粤溃败之后，与志同道合之士离散，至1651年更历经长达数千里的地理大迁徙之后回到家乡桐城。《屈诂》作于钱氏远离政治中心，回乡归隐三十多年之后，但在经历了如此漫长的时间和遥远的空间之后，钱澄之训诂楚辞，诉诸笔端的依然是其儒家之志下蓬勃难掩的用世之心和强烈恣肆的情感倾泻。

① 《庄屈合诂》，第3页。
② 钱澄之《藏山阁集》，黄山书社2004年版，第468页。
③ 钱澄之《田间诗集》，黄山书社1998年版，第511页。
④ 钱澄之《田间文集》，黄山书社1998年版，第342页。
⑤ 赵尔巽《清史稿》第45册，中华书局1976年版，第13834页。

（一）对屈原“美政理想”的推崇

《屈诂》中的儒家精神首先表现在对屈原“美政理想”的推崇，钱澄之以此寓托其曾经中兴南明政治理想的自我期待。

钱澄之训诂《离骚》，将“美政”概括为屈原一生政治理想的核心，“美政，原所造之宪令，其生平学术，尽在于此”[①]。盛赞屈氏美政，“史称原‘博闻强志，明于治乱，娴于辞令’，王使作为宪令，所谓能称其职也。原生平致主泽民之术，得以一意展布，其所作必取法二帝三王之道，尽革楚之弊政，而楚国可以大治”[②]。对于最终人主蓄疑、党争宦祸，屈原遭谗被疏，“美政”废止，钱澄之指出政令不通，屈原“循绳墨而不颇”振兴楚国的主张难以推行，才是屈原真正最痛切之处。《离骚》训诂，钱氏曰：“原疏而宪令废矣，所最痛心者此也”“初，王使原作为宪令，楚昔弊政，多所釐革……原一遵规矩绳墨以为度，故使奸邪无所容。原替而法废……其郁邑侘傺，不惜其身，而惜其度也。”[③]又曰：“原疏而宪令亦废不行矣！原所悲愤不能自已者，非悲其身不用也，悲其功之垂成而不就也。故一则曰‘哀民生之多艰’，再则曰‘相观民之计极’，而终之以‘莫与为美政兮’，则原情可见矣。”[④]训诂《惜往日》，钱澄之亦曰：“《惜往日》者，思往日王之见任而使造为宪令也。始曰‘明法度之嫌疑’，终曰‘背法度而心治’，原一生学术在此矣。楚能卒用之，必且大治，而为上官所谗，中废其事，为可惜也。原之‘惜’，非惜己身之不见用，惜己功之不成也”“身废且死，而犹眷眷国事。极言法度之不可背，原之自命在此”[⑤]。屈

① 《庄屈合诂》，第 184 页。

② 《庄屈合诂》，第 187 页。

③ 分见于《庄屈合诂》，第 184 页、154 页。

④ 《庄屈合诂》，第 187 页。

⑤ 分见于《庄屈合诂》，第 294 页、299 页。

原的“美政”基本思想是清明国政、中兴楚国，其本身就具有强烈的儒家色彩。钱澄之对屈原“美政”理想被废止悲愤痛惜之情的反复致意，实则是见托其治国平天下的儒家政治理想。

楚辞中“志”这个关键字多次出现，屈原在《离骚》《九章》中多次言“志”陈情，《离骚》中共出现两次，《九章》中则共出现二十二次，屈原所述之“志”，含义明确，皆指屈子的“美政”理想。然而，钱澄之的《屈诂》，对这二十四个“志”，都不惮其复，一一进行了着重强调和细致阐发。例如，训诂《离骚》“抑志而弭节兮，神高驰之邈邈。奏《九歌》而舞《韶》兮，聊假日以媮乐”句，《屈诂》曰：“山穷水尽，不得不抑志而弭节也……然歌舞必取于舜禹，其所乐在此，此志固未泯也。”[①]训诂《怀沙》“离慜而不迁兮，愿志之有像”句，《屈诂》曰：“至于离慜而不迁，盖终不能惩改矣。自惟事业无成，存此志于万世，可也，志之有象，《易·蛊》上爻所云：‘志可则也。’”[②]训诂《橘颂》“深固难徙，更壹志兮”句，《屈诂》曰：“深固难徙，存乎志也。惟有志乃能承天。”[③]又训诂《橘颂》“嗟尔幼志，有以异兮”句，《屈诂》曰：“此申言其壹志也。谓之幼志，盖自幼如此，性生然也。”[④]甚至于在楚辞未出现“志”字之处，钱澄之亦申之以志，如训诂《思美人》“愿寄言于浮云兮，遇丰隆而不将。因归鸟而致辞兮，羌迅高而难当”句，《屈诂》曰：“以云、鸟之无心，欲寄一言而尚不见顾，则此志将向谁语哉！”[⑤]训诂《思美人》“独历年而离愍兮，羌冯心犹未化。宁隐闵而寿考兮，何变易之可为”句，《屈

① 《庄屈合诂》，第 183 页。
② 《庄屈合诂》，第 286 页。
③ 《庄屈合诂》，第 300 页。
④ 《庄屈合诂》，第 301 页。
⑤ 《庄屈合诂》，第 289 页。

诂》曰："忧忧相接，积久不化，故冯心也。而又隐闵无所发舒，自是伤生之道，宁有寿考者乎？然而变易初志以希寿考，又何可为也？"[①]《东君》题解，《屈诂》曰："举矢操弧，大有感慨时事，摅写愤懑之情。盖借题以喻志也。"[②]《离骚》"总诂"，《屈诂》亦曰："原所以恋恋于楚者，身则已矣，亦冀所树之众芳，异时犹足以续已之志乎？"[③]钱澄之向有用世之志，其如此不厌其烦，反复诠释屈原兴楚之"志"，实是抒发怀抱，以抒己建立勋业、中兴南明之宏志政愿。

钱澄之《屈诂》中对屈原"美政"理想的推崇，寓托于其中的正是其对曾经中兴南明政治理想的自我期待。其实，钱澄之此种翘首以望、殷盼"中兴"之志，在他的许多诗文中也曾反复有过深情的表达，如"努力勋与名，勿负中兴初"（《别新城诸友》）、"长虑一杯成永诀，可怜万死见中兴"（《得刘客生信》）、"中兴根本仗谁留，楚粤经年次第收"（《寄呈留守瞿相公》其二）、"帝王应运非偶然，中兴必有符瑞先"（《献玉篇》）[④]等。

（二）对屈原"家国情怀"的宣扬

《屈诂》中的儒家精神也表现在对屈原"家国情怀"的宣扬，其中包含着其浓厚强烈的"疆土意识"、拳拳殷切的"治国意识"和低回流转的"忧国意识"。

钱澄之《屈诂》对屈原"家国情怀"的显扬，首先表现为一种浓厚强烈的"疆土意识"。钱澄之是清初名望很高的重要遗民，亲身经历了南明隆武、永历两朝，有着浓厚的英雄主义气质和理想，是遗民抗清的代表性人物。钱氏曾目睹南明王朝节节败

① 《庄屈合诂》，第290页。
② 《庄屈合诂》，第209页。
③ 《庄屈合诂》，第186页。
④ 分见于《藏山阁集》第231页、234页、240页、252页。

退、国土沦丧，其潜意识中对于“国土疆域”总有着特有的敏锐和深沉刻骨的情感。如钱澄之在解释《九歌》“名为九，实十一章”[①]的矛盾时，不同于王逸阐之以玄理“九者，阳之数，道之纲纪也”[②]；姚宽《西溪丛语》释之以文体“九以数名之，如《七启》《七发》，非以其章名”[③]；胡文英《屈骚指掌》、蒋骥《山带阁注楚辞》、王邦采《屈子杂文笺略》谓之以配偶神二湘、二司命合篇说；黄文焕《楚辞听直》、林云铭《楚辞灯》解之以《山鬼》《国殇》《礼魂》合一说；或贺贻孙《骚筏》述之以“《湘君》《湘夫人》共祭一坛，《国殇》《礼魂》共祭一坛”[④]等。《屈诂》曰：“楚祀不经，如河，非楚所及；《山鬼》涉于妖邪，皆不宜祀。屈原仍其名，改为之词，而黜其祀，故无赞神之语、歌舞之事，则祀神之歌，正得九章。”[⑤]钱氏认为，《河伯》不应计入《九歌》篇目的理由是，黄河非楚国疆域所及，因而不宜祭祀，“且河非楚所宜祀，明非祀事也”[⑥]。钱澄之的此种解读颇有参考价值。又如钱澄之《屈诂》训诂《离骚》“忽反顾以流涕兮，哀高丘之无女”句，赞同王逸所谓“楚有高丘之山”的观点，不同于一些学者将高丘视为昆仑山，曰“反顾，南顾楚地也……高丘，楚地”[⑦]，提出“疑襄王前即有阳台神女之说，故以寓言”[⑧]，并强调《离骚》中上天求女的行动“盖原虽云上下求索，足迹未离于楚也”[⑨]。饱含遗民情志的钱澄之晚年训诂楚

① 《庄屈合诂》，第 220 页。
② 洪兴祖《楚辞补注》，中华书局 1983 年版，第 55 页。
③ 姚宽《西溪丛语》，中华书局 1993 年版，第 30 页。
④ 贺贻孙《骚筏》，《四库未收书辑刊》第 10 辑，第 13 册，北京出版社 2000 年版，第 7 页。
⑤ 《庄屈合诂》，第 220 页。
⑥ 《庄屈合诂》，第 212 页。
⑦ 《庄屈合诂》，第 167 页。
⑧ 《庄屈合诂》，第 167 页。
⑨ 《庄屈合诂》，第 171 页。

辞，“疆土”两字总能在不经意间触动其历经劫难的敏感的神经。此种“疆土意识”，蕴含着钱澄之不甘归顺、铭肌镂骨的疆土之情和疆土之憾。

钱澄之《屈诂》对屈原“家国情怀”的显扬，也表现为一种拳拳殷切的“治国意识”。钱澄之家世渊源自吴越钱氏这一文化家族，向以修齐治平为家学，其“慷慨好持正论”[①]“先生形貌伟然，以经济自负，常思冒危难以立功名”（方苞《田间先生墓表》）[②]。永历三年临轩亲试，钱澄之被擢拔为翰林院庶吉士，次年迁编修，掌执制诰，草拟永历朝各种重大诏令，亲身参与军国大事，有着强烈的参政议政意识。儒家的政治是圣君政治，因此钱澄之希冀一新国政的“治国意识”也更多地表现在对具体如何让君主幡然醒悟、奋发图强、成为中兴之主的思考上。如《屈诂》对于《离骚》“求女”的解释，不同于王逸求贤臣论“虙妃佚女，以譬贤臣”[③]、朱熹求贤君说“女，神女，盖以比贤君也……求虙妃、见佚女、留二姚，皆求贤君之意也”[④]的宽泛而论，钱澄之提出《离骚》中的“求女”应该有着明确的实质影射和政治指向。钱澄之训诂《离骚》曰：“以下志在求女，见举世皆蔽贤妒能，使主孤立于上，庶几宫中得一贤媛，以为内助，犹可以回主惑乎？因王宠郑袖也。”[⑤]“无端哀高丘之无女，是时楚宫南后、郑袖并宠于王，袖与靳尚辈表里惑君，后不之问，谗于嬖比，此王所以终不悟也。”[⑥]“总诂”亦曰：“不得已而思求女，盖君而有贤妃在内，不致小人蛊惑已甚。上官、靳尚与郑袖比，犹皇甫七子‘恃褒姒为奥援’也。《车辖》之诗，恶褒姒乱

① 卓尔堪《明遗民诗》，中华书局 1961 年版，第 135 页。
② 方苞《方苞集》，上海古籍出版社 1983 年版，第 337 页。
③ 《楚辞补注》，第 3 页。
④ 朱熹《楚辞集注》，上海古籍出版社 2001 年版，第 17 页。
⑤ 《庄屈合诂》，第 166 页。
⑥ 《庄屈合诂》，第 167 页。

国，思得贤女以为内助，所以拔其祸本。屈原犹是意也……此一段是暗指郑袖而言。”[①]钱澄之指出《离骚》中的“求女”，实则是寻求贤媛以夺郑袖之宠，以此改变楚国王室“艳妻煽处，外内隔绝”引致哲王不寤、朝政废弛的现实。“既无贤助，哲王终不能自寤。”“故思得贤女，正位宫中，以废嬖而沮谗也。”[②]对于南明国事，钱澄之也曾踌躇满志，“叩头再拜出君门，忆起胸中未尽言”[③]，期望可一展平生抱负、收复故土、建立伟业，其屡屡上书《初至端州行在第一疏》《端州拟上第二疏》等陈弊献策。钱澄之《屈诂》对“求女”的阐释，正是其在强烈的“治国意识”下，寻求实践明君贤臣、清朗国政现实路径的策略思维的表现。

钱澄之《屈诂》对屈原“家国情怀”的显扬，还表现为一种低回流转于著述字里行间的“忧国意识”。钱澄之所亲见的南明王朝皇族腐朽，隆武、永历二帝皆昏庸懦弱、苟安一隅、不思进取，小朝廷内部宦祸党争激烈、矛盾重重。此后，钱氏更是目睹了南明覆亡、国家破碎的惨状，亲历了民众战乱下生活的苦难流离。“盖澄之遘亡国之痛，悲愤怫郁，大不得已而著书，以《庄》继《易》，以屈继《诗》，其辞隐，其心苦矣。”（《皖志列传稿·钱澄之传》）[④]因此，钱澄之在《屈诂》中总不时流露出一种盘绕国事、愤懑难平的“忧国意识”。如训诂《离骚》“众皆竞进以贪婪兮，凭不厌乎求索。羌内恕己以量人兮，各兴心而嫉妒”句，钱澄之激忿于南明朝贤奸杂用、君臣否隔，曰：“则当时用人，非贿不行……求索乃所以为贪婪之术也。内恕量人，不信世有进贤为国之事，有一于此，群起而嫉妒之矣。此众

① 《庄屈合诂》，第 186 页。

② 分见于《庄屈合诂》，第 186 页、171 页、167 页。

③ 张舜徽《清人文集别录》，华中师范大学出版社 2004 年版，第 112 页。

④ 《所知录》第 228 页。

芳之不获进用以至今也。”[①]训诂《离骚》“惟党人之偷乐兮，路幽昧以险隘。岂余身之惮殃兮，恐皇舆之败绩”句，钱澄之忧愤于佞党误国，曰：“于此处才出‘党人’……党人所为乐，原所为殃。偷者，偷其乐之在己；惮者，惮其殃之在国。”[②]此外，《屈诂》中还多有类此忧怒国弊之句，如“而党人蔽之，其路无由”“今时之法，清白者死”“言举世朋党，而汝茕然一人”“此言蔽于谗者，自前世已然，不独今也”“见之则日明，其如君之不见何”等，大抵都是“隐然动国事之感”[③]，抒发“也知国计正艰难，其奈闾阎已尽残”[④]（钱澄之《感时》）之喟叹。

应该说，钱澄之的《屈诂》通过对异代知音屈原“美政理想”和“家国情怀”的尊崇与显扬，以述代作，抒释与遣解了这位亲历了中原陆沉、明清易代、血火铁骑亡国之痛的耆儒滞溢于胸、难以平抑的儒家情志。同时，钱澄之训诂楚辞，其深层意味更是这位硕儒遗民在明亡后的政治文化双重困境下，由武装反清转而为挽救文化沦陷的另一种充满了儒家精神的抗争。“我们古代圣贤的用心，不能挽救政治，便必须挽救学术，学术亡，族类将永无翻身之日。”[⑤]钱澄之正是凭由长夜孤灯下研读楚辞，以楚辞著述为载体，在对故国文化的深情回望与凝视中，试图传承和弘扬传统文化，勉力承担起文化救亡的责任与担当，彰显一种如屈原宏阔壮远、不屈不挠的“必有济于世，有利于民”[⑥]的国家政治情怀和民族文化理想。

① 《庄屈合诂》，第 150 页。
② 《庄屈合诂》，第 147 页。
③ 分见于《庄屈合诂》第 260 页、155 页、159 页、298 页、299 页、239 页。
④ 《藏山阁集》，第 13 页。
⑤ 徐复观《中国文学精神》，上海书店出版社 2004 年版，第 247 页。
⑥ 《田间文集》，第 523 页。

二、以藏为用、因循“时”势的道家思想

钱澄之在训诂屈氏楚辞的同时，亦对道家的经典著作《庄子》进行了深入的解读，并将其《屈诂》与《庄子内七诂》合为一书，题为《庄屈合诂》。关于庄屈合称，明朝之前已有，如北宋苏辙的“微言精《老》《易》，奇韵喜《庄》《骚》”（《和张安道读杜集》）[①]；曾巩评欧阳修文“体备韩、马，思兼庄、屈”（《祭欧阳少师文》）[②]；元初戴表元赞曹子贞之文“读其文属辞庄屈之洁”（《赠曹子贞编修序》）[③]等，其多仅限于艺术风格的关联。至明末清初，由于特殊的时代背景和各自独特的人生经历，学者们对于庄屈之间的比较分析，开始转而偏向着重于思想精神，更加深刻和理论化，这一时期“庄屈观”的代表人物有钱澄之、屈大均、方以智和陈子龙等。其中，尤以钱澄之首次将屈原、庄子的作品合在一起，进行训诂及深入解读；并在其《庄屈合诂》中提出庄骚融通的思想，“合诂之，使学者知庄屈无二道”[④]。《清史稿·志一二十二·艺文三》亦将《庄屈合诂》归录于子部道家类。因此，钱澄之的《屈诂》，在其饱含着热切的治平之志的儒家精神下，又有着道家思想投射的印痕。

（一）“以藏为用”的思想

《屈诂》中的道家思想，首先表现在其中“以藏为用”的思想。钱澄之“以藏为用”的处世观，与道家思想体系中对生命个体的强调以及崇“柔”观颇有相融共通之处。钱穆先生曾评价

---

① 苏辙《苏辙集》，中华书局1990年版，第54页。
② 曾巩《曾巩集》，中华书局1984年版，第526页。
③ 戴表元《剡源戴先生文集》，中华书局1993年版，第113页。
④ 《庄屈合诂》，第4页。

儒家的思想“常偏向于大群体制而忽略了小我自由”[①]。与积极用世、强调群体意识的儒家精神相比，道家思想的理论主题则是更倾向于唤醒对个体的自觉和尊重。《庄子·田子方》曰：“中国之君子，明乎礼义而陋于知人心。”[②]道家在这里试图纠正和弥补的是对个人心灵与生命的关注。恰如郝志达所评价的，以庄子为代表的道家哲学是一种“活命”哲学，“庄子的哲学是一种在混乱的秩序中产生并最终超越混乱重建崭新秩序的哲学，它源于生命的疼痛，以极大的激情和使命感关怀生命，在一派混乱之中艰辛地酿造着生命的活水”[③]。身经明清鼎革时期的遗民钱澄之，与庄子一样立身于纷乱的时代，他的“以藏为用”观，也同样将关切的目光投向了作为生命的个体如何于世安身立命。另外，不同于儒家的崇刚尚健，道家有重“柔”的辩证哲学观，例如《老子》就主张“以柔克刚”，曰“柔弱胜刚强”（第三十六章），即“弱之胜强，柔之胜刚”（第七十八章）；又言“守柔曰强”（第五十二章）“天下之至柔，驰骋天下之至坚”（第四十三章）“以其不争，故天下莫能与之争”（第六十六章）。苏辙评议道家的“以柔为用”“道无形无声，天下之弱者莫如道。然而天下之至强莫加焉，此其所以能用万物也”[④]（《老子解》）。在这里，老子是以“（柔）弱者”为“道之用”（第四十章），以“（柔）弱”此种在世方式为“用”，来达到真正的“刚强”。钱澄之的“以藏为用”，则与之相类，是立足于真正的强大，即恒强；而以“藏”这种外像“（柔）弱”、但却合于“道”的方式为其方法论意义上的处事手段。

---

① 钱穆《中国文化史导论》，商务印书馆 1994 年版，第 84 页。

② 陈鼓应《庄子今注今译》，商务印书馆 2007 年版，第 616 页。

③ 郝志达，王锡三《东方诗魂》，东方出版社 1993 年版，第 131 页。

④ 苏辙《老子解》，《丛书集成新编》第 19 册，台湾新文丰出版有限公司 1985 年版，第 217 页。

钱澄之《屈诂》中“以藏为用”的思想最集中的表现是在对班固评价屈原的思考与品评上。班固的《离骚解序》评论屈原“露才扬己，竞乎危国群小之间，以离谗贼。然责数怀王，怨恶椒兰，愁神苦思，强非其人。忿怼不容，沉江而死，亦贬絜狂狷景行之士”[①]；认为刘安对屈氏《离骚》“推此志，虽与日月争光可也”[②]的评赞“斯论似过其真”[③]。班氏对屈原人格经历的此种批评，后遭到楚辞学史上规模较大、学者人数众多、用辞也甚为严厉的集中批评甚至挞伐。王逸评议“而班固谓之露才扬己……是亏其高明，而损其清洁者也”。[④]洪兴祖斥责其“无异妾妇儿童之见”[⑤]。明清许多儒者，例如赵南星、黄文焕、沈德潜、蒋骥和屈复等，也都对班固的观点持强烈反对和批判的态度。但在钱澄之的《屈诂》中对于班固质疑屈原的自沉，以及其评价的“狂狷”“忿怼不容”等言论，却予以了相当程度的包容，甚至是理解，钱澄之曰：“班固以为‘露才扬己’，原难免焉！”[⑥]钱澄之训诂《离骚》“忳郁邑余侘傺兮，吾独穷困乎此时也。宁溘死以流亡兮，余不忍为此态也”句，曰：“上言忍而不能舍，此言不忍为此态，一忍一不忍，其忠直有不期然而然者矣。”[⑦]于其“总诂”又曰：“上官之谗原曰：‘自矜其功，以为非原不能为也！’观原好自揄扬，则自矜诚亦有之，宜王之信而不复察也。原不知以此得罪，而自谓以謇謇致患，女嬃亦詈其‘婞直以亡身’，谬矣。直至《九章·抽思》篇有云：‘憍予以其美好

① 汪瑗《楚辞集解》，北京古籍出版社 1994 年版，第 9 页。
② 《楚辞集解》，第 9 页。
③ 《楚辞集解》，第 9 页。
④ 《楚辞》，第 33 页。
⑤ 《楚辞补注》，第 51 页。
⑥ 《庄屈合诂》，第 187 页。
⑦ 《庄屈合诂》，第 154 页。

兮’‘览予以其修姱’，亦是揣量之词，非实有见也。”[①]对于屈原忠君爱国的诚心，钱澄之首先是予以充分肯定的，钱氏甚至将屈子志节作为砥砺自我、坚守遗民底线、明己不屈尊严的精神支柱与楷范；但同时钱澄之也指出屈原人格中“自矜诚亦有之”[②]，这也是其不容于时世，甚至最终导致政令废止的重要因素，因而班固说屈原“露才扬己”是“难免”的。其实，钱澄之此种主张守势内敛，“以藏为用”的思想在《屈诂》中多有表现。例如训诂《涉江》“余幼好此奇服兮，年既老而不衰。带长铗之陆离兮，冠切云之崔嵬”句，钱澄之婉曲点出屈原的居奇不群，曰：“服奇志淫。原所服先王之法服也，非时俗之所尚，故转以为奇服；原亦自居于奇矣。”[③]训诂《涉江》“被明月兮珮宝璐，世混浊而莫余知兮，吾方高驰而不顾。驾青虬兮骖白螭，吾与重华游兮瑶之圃”句，钱氏更是直言其扬显自待，过于刚壮强盛，曰：“世不知己，己亦不受世知……自写其高视阔步、傲岸一世之状。”[④]钱澄之崇尚民族气节，这是其忠正爱国正统儒家精神的显露；但他又讲求“以藏为用”的斗争艺术和处世之道，认为君子处身乱世或与小人相处，不可过于刚强，有时甚至应该以退为进，有所保存、容忍与等待，积聚斗争实力，以俟时机求取更大的进取，这显然是受到道家思想的影响。唐甄在《庄屈合诂序》中就评价钱澄之曰：“饮光先生，忠直立身，以藏为用”[⑤]“是故当以庄子之意济之，则忠而不至于愚”[⑥]。

钱澄之在《屈诂》中所流露的这种“以藏为用”的思想，在他的其他许多文作、言论中也反复有过类似的表达和阐发。如其

---

① 《庄屈合诂》，第 187 页。
② 《庄屈合诂》，第 187 页。
③ 《庄屈合诂》，第 265 页。
④ 《庄屈合诂》，第 265 页。
⑤ 《庄屈合诂》，第 1 页。
⑥ 《庄屈合诂》，第 2 页。

《黄忠端公祠堂重建碑记》曰：“观公于难初发之时，其所以规杨忠烈、魏忠节者，忧深虑远，凡期于国事有济，不欲其徒以名节自矜……《易》不云乎？《易》之于《夬》也，而恶其‘壮’，恶其自矜也；于《姤》而利用‘包’，不欲使人自弃也。使当日诸君子能从公言，稍出之以和平，彼小人者虽阴为表里，犹知有所顾忌，不致公然比周，以显肆其丑正之毒至于此极也。”[①]钱澄之列举黄宗羲之父黄忠端公规劝当时东林六君子中杨涟与魏大中的谏言，并阐之以《易》，说明身处小人凌驾于君子之象的逆势，应该以守势坚忍、藏敛锋芒之法，稍以中和之姿与小人应对，等待转逆复出的机会；若君子过于刚盛决断，则有咎害的凶险。钱澄之的《管仲论二》中亦有近论，关于管仲，子贡曾有对其未尽臣子死节的责难，钱澄之则从管仲“以藏为用”“所系者在天下”的高度对其给予了肯定，曰：“而子贡辈区区以不死子纠之节责之，何其固哉！圣人亟称其功而略其节，以死节事关一身，而不死所系者在天下也。”[②]1650年当守卫桂林的张同敞向钱澄之表露死节之愿时，钱氏更是言“以藏为用”之道劝慰其勉力活下去，曰：“往时，朝廷以封疆付臣子，失者必死；今封疆非朝廷有也，我存一日，即封疆一日存，死则竟失矣。君非惧死，曷从封疆起见？”（钱扮禄《钱公饮光府君年谱》）[③]钱氏《书瞿张唱和诗后》同样也有“一日不死，则封疆一日犹存，虽失之，终复之”[④]。在钱澄之看来，臣子个体的生命于国家而言有着深刻重要的符号性的价值，因而从国家责任和义务角度考虑，亦应该“以藏为用”，不可轻言生死。应该说，钱澄之此种“以藏为用”的思想，在根源上与其

① 《田间文集》，第193页。
② 《田间文集》，第5页。
③ 《所知录》，第202页。
④ 《田间文集》，第395页。

曲折起伏的人生经历和“遗民”的特殊身份有着复杂深刻的联系。身为孤臣孽子，无法行“主辱臣死”“君亡与亡”的节义之道，又心系故国坚拒于清，“以藏为用”实则既是钱澄之置身逆流处世的方法论，更是其作为遗民自身存在的合理性依据和价值意义。

（二）因循“时”势的观念

《屈诂》中的道家思想，也表现在其中的因循“时”势的观念。“因时”是道家思想中一个很重要的思维方式。《老子》提出人道应该顺应取法于天道，曰：“人法地，地法天，天法道，道法自然。”（第二十五章）[①]《庄子·内篇·德充符》强调养生之道当归于常常顺应自然万物的生长变化，不必刻意强求，曰：“人之不以好恶内伤其身，常因自然而不益生也。”[②]《周易·系辞》曰：“君子藏器于身，待时而动，何不利之有。”[③]《黄帝四经》有“审时”“得时”“天因而成之”说。《淮南子》则直接提出了“因时”的哲学思想。西汉史学家司马谈更是进一步明确总结道家思想，曰：“道家……其术以虚无为本，以因循为用……有法无法，因时为业；有度无度，因物与合。故曰‘圣人不朽，时变是守。虚者，道之常也。因者，君之纲’也。”[④]钱澄之亦受道家因循“时”势思想的影响，其《庄屈合诂·自序》曰：“夫《易》之道，惟其时而已……因其自然，惟变所适。而《易》之道在是矣”“吾谓《易》因乎时……凡庄子、屈子之所为，一处其潜，一处其亢，皆时为之也”[⑤]。其《人间世·总诂》又曰：“吾尝谓庄子深于《易》，《易》有潜

① 陈鼓应《老子今注今译》，商务印书馆2003年版，第169页。

② 《庄子今注今译》，第193页。

③ 王弼注，孔颖达疏《周易正义》，北京大学出版社2000年版，第360页。

④ 司马迁《史记》，中华书局1982年版，第3292页。

⑤ 分见于《庄屈合诂》，第3页、第4页。

有亢，唯其时也。当潜不宜有亢之事，犹当亢不宜存潜之心，而世以潜时明哲保身之道，用之于亢时，为全躯保妻子之计，皆庄子之罪人矣。”[①]《周易·乾》上九曰“亢龙有悔”[②]，《周易·乾》初九曰“潜龙勿用”[③]，“潜龙勿用”即意为潜龙（阳气潜藏）之时，圣人虽有龙德，于其时则不可用世，只应潜伏。钱澄之认为庄、屈皆根源于《易》，乾卦六爻如同六条龙，有潜有亢；钱氏又从《易经》中拈出一“时”字，提出庄屈之道，庄处于潜而屈当其亢，二者结局作为不同，皆因乎所处“时”之异。

钱澄之《屈诂》中因循“时”势的道家思想最集中的表现是其中对于“时”的概念的重视、强调和表达。钱氏认为“时”乃不断发展变化的外部客观形势，随着周围各种环境条件的变化，“时”也在进行性地发生着变化。而当形势有胜于人为之时，若无法凭一己之力违逆、改变甚至是驾驭外在环境和必然趋向，则应当去试着准确感知和把握客观条件的真实具体的情况，并顺应这种改变调节自身、做出恰当合时的行为和举动。第一，钱澄之《屈诂》中多言“时”不可违。例如钱氏训诂《九歌·国殇》“天时坠兮威灵怒”句，曰：“天时予敌，而抗之与战，是为怼天，故威灵怒也。”又曰：“其死也，天时为之。”[④]训诂《天问》“妖夫曳衒，何号于市？周幽谁诛，焉得夫褒姒”句，钱澄之曰：“因童谣而执妖夫，妖夫亡而得褒姒，褒姒进而周灭，即以预绝祸胎之计为致祸之媒，天之巧于布置以亡人国，固非人所能计算也。”[⑤]此外，又曰：“浇究不免于死尔，时乃亲以逢殆……言凶人之授首，固各有其候耳”“其死生之

① 《庄屈合诂》，第 75 页。

② 《史记》，第 8 页。

③ 《周易正义》，第 2 页。

④ 《庄屈合诂》，第 219 页。

⑤ 《庄屈合诂》，第 247 页。

命，皆从天也”[①]。训诂《离骚》“及年岁之未晏兮，时亦犹其未央。恐鹈鴂之先鸣兮，使夫百草为之不芳”句，钱澄之亦曰：“咸以为臣之道，惟尽其所得为者，则原守其道不变，可也。此固原所乐闻，其如时之不可为何？”[②]第二，钱澄之《屈诂》中常有对于身处潜“时”境遇的感慨无奈。如训诂《离骚》“曾歔欷余郁邑兮，哀朕时之不当”句，钱氏痛哀于不当时世，曰：“始因姊言而自疑，至是益自信，信非余之过，乃朕时之不当也。然予何以遂当此时乎？固不禁其哀感而泣涕矣。”[③]训诂《离骚》“鸷鸟之不群兮，自前世而固然”句，钱澄之曰：“既伤生非其时，随复自解，言鸷鸟不能与凡鸟群，不独此时为然，自前世以固然矣。”[④]训诂《离骚》“跪敷衽以陈辞兮，耿吾既得此中正”句，曰：“初欲依前圣以节中，因女媭之詈，疑有过乎中也。今陈词于舜，知惟遭时则然，则吾之中正，亦既明矣。又自谓吾所遭之非时，盖非其地也。故将往观乎四荒，冀有遇乎！”[⑤]训诂《离骚》“时缤纷以变易兮，又何可以淹留？兰芷变而不芳兮，荃蕙化而为茅”句，又曰：“咸言时犹未央，不知时已变易矣。咸言恐百草之不芳，不知不惟不芳，且变化为恶草矣。盖已无复望，而安可以淹留也？”[⑥]训诂《离骚》“固时俗之流从兮，又孰能无变化”句，亦曰：“初以变易归之于时，既以干进责之众芳，至此又为众芳宽一步，言时俗如此，亦不能不变化也。”[⑦]再如，训诂《思美人》“高辛之灵盛兮，遭玄鸟而致诒”

① 分见于《庄屈合诂》，第 237、242 页。
② 《庄屈合诂》，第 175 页。
③ 《庄屈合诂》，第 163 页。
④ 《庄屈合诂》，第 155 页。
⑤ 《庄屈合诂》，第 163 页。
⑥ 《庄屈合诂》，第 176 页。
⑦ 《庄屈合诂》，第 178 页。

句，钱澄之曰："岂己之不合时宜，并云、鸟亦见弃耶！"①第三，钱澄之《屈诂》中，数次提到了"及时""乘时""因时"的观点。如训诂《离骚》"汩余若将不及兮，恐年岁不吾与。朝搴阰之木兰兮，夕揽洲之宿莽"句，钱澄之曰："此言其进德修业，欲及时也。"②解"及年岁之未晏兮，时亦犹其未央。恐鹈鴂之先鸣兮，使夫百草为之不芳"句，钱氏又曰："原'恐年岁之不吾与'，急于及时，而咸亦劝原之及时。"③训诂《悲回风》"岁曶曶其若颓兮，时亦冉冉而将至。薠蘅槁而节离兮，芳已歇而不比"句，曰："自言其岁时已过，精华已销，虽不死，无能为也。"④他皆为从正反两面提出"及时"的概念。训诂《离骚》"吾令羲和弭节兮，望崦嵫而勿迫"句，钱澄之阐之以"乘时"，曰："原急欲乘时，故每以迟暮为恐。望崦嵫，则时迫矣，故欲其弭节，使勿迫也。"⑤所谓"及时""乘时"，即指须抓住时机。而要做到"及时""乘时"之根本为"因时"，即主动顺应客观形势和环境，明审时势、顺时而动，不悖时逆时。如训诂《惜诵》"捣木兰以矫蕙兮，糳申椒以为粮。播江离与滋菊兮，愿春日以为糗芳"句，曰："道穷如此，谛思之，毕竟守道不变，需其时，庶几为异日承乏之用。"⑥诂释《惜往日》"背法度而心治兮，辟与此其无异"句，曰："身废且死，而犹眷眷国事。极言法度之不可背，原之自命在此，其忤时亦在此。"⑦

事实上，屈原及其作品本身就含有儒家思想和道家思想。如游国恩《屈原》所说："屈原的有儒家思想，是确然没有问题

① 《庄屈合诂》，第 290 页。
② 《庄屈合诂》，第 144 页。
③ 《庄屈合诂》，第 175 页。
④ 《庄屈合诂》，第 306 页。
⑤ 《庄屈合诂》，第 164 页。
⑥ 《庄屈合诂》，第 264 页。
⑦ 《庄屈合诂》，第 299 页。

的”“在屈原思想中的另一鲜明的色彩，便是道家的出世观念”。[①]冯友兰《中国哲学史新编》：“继吴起之后，在楚国主张变法的政治家就是屈原。他是在楚国推行‘法治’的政治家，是一个黄老之学的传播者。”[②]显然，这也直接影响到钱澄之对楚辞的接受。然而，更主要的是钱澄之自身独特的人生遭际和儒道互补的思想理念又反过来影响到他对楚辞的解读。“明清江山易主，已成无力回天之定局。对于士大夫而言，个体遗民志节的坚守，已成为支撑其精神和信念的最后一道底线。屈原尽性致命、不屈志节、虽九死尤不悔的赤诚怀忠、爱国之心，正契合带有‘遗民情结’的清代文人学者们对理想人格和道德节操的所有完美想象。”[③]应该说，钱澄之的《屈诂》既满溢着中兴南明、致君尧舜的儒家精神，又有着以藏为用、因循“时”势的道家思想的印痕，这种既入世而又出世的矛盾情感，“是最理想主义的，同时又是最现实主义的；它是很实用的，但是并不肤浅”[④]，这是晚年时期的钱澄之，其儒道思想互相排斥又互相调补的复杂文人心理结构在文学创作中的外在表现；是作为清初重要遗民之一的钱澄之，难以言说而又处于不断变动过程中的遗老情志与心态的婉曲抒发与表达。

（原载《南通大学学报》2020年第3期）

① 游国恩《屈原》，胜利出版公司 1946 年版，第 115 页。
② 冯友兰《中国哲学史新编》（上册），人民出版社 1998 年版，第 540 页。
③ 施仲贞《屈复〈楚辞新注〉中的“遗民情结”》，《南通大学学报》2016 年第 1 期。
④ 冯友兰《中国哲学简史》，北京大学出版社 2010 年版，第 6 页。

“以儒解庄”与“会通庄屈”

——钱澄之《庄屈合诂》的注庄立场与遗民情结

◎钮则圳

钱澄之（1612—1693），初名秉镫，字饮光，晚号田间老人、西顽道人，安徽桐城（今枞阳县）人，是明末清初著名的学者、诗人。关于其生平，《清史稿·遗逸传》有简要记载：

少以名节自励……是时复社、几社始兴，比郡中主坛坫者，宣城沈寿民，池阳吴应箕，桐城则澄之及方以智，而澄之又与陈子龙、夏允彝辈联云龙社，以接武东林。澄之体貌伟然，好饮酒，纵谈经世之略。尝思冒危难，立功名。阮大铖既柄用，刊章捕治党人，澄之先避吴中，妻方赴水死，事具《明史》。于是亡命走浙、闽，入粤，崎岖险绝，犹数从锋镝间，支持名义不少屈。黄道周荐诸唐王，授吉安府推官，改延平府。桂王时，擢礼部主事，特试，授翰林院庶吉士，兼诰敕撰文。指陈皆切时弊，忌者众，乃乞假，间道归里。结庐先人墓旁，环庐皆田也，自号曰“田间”，著《田间诗学》《易学》。澄之尝问《易》道周，依京房、邵雍说，究极数学，后乃兼求义理。其治《诗》，遵用《小序》首句，于名物、训诂、山川、地理尤详。自谓著《易》《诗》成，思所以翊二经者，而得庄周、屈原，乃复著《庄屈合诂》。①

从中我们可以把钱澄之一生大致概括为三个阶段：早年积极入世，集结文社，挥斥方遒；中年遭遇国破家亡，四处奔走，备尝艰辛；晚年穷愁潦倒，隐遁田间，著书立说。需要特别更正的是，钱氏妻儿的溺亡并非是由于与阮大铖（1587—1646）的党争，而是由于“震泽之难”中清兵的围剿；钱澄之的归乡隐逸也不是因为朝局晦暗，而是因清军阻隔，与永历行朝失散之后不得已的选择②。所以，一方面是国仇家恨，另一方面则是意欲光复前朝而不得的忧愁苦闷，这一复杂矛盾的心境一直困扰着晚年作为明遗民的钱澄之，如何寻求自己安身立命的根基，也成为钱澄之苦苦思索的问题。《庄屈合诂》便是在这种心境下写就的著作。《庄屈合诂》成书于1685年（时年钱澄之74岁），包含《庄子内七诂》（下文简称《庄子诂》）与《楚辞屈诂》两部分，是钱澄之编合《庄子》与《楚辞》二书并为之训释的作品。该书不仅体现出钱氏“以儒解庄”“以庄继易”等鲜明的注庄立场，更寄寓着钱氏在“明遗民”身份下的人生哲学。

一、“庄为儒家教外别传”

钱澄之自幼便喜读《庄子》，年少时曾借助郭象（252—312）《庄子注》及林希逸（1193—1271）《庄子口义》初窥庄学堂奥。后来钱澄之既不满足于前人以字词训诂解庄，认为这种

---

① 赵尔巽等《清史稿》第45册，中华书局1977年版，第13834页。

② 关于钱澄之生平，可具体参看钱㧑禄《先公田间府君年谱》，《国粹学报》1911年第75—79期（后收录于诸伟奇等辑校《所知录》，黄山书社2006年版，第177—217页）；张晖《易代之悲：钱澄之及其诗》，人民文学出版社2014年版，第198—270页。

做法无法表达庄子的基本精神；更不赞成二氏解庄时"禅家以其得宗门之旨趣，道家指为有'丹经'之秘言"[①]的附会之法，认为这种解法实际走的是"六经注我"的路子，不过是借助庄子之言发挥已见，以成其自家之言而已，对阐发庄子本意实无太大帮助。时至晚年，钱澄之愈加对时人肆意攀援的做法不满，认为"世之能为《庄子》之解者皆妄耳，故宁为训诂也"[②]，意欲集结平生所得以诂《庄子》。不过，钱澄之的"诂"并不是要回到他所反对的停留在字词训诂的老路上去，在《庄屈合诂自序》中，他曾系统论述自己注庄的立场：

以庄继易，以屈继诗，从而诂之，于二经之宗旨，庶益足以转相发挥。而谓之诂者，吾于《庄》不欲高谈玄远，以更增其谬悠；于屈不敢强事穿凿，以曲求其悲愤。惟是依文释义，使学者章句分明，以进窥其大旨之所在，犹是吾《易学》《诗学》之义也。[③]

钱澄之注《庄》一方面是要训诂以通经，追求以一种笃实平和的方式阐发《庄》书的基本内容，基本上走的还是"我注六经"的路子。但钱氏又不仅停留于此，他认为更为重要者是探析《庄》书背后的根底，阐发《庄》书的立言宗旨并且发挥其言外之微义。可见，钱澄之虽名曰"诂《庄》"，但其实也有着一套自己的立场与方法。

钱澄之注《庄子》最基本的特点便是坚守其儒家立场，主张"以儒解庄"，更视庄子为"儒家教外别传"。在这一点上他深受觉浪道盛（1592—1659）的影响。觉浪道盛曾著《庄子提正》，又有《三子会宗论》等文行世，其核心观点一是认为庄

① 钱澄之撰，殷呈祥校点《庄屈合诂》，黄山出版社1998年版，第3页。

② 《庄屈合诂》，第3页。

③ 《庄屈合诂》，第3页。

子是“儒者之宗门”“教外之别传”，甚至认为庄子作为“尧孔真孤”，是真正接续儒家圣人之道的传人；其二则是认为孟子、庄子与屈原共同承担着复兴儒宗的重担，应当会通三人的学说宗旨。

就前者而言。道盛认为庄子有鉴于其时儒者争名逐利，尧孔之道隐而不彰，深恐内圣外王之道不能为后世所继承，因而有托孤之惧，便借助荒唐恣肆的语言，把尧孔之道秘藏于《大宗师》等诸篇之中，而使后人可以有所宗主。庄子如此苦心孤诣地著书立说，实是因为在其中蕴藏着接续儒家血脉的用意，但这一苦心却被千百年来的注《庄》者所忽略了，所以道盛才要“正庄为尧孔真孤”。

就后者而言，道盛认为庄子与屈原的学说在本质上皆属“天人之学”，同《孟子》一样，是从不同侧面对于儒家经典的展开，所以应当将庄、屈二子之说理解为儒宗别传之密旨，可以与传统儒家经典互相发明。

道盛的这些观点不仅直接影响了他的弟子方以智（1611—1671），也深深影响了曾亲炙于他的钱澄之。净挺禅师（1615—1684）曾著《漆园指通》，该书以会通庄禅为主要目的，取庄说近禅之处而为之作解，其意在于说明庄子为“释家教外别传”。书成之后，净挺写信邀请钱澄之为之作序，钱澄之的立场却是庄子为“儒家教外别传”，认为“释自释，儒自儒”，故特修《与俍亭禅师论庄子书》一封，略陈己意：

天界浪杖人以庄子为孔子之孤而托诸老子，作“托孤说”甚奇。此巧于发明孔子，而借庄子为孤，以传孔子之真者也……庄子之源流实自子夏，子夏知其后而笃信谨守，不敢略其后焉。盖以非是后者，无以知世也，此儒者之学也。庄子欲尽捐之，盖知当世之必不可以仁义礼乐治也。世不可治，而习其说者，徒以繁文长伪，而圣人之道不复见矣。固不如托诸老子，为天下无所可用之人，而徒存其大言，使万世而下，庶几犹见圣人之道。杖人以为托孤于老子，岂不然乎？弟以释自释，儒自儒，庄子指无不通，而师以为独通宗门，谓之为释家教外别传，固不如杖人谓之为儒家教外别传为较近耳。何则？释氏所言皆出世法也，若庄子固有用世之志，有用世之学，惟世不可用，而始托为无用之言，以藏其身也……故吾著《易学》之后，继之以《庄诂》，诚以庄子深有得于吾《易》之学，与师以为宗门之一枝，固有间矣。[①]

钱澄之认为，庄子属儒而不属禅的最重要原因，便是庄子学说中的用世倾向与释氏学说中的出世倾向的不同，而庄子将圣人之道巧妙地寄寓于其荒诞离奇的“无用”之言中，正是其用世之深的体现。[②]对于如何理解《庄子》中多处对孔子的讽刺与贬斥，钱澄之亦有解释：“夫庄子言道德，而訾仁义，毁礼乐，其言必称老子，庄子之为老子嗣久矣。然其意中所尊服者，则惟一孔子，其言之涉于侮慢者，此呵佛骂祖之智也……一正一反，抑之扬之，以逼出孔子设教之所以然，若认作实语，便是痴人说梦矣。”[③]禅宗的“呵佛骂祖”表面上看是侮慢佛祖，实则目的在于打破修行者心中的崇拜意识，开出自性智慧，其实对佛祖并无半点不恭敬之意。钱澄之将庄子对于孔子的贬斥理解为禅宗呵佛骂

① 钱澄之撰，彭君华校点《田间文集》，黄山书社 1998 年版，第 71—73 页。

② 钱澄之认为庄子源于子夏之儒的观点不仅直取于道盛，还可以远溯于韩愈（768—824）《送王秀才序》中“盖子夏之学，其后有田子方；子方之后，流而为庄周：故周之书，喜称子方之为人”的论说。参见韩愈著钱仲联、马茂元校点，《送王秀才序》《韩愈全集》卷四，上海古籍出版社 1997 年版，第 212 页。

③ 《田间文集》，第 71 页。

祖的智慧，无疑大大拉近了庄子与孔子的距离[①]。

在“以儒解庄”的立场下，钱澄之从基本概念入手，将《德充符》中“审乎无假而不与物迁”中的“无假”解释为“保始”，进而又注解为儒家的“诚”，认为诚到了极致就是死生不变的境界，强调庄子意欲表达的其实是儒家“守诚”的思想[②]；把庄子所讲的“养生主”解释为孟子的“顺受其正”与“立命”[③]等等，此类例子比比皆是。其中较为典型者，莫过于钱氏的《大宗师》“总诂”。“大宗师”一般有二义，一是如郭象注：“虽天地之大，万物之富，其所宗而师者，无心也”[④]，强调的是道法自然的层面；另一层面则是作名词解，将其理解为“古之真人”[⑤]。钱澄之在“总诂”中首先还是沿着郭象的思路，认为：“‘天法道，道法自然。’自然者，道之所以为道，天之所以为天，于人为‘知之所以不知’，所谓‘大宗师’是也。”[⑥]但钱澄之接着层层剖析，慢慢滑向了另一层面的解释：“圣人之道，必由仁义礼乐；而得圣人之道，乃能忘乎仁义礼乐……颜回博文约礼以来，无日不从事于仁义礼乐。而一旦尽忘之，以至于坐忘，‘离形去智，同于大通。’人尽而天见，是殆‘以其知之所知，养其知之所不知者’，圣人之徒也。”[⑦]钱澄之认为颜子已经达到了生死无所惑的境界，这点可以从他箪瓢屡空显现出来。而

① 就这一点，我们也可以在思想史中追溯到一些痕迹。苏轼（1037—1101）在《庄子祠堂记》中曾言：“余以为庄子盖助孔子者……故庄子之言，皆实予，而文不予，阳挤而阴助之，其正言盖无几。至于诋訾孔子，未尝不微见其意。”（苏轼著孔凡礼校点，《庄子祠堂记》《苏轼文集》第2册，中华书局1986年版，第347—348页）钱澄之“呵佛骂祖”之论，正与苏轼“阳挤阴助”说有异曲同工之妙。

② 《庄屈合诂》，第89页。

③ 《庄屈合诂》，第51页。

④ 郭象注，成玄英疏《庄子注疏》，中华书局2011年版，第124页。

⑤ 张文江《〈庄子〉内七篇析义》，上海人民出版社2012年版，第165页。

⑥ 《庄屈合诂》，第119页。

⑦ 《庄屈合诂》，第120页。

庄子特意在《大宗师》结尾安排子舆与子桑关于贫居问答之词，颂扬子桑对于生死淡然超脱、生死由命的态度，大概也是要为颜子作一注脚。关键之处在于，“圣人之徒”首推颜子，《庄子》中一再称颂颜子，其背后的目的则在于尊崇孔子。所以钱澄之最终得出了“大宗师者，盖尊仲尼以为万世师”“意中之圣人者，仲尼也”的结论。依此，孔子不再是被庄子讽刺和调侃的对象，而是庄子心目中的“大宗师”；庄子本人也不再是那个“剽剥儒墨”“独与天地精神往来”的庄子，而是服膺儒学、接续儒脉的“真孤”。这种解法，是钱澄之与传统注《庄》诸家相比最大的不同。

二、以庄继易：“其说一本于《易》”

钱澄之不仅出身于易学世家，而且在易理方面又得到过黄道周（1585—1646）以及觉浪道盛等人的指点，在六十岁时又写就颇受时人推许的《田间易学》一书，可见其易学造诣之深。钱澄之正是在深谙易理的基础上，剖析庄子的精神世界，从而将“以庄继易”作为《庄子诂》的创作主旨。

首先，钱氏不仅认为庄子深通易理，还认为《庄》书其实本于《周易》。钱氏有言：“自庄子以《诗》《书》《礼》《乐》及《易》《春秋》列为道术，后遂有‘六经’之称。而其称《易》也，曰：‘易以道阴阳。’则一语已抉其奥矣。吾观其书，其言‘内圣外王之道’，则一本于《易》。”[①]虽然实际上《易经》中还没有产生阴阳的概念，在春秋时期也没有发现用阴阳来解释《易》的例子，但《庄子·天下》篇中以阴阳二字来概括《周

① 《庄屈合诂》，第3页。

易》却成为解《易》的画龙点睛之笔，后人多赞许之[①]。如朱熹（1130—1200）曾言："庄周'《易》以道阴阳，《春秋》以道名分'等语，后人如何下得！它直似快刀利斧劈将去，字字有着落。"[②]钱澄之认为庄子以阴阳统摄易道，是深得易道之要的体现，走得也是这个路子。

然则庄子所言的"内圣外王之道"如何在易道之下显现？钱澄之认为易道的核心概念在于"时"，庄子深通易道离不开对"时"的准确把握。他说：

> 夫《易》之道，惟其时而已。庄子以自然为宗，而诋仁义，斥礼乐，訾毁先王之法者，此矫枉过正之言也。彼盖以遵其迹者，未能得其意；泥于古者，不能适于今。名为治之，适以乱之。因其自然，惟变所适。而《易》之道在是矣。[③]

"时"在《易》书中主要指"时机"，意在说明随着时机变化，卦爻的吉凶也会随之改变。在《庄》书中"时"也多达七十余处，更多的是"时间""时势"等义，如"无时而不移""时无止，分无常""安时而处顺"等等。钱澄之则在二者基础上把"时"的含义推扩开来，将其理解为处于变化状态下的客观情势，认为事物的发展皆离不开客观情势的限制，主观努力只有配合客观情势，应时而动、顺时而为、得时而行，才能行合乎宜，达致功成和顺的境界。同时，钱澄之还认为"时"不是一成不变的，《易》乃变易之学，"变"可以带来潜亢互逆、阴阳反转、主客互置，从而万事万物才有了生生化化不断演进的动因。而随着周遭环境的变化，"时"也会发生改变，易道则是要

① 陈鼓应《易传与道家思想》，商务印书馆 2007 年版，第 11—12 页。

② 黎靖德编《朱子语类》，中华书局 1986 年版，第 2989 页。

③ 《庄屈合诂》，第 3 页。

教育人们学会“趋时”，即准确感知客观环境的变化，然后顺应变化以做出合适的行为，避免“忤时而动”。钱澄之讲“惟时至则然也”，他认为因顺这种所变之时而行便是“顺乎自然”。依此，庄子面对世道沦丧的社会，却千金之聘而游于无何有之乡，发斥责仁义礼乐的“矫枉过正”之言，都是因时而动、顺时而为的体现。因此，在“时—变—因”模式的推导下，钱澄之完成了“以庄继易”理论的基本建构。

其次，钱澄之认为庄子对易道的深造自得体现在其“游世”精神。在《人间世总诂》中，钱澄之有言：“吾谓庄子深于《易》，《易》有潜有亢，惟其时也。当潜不宜有亢之事，犹当亢不宜存潜之心。”①只有因时研判潜亢的状态，然后依潜而潜，顺亢而亢，才是合宜之举，潜亢逆用则大错特错。庄子虽有接续儒家之道的“入世”精神，但身逢潜时却只能行“君子藏器于身，待时而动，何不利之有”（《易传·系辞下》）的“出世”之举。不过庄子的“出世”并非苟且之藏，而是一种逍遥的“游世”精神。诂《逍遥游》时，钱氏言：“首篇以《逍遥游》名篇，七篇皆统于游也。惟游者出乎域外，故能逍遥。共此域中，是非利害，互相争夺，无以相胜；迨出域以观，而后知其不必胜也。”②身在乱世，入世则不免搅入尔虞我诈、礼乐崩坏、杀夺不息；出乎其外，著书立说，保存儒脉待他日以救世，则不失为一个好的选择。在钱氏看来，出乎域外的庄子依旧有着待时而动、拯救域中的志向：“七篇以《逍遥游》始，以《应帝王》终。谓之‘应’者，惟时至则然也。又曰：‘应而不藏。’此其所以为游，此其所以逍遥欤！”③依钱氏，《庄子》内七篇理应是一个完整的系统，首篇《逍遥游》属潜，终篇《应

① 《庄屈合诂》，第75页。

② 《庄屈合诂》，第17页。

③ 《庄屈合诂》，第5页。

帝王》属亢，潜时应逍遥游世以待，待局势变为亢时，则应积极入世，应而不藏。只有这样，才能实现真正的“逍遥”与真正的“游世”。所以钱澄之言：“《易》之道尽于时，《庄》之学尽于游。时者入世之事也，游者出世之事也。惟能出世，斯能入世。即使入世，仍是出世。”[①]这样钱澄之就消弭了“出世”与“入世”二者的差别，将其统归于“游世”的精神之下，并以《逍遥游》将《庄子》内七篇统摄起来。

沿着“以庄继易”的思路，钱澄之多以易道来解读《庄子》，互相发挥，寻求两部经典间的相通之处。如以“成即有毁，毁以为成……《易》‘穷则变，变则通’”来解释《庄》书中的“其成也，毁也”，以《易传》中的“成性”来理解庄子的“成心”，又将《应帝王》篇中倏、忽与浑沌的关系喻作太极与阴阳的关系等等，多有创见。《庄子》与《周易》同属于先秦时期的经典文献，二者在产生背景以及问题意识方面也都存在着千丝万缕的联系。因此，钱氏以易学家的素养“以庄继易”，为我们探讨《庄》《易》关系提供了更为广阔的空间，这无疑是一种有益的尝试。

三、“庄屈无二道”与遗民情结

钱澄之平生最下苦功，也最为得意者是其易学与诗学，但在晚年著成《田间易学》与《田间诗学》之后，作为明遗民的钱澄之却依然没有找到精神寄托。一方面，面对家仇国恨，钱澄之想要光复前朝而不得；另一方面，钱澄之将自己视为前朝统治的延续，更是弘道的主体，因此他固守遗民志节以潜居，等待反清复明的时机，但当时很多志士却选择一死以报前朝。在做遗民与求

① 《庄屈合诂》，第5页。

死节、出世与入世等人生问题上，钱澄之一直在苦苦思索其“安身立命”的理论合理性。最终，钱澄之在原有理论体系上更进一步，从庄子与屈原的精神世界中找到了答案。在《庄屈合诂自序》中，钱氏言：

吾著《易学》《诗学》既成，益广载籍，求古人言之足以翊二经者，更为详说之，以辅吾学之所不及，而得庄子、屈原……是故天下非至性之人，不可以悟道；非见道之人，亦不可以死节也。吾谓《易》因乎时，《诗》本乎性情。凡庄子、屈子之所为，一处其潜，一处其亢，皆时为之也。庄子之性情，于君父之间，非不深至，特无所感发耳。诗也者，感之为也。若屈子则感之至极者矣。合诂之，使学者知庄、屈无二道，则益知吾之《易学》《诗学》无二义也。[①]

在钱澄之看来，《易》与《诗》同属儒家经典，《易》之道在于察辨处潜还是处亢的客观情势，从而感时而动；《诗》之道则在乎“兴观群怨”，展露主观性情。因此在“感—发”层面上，《易》与《诗》有着极强的关联性，其易学与诗学也可建基于同一理论系统。庄子深得易道，屈原也是至情至性之人，《离骚》在精神内涵上也多通于《诗经》，所以在“以庄继易”之外，钱澄之还提出了“以屈继诗”的思想。在《庄屈合诂》中，钱澄之的目的就在于纵向层面上“以庄继易，以屈继诗”，在横向层面上则是会通易道与诗道、庄子与屈原。

然则庄、屈何以会通？此论虽有取于道盛，钱澄之却有一套自己的论说。钱澄之认为，问题的关键之处在于庄子与屈原都有着强烈的入世精神与救世情怀，二者在性情上是一致的，只

① 《庄屈合诂》，第3—4页。

不过所处情势不同。庄子处潜，所以生非其时，落得“无所可用”，只能转而游世以求逍遥，著书以为“真孤”，这正是因时而动、深得易道的做法；而屈原处亢，伏清白以死直，也是时势所至，性情所发，可谓死得其所。所以，庄子并非无君臣之义、无救世之心，屈原之死也不是自寻短见，而是性情的至深流露，二者都是至情至性之人。经过钱澄之的分析，在易道“潜亢说”的影响下，庄子与屈原在精神层面得以相通。

其实，钱氏还有一层言外之意，庄子与屈原正是象征着两类群体：藏世的遗民与死节的志士。钱澄之既肯定遗民生的选择，又褒扬死者的忠义，认为二者在精神方面其实没有差别，在亢时不惜生命以彰显道义，在潜时要修身自守以弘道，这两种行为都值得表彰。在《义士说》一文中，钱氏系统表达了这一观点：

有一介之士，身未膺一命之荣，惊闻国变，有慷慨赴水以死者矣，有从容绝粒以死者矣，有弃其妻子，枯槁岩穴，或逃诸方外，饥困流离以死者矣，是亦不可以已矣乎？呜呼！是皆闻伯夷之风而兴者也，所谓义士也……夫伯夷既已千古矣，后之守义者，如汉之薛方、蒋诩，东汉之管宁，晋之陶潜之类，亦惟心伯夷之心，固不必为伯夷之所为也……孔子之所谓仁者本其心，后人之所谓义者论其迹也。薛方居家教授，郭钦、蒋诩归乡里，卧不出户，管宁终身称‘汉处士’，陶潜纪年惟书甲子，岂务名哉？盖于心有不得不然者。夫不得不然之心，即仁也；以之著于伦纪，则义也。[①]

伯夷宁死不仕二朝固然值得钦佩，但像陶渊明一样怀着无奈的心情归隐于田间，钱澄之认为这在精神境界方面其实与前者相

① 《田间文集》，第140—141页。

比并无差别，其差别仅仅在于是否被世俗的伦常纲纪所称道。可以看出，钱澄之的内心是欲以蒋诩（前69—不详）、陶潜（约365—427）等人自况，既为他幽居田间、孤苦愁闷的心境给予安慰，更意在理论上为他做遗民而非求死节的行为予以证成。概言之，钱澄之是想以易道来提醒自己审时度势以自守，以屈子来告慰死节的朋友并勉以自励，以庄子来安顿自己愁闷而又无处安放的心灵。钱澄之眼中的庄子游世方外，接续儒脉，而他本人隐居著述的行为，又何尝不是在忍辱负重，等待“亢时”的到来呢？所以，钱澄之晚年广为结交清朝达官显贵，并在徐乾学（1631—1694）等官员的帮助下刊刻自己著作等一系列看似“反常”的行为，也都可以得到合理的解释。

总之，《庄屈合诂》一书寄寓了钱澄之晚年的人生哲学，也是其遗民心境的集中展现。《四库全书总目》评价该书：“盖澄之丁明未造，发愤著书，以《离骚》寓其幽忧，而以《庄子》寓其解脱，不欲明言，托于冀经焉耳。”①其中“幽忧”“解脱”之论，可谓深得钱氏著书之心境。

四、结语

《庄屈合诂》不仅寄寓了钱澄之强烈的经世精神，也是其易学与诗学在经典世界中的具体展开。关于钱澄之的经学思想，张舜徽先生（1911—1992）曾有过褒扬：

其治经深于《易》《诗》，而说《诗》尤精……搜采之博，而尊信《小序》，汇纳古今，则又与朱鹤龄治《诗》之法，若合符契。从知废《序》言《诗》之习，与夫固守一家之

① 永瑢等《四库全书总目》，中华书局1965年版，第1139页。

弊，至清初已渐廓清。钱、朱二家，桴鼓相应，皆于当时治经风气之转移，大有关系也……而澄之颇以经学自负，观其平生专力致精，足践所言。治经之功，似非顾氏所能逮，不知近人考论清初学术者，何以忽之。[①]

此论不仅一语点出了钱澄之经学思想的时代影响，更有几分为其学术史地位鸣不平的味道。钱澄之固然在清初负有盛名，但他在后世常被忽略，笔者认为亦非无因。就外部原因论，在清初对文字把控极为森严的大环境下，作为明遗民的钱澄之，其著作很多都遭到了禁毁，这直接导致其思想在传播时遭遇了极大阻滞。就其著作的内在理路论之，清初学者们面对的是“天崩地解”的时代，经世思潮涌起，扭转空疏学风的需求愈加迫切，学者们主张对宋明道学进行反思，因而所谓“启蒙思想”占据主流，“贵创”与“博证”成为当时的学术风尚。钱澄之并不以论述义理著称，所论亦与此风潮无关，因而也就无法与顾炎武（1613—1682）、黄宗羲（1610—1695）、王夫之（1619—1692）等“启蒙思想家”并谈。另一方面，钱澄之虽然并不排斥训诂博物之学，但考据训诂充其量只是其通经的手段，在对经典的训诂与整理方面钱澄之用力并不艰深，因此他与毛奇龄（1623—1716）、阎若璩（1638—1704）等学者相比更是逊色不少。这些因素都导致钱澄之的作品一直为近人所忽略。以《庄屈合诂》为例，钱澄之注庄时“庄子为儒家教外别传”的立场在解释史上并非是庄学的主流，更因著述流传不广泛等原因而为学者所忽视。而且钱氏注《庄》时的很多思想一方面属于接续道盛的说法，另一方面则是在其《田间易学》与《田间诗学》理论体系内部的具体展开，因此难免面临“曲高和寡”的境遇。

① 张舜徽《清人文集别录》，中华书局1963年版，第19—20页。

然而，我们今天重新审视钱澄之《庄屈合诂》这部作品，却有新的意义。首先在方法论层面，《庄屈合诂》中“会通庄屈”的思路及其背后所蕴含的明遗民情结，可以为我们更好地理解钱澄之这类处于朝代更迭环境下的遗民，分析其具体心境提供参考。梁启超（1873—1929）在《中国近三百年学术史》中对这类遗民群体的人生境遇及其经世致用的心理诉求做了十分精准的概括：“他们不是为学问而做学问，是为政治而做学问。他们许多人都是把半生涯送在悲惨困苦的政治生活中，所做学问，原想用来做新政治建设的准备，到政治完全绝望，不得已才做学者生活。”[①]不像梁启超一样回到历史情境中去分析“遗民”这一特殊群体的精神世界，我们便很难理解《庄屈合诂》这类作品的历史价值。吴孟复（1919—1995）曾言：“数百年后读此，可见庄周、屈原之心，更可见钱澄之之心，既以赏奇析疑，更以知人论世。”[②]以“知人论世”之法析《庄屈合诂》，可谓庶几得之。更为重要的是，钱澄之所论的“庄子即儒家”虽然是未入正史的“思想史八卦”，但是却在“儒道互补”的传统解释范式之外，创新并丰富了庄子与儒家的思想史关联，更开显并证成了二者奇正相生的辩证之境，成为具有独特内涵的思想史议题[③]。这值得我们在今天重新审视并开显出它独特的思想史意蕴。由是观之，钱澄之的《庄屈合诂》不仅构成了“庄子即儒家”议题历史衍化中的重要一环，更为我们探究庄子的心灵世界、探寻庄子与儒家的思想史关联，提供了更为丰富的向度。

（原载《中国文化论坛》2018年第4期）

① 梁启超《中国近三百年学术史》，上海古籍出版社 2013 年版，第 14 页。

② 《庄屈合诂》，第 3 页。

③ 杨海文《“庄生传颜氏之儒”：章太炎与“庄子即儒家”议题》，《文史哲》2017 年第 2 期。

钱澄之《田间诗学》借经说史的诠释思路与内涵

◎杨年丰

《诗经》自产生以来，以其独特的语言文字魅力成为道德与文学范畴的经典之作，从春秋时期的诸侯引诗用诗，到汉代毛氏注疏，到后世各个朝代蔚为大观的注经之作，儒家典范的“经夫妇，成孝敬，厚人伦，美教化，移风俗”成为《诗经》诠释的重要依据。而其中变风、变雅之作则在特定历史时期如易代之际往往会被赋予特别的诠释意义。

“到晚明诸儒起来，基于王学流弊，又受时代刺激，颇想由宋明重返到先秦。他们的思想，显然从个人转向于社会大群，由心性转向到政治经济各问题，由虚转实，由静转动。由个人修养转入群道建立。”[①]很多学者认识到晚明儒学的变化，正是在由以内圣之学为基调的宋明理学——尤其是其“教化大业”逐渐朝向以经世之学为基调的转向时期。把政治腐化、民生疾苦归于学风思潮的影响，是知识分子根植于时代使命进行的自我检讨。由此，学者普遍强调学术对政治的改造，“经世致用”成为这个时期的核心价值，“经学”就是实现这个价值的重要依据。

清初“汉学方萌芽，皆以宋学为根柢，不分门户，各取所

① 钱穆《中国思想史》，学生书局1992年版，第244页。

长，是为汉宋兼采之学。”[①]吴雁南认为清初经学“于宋学是斥而未弃，于汉学是崇尚而未专门户。”[②]结合当时特殊历史情境以论是时诸诗，是明清之际特殊时期经学研究的文学意义及经学研究意义。钱澄之及其《田间诗学》正是这个特殊历史时期经学研究的代表。

钱澄之，字幼光，又字饮光，晚年自号田间老人，安徽桐城人。其著作跨经、史、文学等领域，有《田间诗学》《田间易学》《所知录》《藏山阁集》《田间诗集》《田间文集》等，《田间诗学》《田间易学》《庄屈合诂》都被收入《四库全书》。

《田间诗学》是一部“汉宋兼采”的著作，最鲜明体现了“于宋学是斥而未弃，于汉学是崇尚而未专门户”[③]的特点，其名物训诂、山川地理史实考证等是汉学的诠释方式，其以己意、时事注疏文意则体现了宋学的诠释特点。而其中征引的丰富史籍与著作：从《周书》到春秋三《传》，从《尚书》到《国语》，从《史记》到《后汉书》。尤其在辨明史实体现了援史释诗、借经说史的历史诠释倾向。

钱澄之经学推崇《小序》：“小序，去古未远，其世次本末虽未可全据，要不大缪也。”[④]他将《诗序》与史事相勾连，兴笔阐说，把三百篇诗歌置入历史兴衰的时间长河与万象协和的空间秩序中，“至《风》之体，比兴之事多于叙述，风谕之意浮于指斥。盖有反复咏叹，联章累句，而无一言及作之之意者。《序》乃一言以蔽之曰：‘为某事也。’苟非其传授之有源，探索之无

① 皮锡瑞著，周予同注释《经学历史》，中华书局 2004 年版，第 249 页。
② 吴雁南，秦学颀，李禹阶《中国经学史》，福建人民出版社 2001 年版，第 516 页。
③ 《中国经学史》，第 516 页。
④ 钱澄之著，朱一清校点《田间诗学·凡例》，黄山书社 2005 年版。

舛，则孰能臆料当时指意之所归，以示千载乎？”[①]强调内圣、外王皆必须“回归原典”——从经书中寻找本源。

《田间诗学》中，出现的许多借经说史文字，重在强调以“历史”论证经典。其实《田间诗学》中对许多历史人物或历史事件的引用，并不全等同于传统看法。如与《毛诗序》比较，能发现二者的关联。《毛诗序》强调作者美刺意图，倾向于历史批评角度，将《诗经》文本与历史事件或历史人物之间进行结合，主要目的还是凸显《诗经》作者对于政治人物的批判或溢美的立场和态度，以强调经典本身可能具备的伦理教化指向。《田间诗学》也强调《诗经》“诗者，正所以维持君臣之道，其功用深矣”的伦理意义[②]，而借经说史的诠释方式则是“小序”可能的历史推测基础上的思维空间的扩大和深化。在《田间诗学》部分诗篇的诠释中，有逸出经义本身的探讨，焦点集中在个人历史感怀与历史兴亡的得失评判上。《田间诗学》这种“汉宋兼采”“未专门户”的诠释态度和诠释方式，异于传统经典文字的诠释方式。由此，我们不能简单关注《田间诗学》义理阐发的部分，不应简单把它（包括其他明遗民类似的经学诠释著作）定位为“纯粹”的经传著作。

一、由经入史的诠释特点

从释经的观点来看，早期儒者对于《诗经》与《春秋》之间所隐藏的关联，几乎都抱持正面的态度。《孟子·离娄下》说：“王者之迹息而《诗》亡，《诗》亡然后《春秋》作。晋之《乘》、楚之《梼杌》、鲁之《春秋》，一也。其事则齐桓、晋

① 《田间诗学》，第 27 页。

② 《田间诗学·诗总论》，第 10—11 页。

文，其文则史。”[①]与《诗大序》“国史明乎得失之迹，伤人伦之废，哀刑政之苛，吟咏性情，以风其上，达于事变，而怀其旧俗者也”相似。对此，钱澄之则有更进一步的阐发：“孟子曰：‘王者之迹息而诗亡。’谓不能如先王时，因诗以行黜陟之典耳。于是孔子作《春秋》，用褒贬以代赏罚。呜呼！《诗》以霸主而存，《春秋》因霸主而作，齐桓、晋文之功，曷可诬哉！”[②]在上述观点中，《诗经》具有代表性典范，是因为其具有政治批判的实质意义，被赋予考正风俗得失的内涵。

历代诗教观点表明《诗经》具有兴衰治乱的教化功能，钱澄之也由此开展诠释途径，在《诗经》诠释中关联“诗”与“史”，也表明“诗”与“史”同样具有伦理指导的意义。“《诗》与《尚书》《春秋》相表里……安（刘安）云‘……屈原处乱国，事昏主，而忧谗畏讥，情辞哀楚，盖其所遭者变《风》、变《雅》之世也。’《小雅》当幽厉之世，宫闱左右肆其指斥，不谓之乱，得乎？原其心，惟冀闻之者之知所畏惧，虽得罪而无悔，故曰‘不乱’。以是谓之和平，而《诗》未尝和平也。是以论《诗》者，必论其世也：生当明备之世，自有安和岂乐之音；处多难之时，自多哀怨愁苦之调。未有不疾而呻、无忧而叹，亦未有当呻而饰笑、临叹而强欢者也。世变则风雅不得不变。”[③]在此，钱澄之依据《诗序》进行解诗，推崇“诗”与“史”儒家伦理精神的一致性，赋予二者相同的伦理指导功能。在实际诠释文本时，《田间诗学》更进一步将诗史结合的概念加以运用，呈现出借经说史的诠释思维。

如《小雅·小旻》中，钱澄之依《小序》“大夫刺幽王也”之意，先引郝敬“太史记之”的史观，再引苏辙对诗句“国

① 焦循撰，许文倬校点《孟子正义》，中华书局 1987 年版，第 572 页。
② 钱澄之著，彭君华校点《田间文集》，黄山书社 1998 年版，第 19 页。
③ 《田间文集》，第 86—87 页。

虽靡止，或圣或否。民虽靡膴，或哲或谋”的阐释：“虽世乱民辟，犹有贤者在焉。苟能用之，愚者可赖以皆济。苟废而不用，而使愚者壅之于上，则相与者败。”钱澄之以四段按语分述“小人党附雷同”“谋夫孔多，是非相夺”“王听细人之言”等王之“不明”，而自然得出“千古危亡之祸，总由人主是非之不明”的结论，借经说史，以史明经。[1]而在《小雅·青蝇》中，钱澄之则引用《国语》的史实记载、《汉书》的典故使用、《左传》的引诗用诗、《楚辞》王逸的时事注诗等，诗歌的阐释就是一个史实考证的过程，经之“史”意鲜明，经的诠释深刻。

钱澄之在《田间诗学》对于《诗经》诠释的基本态度，基本上未脱孟子所谓知人论世方法论的指导。他虽不直接以春秋史笔之法陈述《诗经》旨趣，但我们通过对《田间诗学》的阅读，仍可以发现借由《诗经》篇目引出历史杂感，往往成为诠释经典的核心内容，在其以史证经的诠释方法中，隐伏着伦理立场与个人史观。

另外，钱澄之对《诗经》编纂中篇目的安排也有“史”的意识，“国家兴亡之迹，系各诗取舍编排”“编诗者，晋之后即继以秦，以明晋亡而秦兴也”。[2]说“卫自康叔受封，至武公有功王室，命为公，入相于周，称极盛矣。及懿公时，灭于狄，而卫以亡。赖齐桓存亡之力，文公复兴于楚丘，是亡而复兴者，齐之力也。故录《卫风》者，以《淇奥》始，以《木瓜》终焉。”[3]

上述现象呈现出《田间诗学》继承汉学传统、宋明义疏传统，在笺注、义疏的范式外的经典诠释企图：从经典出发，由经入史，阐发个人历史观点。由经典出发的历史批判与历史人物探讨，是《田间诗学》所欲建构的诗学主体内涵。虽然这种历史观

① 《田间诗学》，第526—527页。
② 《田间诗学》，第294页。
③ 《田间诗学》，第161页。

点，与一般在义理方面进行诠释的释经策略有相似之处，但钱澄之这种以个人历史学养渗入释经的历史陈述中，隐藏着一种“忧患的告白”。

二、以经寓理的历史批判法则

历史批判的特色，要求读者必须透过时间和空间的文化因素才能理解文本的意义，因为文本所产生的特殊历史情境深深影响了文本的意义。所以阅读、理解、诠释经典，不单是一种历史文字的考究、证明或说明。

《田间诗学》借“经”说“史”的诠释策略，除了对释经本身可能的历史、作品意图说明，更重在将诠释《诗经》作品经典延伸出的历史启发性上。钱澄之要借助《诗经》诠释揭示作品的积极内涵，以及作品在不同历史阶段的诠释义理，体现了他历史批判的原则。钱澄之继承其父观点“《国风》之次第，可以观周室之世变焉”，十五《国风》的排列次序，相传各有不同，钱澄之把十五《国风》的次序是周王朝历史的展示，贯以正变的观点：“先王盛时，凡列国之风，诸侯采之以贡于天子，天子受之，列于乐官，而于其中施赏罚焉。自东迁以后，巡狩述职之典不行，诸侯不贡诗，太史不陈诗久矣。然吾观变风之作，大抵皆春秋时事”，平王东迁后，变风大作，《诗》不复能“施赏罚”“凡周公时诗，皆为正也”“今所谓变风、变雅，其诗皆周公未及见者”。[①]钱澄之历史辨析基础上的考证说明，显示了《田间诗学》的“历史参照”特色，所展示的《国风》正变观正是其《诗经》历史批判原则的积极性内涵：经义是蕴含历史批判原则并不断更新的义理。

① 《田间诗学·十五国风论》，第20页。

《田间诗学》对于《诗经》诗旨的理解，推崇《小序》观点。对时事、史事引入诗经的阐释依据《小序》。如《大雅·江汉》中《小序》云："尹吉甫美宣王也。能兴衰拨乱，命召公平淮夷。"钱澄之认为："厉王之乱，宣王匿召公之家，公以子代王死，与周公行政，号曰'共和'。厉王死，乃共立宣王，是公于周有再造之功，于王有更生之德。爰立之勋，犹其后也，王立而不闻封赏以酬之。直至江汉之役，式辟四方，乃赐山土田，加之宠命。视后之因时拥戴辄徼封爵者何如耶？"[①]分封制是封建王朝政权巩固的重要制度，但分封也是许多朝代祸乱之根源，明朝就是一个比较典型的史例，而钱澄之曾经参与的南明政权也正是在"藩镇""君臣"不和的环境中迅速败亡的。钱澄之没明确，但言语之间透露的是对"共和"的渴望。

《诗经》中有不少诗篇是表现亡国之哀的。如《羔裘》纪晋人眷恋故主[②]；《正月》《小序》说题旨是"刺幽王"，诗中亡国之哀若隐若现，"此痛国亡被虏，不知臣仆于谁民也""深恨小人，无可奈何，而望天之主张也"[③]。这些诠释中，经史互铸，遗民的隐痛与哀伤自然呈现。另外一篇《无羊》则展示了钱澄之对时局的敏锐："众化为鱼，中国将有夷狄之祸，其犬戎之兆乎？牧人心不关乎治乱而旐旟入梦，则兵象已早见矣。太卜之官，占为丰年！溱溱者，谀辞也。"[④]表面说夷狄、犬戎之兆，实则用以隐喻现实。

钱澄之诠释《诗经》时，往往在表面上是针对诗旨讨论，实际上《田间诗学》同时将个人对历史的批判性观点融入其中。《小雅》中有很多"刺幽王"之作，钱澄之诠释《小弁》

---

① 《田间诗学》，第833—838页。
② 《田间诗学》，第161页。
③ 《田间诗学》，第161页。
④ 《田间诗学》，第494页。

时，先后引用了《竹书纪年》《毛传》《朱子》等典籍，张揖、陈式、谢枋得、刘敞、潘江等观点，其中值得注意的是，谢枋得为宋遗民，陈式、潘江为明遗民，其中尤以潘江对“莫高匪山，莫浚匪泉。君子无易由言，耳属于垣。无逝我梁，无发我笱。我躬不阅，遑恤我后”的诠释最有意思：“刘琦问自安之策于武侯，登楼去梯而不言，亦此意也。”[①]观诗意，刘琦问策似与无涉，但四位遗民身份的诠释者给读者带来的是“忧患的告白”与历史的想象。正如钱澄之对《文王》“宜鉴于殷，骏命不易”所下按语：“鉴于殷，盖近事不远，即周所代也。汉人好引秦事，唐人好引隋事，皆取其世近，人主易知耳。”[②]都正体现了他借经说史的历史批判观点。

钱澄之“尝取《小雅》诵之，亦何尝不激乎？讥尹氏者旁通连姻娅，刺皇甫者上及艳妻，暴公直方之鬼蜮，巷伯欲畀豺虎，‘正月繁霜’之篇，‘辛卯日食’之行：可谓极意诟厉，而犹曰其旨‘和平’，其词‘怨而不怒’，吾不信也。”[③]对于《小序》中“刺”“怨”的理解，他虽然继承先儒“主文而谲谏”的传统，但对与《诗经》中“有可考者，凡诗发《序》两语……今其续《序》之指事喻意，凡《左传》《国语》所尝登载，则深切著明历历如见。……范晔谓：‘续《序》之为宏作，真实录矣。’”[④]他在《诗经》中以历史批判观点发挥“主文而谲谏”传统的篇幅有不少超过对《诗经》文本的训诂、笺注比重，有时用按语表达的诠释内容成为注疏的文字主体，对历史或历史人物的批判成为经学阐释的核心。

从《田间诗学》由“经”入“史”的诠释思路，到其以经

① 《田间诗学》，第531—536页。
② 《田间诗学》，第671页。
③ 《田间文集》，第259页。
④ 《田间诗学》，第27页。

写理的历史批判法则，我们可以看到钱澄之经典的训诂、笺注等“汉学”说明下的“宋学”特色的历史批判观点，以及这种基本的立场显示的诠释者个人的儒家政治伦理观点。

三、“凡诗必有为而作”：《田间诗学》的历史感怀

《田间诗学》在以史证经诠释中，不可避免地将个人历史感怀融入经典诠释之中。在《小雅·鱼藻》篇中，钱澄之诠释《小序》“刺幽王”说：“《序》谓思武王，正所以刺幽王也。是时幽王为谗佞所惑，方有举兵伐申之谋，而君臣日以饮酒为事。诗人忧之，述武王在镐之宴，谓以献岂而饮也。今时势如此，而谋伐人国，未岂而乐，遽先从事于饮酒，忧危之情，见于言外。……所以美之者，亦仅述其饮酒之乐而已。与谐媚之称觞诵万年者相去几何？凡诗必有为而作，不然，圣人何取焉？”[①]这里的“凡诗必有为而作”就可以视为《田间诗学》的诠释特色之一。

钱澄之将其历史批判的观点寄托在对经典诠释上，一方面借此表达自己对于历史得失的伦理看法，另一方面也不可避免地寄寓着个人的历史感怀。《田间诗学》中由“经”入“史”的历史观察，并不单纯只是追求一种客观的表述，更包含了钱澄之个人对于历史得失的感怀。这种感怀通常是感性的，带着强烈的历史情感因素。

《卫风·淇奥》中，《小序》指为“美武公之德也。”《正义》考其事是“武公杀兄篡国，得为美者，美其逆取顺守；齐桓、晋文以篡弑而立，终建大功，亦其类也。”钱锺书就认为

① 《田间诗学》，第627页。

《正义》论古今之政“非复经说，已成史论，亦必有为而发。”[①]而钱澄之诠释此诗不取《正义》，认为“国人美其德者，即敬慎之效也。公之十九年，好学不倦，以礼自防，可谓文德矣。……古之武功，必本于文德，固非后世之所为武也。”[②]虽然对先儒诠经的取向不同，《诗序》中，将历史事件、人物与文本本身结合进行诠释，《正义》所述史事、人物，显然是文本作者“怨刺”的对象，《田间诗学》的诠释，从经典本身转移至对经典旨意的诠释，超越就经典讨论的主轴，偏向个人对于历史兴衰的感性文字。

《田间诗学》由“经”入“史”的诠释策略并非仅强调客观的历史诠释，相反，其中充满了个人观点式的历史“感悟”，类似这种情感较强烈的文字，难以将之归类为纯粹的历史批判观点。上述许多诠释作品中，多是把个人对于历史的感怀寄予《诗经》文本的诠释中，不是在追求一种客观的经义解释，而是强调个人解读立场，表达对历史得失的感叹。

因此，《田间诗学》从经典出发，进而延伸出基于遗民身份的个人历史观点，不是为了追求客观的历史态度或经义理解，相反，钱澄之借用经典所寄托的个人历史感怀，才是《田间诗学》所欲表达的核心所在。

《田间诗学》中，很多对《诗经》的文本诠释问题体现了借经说史的策略和特点，这种策略所显示的意义，是以客观的立场解释经义，因为诠释者的遗民身份特点而使其有鲜明的个人观点呈现。《田间诗学》将诠释重心放在经典延伸出的历史启发性，其将《诗经》文本与历史事件、历史人物结合时，不受《诗经》文本本身可能的历史推测，有时会超出对经义文本的探

① 钱锺书《管锥编》，中华书局1986年版，第88页。

② 《田间诗学》，第139页。

讨，将焦点放在个人历史的感怀与历史兴亡的得失评判上。

对《田间诗学》而言，诠释经典所衍生出的效用不但是个人处世的哲学，更可以作为历史的借鉴。钱澄之将其历史批判的观点寄托在经典诠释上，一方面借此表达自己对于历史得失的伦理看法，另一方面，则将个人历史感怀寄托于其中。这种由“经”入“史”的诠释方式，深刻呈现出钱澄之个人对于经典的特殊体会，以及其将“经”与“史”两者进行关联的深刻内涵。

（原载《诗经研究丛刊》2015年第3期）

钱澄之著述考略

◎陈祖武

钱澄之，这是为近世考论清初学术者所忽略了的一个历史人物。此点，已经张舜徽教授指出。[①]钱澄之，安徽桐城人，生于明万历四十年（1612），卒于清康熙三十二年（1693），享年八十二岁。他原名秉镫，字幼光，明亡，改名澄之，字饮光，号西顽道人，又号田间，学者尊为田间先生。[②]

钱澄之生当明清更迭之际，他怀抱“经世”之志，早年奔走国事，中年图谋匡复，及至晚年，眼看复明大势已去，遂潜心著述，在经学、史学、文学诸多方面，都取得了值得肯定的成果。钱澄之一生，给后世留下了不少有价值的著述。以下，仅就所见者，试作一个概略的考索。

《所知录》

有六卷及四卷二刊本，并有嘉庆及同治年间不分卷钞本。现在习见的，是近世书坊据道光年间的《荆驼逸史》所翻印的四卷本。宣统三年（1911），浙江奉化江镜清据清钞本校录刊行的六卷本，已不多见，而清钞本则更属稀见的善本古籍了。诸钞本之

① 张舜徽《清人文集别录》卷一，第 20 页。

② 马其昶《桐城耆旧传》卷七。又见《清史稿》卷五百、《清史列中国传》卷六十八、《清儒学案》卷八。

中，又当以嘉庆九年（1804）钱大昕故世前夕所校订的本子为最善。[①]六卷本次第为：卷一隆武纪年、卷二永历纪年上、卷三永历纪年中、卷四永历纪年下、卷五南渡三疑案、卷六阮大铖本末小纪。四卷本无五、六两卷，并缺前四卷中所录大部诗作。该书初成于顺治八年（1651）春，即四卷本。康熙二十年（1681年）前后，作者又据行世野史略事增补，并录入其早年所著大量诗作，[②]始成定本，即六卷本。这部书详记南明唐王及桂王初年史事，所载诸事，因系作者亲身经历，或得诸当事人之口述，故而颇具史料价值。不仅钱澄之的友人给了它以“文直事核”[③]的评价，而且，黄宗羲这样的大家，亦称赞该书“考信不诬”。[④]

《荆驼逸史》“校刻讹脱，编次无法”[⑤]，前人早有定评。即以《所知录》而论，由于它所依据的是作者早年的初撰本，而卷首凡例，却又是晚年增订为定本时钱澄之所撰，因之捉襟见肘，所缺之《南渡三疑案》《阮大铖本末小纪》及大量诗作，《荆驼逸史》本的编刻者无法自圆其说。这就难怪晚清学者李慈铭会据以认定“此本非完书”[⑥]了。至于书中谬误，更是俯拾即是，不遑备举。仅以《凡例》中一处为例，第三条“弘光朝，某以书生蒙钩党之祸，匿武水家仲驭复壁中”。家仲驭，即钱澄之本家钱仲驭，名棅，仲驭为其字，明大学士钱士升之子。[⑦]这一点，《所知录》正文及《田间文集》《藏山阁集》都记载得

① 此本现藏北京图书馆善本部。

② 《凡例》，《所知录》卷首。

③ 《复陆翼王书》，钱澄之《田间文集》卷五。

④ 黄宗羲《南雷之定》三集卷二《桐城方烈妇墓志铭》。该文云：“桑海之交，纪事之书杂出，或传闻之误，或爱憎之口，多非事实。以余所见，唯《传信录》《所知录》《劫灰录》庶几与邓光荐之《填海录》，可考信不诬。《所知录》者，桐城钱饮光先生之所著也。”

⑤ 李慈铭《越缦堂日记》第7册《孟学斋日记》乙集下同治四年十月廿七日条。

⑥ 同上，十一月初二日条。

⑦ 温睿临《死事》，《南疆逸史》卷三十六。

很清楚。而书贾却将“家仲驭”妄自改作“周仲驭家”，结果张冠李戴，把钱仲驭与周仲驭混为一人。李慈铭谙熟南明史事，于此亦未及检出，以致以讹传讹。

《田间集》

十卷，康熙元年（1662）刻本。辑录钱澄之自顺治八年（1651）十月由广西返抵桐城后，迄于是年的诸体诗，凡八百五十余首。卷一、二为五言古，卷三、四为七言古，卷五、六为五言律、五言排律，卷七、八、九为七言律、七言排律、五言绝句，卷十为七言绝句。由于要躲避清廷的文网罗织，因而成集付梓时，曾由其友人姚文燮、左子直、子厚为之删去“十之三”[①]。钱氏本人对此亦无可奈何，在其《自述》中，曾隐约地道出了这难言的苦衷。他说：“吾诗悲，非世所乐闻。其声往往激楚也。”表示：“吾宁诗不传尔，其悲者不可删也。”但是，毕竟又无法抗御封建的文化专制，到头来还是只得逆来顺受，以全身远祸。他不得不承认：“嗟乎，删之是也。然是集也，是诸子之志，非吾之志也”。[②]不过，这个集子对于我们探讨钱氏诗风和他这十年间的行事，确是很有价值的。钱澄之诗风恬淡，平实质朴，悲凉激楚，情真意挚，有“诗史”之谓。[③]因而，在清初诗坛，钱氏的诗作很得一时大家所赞赏。钱谦益辑《吾炙集》，曾录入钱澄之诗六十八首，这显然是不同一般的推许。[④]朱彝尊撰《静志居诗话》，对钱氏诗风更作了至为中肯的评价。他写道：“幼光禁网潜踪，麻蹊间道，或出或处，或嘿或

① 姚文燮《田间集序》，见《田间集》卷首。

② 钱澄之《自述》，《田间集》卷首。

③ 方苞《田间先生墓表》，《望溪先生全集》卷十二。

④ 钱谦益《吾炙集》不分卷，怡兰堂本。

语，诗屡变而不穷。要其流派，深得香山、剑南之神髓而融会之。钱氏录其作入《吾炙集》，盖深取之矣。昔贤评陶元亮诗云：‘心存忠义，地处闲逸，情真、景真、事真、意真’。田间一集，庶其近之。”①

《田间诗集》

又称《田间全集》，二十八卷，康熙二十九年（1690）斟雉堂刻本。乾隆年间修《四库全书》时遭禁毁。②是集由《江上集》《客隐集》两部分合成。卷一至卷十为《江上集》，起顺治八年（1651）冬，讫康熙元年（1662），录诗近千首。卷十一至卷二十八为《客隐集》，起康熙元年（1662），讫康熙二十九年（1690），录诗凡一千五百余首。两集共录诗二千五百余首。卷首有徐乾学、任塾二人所撰序文。钱澄之“生平诗不下万首”③，其四十岁以后，迄于逝世四十年间的诗作，全赖此集，得以流传。

《田间文集》

三十卷，始刻于康熙二十九年（1690），为斟雉堂刻本。清廷修《四库全书》时，将书、版全毁。④宣统二年（1910），钱氏振风学社据钱澄之后人家藏本付梓，即今行世的宣统活字本。钱澄之生平诗文甚富，由于“丧明之痛”⑤耿耿于怀，故而见于诗

① 朱彝尊《钱秉镫》，《静志居诗话》卷二十二。
② 道光《桐城续修县志》。又见陈乃乾《禁书总录》。
③ 任塾《田间诗集序》，见《田间诗集》卷首。
④ 《清人文集别录》卷一，第20页。
⑤ 钱澄之《阮召树遗稿题词》，《田间文集》卷二十。

文，则多有触犯清廷忌讳之词。澄之晚年将诗文付梓时，曾不得不约而分之为藏稿、存稿两部分。他在致其友人余佺庐的书札中写道："未刻诗文稿颇多，承谕细加删定，将分为两种，可行世者为存稿，余为藏稿。"[①]录入《田间文集》中的文论书札，凡二百七十余篇，即作者认为可行世的存稿。殊不知这经过小心剔选后的文集，依然逃不脱严密的禁网，乾隆中叶文化专制的苛酷，于此可见一斑。宣统本与康熙本比较，只是在卷首增入姚永概《重印钱田间先生文集序》和方苞所撰《田间先生墓表》，以及唐甄所写的两篇序文，而正文并无增益。因之，就钱澄之的文论书札而言，无论是哪一个本子的《田间文集》，都不足以称"全备"的"完本"。姚永概作《重印钱田间先生文集序》时，虽然正确地指出了康熙本《田间文集》三十卷，"实只存稿"，但是对钱氏后人"家藏文集"却并未寓目，便率尔作序，误认为该集已将钱澄之生平著述"合而行之"，这显然是对后世不那么负责任的。[②]而且，姚氏序文还称："王夫之《永历实录》为先生传，较《先正事略》为详"。[③]此说亦不识根据何在。因为《永历实录》中所载钱澄之事，异常简略，不过是附于卷十七《晏黄二刘列传》之后，寥寥数字而已。"操觚胜流，日以宾集""安庆钱秉镫，诗体整健"，[④]将这样简略的记载呼之为钱澄之"传"，这恐怕是很值得商量的。

《藏山阁集》

廿四卷、有清钞本及光绪三十四年（1908）龙潭室丛书石

① 钱澄之《与余佺庐》《田间尺牍》卷四《藏山阁集》之三。

② 姚永概《重印钱田间先生文集序》，见《田间文集》卷首。

③ 同上。

④ 王夫之《晏黄二刘列传》，《永历实录》卷十七。

印本。其中《藏山阁文存》六卷、《藏山阁诗存》十四卷、《田间尺牍》四卷。是集所录诗文书札，均不见于《田间集》《田间诗集》及《田间文集》，当为钱氏本人所述不能行世的“藏稿”。《诗存》起自明崇祯十一年（1638）初到南京，迄于清顺治八年（1651）由广西返乡前夕。钱澄之此一时期的诗作，多反映明清更迭史事，“感时纪事，自成诗史”，[①]不仅具有文学价值，而且同样具有史料价值。所以，钱澄之晚年，把这一时期的三十余首诗录入其记闽粤史事的《所知录》中，确能令读史者有相得益彰之慨。恰如他在《所知录》凡例中所述：“某生平好吟，每有感触，辄托诸篇章。闽中舟车之暇，亦间为之。粤则闲曹无事，莫可发抒，每有纪事，必系以诗。或无纪而但有诗，或纪不能详而诗转详者，故诗不得不存也。删者甚多，亦存其纪事之大者而已。”[②]《文存》共录书疏、议论及记事杂文凡二十五篇。《所知录》卷五、六所录之《南渡三疑案》《阮大铖本末小纪》均见于《文存》之中。《尺牍》收录致友朋书札凡一百一十余篇。《文存》《尺牍》多论及明末清初时政及南明唐桂二王史事，可补正史记载的阙略。钱澄之生平行事和他的史学、经学、文学思想，亦可由以窥知。晚清学者萧穆认为：“（《藏山阁集》）皆有关于文献，（钱澄之）生平经世之略，亦可于此见矣。”[③]这样的估价是极为允当的。

钱澄之不仅是一个文学家、诗人，而且也是一个史学家、经学家。他一生究心经学，于《周易》《诗经》都深有所得。他的《田间易学》十二卷[④]、《田间诗学》十二卷，多发前人之所未

① 姚文燮《田间集序》，见《田间集》卷首。

② 钱澄之《所知录·凡例》。

③ 萧穆《跋田间先生〈藏山阁集〉》，《敬孚类稿》卷七。

④ 据周中孚《郑堂读书记补逸》卷二云：“《田间易学》斟雉堂刊本为七卷，《四库全书》录作十二卷，殆别是一本也。”俟考。

发，取得了创获性的成就，在康熙二十九年（1690）即已付梓行世。乾隆年间，亦得录入《四库全书》。同时刊行的，还有一部研究《庄子》和屈原《离骚》的著述，称为《庄屈合诂》。是书不分卷，为钱澄之将其探讨《易》《诗》之所得，应用于《庄子》《离骚》研究的成功作品。他说："吾著《易学》《诗学》既成，益广稽载籍，求古人言之足以翊二经者，更为详说之，以辅吾学之所不及，而得庄子、屈原。……则以《庄》继《易》，以《屈》继《诗》，从而诂之，于二经之宗旨，庶益足以转相发挥。……合诂之，使学者知庄、屈无二道，则益知吾之《易学》《诗学》无二义也"。[①]这三部书因在清代付梓之后，未被禁毁，所以已为世所习见，这里就不再详作介绍了。

（原载《文献》1984年第3期）

① 钱澄之《庄屈合诂自序》，见斟雉堂本《庄屈合诂》卷首。

钱澄之《藏山阁存稿》编集流传考述

◎汤华泉

《藏山阁存稿》二十卷，是明清之际重要作家钱澄之（1612—1693）的一部诗文集。钱澄之诗文作品数量很多，一生创作时间跨度很大，大抵可以四十岁的辛卯年亦即他从南明行朝北归的永历五年（清顺治八年）为界，分为前后两期，此集的作品绝大多数属于前期。后期作品作者生前曾两次结集、刊刻，康熙元年有《田间集》十卷、康熙二十九年有《田间诗集》二十八卷、《田间文集》三十卷（此集前八卷有早期作品），诸刻现皆有传本，情况较为清楚。前期作品作者也曾数次编集，其中部分作品也曾刊刻，但刻本除了一部同人集《过江诗略》外，其他皆已失传，作者晚年编成的《藏山阁存稿》只是靠传抄存世，未见有刻本。较之《田间诗文集》，《藏山阁》的编集、流传有些复杂，近代以来学人谈及此集及有关书目对它的著录都有一些模糊、误失之处，《文献》第二十一辑发表有陈祖武《钱澄之著述考略》，关于《藏山阁》亦所述不多。有必要对这些情况做一番清理、考察，这对钱澄之著作的整理、研究应当说是有意义的。

《藏山阁存稿》收诗十四卷，又以时序分《过江集》《生还集》《行朝集》《失路吟》《行脚诗》五个子集。《过江集》，二卷，起戊寅（明崇祯十一年），止癸未（崇祯十六年），作者后来在《生还集自叙》中说自戊寅之后“始能明体审声”，这是他最早的一批诗作。这些作品不少曾收入癸未年他与吴德操在南京编刻的桐城社友诗选《过江诗略》，《过江集》即得名于此。据《生还集自叙》，作者此前作品有千首之多，《过江诗略》收钱澄之诗一百三十余首，《过江集》存诗一百七十余首，大多诗皆未保存。据《田间年谱》记载，作者二十九岁与友人在家乡课文时还合刻过《桐山汇业》，此集当有诗有文；三十岁作《移家白门纪事》长诗，友人孙克咸曾助刊于南京。这两个刻本皆未见流传，《桐山汇业》收诗不详，《移家白门纪事》今存《过江集》第一卷中。《生还集》，七卷，起甲申（崇祯十七年），止戊子（南明永历二年），是明清易代之际作者参加南明政治活动、参加反清斗争、入吴、入闽、入粤期间的作品。作者入粤后曾在广州编刻过《生还集》，事见《年谱》及《生还集自叙》，但较此书少一卷、上限晚一年。《自叙》云："间道度岭，悉索敝簏，断自弘光元年乙酉，迄永历二年戊子冬止，约计四载，共得诗若干篇，为六卷，付诸剞劂。"之所以少一卷、晚一年，《自叙》说是乙酉三吴起兵前作品毁于震泽之难，《生还集》第一卷《咏史》题下注也有言及，作者当时行箧中无存稿，后来有的据回忆、有的可能据别本补上了一年、几十首，而成为七卷。当年的《生还集》刻本，亦已不存，据《年谱》，其刻版作者在粤桂任职时曾随身携带，北归前寄存一士人家，不知下落。甲申、乙酉及前一年作者和同乡吴德操多次往嘉善与钱棅读书课诗、商讨国事，曾一度"闭户南园，日课诗一首"（见《年谱》），产生了不少唱和诗，今存《过江集》第二卷《南园杂咏同仲驭（钱棅）作》十首即是。黄虞稷《千顷堂书目》著录有钱棅《南园唱和诗集》，当为三人作品合集。此集今亦未见传本。《行朝集》，三卷，起己丑（永历三年），止庚寅（永历四年），为作者在永历朝中任职期间作品。这些作品之前未见编集，但其中有七十多首诗载入作者所撰的杂史《所知录》，占全部作品三分之一多，算是此集一个别本。《失路吟》，一卷，为庚寅至辛卯北归之作，少数作品亦入《所知录》。《行脚诗》，一卷，归里后次年作，编集于芜湖，芜湖友人曾为之板刻，事见《年谱》。《藏山阁存稿》收文六卷，依书疏、书疏、书、议论、杂文、杂文分卷，成集前未见别有编刊。

从永历朝归来后，钱澄之对其早期作品很是注意保存，《藏山阁存稿》中的《生还集》第一组诗是《咏史》，题下有注云："弘光元年避党祸作。是年诗几百篇、《咏史》二十首皆烬于震泽，闲居追忆，仅得此。"此云"闲居"，即指归里后，他在追忆中录存了一些佚诗。同时他觉得这些作品与时事颇多抵触，保存时又特别缜密，轻不示人，五十岁时编归来十年诗为《田间集》，之前的十年作品不入此集，这在《田间集自序》中借友人之口道出："子游十年归，其十年诗既不肯传矣。""不肯传"即不愿公之于世、板刻行世。以致每次出游，其子都要检查他的行箧，"文有一语犯时讳者，即藏弃"（《亡儿法祖生卒纪略》，《田间文集》卷三〇）。这些早年作和"犯时讳"的作品，他是单独保存，并不断进行整理的，如《上皖抚郑大中丞书》《寓武水为家塞庵阁学复贝勒书》，文后都有编录自记，《生还集》第一卷中的《传疑诗》三首是归里几年后重过南京，从"先朝勋戚口中"得其始末补写的（见《所知录》例言）。《藏山阁存稿》的编集归里后在不断进行中，有些分集先编成，《行脚诗》即已成集，《生还集》在原有基础上加以扩充，顺治十三年丙申之前亦即作者归里后四五年也已编成。丙申年作者在南京遇钱谦益，有《冬至夜同介丘友苍陪虞山翁礼塔即事》（《田间诗集》卷三），钱谦益将此诗及《生还集》中诗三十七首、《行脚诗》三十首录入《吾炙集》，《生还集》中诗分布在前三卷，次序全同后来《藏山阁存稿》中的《生还集》前三卷，可以证明扩充的《生还集》此前已经编定。但是此时《藏山阁存稿》全书并未编成，其编成应是在晚年，即在徐乾学弟兄资助他刊刻平生著作时。证据很明显：一，《藏山阁存稿》诗文都有一些归里后作品，最晚是《与汪辰初书》《汪辰初文集序》，前篇作于七十岁、后篇作于七十三岁时。二，《藏山阁》的定名很晚，七十岁时与余佺庐商量刻诗文集，余建议分两种，“可行世者为存稿，余为藏稿”（《与余佺庐》，《田间尺牍》卷四），此“藏稿”即后来的《藏山阁存稿》。直到徐乾学助刊其著作前《藏山阁存稿》才最后编成、定名，其时在与李醒斋一札中才明确提到“《藏山稿》二十卷”（见《田间尺牍》卷一），其友人也才提到这个集子的名称（见任塾《田间诗集序》）。

《藏山阁》编成后作者也曾谋求刊刻，而终未如愿。徐乾学弟兄先是助刊《田间易学》《田间诗学》《庄屈合诂》《田间诗集》《田间文集》五种成，因经费不继和语涉避讳，《藏山阁》未能同刻。二徐和作者都曾计划续刻，但就在此时，徐家出现重大的变故，康熙二十九年两江总督疏劾徐乾学的侄子、举人徐树本（道积）收贿、敲诈、贪污、横行乡里诸劣迹，徐树本之父徐元文革职罢归，次年七月忧惧而死。这年徐乾学也被革职，迭受严谴，直至三年后去世（以上见《清史稿》及《国朝先正事略》二徐本传）。在这种情况下，《藏山阁》之刻是不可能进行了。康熙三十年秋钱澄之亲至苏州已感到续刻无望了，他在《与家枚一》的信中说：“秋来再过吴门，拟竣拙刻未竟之工，不意时局大变，亦竟不能竣也。”（见《尺牍》卷二）这年钱澄之八十岁，再过二年钱澄之也就去世了，而徐家仍在祸患之中，可以肯定《藏山阁》是无法刻出。由于钱澄之在几封书信中都谈到了《藏山阁》刊刻的事，说了一些前后矛盾和模棱两可的话，被后人误认为此集已曾刊出，如萧穆《跋田间先生藏山阁集》（《敬孚类稿》卷七）、瑻楼居士《藏山阁集跋》（见龙潭室排印本《藏山阁集》）、北平人文科学研究所《续修四库全书提要》关于《藏山阁》的提要都是这样认为的。诸人所持论据主要是见于《田间尺牍》中的两段话。一见《尺牍》卷一《与姜奉世》："道积命卒《藏山阁》之刻，今已始事矣。"这封信是作者在刻成著作五种之后由苏州回到家乡的第二年春天写的，这几句话在抄本《田间先生书札》中是这样写的："……尚有负道积承命卒《藏山阁》之刻，今已始事矣。"是说道积承其父命云云，这样的文字是正确的。他写这封信的缘由是听说徐元文罢职归里，继而卧疾，表示要前去看望，否则就对不起这位老朋友，特别是他那样关心《藏心阁》的刊刻。说"已始事"这是根据一年前情况的推测，而非实知其事，及至秋天亲去苏州方知"时局大变"，拟竣之计划不能实现了。因此这几句话不能用来证明该书已刊刻。二见《尺牍》卷三《与休宁廖明府》："以拙刻全部（按指刻成的五种）呈览。尚有一集，亦已授梓，……未免略涉避讳，不便印行，俟更续寄。"这是在前封信写过的第二年写的，也就是在徐家灾难深重的康熙三十一年写的，前已述过，这时徐家绝无可能助其刻书，说"尚有一集，亦已授梓"，不过是为了夤缘这位父母官而张大其词，这样的门面话也是不足为凭的。在这封信的前后，同时还有写给方受斯的两封信，一说刻成五种，一说刻成六种，可能是笔误。在钱澄之提到著作刊刻的所有书信中，大量的是"仅刻其五"的用语，同时的其他文献及后来所有清人书目也未曾见到有关于此书版刻的记录，所以萧穆虽推测此书"亦曾付梓"，但又说"未见人间藏有印本"，表示了疑问。

这部《存稿》钱澄之本人、家人及后人都严为藏弆，作者在世时很少有人看到这部书。看到其中部分作品的前面已提到有钱谦益，但他未见成书，以后朱彝尊可能看到，朱彝尊编《明诗综》收钱澄之作品三十首，有《藏山阁》中《秋兴》一首、《重过沈圣符村居》一首，小传也提到《藏山阁稿》。《明诗综》编成于康熙四十一年，已在钱澄之卒后。钱澄之在世和去世后有几种著名的总集收有钱澄之作品，如《明遗民诗》《清诗铎》《箧衍集》《明诗别裁》，有的收钱澄之诗很多，《明遗民诗》多达一百二十多首，但都无《藏山阁》中诗，小传也未及此集。这部《存稿》似乎其乡后学如方苞、刘大櫆等人也未看到，方苞作《田间先生墓表》提到五种著作未及《藏山阁》，刘大櫆《历朝诗约选》收桐城人诗独取钱澄之，但未见取于《藏山阁》者。道咸间乡人编《枞阳诗选》《桐旧集》皆以钱澄之为巨擘，但除自他集转录《存稿》诗一、二外，皆取自《田间诗集》。由于收藏深密，此集躲过了康乾之世严酷的文网。《田间诗文集》由于刊刻，流布较广，一再被禁毁，其书名列在《清代禁毁书目·清代禁书知见录》上，而在《纂修四库全书档案》所列禁毁书中，《田间诗集》《田间文集》凡十六见，被禁毁的《田间诗集》三十八部，《文集》三十二部，还有一种是《所知录》，《藏山阁存稿》皆未见其名，显然未被发现。此书当时若被发现，酿祸之酷决不在《南山集》下。而《藏山阁集》瑟楼居士跋谓萧幼孚（萧穆之子）所藏抄本《违碍书目》有《藏山阁集》名，刻本无。可能根据这条不确定的资料，孙殿起在《清代禁书知见录外编》中列入："藏山阁诗存十四卷、文存六卷、尺牍四卷，光绪三十四年戊申龙潭室铅字排印本。"这是不正确的，也是很荒唐的，乾隆时禁书怎会殃及一百五十年后的清代末世呢。

《藏山阁存稿》原稿本今已不存，传抄本今尚见七部：《中国古籍善本书目》著录四部，藏所为中国科学院图书馆、天津图书馆、浙江图书馆、湖南师范大学图书馆；《清代别集总目》又著录三部，为上海图书馆、南京图书馆、湖南图书馆所藏（经查湖南图书馆无书）；笔者又在钱澄之家乡访得其族裔所藏一部。这些藏本除上海图书馆藏本外，文字面貌大致相同。钱氏族裔藏本目录下署“云孙向阳葺录”，查《桐城钱氏宗谱》，钱澄之七世侄孙有名冬生字向阳者，此本当其所抄。《续修四库全书提要》著录有海盐朱氏藏旧抄本，谓“是书为其裔孙向阳葺录”，当为族裔藏本的过录本。浙江图书馆藏本书名署作《田间藏山阁》，原为嘉业堂藏本，湖南师大藏本书名署作《藏山阁存稿偶抄》，原为叶德辉藏本，有叶德辉跋。上海图书馆藏本有萧穆藏书印记，当为其所藏。据萧穆《跋田间先生藏山阁集》，此本得自钱澄之另一族裔白渠先生（钱彝）家。此本多出不少地名、名物注，间加史实、人物笺引，当为白渠先生所加。白渠先生为乾嘉间岁贡生，深熟经学，有著述。此本上朱墨圈点甚多，批语也有不少，据瑶楼居士跋，这些又是萧穆所加，对照上海图书馆藏《敬孚类稿》稿本笔迹，批语确实全出于萧穆之手。

清代惟一印行的《藏山阁》就是光绪三十四年龙潭室铅字排印本，此本包括藏山阁诗存十四卷、文存六卷、尺牍四卷，书名页题桐城萧氏抄本，卷首有歙县汪德渊、龙潭室主两序，书末附录有瑶楼居士跋，卷端署龙潭室主、瑶楼居士校刊。据诸书目著录，瑶楼居士即汪德渊。安徽图书馆藏有此排印本的底本，据跋，知此本为汪德渊从萧穆家抄得，诗文即抄萧藏《藏山阁存稿》，尺牍亦抄其家藏本，抄成后“就商于龙潭室主，校付铅印”。这部排印本底本经与上图所藏萧本对照，萧氏评语大都保留，圈点也基本照旧，原本所加的笺注有不少删除。由于此本多抄了四卷尺牍，所以改原抄本统一编卷而为分集编卷，加上诗存、文存集名，又加上《藏山阁集》总书名。文六卷的分卷也与原抄本不同，分为书疏、书、书序、议论、论传记、杂文，作品的组合亦有改变，这样的改变不如原先合理。排印本即以此付印，但又删掉了全部批语和部分注文，圈点依旧。由此看来此排印本已经改变了萧氏抄本的原貌，不能称为萧氏抄本。但值得称道的是此本做了文字校勘，校语不少，这是原先所有的抄本没有的。也出现了一些误字，尺牍中的误字更多些。前面提到的《田间先生书札》，今藏上海图书馆，为不分卷的前清抄本，书札数量、次序正与此尺牍四卷相同，这为尺牍文字的校勘提供了难得的参照，可能就是排印本所从出的本子。根据以上所述，知道了龙潭室铅字排印本《藏山阁集》的由来，它是在白渠先生家藏增注本的基础上、中经萧穆批点，最后由汪德渊抄录、改编、校勘、并合尺牍四卷而成。《藏山阁集》不同于《藏山阁存稿》，这在研读此书、著录此书时应当注意。

（原载《文献》2003年第1期）

钱澄之《田间诗集》评析

◎赵庆元　赵春燕

明末清初，最富有时代精神的诗歌便是遗民诗作。天崩地裂、动荡不安的大社会中，遗民诗人饱尝辛酸，用血泪凝成的诗篇记述了易代之际的惨痛现实。其体验深切、感情真挚，为清诗的发展开辟一方新的天地。在当时众多的遗民诗人中，“诗歌古文满天下”的钱澄之是更值得留心注意的一位。清诗选本中，他常被置于醒目的位置，陈维崧的《箧衍集》开卷第一人第一首诗便是钱澄之的七古；钱谦益的《吾炙集》选录澄之诗作最多；卓尔堪《明遗民诗》录诗百首以上的仅杜濬、屈大均、钱澄之三人。雍、乾时，刘大櫆选《历代诗约》，清初部分只录钱谦益、吴伟业、王士祯等，钱澄之也在其中。钱澄之诗歌创作的成就与其研究的现状相比显得极不和谐，参研者为数不多，学术成果寥若晨星。本文试图通过对《田间诗集》的评析，进一步推动对钱诗整体研究的深入。

一

钱澄之（1612—1693），安徽桐城人，原名秉镫，字幼光，后改名澄之。《田间诗集》是钱澄之生前亲定的编年诗集，共28卷，包括《江上集》10卷、《客隐集》18卷，共收诗2419首。这些诗作于清顺治八年至康熙二十九年，即1651至1690年之间，几乎囊括了诗人40岁以后的全部诗作，是作者后半生的心灵记录。

诗集中部分诗作表现了诗人历经坎坷后的悲痛内心，如《到家》，开篇便发出“辛苦天涯愿已违”的感慨，这不仅仅是深深的叹息，也是诗人到家的根本原因所在，同时它也向我们亮出诗人创作整部《田间诗集》的心情底色。正因为“辛苦”，更因为“辛苦”后的“愿已违”，我们能体味到诗人悲痛背后的深深不甘、微笑背后的点点酸涩、安闲背后的丝丝无奈。

“往昔寇氛逼，猝与园林辞。流离避党祸，转徙天一涯。妻孥既死丧，惟有一子随。”（《初返江村作・一》）辗转逃亡、九死一生，诗人心力交瘁地回来了——妻子死了，儿女中只剩一个儿子幸存跟回。然而悲痛并未随着诗人到家而终止，刚进门便遭遇了再次的失亲之痛：“傍屋设灵位，倚帷哭者谁？答言同胞兄，殁去已多时。”多年未有音讯，日思夜盼能回到家中和亲人团聚，历尽艰险终于到家了，亲人却溘然长逝。面对再次的沉重打击，诗人不禁“拊几一长号，塌焉裂肝脾”。

悲惨遭遇、悲伤心境远远不是诗人要表达的全部内容，隐居生活占据他半辈子的时光，田间的隐逸生活自然更多地成为其诗的表现对象，而且在他众多的诗篇中，也以其田园诗最富有特色。朱则杰先生在《清诗史》中就以“田园诗人钱澄之”为标首，他认为“在清初田园诗中，钱澄之无疑是一位具有代表性的作家”。①《田园杂诗》是其最具有代表性的田园诗作。“夙昔慕躬耕，所乐山泽居”（《田园杂诗・一》）开篇表达诗人的志趣，并说明原因，这样的生活终于“忧患驱我远”，想想曾经漂泊不定，当时心中还暗暗“常恐此志虚”，而现在终于“还结田中庐”，夙愿成真了，“一二古人书”“荧荧陂上麦”和“青青畦间蔬”是生活的必需，“日入开我卷，日出把我锄”，诗人如

① 朱则杰《清诗史》，江苏古籍出版社 1992 年版，第 125 页。

此经营自己的田园隐居生活，简单、朴素、真实、自然。

“秉耒赴田皋，叱牛出柴荆。耒耜非素习，用力多不精。老农悯我拙，解轭为我耕。教以驾驭法，使我牛肯行。置酒谢老农，愿言俟秋成。”（《田园杂诗·二》）归田伊始，生机勃勃的清晨“百草吐生意，众鸟喧新声”，诗人起个大早欲驾牛劳作，但叱牛不动着实令他尴尬，这才意识到，农耕完全是门新课。于是谦虚向老农学习农耕，多了份技艺，也多了份与老农的情谊。

归田务农，亲身参加劳动，使诗人对劳动的认识有所提高，摆脱了一般儒生“四体不勤，五谷不分”轻视稼穑的陋习，如《田园杂诗·十三》中写道：“乃知四体勤，无衣亦自暖。君看狐貉温，转使腰肢懒。”再如《田园杂诗·十四》将“事诗书”的“东家”与“勤稼穑”的“西舍”作比较，得出读书不如种田的结论，因而“从此诫子孙，决志耕不惑”。

组诗《田园杂诗》多角度、多层面地反映诗人的田间生活，以及经历颠沛流离后对待生活、对待劳动认识发生的变化，组诗之四、之十又传递出了诗人不肯臣服清朝的气节，这种气节也影响到他的下一代，从中体现出其田园诗有别于传统田园诗的重要特色，即融爱国精神与闲适的田园生活于一体。诗人将亲身的农耕生活体验写入诗篇，读来清新自然、富于生活气息，这也是明末清初部分遗民诗人的共同倾向，亦与被称之为“古今隐逸诗人之宗”的陶渊明有类似之处。

如果说爱国忧民的思想在钱澄之的田园诗中得以委婉体现，那么在他反映社会现实的诗篇中则体现得更为直接、更为淋漓尽致。这部分诗作有的是从天灾的角度来写百姓的苦难，如《苦旱行》“农夫望雨眼滴血”，诗人不禁担忧“苦旱不已定苦疫，秋饥窃恐吾乡乱”。他将发生在清朝的天灾归结为是大清存在带来的反常，“老兄生在万历朝，灾荒数遇无此难”，如此归咎因果自然是不对的，但我们更多感受到的是诗人对明朝的耿耿忠心，对清朝的极力排斥。

清廷苛政以及清军、清朝墨吏的暴行是让诗人更加愤笔成篇的视角。在《获稻词》中，农民新稻未及入仓，催租逼税者便将农民一年的辛苦所得全盘掠去；尚且不算，又强迫农民出钱买马草，结果又嫌马草不好，弃置一边，让草全部烂掉。又如《捕匠行》："今年江南大造船，官捕工匠吏取钱。吏人下乡恶颜色，不道捕匠如捕贼。事关军务谁敢藏，搜出斧凿同贼赃。十人捕去九人死，终朝锤斫立在水。自腰以下尽生蛆，皮鞭乱挥不少纾。官有良心无法救，掩鼻但嫌死尸臭。昨日小匠才新婚，远去宁顾结发恩。昼被鞭挞夜上锁，早卖新妇来救我。"诗篇记述了清军暴行滥施，百姓在残酷的压迫下过着非人的生活。此情此景，对忧国忧民的诗人来说，无疑是种折磨。愤怒到极至时，诗人干脆站出来怒喝，"君不闻，村南大姓吏催粮，夜深公然上妇床"（《催粮行》）；"君不见江头有盗捕入城，都是昨日打旗船上兵"（《打旗船行》）；"君不见卖稻老翁泣诉苦，门外催租吏如虎"（《秋水叹》）。如此赤裸的语言和情感，无怪乎清廷要大力禁毁，杜绝流传了。

《田间诗集》中的作品还表现了咏史怀古及咏物等多方面主题。组诗《金陵即事》属怀古类代表作，"秋山无树故崚嶒，几度支筇未忍登。荒路行愁逢牧马，旧交老渐变高僧。钟楼自吼南朝寺，佛塔还然半夜灯。莫向雨花台北望，寒云黯淡是钟陵。"（其一）"城郭人民迥未移，夕阳鼓角不胜悲。屋檐几度添宫瓦，石路何年践御碑。祠废已无官树禁，寺荒端为赐田追。酒楼遍唱关东调，谁听秦淮旧竹枝。"（其二）诗作以平驭曲，淡语苦情，即使是抒发故国沦亡的万千感慨，也能够做到举重若轻。再如《咏史》其二、其三："哀哉姜伯约，勇智非不全。汉主既乞降，焉用躯独捐。""其臣非不庸，其主皆至孱。岂有复仇志，惟图旦夕安。”回顾历史，斟酌得失，既是对前代君主孱弱、苟安的痛斥，也是对南明昏主的不满。其四又言：“得失固有道，成败安足论。成者宁必圣，败者讵为昏。古来功名际，多为史氏冤。”诗中表露了诗人独特的成败观，即“不以成败论英雄”：成未必荣，成中亦有虽胜犹耻；败未必耻，败中亦有虽败犹荣，成败是具有偶然性的。因此，他为失败的英雄鸣不平，蔑视和唾弃那些成功却并非英雄的人，“英雄一失路，万古褫其魂。功名属竖子，壮士复何言。”这其中也再次折射出诗人心中不承认清廷的一面。

咏物诗在诗集中的数量虽然不多，但也从方方面面表现出诗人的情怀。《水仙》中诗人爱花、怜花，水仙的“香中称淡妙，花里最清寒”使得他更多怜爱、呵护甚至怀着孩童般的信念，“常防酒气逼，不敢醉时看”。隐逸平和的背后，诗人也常黯然伤神，如《秋海棠》由其别名“断肠花”而令他泛起缕缕愁情。隐逸并非与世隔绝，在诗人的内心也根本不会隔绝，因此，在咏物的外表下体现出诗人对自身气节的坚守，寄托着心系故国的愁情，如《报国寺古松歌》“枯者落落存高节”，松之高节与诗人之气节相互照应；而《杜鹃》“山花似染三更血，国事徒伤万古魂”的诗句中则可以感受到诗人感叹亡国的遗恨和愁情。咏物诗贵在“不即不离”，诗人可谓此中方家。

乾坤难转，面对日益巩固的异族大权，诗人阻止不了历史的车轮，这份沉重外化为动力去实践而愈加减少，内化为无望惟有心灵去承担而愈加见多，“漫言湖海事，吾志已成灰。”（《园居杂诗·二》）“人生逆旅耳，万虑且宜轻。虽在尘世中，长怀出世情。衣食天所定，既足不愿赢。”（《三家兄幼安初度寓芜阴遥祝》）国已不国、家已不家、大风大浪、大生大死之后，时而流露出消极避世的思想，实乃人之常情，我们不可苛求，而如此的钱澄之才是真实的、正常的、完整的。

二

清初诗人创作大致分为两类：一类是把前代诗歌当作创作底蕴，使其成为必要素养中的一部分，从实际的诗歌创作实践时，则摒弃其束缚，崇尚自由挥发，独创一家；另一类则是师法前代不同诗家的不同风格，通过融合而脱略前人轨迹，别成一家。钱澄之属于后者。

钱澄之早年注名复社，与陈子龙等交游，其诗颇受明代七子影响，“五言诗远宗汉魏”，学“唐则惟杜陵耳”[①]；七言等“欲出于初盛之间，间有中晚者，亦断非长庆以下比”[②]，即宗唐为多。后来投身抗清，戎马倥偬，“遇境辄吟，感怀托事，遂成篇帙。既困顿风尘，不得古人诗时时涵泳，兼以情思溃裂，夙殖荒芜，得句即存，不复辨所为汉、魏、六朝、三唐矣”，“其间遭遇之坎壈，行役之崎岖，以至山川之胜概，风俗之殊态，天时人事之变移，一览可见。披斯集者，以作予年谱可也，诗史云乎哉？”[③]由此可见，钱澄之融合前代诗风又形成具有自身的特色是在明亡之后。除了客观上的促成，其主观上也是追求创新，反对模仿。纳兰性德《通志堂集·原诗》中记有：“近时龙眠钱饮光以能诗称，有人誉其诗为剑南，饮光怒；复誉之为香山，饮光愈怒；人知其意不慊，竟誉之为浣花，饮光更大怒曰：‘我自为钱饮光之诗耳，何浣花为？’此虽狂言，然不可谓不知诗之理也。”[④]钱澄之学古人而不泥，入而能出，在“好诗多被

① 严迪昌《清诗史》，浙江古籍出版社2002年版，第125页。
② 《清诗史》，第202页。
③ 《清诗史》，第202页。
④ 《清诗史》，第202页。

古人先”[①]的情形下，不甘囿于前贤脚下，能“自为钱饮光之诗耳”，这应是诗得以延续发展的基因所在。

钱澄之诗自成一家的风格，在后期创作的《田间诗集》中得以充分展现。人诗俱老，正如周篔《怀钱饮光》所评价的“昨来偶读田间集，始信真诗尚有传”。的确，从他的诗中我们可以体会到“求真尚质”的艺术精神，以及渗透着这一精神的“淡语苦情”的表达方式和“苦吟成诗”的创作态度。其艺术特色具体如下：

第一、求真尚质。“真”是诗人为诗着笔最为用力的地方，无论反映现实生活还是抒发自身感受，“真”都是诗人创作力求达到的目标和境界。周篔将钱诗定义为“真诗”，其“真诗”之“真”既是客观上表现反映出的真实境况，又是主观上诗人的心境、情感，同时也是读者由其诗之真而发出的真感慨。钱澄之一生诗宗杜甫，最称道杜诗能够真实深刻地反映时代社会面貌和自身情感，在《与方尔止论虞山说杜书》中指出：“杜诗之佳，在于格力气韵迥绝诸家，至其体物尽变，造险入神，幽奇屈曲之境，琐屑酸楚之情，一字匠心，生面逼出，千载而下，读之如当其时，如见其事，故其诗千载犹新。”[②]创作中他也努力像杜甫一样做到真实。前期诗作以论述时代社会现实为多，他以“诗史”的标准来要求自己，写诗作文都“意在庀史”，[③]颇得时人称赞。钱谦益对此感慨更为直接：“闽山桂海饱炎霜，诗史酸辛钱幼光。”[④]后期隐居，虽然反映现实之作相对减少，但“求真”依然是其努力的方向。朱彝尊《明诗综》卷七十八《静志居诗话》中说：“昔贤评陶元亮诗云：‘心存忠义，地处闲逸，情

① 朱则杰《清诗鉴赏》，浙江大学出版社 1991 年版，第 1 页。

② 钱澄之《田间文集》，黄山书社 1998 年版，第 67 页。

③ 邓之诚《清诗纪事初编》，上海古籍出版社 1965 年版，第 123 页。

④ 《清诗史》，第 121 页。

真景真，事真意真。’《田间》一集，庶几其近之。”《田园杂诗》其十便是很好的一例：“邻舍有老叟，念我终岁劳。日中挈壶榼，饷我于南皋。释耒就草坐，斟出尽酌醪。老叟自喜饮，三杯兴亦豪。纵谈三国事，大骂孙与曹。吕蒙尤切齿，恨不挥以刀。惜哉诸葛亮，六出计犹高。身殒功不就，言之气欝陶。嗟此异代愤，叟毋太牢骚。”诗中仿佛闪动着两个身影，离我们并不太远：农夫嬉笑怒骂，畅快不已，似乎真要为历史动气；一旁则是赶忙劝解的诗人。“嗟此异代愤，叟毋太牢骚”一句劝解，既是在缓解老农的激情怒气，又是以古见今，暗自慨叹异族统治、旧朝难复。由农夫转到自我，由外在转到内心，痛快淋漓的畅谈场面和隐隐无声变化的内在心境跃然纸上。再如《水夫谣》：“水夫住在长江边，年年捉送装兵船。上水下水不记数，但见船来点夫去。十家门派一夫行，生死向前无怨声。衣中何有苦搜索，身无钱使夜当缚。遭他鞭挞无完肤，行迟还用刀箭驱。掣刀在腰箭在手，人命贱同豕与狗。射死纷纷满路尸，那敢问人死者谁。爷娘养汝才得力，送汝出门倚门泣。腐肉已充乌鸢饥，家家犹望水夫归。”诗篇好似一幅图画，浓墨重彩下，汉族百姓遭受清兵非人虐待的惨状一目了然。从情至景，由事及意，无不逼真地尽现于眼前，让人身临其境，一切仿佛触手可及。

总览《田间诗集》，不难发现，无论是反映时代社会现实，还是抒发自身感受，亦或咏物、吊古伤今、反思历史，种种情事景意无不印有深深的时代烙痕。“辛苦天涯愿已违”，因为“愿违”，诗人会在刻写现实生活时勾勒得格外认真，情感异常激愤；因为“愿违”，回归田园生活，虽然闲逸，心中总有挥之不去的楚楚酸痛；因为“愿违”，所以吊古追思；还是因为“愿违”，而饮酒问道，在短暂的忘记中，沉醉于自我，喜怒哀乐皆出落得真实自然。“求真”不仅表现出诗人可贵的审美取向，根本上更是诗人的创作需要：表达现实需要“求真”，因为要对得起血泪历史；宣泄自身情感需要“求真”，因为有太多的辛酸苦痛。面对自己蔑视仇恨犹恐不够的统治阶级，有时甚至会视“文字狱”而不见，诗人的笔比同时代人更多了几分锋芒。由此，“求真”成为一面旗帜，引领着诗人创作中举手投足的每一步，如下文将要谈及的表达方式和创作态度就是具体表现。

第二、淡语苦情。韩菼评钱诗为“冲淡深粹，出于自然”[①]，这一风格的显现有赖于诗人采用了“淡语苦情”的表达方式。“淡语”即白描直写，不加雕饰，不求婉转；“苦情”，上文已做了较为充分的解释论述，这里不再重复。“淡语”和“苦情”紧密关联，“苦情”不仅是“淡语”的内容，而且是形成“淡语”的重要因素。经历“苦情”磨砺后的心境，“淡语”成为诗人后期创作最好的表达方式。隐居田园是钱澄之一生的转折点，由奔走呼号、立志救国救民于水火之中到躲藏遮掩、小心度日；由轰轰烈烈到平平淡淡，由动荡到安定，更重要的是归田后，已步入人生的后半期。历经沧桑之后，心亦沧桑，面对悲伤沉痛，难再挥拳呐喊，而是万千感慨的老泪纵横，娓娓讲述一些事，道出一段心情。如《暑中走椒岭省方氏姊示诸甥》：“十七年前椒岭路，短驴疑在梦中行。兵烽几度门无径，灵雨初通涧有声。牛屋半楹啼寡姊，蔬盘一夜费贫甥。老来万事心灰尽，益重人间骨肉情。”老路重走，心中不禁暗暗生疑，是真？是梦？想想从前战火纷飞，探亲成为无望，如今走动自由了，看到的却是亲人苦于生计，生活凄惨。此时的诗人不再志存高远，而更看重骨肉亲情。一味白描，不加雕饰，使他的诗达到了一种很好的叙事效果，即所谓的“质直真挚，如对家人语”。[②]

① 《田间文集》，第1页。

② 《清诗史》，第202页。

平和时如此表达，澎湃激荡时，亦不例外。如上文所述其表现社会现实的诗篇，风格直白浅显之势，直逼唐代大家白居易。朱彝尊在《明诗综》中评价钱诗“深得香山、剑南之神髓”是非常恰当的。钱诗尤其是表现社会现实的诗作确与白居易的讽谕诗有许多相近之处。“意激而言质”是白居易在《与元九书》中对自己讽谕诗的评价，用来形容钱澄之的这一部分诗，也不失准确。两人诗作同样“意激”，情感非常浓烈。如白诗《红线毯》“地不知寒人要暖，少夺人衣作地衣！”《杜陵叟》“剥我身上帛，夺我口中粟；虐人害物即豺狼，何必钩爪锯牙食人肉！”钱诗除上文提到过的以外，再如《丈洲行》“谁者传此勾股术，使我洲头家家哭”；同样的“言质”，都力避运用典雅的书面语，力求做到明白易懂，这一点非常明显，恕不赘述。此外，形式上都很灵活，有些诗富有民歌咏叹情调，如白诗《时世妆》“时世妆，时世妆，出自城中传四方”，钱诗如《催粮行》“催完粮，催完粮，莫遣催粮吏下乡。吏下乡，何太急？官家刑法禁不得”，《乞儿行》“乞食儿，勿求饱，如今唯有乞儿好”；二者还共同具有一篇咏一事的特点，这一点也是一目了然的。然而，钱、白间尽管存在着如此多的相同、相似之处，二者的差别也是很大的——出发点迥然不同：白居易是为了“补察时政”“唯歌生民病，愿得天子知”而作，是在呼吁，在警告；钱澄之则不然，同是抒写民生疾苦，钱诗更多的是其悲国忧民情感的一种折射，他发出的是同情之声，更是哀叹之声、不满之声！在二人的诗中都流淌着一种“恨”，由于二者所处的立场不同，“恨”的指向也不同：白居易是以承认其朝廷为前提（这自然是相对钱而言），其“兼济”之志，只有通过皇帝实施“仁政”方能实现，他内里是忠君的，为此而敢冒天下之大不韪去讽谏，但是“兼济”与统治阶级的剥削本质根本上不能相容，所以白居易无法遇到能与之成为知音的皇帝，抱负无法施展，由此生出满心的遗恨、无奈。白诗中，渗透的恨更多代表着一种遗憾。钱澄之则相反，他与清政府是对立的关系，而非一体。对统治政权惟有憎恨、厌恶，故在诗中存有一股“热骂”的味道。白居易出于明显的目的，往往将诗作为发出警策之音的传声筒，甚至不惜丧失艺术性，为诗篇加一议论的尾巴。而钱诗则更多出于情感宣泄的需要，没有那么强的功利性，所以后者较前者成诗更为顺畅、自然。

第三、苦吟成诗。归隐后的钱澄之很注意在诗篇艺术等方面进行打造，突出表现就是作诗更具苦吟精神。他要求自己作诗“虽不能如古人之十年始成一句，然每一字必数经改窜，要诸稳而后已”。[①]

苦吟即反复修改，其集中表现便是炼字炼句。对此，他的要求是很高的。宏观上，苦吟炼字要与自身的整个修养相联系，“见三唐近体诗之设辞造句，洵是良工心苦，乃知古人以诗成名，未有不由苦吟而得者也。……其工只在一字之间。此一字无他奇，恰好而已。……所谓一字者，现成在前。然非读书穷理，求此一字，终不可得。盖理不彻，则语不能入情；学不富，则词不能给意。若是乎一字恰好之难也。”[②]他认为，唐诗的遣词造句能做到恰到好处，是苦吟的结果。通过“读书穷理”提高自身修养是苦吟炼字的重要基础，“理彻”“学富”方能做到用字恰切。微观上，则具体要求锤炼后的字要“典”、要“显”、要“响”，即“情事必求其真，词义必期其确，而所争只在一字之间。此一字确矣而不典，典矣而不显，显矣而不响，皆非吾意之所许也。”[③]这样的主张是深刻而有力的，在《谈艺录》中得到了钱锺书的认可：“‘必显，必确，必响’，方得

① 《田间文集》，第 242 页。

② 《田间文集》，第 149 页。

③ 《田间文集》，第 147 页。

为一字之安而恰好，宁非造车合辙哉。澄之谈艺殊精，识力在并世同宗牧斋之上，此即尝鼎之一脔。”这里，试以《水村即事示诸从子》其四一诗，略窥其锤炼字句的功力。“近水山都小，穿湖路尽通。帆低归浦雨，伞敌到家风。门绣苍苔涩，堤号老树空。全家生活计，都在淼茫中。”诗的精彩之处莫过于“门绣苍苔涩，堤号老树空”一句，“绣”“号”“涩”“空”四个字的锤炼，使得物象的质感与外观得以同时显现。“涩”“空”则是诗人追求的“响”字，二字既生动地展现出客观情境，又恰恰是诗人心情的精准写照，同时，还带出“为何而空，为何而涩”的悬念开启下文，使得答案“全家生活计，都在淼茫中”有“千呼万唤始出来”之感，诗味因此顿提，变得绵延而深远。以小见大，感受具体，体味深细，平淡由锤炼而得，又不见斧凿之痕，足见诗人不炼而炼的深厚功力。

清初遗民诗人如林，群星灿烂，仅卓尔堪《明遗民诗》十六卷所收诗人就多达五百余家。在如此众多的诗人当中，钱澄之是成就较高的一位，可与顾炎武、吴嘉纪、屈大均比肩并称。《田间诗集》则是其诗歌创作的主要代表。这些诗篇不仅向世人多角度、多侧面地展示历史现实和诗人自我，更使人体味到他求真尚质的可贵精神。他的田园诗自成一家，卓然名世；白描手法对稍后的查慎行产生了很大的影响。姚永概在《重印钱田间先生文集序》中说其“诗尤杰出，刘海峰《历朝诗选》于吾县之诗，登先生一人。”此外，《枞阳诗选》《桐城集》《明诗综》《明诗别裁》《明诗钞》等中，都选入了他的诗。由此可见，钱澄之无愧于清初可数的重要诗人之一，他的大多诗作迄今仍有一定的认识价值和借鉴作用，是不容忽视的一笔宝贵遗产。

（原载《安庆师范学院学报（社会科学版）》2004年第5期）

田间诗人钱饮光

——陶渊明第二

◎怒　潮

我在明清之际于忧国忧民的黄梨洲、顾亭林、王船山、朱舜水诸先生外，得到一位热情勃勃，忧国忧民之心，比黄、顾诸先生有过之无不及，继乃尽情发愤而为可歌可泣的诗歌，终则归老田园的诗人；我们读了他的诗歌，无异黄、顾诸人的集子一样的，概见当时社会情形，国家大事，一生出处，个人志愿，赤条条地表现在吾人面前；尤其欣赏田间生活，赞美自然景物，风神煜煜。这样的作家，在我们中国，实难多觏，我只在晋宋之际，得了个陶渊明，今又于明清之际，始得着个钱饮光。

陶渊明给我们的印象太深，已不必说了；他的诗都能代表他一生的志愿和归田以后的生活。他在这两点上，从来就有没改变过；这是很值得我们赞美的。田间先生，也是如此。并非那些当着国家将亡的时候，便竭力的来为国家出力，眼见国家亡了，又很愤慨的退而隐居；等到生活过得太冷淡时，也许又变起节来。但是在他的诗文上，是看不出来的；或者用些粉饰的言辞，文饰得干干净净，使后来的人，找不出他的污点。固然，这样的人，不足挂我们的齿！就是号称为田园诗人，接踵陶渊明而起，被人所歌诵不已的王维，孟浩然，储光羲辈，我也是不敢苟同赞美的！他们纵或爱好自然，欣赏田园生活，发而为些田园诗歌；但当得生在太平时候的开元以后天宝以前的盛唐，是没有甚么困难而作不到的。

我以为最难能而可贵的，莫如当得国家分崩离析，社会纷扰凌乱的时会，而有一个提起担子，可以佐辅时君，建勋业以垂不朽；放下担子，可以退隐田园，没齿无怨言，发而为文辞，光明磊落的人。这样的人，才是我最为心折的。陶渊明是一个人人知道的田园诗人，还有一个从来没有人说到他，也许有从未之闻的田园诗人，可以与陶渊明相提并论的钱饮光，实有介绍的必要。

钱饮光，名秉镫，饮光是他的号。学者又称田间先生。他是于明万历四十年（1612）壬子四月二十九日，生于安徽之桐城，卒于清康熙三十二年（1693）癸酉九月初一日，活了八十一岁。至于他平生事略，有歙县汪德渊序他的集子说得很明白：

先生少有声闻，为当时江表诸布衣之一。与方密之诸人友善。明都既覆，福王由崧为马士英拥立于南京，阮大铖以阉党久锢之余，竟缘马起用，挟《南都防乱檄》之憾，修怨东林，党祸甚炽，羼先生名于党籍，名捕四出，先生乃亡命三吴，幸免。俄而南京破，福王被执，先生因佐嘉善钱棅起义兵，棅故南京吏部文选司郎中也。顾不崇朝，遇战即败死，先生又幸免。会闽中立唐王聿键，间关赴之。至则早为黄漳浦所荐。谒选，授推官，得吉安，值疆臣已前举人题补矣，乃改授延平。未几粤中立桂王由榔，先生复度岭走粤，连上二疏，请急经营江西，以恢复中原，引两汉关中河内为喻。其言咸中历物之意，关于当时存亡大计至切。顾竟不见用。会集投奔诸臣廷试，先生得庶吉士翰林院教习。居粤二年，亲见武夫悍恣，纲纪陵夷，大势已去，不可复为；重以孙可望挟封事起，内溃之势尤岌，乃引归，遂以文学著述终老，克享大年。此其平生之大略也。

原来他生长在文物灿然的桐城，而以一布衣与号称明季四公子之一的方以智相往来的，并且曾为东林复社的党人，所以值得阮大铖修《南都防乱檄》之憾，而与吴应箕、陈贞慧、侯方域诸人共指为党人。后来他的同乡萧敬孚对于他的平生出处，有一篇很翔实的纪述。

今取《田间诗集》考之，癸丑居京师，甲寅春季至天津，又至汴及洛，南归。乙卯春季，至合肥，及归德、汴梁，又至开封、邯郸，南归。丁巳至吴门，游历诸山水，回里。己未以后三年，客吴中、昆山、常熟，又时返里，复游江右。壬戌里居，癸亥复游吴，至越。甲子夏，客松江，至上海，又由无锡返里。乙丑秋由秋浦至楚北。丁卯春过洞庭，达长沙，旋返金陵，至江阴，复回金陵。又由皖桐北至兖州度岁，戊辰春，入京师，秋间回里，己巳夏，由金陵入吴，庚午冬，归里。自癸丑以后，二十余年踪迹，约略如是。

这一段却是他的大事纪。然而他到底为什么这样的栖栖皇皇咧！这又非忧国忧民者所不能了喻的了。

到后来，他知其不可为，而不愿作无谓的牺牲，反过来发而为以歌当哭，以诗歌当实录的著作。凡是读过他诗歌的人，我敢相信没有一个不受他的冲动的。究之他生平著作，不止这小小的诗歌而已，据萧敬孚跋田间先生《藏山阁集》云：

田间先生所著《诗学》《易学》《庄屈合诂》及《诗集》二十八卷，《文集》三十卷，均康熙二三十年间，昆山徐氏助资雕版苏州，先生躬自督工雠校，皆行于世。惟《藏山阁集》二十卷，据先生《与廖明府书》，亦曾付梓，然未见人间藏有印本。惟二十年前于先生族裔香圃茂才家见之，乃其大父白渠先生手抄也。前十四卷，为古今体诗，内分《过江集》二卷，《生还集》七卷，《行朝集》三卷，《失路吟》《行脚诗》各一卷。起崇祯十一年戊寅，迄顺治八年辛卯，凡一千零五十六首。卷十五至二十为书疏、议论及纪事杂文，共二十五首。是集诸诗，皆纪出处时事。

我们在这里，可以知道所谓《过江集》《生还集》《行朝集》《失路吟》《行脚诗》，大概是一种以名字代表他一生出处的意思。我们再可从各集中，找出他最重要的所在。换句话说，就是他的生活最多波折的时候。《过江集》分为三卷，从戊寅起，至甲申乙酉间止。第二部是《生还集》，共分成六卷，从丙戌起，至戊子间止。他自己又分为丙戌上，丙戌下；丁亥上，丁亥下；戊子上，戊子下，三大段落。《行朝集》，也分成三卷，从己丑起，至庚寅间止。《失路吟》分成两卷，大都是庚寅辛卯间的作品。至于萧氏所说的《行脚诗》，在他的集子里没有另外分卷数，就在《失路吟》的第二卷下，另题名为《行脚诗》。那末，《失路吟》的下卷，就是《行脚诗》了。诗共三十首，尽是今体七言律。他自己在《行脚诗》下，有几句短短的说明。“予为卓庵指往庐山，不得去，遂往来江上，为行脚僧，诗以寓志。”原来他曾经有过一次想入空门的事，后来因事不可能，就发而为所谓《行脚诗》的。但是他自己在诸集中，认为重要的作品，莫如《生还集》，他自己有篇序：

予自总角学诗，迄今二十年，其十年茫如也。戊己以后，始能明体审声，一窥风雅之旨。所拟乐府，以新事谐古调，本诸弇州新乐府，自谓过之。五言诗远宗汉魏，近间有取乎沈谢，誓不作陈隋一语，唐则惟杜陵耳。七言诗及诸近体，篇章尤富，皆欲出入初、盛之间。间有为中、晚者，亦断非长庆以下比。此生平学诗之大概也。每岁春花零乱，秋风萧瑟，即无日不诗。大约笥中过千首。家贫不能梓，梓者或游草，或咏物，皆一时兴会，率尔而成，非为工也。癸未居白门，与吴鉴在集同乡诸作，为《过江诗略》一选，予诗属鉴在点定，信手抽取，得意者殊少。党祸之日，匿复壁中。有咏怀、拟古、咏史诗百余首，颇多风人遗意，合前此诸作，日置案头，将反复改订，欲以是名千秋也。岂意震泽之难，竟烬于一炬乎！难后无赖，遇境辄吟，感怀托事，遂成篇帙。既困顿风尘，不得古人诗，时时涵泳，兼以情思溃裂，夙殖荒芜，得句即存，不复辨所为汉魏六朝三唐矣。间道度岭，悉索敝簏，断自弘光元年乙酉，迄永历二年戊子冬止，约计四载，共得诗若干篇，为六卷，付诸剞劂，目曰《生还集》，志幸也。其间遭遇之坎壈，行役之崎岖，以至山川之胜概，风俗之殊态，天时人事之变移，一览可见。披斯集者，以作予年谱可也。诗史云乎哉？

这是他自已叙述平生对于为诗的话，可惜自党祸以后，那“颇多风人遗意”已“将反复订定，欲以是名千秋”的百余篇咏怀、拟古、咏史诗，竟毁于震泽之难，其中定多匠心得意之作。今只在《过江集》里，找到剩下的五首咏史诗，钞第一首以概其余。

魏齐昔得罪，六国无容身，亡命走大梁，虞卿义相存。赫赫魏相印，弃之如埃尘。所重虞卿义，魏齐岂足论！吁嗟樊於期，困穷来见奔。荆轲利其首，函之归西秦。己志既不遂，空伤患难人。

这诗的旨意之所在，有他自己“时在畛幕，有欲献予以徼功者”的话。这五首诗，本来也焚毁了，是他事后追忆得来的遗篇。他自己也有说明：“弘光元年，避党祸作。是年诗几百篇，《咏史》二十首，皆烬于震泽间。闲居追忆，仅得此”。今总览他的集子，题名为《藏山阁集》，而又为《龙潭室丛书》之一。其中刊行之经过，也值得我们去知道。歙县汪德渊《藏山阁集》序云：

《藏山阁文存》六卷，《诗存》十四卷，《田间尺牍》四卷，桐城钱饮光先生遗著；同邑萧氏所庋之钞本也。犹忆幼时，读《方望溪文集》，即稔先生为胜朝耆旧，与杜于皇辈同以诗鸣。其后复于国初诸家集中，杂触杂受，以得先生之言行。已而于吴中获见先生《易学》，知其演倪黄余绪，为治《易》者别宗。先生暮年，尝躬至吴会，刊所著诗文全集，鬻诸市以自供。故其《致王安节书》有“拙刻付坊间，何法得推行”等语。然则此槧，当为先生刻全集时，所自芟存之别本。盖其中多据事直书，且有忌讳语，易罹文网故也。

于此我们知道他曾经因得生活的困难，到吴市去卖文稿。不过当时所卖去的，并不是全部，而又非今日所谓之《藏山阁集》，乃是《诗学》《易学》《庄屈合诂》及别种诗文。我们在龙潭室主序《藏山阁集》里获得个证据。

田间先生，胜国逸老之一也。学既宏富，又负经世之略，所著《诗学》《易学》《庄屈合诂》及《诗集》《文集》，已梓行矣。惟《藏山阁集》，以多忌讳语，未能付剞劂。其已刊之诗文集，亦列入《四库违碍书目》，版籍不存，识者憾焉！……予读兹集，所以观明代兴亡之理由，天地之气之所以赋畀于吾民，犹于是乎在。故谋之璱楼，毅然印行之，俾广其传。田间学业，已自不朽，名以久而弥彰，而又何待予之喋喋耶？是书校刊之役，阅时凡三月，于其发行也，爰为之序。……

关于他的遗集之能刊行今日，究竟以何人的能力居多？另有瑨楼居士跋《藏山阁集》一文，说得很翔实。

……一日过幼孚（萧敬孚子）案头，见《藏山阁》钞本，亟请授读。幼孚并检先生（敬孚）跋语示之，惊喜过望。田间为胜国遗老，且受知遇于行朝，黍蝇麦蕲之思，比亭林、南雷而尤为幽深挚切。故其所著书，语多忌讳，不能推行。即康熙二三十年间，徐氏助资雕板之《田间诗文集》，亦复毁去。名列《违碍书目》中，可覆按也。又按，幼孚所藏钞本，《违碍书目》有《藏山阁集》名（刻本无），则先生跋语所云亦曾付梓，或可信也。幼孚又出示《田间尺牍》钞本四卷，皆肫肫于丐资刻集，前辈疾没世而名不称，何如是之结心而刻骨耶？其《与姜奉世书》有云：“《藏山阁》乞序，能为拈笔否？但得数百字，略述本末，以弁于端足矣。书固未能行世也！”玩此语，又似此集未经梓行者。然窥此老专一不忘身后之名，而此集所咏歌、所记载，皆足以资胜国之文献，隐然自托于杜陵诗史之林，于故君故国，惓惓然有余恸焉，则又安肯藏之名山，托空言以自慰！其为刊后被毁无疑，故世间无印本也。此钞本仅先生一跋，朱墨圈点，皆先生手加。幼孚云，先生久欲校刊行世，以补正史之阙疑。余悲田间之志，而与先生保存文献有同心，遂将此集暨尺牍缮留副本，就商于龙潭室主，校付铅印，以广其传。

那末，我们今日所读的《藏山阁集》，是经过萧敬孚手钞而且朱墨圈点过，又经瑨楼居士与萧敬孚商诸龙潭室主的铅印本，更加知道古人著述流传后世之不易，苟非遇有大力量的人为之表章，是很难与世相见的。又更加知道古来还有许多有价值的不朽之作，因为遇不到有力量的人出来表章他，就不得不与荒烟蔓草同腐朽了。后世学者，开口便说古人留给我们的遗产太少，而且支离破碎，没有系统，我们今天最好拿田间先生的《藏山阁集》作个例，知道这些嘲诮古人的话都不是一些有经历的话。

然而这些究非我亟欲要说的话。我是鉴赏了他那种恬淡知退、抒写胸怀的诗歌，而后才引起我恋恋不忘，想知道他之为人的。及读到田园诸诗那种温柔敦厚、胸襟阔大，赞美自然风物，欣赏田园生活，便又联想到陶渊明，且足以继响田园诗人陶靖节先生之美，这才是我最为心折而愿为介绍的。

关于他的作风，他在自己序《生还集》上很明白地告诉我们："所拟乐府，以新事谐古词，本诸弇州新乐府，自谓过之。五言诗远宗汉魏，近间有取于沈谢，誓不作陈隋一语。唐则惟杜陵耳。七言诗及诸近体，篇章尤富，皆出入于初、盛之间，间有为中、晚者，亦断非长庆以下比。"这的确是他对于诗体和作风的评语。沈德潜选《五朝诗别裁》也说："饮光自抒情性，无意工诗，五言以陶公，亦在神理不在字句，与高忠宪归待诏，所谓同工异曲者也。"萧敬孚亦云："是集诸诗，皆纪出处时事，无意求工，而声调流美，辞采焕发，自中绳墨。虞山钱宗伯撰《吾炙集》，特多著录。"

然而我们在这里，看出他所以五言诗必喜欢"远宗汉魏，誓不作陈隋一语，唐则惟杜陵耳。七言诗及诸近体……皆出入于初、盛之间，间有为中、晚者，亦断非长庆以下比"的缘故，这正是染了明季文学变迁的潮流而然的。明之末业，在诗文上，有所谓公安体、竟陵体一派纤巧柔丽的文人，出来反抗嘉靖万历间王李诸人的古典主义。然而这纤巧之风，在钱谦益、吴伟业、王士禛诸人看来是不值得一顾的。所以他的诗风，是与钱、吴、王诸人起来反抗公安、竟陵诸体，而倾向复古运动的。但他有许多抒写胸怀之作，不惟能逃脱古典风气却已开了白话诗的路了。

他的诗都有时间性的，如《效渊明饮酒诗》，是他的怀抱愿与渊明一致的话，其诗体亦很相似。如说：

寄生大块中，何者为我故？譬如逆旅物，暂有安足据。在世虽百年，毕竟舍之去。临去岂不恋，恋亦不得住。所以达观人，澹然随所遇。委顺生死间，不厌亦不慕。日饮一杯酒，可以全此趣。

他有一首《放歌》是赠他的好友吴鉴在的。所以他在他的好朋友面前，说些最真实的话，却是他表示意志的地方。

吴生尔是州来季子裔，我为吴越钱王孙。我父少年豪负气，尔祖髫龀称弟昆。尔能下笔风雨惊，我亦有文金石声。上媲枚马下李杜，乡人笑骂两狂生。狂生挟策天下走，卖赋时人人不受。武水公子横才名，一听黄钟碎瓦缶。场前惯赌《凉州词》，座下频使周颙酒。诗成笑傲如牛吼，吴侬满前谁开口。我遭网罗君在疚，海内气数逢阳九。奸雄坏国国祚移，江南风尘戎马嘶。子已弃家长千里，我犹浮宅浙水西。公子倾家建义旗，磨盾草檄鬼神啼。博浪一椎竟何用，使我妻子并鲸鲵。鸟惊鱼骇东西逝，我独何辜困吴市？蒺藜两脚望星奔，子犹待诏金马门。厨烟萧条雪拥户，相逢一恸怪我存。以手拭泪泪不止，问我南来何所恃？赋就难遇狗监荐，粒绝莫送胡奴米。跄跄导我谒贵人，贵人高卧朝不起。出门赠我一缗钱，愧彼黔娄反袂死。吴生吴生何数奇，我不学入关上书市井儿。古来圣贤几得志，我死子殡铭我碑！铭曰“龙眠酒徒湖海士，有才无命如赵岐”。

吴鉴在是他平生的知友，所以一见面倾吐胸中；也许就是他潜意识的表现。这诗可与陶渊明的《荆轲咏》相对读。陶诗是：

燕丹善养士，志在报强嬴。招集百夫良，岁暮得荆卿。君子死知己，提剑出燕京。素骥鸣广陌，慷慨送我行。雄发指危冠，猛气冲长缨。饮饯易水上，四座列群英。渐离击悲筑，宋意唱高声。萧萧哀风逝，淡淡寒波生。商音更流涕，羽奏壮士惊。心知去不归，且有后世名。登车何时顾，飞盖入秦庭。凌厉越万里，逶迤过千城。图穷事自至，豪主正怔营。惜哉剑术疏，奇功遂不成。其人虽已没，千载有余情。

我们平时都说陶渊明是个诗人，而且是个田园诗人。我们读了这首诗以后，再来看他，实在他哪里是诗人，哪里带有半点田园的色彩？远不如说他是个五陵豪侠的妥当。他实在是个很热烈的人，若是我们把看成一个冷面厌世的一派人，便大错了。朱晦庵说："陶却是有力，但诗健而闲，隐者多是带性负气之人。"这话能抓着痒处。

这种看法，我们不唯对陶渊明一个人是如此，若是用同样的眼光去看钱饮光，也能得到同样的成绩。他有四首咏怀诗，是戊寅年的作品，其第一首，亦足以表示他志行的高洁，诗云：

驱车策黄骏，晨登昆仑巅。上有神仙宅，宫阙与天连。叩关欲有诉，青鸟道我前。手奉药一柈，炼之三千年。仙人尝未毕，天风吹我还。路逢王子晋，乘云朝上玄。鸾鹤既矫矫，鸡犬亦翩翩。抗手不相顾，逝若空中烟。念此平生交，泪下如流泉！

这诗是他表示志行高洁最有力的作品。我们看他奔走国事栖栖惶惶的时候，实在是负得起担子时候；及他退居没齿无怨言，躬耕陇亩的时候，是他放得下担子的时候。至于功名利禄早就没有把他放在眼中了。他有《悲歌》二首，可以说是他入了人世间以后，所看到社会状况的一篇写照。

高官易以得悲，盛名不可久居。垂饵渊深，志在鲤鱼。闭门能绝交，可以为大臣；父兄据要津，男儿始作人。

廉吏不官善地，贪吏不死狱中。朱鳖得气，神于应龙。伯夷囚羑里，烹醢终不免。有钱通鬼神，雷霆车轮转。

我们不是一读到杜甫的《石壕吏》《新安吏》，以及白居易的《新丰折臂翁》诸作，就想到当时社会的凋丧，民间的疾苦吗？那种兵戈为患，烽火余生，真是古今一辙哟！时到明末，民间疾苦，当然也和从前一样。但是我们，没有什么证据，究竟唤不起我们的证印。他有《沙边老人行》一首，和《永安即事》一首，却是关于这类的作品。

沙边老人行

母声求子妻求夫，雨中藉藉走且呼。沙边老人叩头诉，言是“四营兵过城东隅。四营萑苻小盗贼，窜伏溪峒逃天诛。自下黄纸招降诏，召集乡里千百俱。昔掠村野不近郭，今移全营逼通都。又闻受抚不受约，白昼带刀街头趋。街头公然掠小儿，劫夺不与盗贼殊。满郊耕牛脯作饭，官家秋来宁蠲租。时时交战被我俘，今名激叛罹罪辜。梅林截渡不放过，室庐遭毁人遭屠。谁为朝廷画此策，云欲招抚收两湖？此辈小丑何足战，徒虐乡里荣其躯。”老人不必涕交颁，绿林青犊古来用，功成不扰理所无。尔不闻诏书久悬晋贤爵，乘舆早晚跸洪都。尔诉所痛何区区？

永安即事

永安城初破，群卒暴乱久。岂惟杀伤多，十室九无妇。累累向城啼，掩面羞回首。亲戚议赎还，安敢即开口。竭蹶酬所值，但得老与丑。永安僻小城，聚积亦已厚。罗绮委沟渠，金珠或至斗。妻子属他人，此物复何有？搜渔及坟墓，噍类尽鸡狗。昔时富家儿，伏地据两肘。冻馁或可堪，凌辱殊难受。此乡好文物，亦复重师友。频年防贼冲，甘心为死守。城破玉石焚，哀哉伊谁咎。

但他在外边奔走，曾经遇过几次大险。几致于死，终究获免，得以生还。他那《生还集》，也是从这里而得名的。至其经历的险状，他有《不合行》《百折行》两词，正是纪这回事的。

不合行（镇江何应佑招莲子峒贼，攻破永安城，大掠。予往劝其戢兵，几为所杀。）

男儿不合生慨慷，皮骨欲尽项仅强。游戏虎穴此危道，何苦锋刃相激昂？万事转轴谁能料，褒衣大冠迂可笑。昨日皂隶今乘舆，公然抗礼争容貌。狺狺肝人盗跖雄，堂堂杀气怪生风。血肉淋漓罗几席，一言相失双睛红。昨日语难瞠目久，霜刃霍霍掣在手。从容理夺路人惊，鸡肋何心脱虎口。归来返顾气转索，七尺相看何太薄？男儿躯命有时轻，枉把隋珠泪抵鹊。

百折行（丁亥冬，寓沙县，遂土贼刘逖之难，既绝复苏。）

百折此生休问天，城隅狼藉剧可怜。永安虎口甫能脱，沙县刀头又见全。满城弱肉互吞并，我独何心惜民命！白刃岂念颈项强，生还始羡头皮硬。当街蹴踏刀杖加，父老走泣群将哗。城门将近鼓声急，国王拊膺救不得。已拟风起鬼伯催，那识沙昏天昼黑！群凶豕散吏民呼，谁者负我走通衢。筋骸支离无完骨，今兹曳杖神明扶。倚杖回思心寸绝，死灰誓向他生热。城南城北遍冤声，耳中悽怆眼滴血。

他这回的险，想是很危，所受的伤，亦是很重。当他病于城隅时，有“裹疮寻老衲，送药谢居民。……梦回双眼在，天许作残人”之句。他说的老衲是他夜里到了兴国寺，得到里面的老和尚救他的话。故有“深竹禅扉通夜叩，野人送药裹刀疮”之句。

到了这个时候，他有不肯再作无谓之牺牲的意思；所以当丁亥返里的时候，便露归隐之意。《横坑村居即事》诗云：

朝出耕南山，还家日已暮。努力趁春晴，敢惜沾衣露。新妇行馌田，才是今年娶。倾筐荷锄归，采桑向歧路。颜色虽不如，操作良可慕。照绩然松根，充粮有山芋。箕箸次第成，衣食从此裕。

穷巷少大宅，草舍经焚如。寓目多垝垣，散屧游废墟。有屋新缔构，愧谢非昔居。农器壁间陈，谷种床头储。稚子六七龄，已知挥锹锄。妇人亦耕作，所种麻与蔬。日暮儿女饥，啼泣牵母裾。还家哺儿女，炊烟起草庐。

翠竹何翛翛，平林亦楚楚。山翁累世居，不解城中语。莫笑田家粗，田家有好女。朝起事刀尺，夜半弄机杼。里胥时经过，攘袖办鸡黍。不闻厨中声，只闻砧上杵。生得爷娘怜，南村聘未许。朱门多贵戚，娶妇宁如汝！

向夕樵采还，随时闭柴门。开埘栖新雏，洗足抱乳孙。剥啄为谁欤，犬声喧满村。出门见女夫，手携鸡与豚。阿翁堂上坐，阿妪厨前奔。厨前酒初熟，满斟贮瓦盆。所话尽农务，亦有忠义言。昔虑租税输，今忧身家存。身家宁足惜，叹息先朝恩。

村雨杏花白，水长菖蒲新。布谷鸣屋上，耕作在兹辰。农家少人力，假借及四邻。里长朝夕来，酒食随时陈。要农事官作，急官不急民。且即辍耒去，毋生县吏嗔。田荒终岁饥，吏嗔冤莫伸。幸有老翁暇，安得辞苦辛。语竟一家啼，乞赎老翁身。老翁年七十，未见作吏人。

这还不是他自己的田园生活，而是他鉴赏人家的田园诗歌。所以这些诗，终究不是他集子中最高的作品。他最清高而美满的作品，是他快要归田园时身历其境，把一切尘想忘去以后的，那才是他最高的作品。他有《将归操》一篇，可作他将归原田园的前致辞。他的生活，也在此以后转换了方个向。

将归操

维漓江之水兮，清且涟漪。欲涉不涉兮，中心然疑。家既以毁兮，于谁爰止，久留南土兮，抑又何依？天地浩荡兮，莫知所之。归兮归兮，丘垄在目兮，吾不可以久羁！

维漓江之水兮，道阻且长。我乘其舟兮，东望茫茫。兄弟虽众兮，不审其在。一雏仅存兮。不离我傍。遥指震泽兮，泣涕浪浪。（予妻殉难于此。）归兮归兮，宗祀勿坠兮，安能终老于他方！

他这诗与陶渊明《归园田居》的第一首，是一样的返到遂初的意志和悔之已晚的意思。陶渊明的诗是：

少无适俗韵，性本爱丘山。误落尘网中，一去三十年。羁鸟恋旧林，池鱼思故渊。开荒南野际，守拙归园田。方宅十余亩，草屋八九间。榆柳荫后檐，桃李罗堂前。暧暧远人村，依依墟里烟。狗吠深巷中，鸡鸣桑树颠。户庭无尘杂，虚室有余闲。久在樊笼里，复得返自然。

自他归隐田园以后，便产生一种抒写胸怀、欣赏自然的作品。那时候不唯他的生活，可与陶渊明相比，就是这时候的诗，也可以与陶渊明相提并论，而无愧色。我们不妨把人人读过的陶渊明《归园田居》和他的《田园杂诗》写在下面，看他们两位田园诗人的诗有上下床之别否？

归园田居

野外罕人事，穷巷寡轮鞅。白日掩荆扉，虚室绝尘想。时复墟曲中，披草共来往。相见无杂言，但道桑麻长。桑麻日已长，我土日已广。常恐霜霰至，零落同草莽。

种豆南山下，草盛豆苗稀。晨兴理荒秽，带月荷锄归。道狭草木长，夕露沾我衣。衣沾不足惜，但使愿无违。

久去山泽游，浪莽林野娱。试携子侄辈，披榛步荒墟。徘徊丘垄间，依依昔人居。井灶有遗处，桑竹残朽株。借问采薪者，此人皆焉如？薪者向我言，死后无复余。一世异朝市，此语真不虚。人生似幻化，终当归空无。

怅恨独策还，崎岖历榛曲。山涧清且浅，可以濯吾足。漉我新熟酒，只鸡招近局。日入室中暗，荆薪代明烛。欢来苦夕短，已复至天旭。

田园杂诗

夙昔慕躬耕，所乐山泽居。忧患驱我远，常恐此志虚。十年一言归，旧宅已焚如。嗟我昆与弟，茅茨倚废墟。徘徊靡所栖，还结田中庐。结庐虽不广，床席容有余。床上何所有，一二古人书。芃芃陂上麦，青青畦间蔬。日入开我卷，日出把我锄。

仲春遘时雨，既雨旋亦晴。百草吐生意，众鸟喧新声。纷纷群动出，各各有其营。孰是形骸具，而怀安居情。老农悯我拙，解轭为我耕。教以驾驭法，使我牛肯行。置酒谢老农，愿言俟秋成。

一春勤稼穑，草木荒东园。今晨始芟刈，逝将除其根。良苗常恐短，恶草常苦繁。腰斧伐荆棘，用以卫篱藩。荆棘伤我手，淋漓手中痕。手伤不足道，篱弱何以存！家人挈酒至，满斟在瓦盆。劝我饮一醉，颓然卧前轩。前轩无人来，春风开我门。

鸡鸣识夜旦，乌鸣识天时。东皋人语语，我起毋乃迟。揽衣出门早，且复驱其儿。黄犊初教成，我锄子则犁。犁锄岂不苦？衣食道在兹。道旁一老父，颦蹙前致辞：言儿筋力薄，稼穑非所宜。诗书世所轻，犹是祖父遗。如何舍素业，自甘辛苦为？多谢老父言，此意君未知。呼儿且饭牛，吾去烧东菑。

春天不久晴，衣垢及时浣。身上何所著，敝襦及骭短。家人念我寒，一杯为斟满。酒满不可多，农事不可缓。奋身田野间，襟带忽以散。乃知四体勤，无衣亦自暖。君看狐貉温，转使腰肢懒。

人生会有尽，行止非自由。止亦不可趣，行亦不可留。如何柴桑叟，汲汲为此忧？终年痛饮酒，冀以忘其愁。吾身听物化，化及事则休。当其未化时，焉能弃所谋。有子亦须教，有田亦望收。天心与人事，何息不周流！我不离世间，而愿与天游。焉能外亲戚，视之同聚沤！乃知黄老书，不如孔与周。

他这《田园杂诗》，是我最喜欢读以致百读不厌的，也就是我要介绍的所在。不知读者诸君，以为何如？我想至少也能获得个同情之感。实在这种有目共赏的作品，是无时间性的。无论在任何时代之下，他自有万丈光芒的魔力，不能为时间性所屈伏的，这是因为他既无古典的使用，又不是饰词的闲谈和矫揉造作无病呻吟的做作。他只一味抒写胸怀所要说的话，写出来以后，形式方面却是极实写的写法，内容方面又是真正人生态度的表现。这却是情和墨融合的东西。所以这样的东西，是值得我们去介绍去鉴赏的。

（原载《世界月刊》1929年第6期）

钱澄之的诗和诗论

◎赵永纪

一

清初的抗清志士中，不少人都是当时比较著名的诗人。他们在当时影响很大，作品也流传甚广。但由于清廷统治者的禁毁，后来就很少有人提到，甚至湮灭无闻。钱澄之就是其中的一个。

钱澄之（1612—1693），字饮光，初名秉镫，字幼光。安徽桐城人。澄之七岁时即从舅父读书，十六岁应乡试，中第四名。后随父往游南京，应举不中，与陈子龙、夏允彝、钱棅诸名士结交。崇祯即位之初，整顿朝纲，定逆案，逐阉党。几社、复社兴起，继武东林。钱澄之与同邑方文、方以智等人，同主桐城坛坫，与阉党余孽进行斗争。方苞《田间先生墓表》记载："有御史某，逆阉余党也，巡按至皖，盛威仪谒孔子庙。观者如堵，诸生方出迎。先生忽扳车前往而揽其帏，众莫知所为，御史大骇，命停车，而溲溺已溅其衣矣。先生徐正衣冠，植立昌言以诋之。驺从数十百人相视莫敢动。"大灭了逆阉余党的威风。澄之嫉恶如仇，"由是名闻四方"。澄之与阮大铖有世谊，但阮谄附阉党认魏忠贤为义父，澄之因此对他极为鄙视。南明弘光朝建立后，阮窃据要职，大兴报复，澄之也在搜捕之列。他变姓名，逃往嘉兴，隐藏在钱棅家中。

不久，清兵攻下南京，重申薙发令，为了反抗清廷的民族压迫，人民纷纷起兵，“薙发令朝下，相顾为发悲。三吴同时沸，纷纷起义师”。（《三吴兵起事答友人问》）乙酉八月，“嘉兴民揭竿起者数千人”。（《小腆纪传》卷四十七）钱棅毁家充饷，澄之也参与组织领导。兵败之后，钱棅投水自杀，澄之妻方氏也携幼子，抱弱女，沉江而死。澄之对抗清义师的失败，对亲友的壮烈牺牲，非常悲痛，有一首名为《悲愤诗》的长篇五古，记述此事的始末。“南渡失国柄，二竖覆皇都。”痛斥马士英、阮大铖奸党，祸乱朝政。“撤兵防上游，坐视扬州屠。”清军攻打扬州，南明弘光朝不仅不去救援，还把长江沿岸防备清军的部队也撤回，以抗挡内讧的左良玉的部队。结果清兵很快打过长江，攻下南京。“可怜佳丽地，士女成涂炭”，清兵在南京大肆杀掠。“我友报韩切，义旗倡三吴。”钱棅等人倡义师，起兵反抗。“兵力虽不敌，志已无完躯。”虽因敌众我寡，义兵失败，钱棅也以身殉国。“抚尸哭一声，痛绝还复苏。”诗人悲恸万分，但是，“事败志勿渝”，他决不向清廷低头，仍然继续奔走，坚持抗清斗争。

这时南明隆武朝在福州建立，澄之闻讯后，立即奔赴。“崎岖两月，始抵闽关。”（《拟上行在疏》）在其师黄道周的推荐下，澄之被任命为延平司理。但其后不久，隆武朝在汀州被清兵灭亡。澄之因公外出，幸免于难。他隐匿于乡下，并再招义兵以抗清，结果未成。这时，南明永历朝又在广东建立，澄之再由闽入粤，“间道宵奔”“备历厄苦”（《初至端州行在第一疏》）于永历二年十月，到达肇庆。永历三年，澄之参加了永历朝的考试，被授为庶吉士，后又迁编修，知制诰。当时，“凡大诏令悉秉镫视草。”（《小腆纪传》卷五十五）澄之也思有所作为，屡上书言事。这期间，澄之有许多诗记述了永历朝政事。如《放诏歌》描写了永历三年，永历帝颁布亲征诏书，大大鼓舞了民心士气的情景：“亲征诏草已一年，亲征诏书今始宣。诏下百官同拜舞，即时雷动边廷传。诸将接诏勇十倍，南军奋臂威争先。”澄之本人的欢欣鼓舞之情，也活跃于字里行间。但是永历朝内部党派斗争十分激烈。澄之为救金堡事，被大学士王化澄忌恨。澄之见事不可为，又有病，遂乞假，于永历四年秋离开梧州去桂林，与留守桂林的瞿式耜过从唱和。后又辗转回归故里，于永历五年冬十二月，回到家乡。此间，澄之改今名以逃避清廷的搜捕，并曾祝发为僧，号西顽。

此后四十年，钱澄之多半时间隐居家里，躬耕读书。他曾筑庐于田野中以居住，因以“田间”为号。他还多年亲身参加田间劳动，有许多诗篇都描述了劳动的生活，著名的如《田园杂诗》。这组诗比较全面地描写了澄之“日入开我卷，日出把我锄”的隐居生活。在劳动中，澄之得到了农民的多方面的帮助，与农民结下了较深的情谊。如：

秉耒赴田皋，叱牛出柴荆。耒耜非素习，用力多不精。老农悯我拙，解轭为我耕。教以驾驭法，使我牛肯行。置酒谢老农，愿言俟秋成。

老农不仅教他种田的技术，还常与他一起喝酒畅谈：

临舍有老叟，念我终岁劳。日中挈壶榼，饷我于南皋。释耒就草坐，斟出尽酒醪。老叟自喜饮，三杯兴亦豪。纵谈三国事，大骂孙与曹。

有的农民还提醒他不要忘了读书，以致荒废学业：

道旁一老父，颦蹙前致辞，言儿筋力薄，稼穑非所宜。诗书虽不尊，犹是祖父遗。如何舍夙业，自甘辛苦为。多谢父老言。此意君未知。

澄之参加农业劳动，“自甘辛苦为”，不仅是为了养家糊口，更重要的是为了砥砺气节，并逃避清廷的注意。清初许多遗民，如广东番禺的屈大均、江苏徐州的万寿祺、河北永平的申涵光，都曾亲身参加田间劳动，并有诗记述自己的情怀，经过较长时期的亲身劳动，澄之的思想感情也起了一定的变化：

奋身田野间，襟带忽以散，乃知四体勤，无衣亦自暖。君看狐貉温，转使腰肢懒。

认识到劳动对人生的重要，开始摆脱一般儒生“四体不勤，五谷不分”，轻视稼穑的陋习。在其他诗文中，澄之也多次表达了这种认识。《夏日田家作》中说：“民生食为本，要在四体勤。盛夏岂不暑，良苗独欣欣，我苗既以长，我草亦以耘。南村稻何早，今晨已食新。”自己亲身劳动的收获，吃起来感到“新米饭极香”。在《西田庄记》中，澄之教导自己的后辈说：“吾所望于子孙者，读书课耕而已。”又说：“且劳固可习筋力，习之既久，虽弱者亦强。”当然，澄之他们毕竟和一般的农民不同，以学问诗文闻名于世，即使隐居躬耕，也不断有人前来拜访请教。《田园杂诗》中也描写了这种情况。

驾牛东皋上，有客问我经。我牛依田转，客亦随我行，请问大《易》旨，此理不宜听。乾卦冠潜龙，遁世去其名……顾客且安坐，我牛不肯行。

一边驱牛耕田，一边侃侃谈《易》，真是别有一番情趣。钱澄之对经学很有研究，对《易》与《诗》功力尤深，晚年曾著

《田间易学》《田间诗学》二书各十二卷，他对此二书颇为自负，曾说："平生怀抱，毫发未申，惟少有著述，妄谓足传。四十年心血，尽于《诗》《易》两书，颇发先儒所未发。"（《与余佺庐》）二书后被《四库全书》收入经部。两书成后，他又著《庄屈合诂》一书，合《庄子》《楚辞》二书为之训释。他在自序中说这是："以《庄》继《易》，以《屈》继《诗》，足以转相发明。"《四库全书总目提要》指出："盖澄之丁明末造，发愤著书，以《离骚》寓其幽忧，而以《庄子》寓其解脱，不欲明言，讬于翼经耳。"可谓深得澄之用心。

钱澄之在当时更以诗文著称。韩菼说他"诗歌古文满天下。"（《田间先生八十寿序》）他有《藏山阁文存》六卷，《藏山阁诗存》十四卷，《田间文集》三十卷，《田间诗集》二十八卷，还有《田间尺牍》《所知录》等，数量众多，为时人称誉。当时诸选本，如钱谦益《吾炙集》选澄之诗独多。陈维崧《箧衍集》开卷第一人第一首即是澄之七古，卓尔堪《明遗民诗》录诗百首以上者仅杜濬、屈大均、钱澄之三人。后来雍、乾时，刘大櫆选《历代诗约》，于清初只录钱谦益、吴伟业、王士禛数家，而澄之也被选入。由于澄之诗中多记清初史实，特别是南明隆武、永历两朝的时政，对清廷多有揭露、攻击，因而在编集时，许多已不敢收入。即使如此，已刊行之《田间诗集》等书，在乾隆时仍被列入禁毁书目中，因此其流传大受限制。诗话行也很少有人提及。道光年间陆鎣《问花楼诗话》中有一条说："'谁怜灵武麻鞋叟，老向空山拜杜鹃。'潘次耕赠桐城钱饮光句也。饮光著有《田间易学》《诗学》，盖诗人邃于经者。其书东海公（徐乾学）为刊传之，版久逸也。"是因潘耒诗而提到澄之，又仅仅提到澄之的经学，可见其诗文久已无闻于世了。到了光绪末年，才有人从传抄本的《藏山阁集》谋付印，于宣统年间刊行。因此，许多文学史著作根本不提钱澄之一字。近年来专论钱澄之诗文的文章有了几篇，但有的论定澄之为清初“次要的作家”，有的会把《藏山阁集》误以为就是《田间集》。这种状况显然与钱澄之在清初诗坛上应有的地位，是很不相称的。

二

钱澄之诗歌一个最显著的特点，是直接反映社会现实的作品众多，特别是他《藏山阁集》中的作品，大半都与明末清初的社会政治、民生疾苦有关，绝少无聊的应酬之作，流连景物的内容也不多。这一点在清初诗坛上也是很突出的。

澄之作于明末的诗中，很多揭露了当时的社会黑暗，明廷对于百姓的横征暴敛，以及在官吏与灾荒逼迫之下人民的痛苦生活。如《悯荒和韵》中的一首说：

种豆南山又苦蝗，哀哀寡妇哭三荒。劝耕已缺明年种，加派还征隔岁粮。市井揭竿争闭籴，官司传檄急通商。朝廷近日尊心计，谁听悲歌云汉章。

崇祯末年，自然灾害不断，人民生活已非常贫困，但朝廷只是在口头劝耕，实际上仍在催科不已，加派不断。大臣们只知道勾心斗角，争权夺利，根本不问人民的死活。生活在社会下层，亲眼看见民生疮痍、社会混乱的钱澄之，对国家的前途十分焦虑，他在《感时》诗中说：“也知国计正艰难，其奈闾阎已尽残。”明朝内忧外患，急需大量军饷，但广大百姓也已经被赋税、加派搞得焦头烂额。即使像钱澄之这样的中小地主，也是“晚收担石尽输官”，因而“青黄不接哪得餐”。（《伯仲叹》）到了难免忍饥挨饿的地步，一般百姓的境况就可想而知了。《杂感》第八首写道：

水旱频仍父老嗟，飞蝗又见际天遮。耕农去尽田难认，赋税逋多派枉加。窃恐流亡还伏莽，即令盗贼正如麻。朝廷弭乱须蠲免，终是饥寒且恋家。

水、旱、蝗灾频频袭来，明廷的赋税不仅不减免，反而越派越多，正供之外，又有“练饷”“剿饷”“辽饷”等等名目，百姓被逼得活不下去，只得抛弃家园，流亡他乡，许多人投奔了农民军，使得“盗寇”越剿越多。澄之认为，要使社会安定下来，根本的一条，是要蠲免赋税，使百姓能够生活下去。这当然只是他的一种愿望，朝廷是不会采纳的。《大水叹》中说：“白头老翁休叹息，秋来官粮逋不得，回家早计卖妻儿，如今九年之水尧不知。”最高统治者根本不了解百姓的情况。即使知道了也没有什么用：“诏书屡问灾伤苦，课税宁教赋役宽？”（《感时》）皇帝知道了灾情，也只是一纸空诏书，不解决实际问题。而且，“年年搜括助军兴，御寇防边总未能。”（《和百史闻警韵即送其北上》）明廷拼命搜刮，结果“寇”也灭不了，“虏”也挡不住，只是加速了自己的灭亡。

澄之明末的诗篇中，还有不少是揭露当时官吏将兵的残暴横行，鱼肉百姓，草菅人命的情形，如《官兵行》说：

河边大舰者何为？河下风吹舰上旗。云是新守江北，行船过客索酒赀，榜人船头快招手，泊船送钱毋多口，勿令指作渡江贼，缚去请功枭汝首。

官兵到处敲诈勒索，稍不如意，即指为“贼”，加以杀害。这还是小焉者。《大梁行》记述官兵决河放水灌城以杀

"贼"，结果"水来杀人百万多，隔岸官军奏凯歌。"《九江行》描述了官兵抢掳妇女，又强迫她们集体赴水而死，结果"水中白骨蔽江来，都门昼闭不敢开。"明末兵荒马乱之际，百姓遭受的种种苦难，澄之诗中都有描述。

甲申以后，清廷入主中原。清兵在征服全国的过程中，到处烧杀掳掠，给人民带来更为深重的灾难。对于那些敢于抵抗的城市，清兵更是实行灭绝人性的大屠杀。钱澄之这时期的作品中，对清廷的暴行多有记载。作于顺治四年的《虔州行》，描写了顺治三年十月清兵攻破虔州之后，进行大肆杀戮的情景说：

五更未醒虔州破，闭城刈人人莫逃，马前血溅成波涛，朱颜宛转填眢井，白骨撑拄无空壕。

全城百姓惨遭屠杀，只有少数人幸免。清兵的杀掠破坏，使虔州这座"关税兼通闽与粤""闾阎扑地楼插天"的繁华都市，变成了"烟冥冥，雨啾啾，黄昏鬼火遍城头，行人白昼不敢过"的阴森可怕的废墟。遭到清兵惨重破坏的又何止一个虔州！澄之《过将乐县》写道：

飘风激沙砾，曜灵惨不舒。我行升虚邑，空国无人民。颓垣穴狐兔，赤瓦夷沟渠，徘徊不能过，问此谁为欤?

人烟稀少，野兽横行，白骨遍地，凄凉萧条，正是当时被清兵蹂躏过的城市残破景象的真实写照。其他如《哀邵武》《过漠埠》《悲顺昌》《夜过贡川》《永安即事》《力疾入大田纪事》等等。都记述清初动乱中人民惨遭杀戮，城市被严重破坏的情景。城市如此，乡村也不能幸免。澄之《间道奔江右发横坑即事》写道：

鸟雀满废村，屋倒门犹闭。人去碓空喧，烟稀食屡缺。呻吟见寡妇，疮痍正流血。

乡村也是残破不堪，人民到处都在流血，在呻吟。这些都是澄之奔波于抗清斗争途中亲眼所见、亲耳所闻的事实，具有不容置疑的可靠性。像这样对清廷暴行的真实记录和严厉谴责，自然不能为清廷统治者所容忍，而要严厉禁毁，不许其流传了。

清廷在征服过程中残酷地烧杀，在他们的统治稳定下来之后，对人民的剥削压迫也非常严苛，澄之诗中此也多有揭露。《获稻词》写道：

女蹋碓，儿扫仓，我家今日稻登场。获稻上场打稻毕，拂还租稻叉手立，往时入仓才输官，今年只在场上看。晚禾干死田无稿，又下官符催马草。买草纳官官不收，千堆万堆城南头。风吹雨打烂欲尽，饿杀栏中子母牛。

清廷不等农民将新稻入仓即来催逼租税，把农民一年辛勤劳动所得全部掠去，尚且不足，又强迫农民拿钱买马草，结果又嫌不好而不肯收，让它们全部烂掉。清军多马，因而催征马草也是人民的一项沉重负担。清初著名诗人如吴伟业、朱彝尊等人诗集中都有以《马草行》为题的作品，揭露清廷的这项苛政。清廷的苛政还有许多。为了镇压南明政权海上抗清的部队，到处搜掠民船，抓派船夫，还驱赶工匠赶制军船。澄之《捕匠行》写道：

今年江南大造船，官捕工匠吏取钱。吏人下乡恶颜色，不道捕匠如捕贼。事关军务谁敢藏？搜出斧凿同贼赃。十人捕去九人死，终朝锤斫立在水。自腰以下尽生蛆，皮革乱挥不少纾。官有良心无法救，掩鼻但嫌死尸臭。昨日小匠方新婚，远出宁顾结法恩，昼被鞭挞夜上锁，“早卖新妇来救我！”

描写了被官吏抓去为清廷造船的工匠的悲惨遭遇。《水夫谣》记述清兵对船夫的驱使说：“遭他鞭挞无完肤，行迟还用刀箭驱。掣刀在腰箭在手，人命贱同豕与狗。射死纷纷满路尸，那敢问人死者谁？”这些都记述了清初残酷的阶级压迫事实，清兵根本不把百姓当人看待，任意鞭打，随意杀害。澄之《县门行》写道：

县门朝开官不出，昨夜大盗进官屋。健儿被伤公子死，衙外知更衙里哭。枞阳临水万余家，公然船过弹琵琶。县上差兵亲认得，鸣锣捉贼通街哗。家家揭竿阑江口，船到江口谁能守？弓箭在手刀在腰，一夫上岸千夫走。差兵昼夜尾船行，获之乃是旗下兵。可怜冤煞城中人，严刑至死无一声。旗下兵来不敢锁，当堂揖官对官坐。官免杀伤已有恩，明日同官赴辕门。移文调取军前用，临去传言谢官送。

诗中描写了一个清士兵闯入县官家里杀人劫物之后，肆无忌惮的情景，县官对他也是无可奈何，只能屈杀一般老百姓。县官欺压百姓，自己又被士兵凌辱。这反映了清初复杂的阶级矛盾的一个侧面。

钱澄之反映社会现实的另一个重要方面，是他作品中很多直接记述当时的时政大事，特别是他归隐之前的作品。在弘光朝时，他对当时震动南明朝野的三大疑案，作有《假亲王》《假后》《假太子》三诗，并有《南渡三疑案》一文，详细记述了三案始末。这些案件的真实内幕，当时人已很难搞清。澄之根据自己的见闻，有所根据的据实记载，传闻之词录以存疑，以俟后人论定。澄之还有《髯绝篇听司空耿伯良叙述诗以纪之》一诗，记述了阮大铖没降后，谄媚清廷官吏，在协助清军攻打抗清力量的途中，卖力过甚而致死的丑态。他是根据起先降清、同阮在一起，后又反正、回到南明的耿伯良所述而录，耿“始末亲所见”，他“记以待史评”，当是可靠的，并且当时沈昆铜的祭文、《台湾外记》等书，也有相类记载，可证澄之所记不诬。澄之亲身参与隆武、永历两个南明政权的朝政，对其中情况的了解，自非外人可比。他有很多诗，如《端州杂诗》《广州杂诗》《梧州杂诗》《桂林杂诗》《临轩曲》等，都是几首、几十首的组诗，并且许多诗中还有小注，记述了南明朝政大事、党派纷争、抗清活动等方面的史实，许多可证史书之误，可补史书之缺，是研究南明政权的宝贵资料。澄之每到一处，都注意观察、记录当地的风俗民情，如《南海竹枝词》《闽江竹枝词》等组诗都是，其他如《南海有女择配求完发者得宣城汤生归焉嘉其志为赋是诗》等作品，都可考见当时的民心之一斑。这些直接反映了社会现实，特别是当时社会的民族矛盾、阶级矛盾这些主要方面的作品，是澄之诗中最可宝贵的部分。当然，就题材而论，澄之诗歌反映的生活面还是很广阔的，描写山水风景，描写朋友交情等等方面，都有不少佳构，兹不详论。

三

钱澄之自觉地运用诗歌来记录、反映当时的社会现实，“以诗庀史”，这与他的诗歌理论有直接关系。

澄之于诗最推崇杜甫，于杜诗最称道其真实、深刻地反映社会面貌这一方面。其《与方尔止论虞山说杜书》中说：方文对钱谦益注杜诗大为不满，澄之认为谦益注杜不能一概否定，但他没有抓住杜诗的精髓。谦益“谓杜诗字字皆有根据”，澄之认为这点不足称道，因为“今人诗用惯陈语，苛逐字求之，岂有无所根据者耶？”前人所赞不绝口的杜诗“每饭不忘君国”，澄之则认为“此亦臣子大义，骚人之本旨，非绝无而仅有者也。”那么澄之最推崇杜诗的是什么呢？他说：

杜诗之佳，在于格力气韵，迥绝诸家，至其体物尽变，造险入神，幽奇屈曲之境，瑣屑酸楚之情，一字匠心，生面逼出，千载而下，读之如当其时，如见其境，故其诗千载犹新。区区典故之详核，音调之悲壮，岂足为公称？即声病又岂足为公讳哉？

认为真实而又富于艺术性地表现了自己的思想感情、反映出时代的面貌，才是杜诗最值得称道的地方。《张穆之杂论跋》中又说“读杜诗者，千秋而下，当世之人情物状，恍然如见。惟其察之至微，故言之逼真。真，故古今不能易也。”这些是就后世读者看杜诗而言，澄之对杜甫当时希望能以自己的诗作有助于国计民生的良苦用心，也十分赞赏，《叶井叔诗序》中说：

至杜子美出，而复见《三百篇》之遗，其诗慷慨悲壮，指陈当世之得失，眷怀宗国之安危，一篇之中，三致意焉。

澄之学杜，也是努力这样做的，他诗中也不乏“指陈当世之得失，眷怀宗国之安危”的作品，虽然由于他人微言轻，不能起到多大效果，但他是始终以杜甫“诗史”作为自己榜样的。他在《生还集》自序中说：

其间遭遇之坎壈，行役之崎岖，以至山川之胜概，风俗之殊态，天时人事之变移，一览可见。按斯集者，以作予年谱可也，诗史云乎哉？

澄之的诗篇，尤其是《藏山阁集》中的作品，可以说是清初的一部“诗史”。当时人对此也多有赞赏。潘耒《钱饮光八十寿序》中说：“先生少负隽才，遭时坎坷，浩然独行其志。间关转徙，备尝人世之艰难。中有感慨，一一发之于诗，其质直真挚，如家人对语，未尝稍加缘饰，而情事切至，使人欲喜欲悲，不能自已。”在真实地表现自己的思想感情，比较全面深刻地反映当时的社会生活这些方面，澄之在清初诗坛上是非常突出的。

钱澄之推崇杜甫，起初是受到明七子派的影响的。他在《生还集》自序中说：

予自总角学诗，迄今二十年。其十年茫如也，戊己以后，始能明体审声，一窥风雅之旨。所拟乐府，以新词谐古调，本诸弇州新乐府，自谓过之。五言诗远宗汉、魏，近间取乎沈、谢，誓不作陈、隋一语，唐则惟杜陵耳。七言诗及诸近体，篇章尤富，皆出入于初、盛之间，间有为中、晚者，亦断非长庆以下比。此生平学诗之大概也。

此序作于顺治六年，澄之近四十岁之时，所述学诗主张，完全是七子派古诗必汉魏、近体必盛唐的论调。他自称学诗十年后才“一窥风雅之旨”，接受了七子的主张。他拟乐府，也是以王世贞《乐府变》为楷模。今集中仍存多篇，形式上不脱七子拟古窠臼，内容上对社会黑暗有所揭露，也同于王世贞《庐江小吏行》诸作。七子对后代的影响，也有积极的一面，所以明末清初许多著名诗人如陈子龙、顾炎武、申涵光等人，都对七子有相当的尊崇，不独钱澄之一人如此。七子学杜，致力反映现实，这是应当肯定的。但他们模拟过甚，有很大的弊端，这对澄之也有消极的影响，也表现在他早期的作品中。但是，使澄之消除了这些不良影响的不是什么人对七子的批判，而是社会环境的急剧变化。澄之在《生还集》自序中接着说：

> 难后无赖，遇境辄吟，感怀托事，遂成篇帙。既困顿风尘，不得古人诗，时时涵泳。兼以情思溃裂，夙殖荒芜，得句即存，不复辨为汉魏六朝三唐矣。

社会动荡，国亡家破，人民涂炭，他本人也奔波于抗清斗争的前线，这种境遇，使他挣脱了七子格调派的束缚，“遇境即吟”“得句即存”，保存了那时代的诗史。当然，也因为此，在澄之的作品中，有些也难免粗糙，但大部分诗还是具有较高的艺术性的。姚文燮《无异堂集》评澄之诗说：“时时吟诗，不拘一格，上有汉魏，下迄中晚，随兴所至即为之。古诗感慨讽谕，婉而多风，直得古《三百篇》之旨。”萧穆《藏山阁集跋》中也说：“是集诸诗，皆记出处时事，无意求工，而声调流美，词采焕发，自中绳墨。”这些都说明澄之诗，即使是奔波途中所作，也取得了一定的艺术成就。

如果说在战火纷飞的动乱中，诗人没有可能对作品刻意雕琢，那么在隐居之后，澄之就非常注意对诗篇艺术方面的锤炼了。这表现他反复强调要“苦吟”上。《陈官仪诗说》中写道：

> 吾学诗五十年矣。其前此十余年，皆以才情气调为时所称。自后四十年，放废无事，益专致于此。见三唐近体诗之设辞造句，洵是良工心苦。乃知古人以诗成名，未有不由苦吟而得者。

苦吟就要反复修改。《陈昌集文集序》中说：“生平于诗好苦吟，虽不能如古人之十年始成一句，然每一字必数经改窜，要诸稳而后已。为文亦然。”事实确是如此，他有许多苦吟修改的例子。如《与王忍亭》中说，《青箱堂集》前载他所作之序，“中有‘何时白发之叟，重上青箱之堂’等语，叟作翁字，失叶平仄，应是忙中落笔错耳，希为改正之。”已刊行的文字，一字未安，仍请人改正，可见他是如何的一字不苟了。他非常注意炼字。《诗说赠魏丹石》中说：

苦吟无他，情事必求其真，词义必求其确。而所争只在一字之间。此一字确矣而不典，典矣而不显，显矣而不响，皆非吾意之所需也。

可见他对炼字的要求多么高，创作态度多么认真。而这又不仅是雕琢字句，而是为了“意”，“情事”之“真”，“词义”之“确”，即是为了尽可能完美无缺地把自己的思想感情表现出来，把客观现实描绘出来。而要达到这样的境界，又不是仅仅在字句上下功夫所能奏效。《诗说赠魏丹石》中接着说：“然非读书研理、体物尽变者，求此一字终不可得。何则？无其本也。”《匏野集序》中也说：“不读书则词不足以给意，不穷理则意不足以役词。”这些又是把苦吟炼字与诗人的整个修养联系在一起了。

明末清初残酷的社会现实，血与火的刺激，使不少诗人，特别是遗民诗人，对儒家传统的温柔敦厚的诗教，产生了怀疑。申涵光《贾黄公诗引》中说“温厚和平，诗教也。然吾观古今为诗者。大抵愤世嫉俗，多慷慨不平之音。”钱澄之怀疑得更厉害，《叶井叔诗序》中说：

而近之说诗者，谓诗以温厚和平为教，激烈者非也，本诸太史公所云：“《小雅》怨诽而不乱。”吾尝取《小雅》诵之，亦何尝不激乎？讥尹氏者旁连姻娅，刺皇甫者上及艳妻，暴公直方之鬼域，巷伯欲畀诸豺虎，正月繁霜之篇，辛卯日食之行，可谓极意诟厉，而犹曰其旨和平，其词怨而不怒，吾不信也！

他一口气举出了《诗经》中那么多词旨激烈的作品，从根本上否定“温厚和平”之说，认为这是后人的曲解，不足为信。他更反对当时一些人“至痛迫于中，而犹缘饰以为文，舒徐以为度”的作法，认为这样不能表达出作者的真性情。这些观点都是时代刺激的结果，社会的动荡，政治的黑暗，征服者的残暴，人民的惨遭杀戮，诗人本身的困厄磨难，反映到澄之的作品中，就呈现出“往往激楚”的风格。《田间集自序》中说：“吾遭遇如此，欲不悲，得乎？”又说：“论诗者当论其世也，论其地也，亦曰观其所感而已。吾不知世所为温厚和平者，何情也？”但是，诗人这些愤怒抨击黑暗势力的作品，大大地触犯了清廷统治者的忌讳。因而澄之的亲友为他编集时，就劝他“删其过悲者”，澄之不肯，说：“吾宁诗不传尔，其悲者不可删也。”然而亲友为了逃避清廷文网的迫害，“代为删之”。澄之对此虽有不满，而也无可奈何。澄之《与潘木崖》中曾说：“拙集本不宜删，删者可存，存者正多可删。”清廷残酷的文字狱，毁灭了多少有价值的作品，这是难以数计的。

钱澄之早年学诗，是从七子派入手的，时代的动乱，使他摆脱了七子派的消极影响。他一生始终以杜甫为宗，学习杜甫反映社会现实、同情民生苦难的精神。在诗的风格上，受陶潜、杜甫、白居易影响最深。当有人称道澄之诗风“在杜、白之间”（《书松声阁集后》），他以为知言。澄之《田间集》中和陶之作颇多，其隐居以后的作品，冲澹自然，也近于陶诗。韩菼《田间文集序》中说：“读先生之诗，冲澹深粹，出于自然，度王、孟而及陶矣。”徐世昌《晚晴簃诗活》中也说澄之“五古近陶”“冲淡雅和中，时有沉至语。”朱彝尊《静志居诗话》更说：“昔贤评陶元亮诗云：‘心存忠义，地处闲逸，情真、景真、事真、意真。’《田间》一集，庶几近之。”无论从思想内容，还是艺术成就而论，钱澄之都无愧于清初有数的重要诗人之列。在遗民诗人中，澄之诗风接近于吴嘉纪、邢昉等人，成就也可并肩。澄之的诗歌作品及其诗歌理论，有些在今天还有一定的认识价值和借鉴作用，是不应当忽视的一笔遗产。

（原载《阜阳师范学院学报（社会科学版）》1986年第1期）

明末遗民钱澄之的诗歌

◎刘天行

一

我国历史悠久，文化丰富，单就全部古典文学史而论，先后产生了无数杰出的作家，取得了光辉灿烂的伟绩，构成了文学的发展洪流，成为其中重要的组成部分，但是次要的作家附属其间，也不容否认起了一定的作用。要想对于古典文学发展的全貌具有比较深入的了解，对于这些次要的作家，也不宜忽视。本文试就明末遗民钱澄之的诗歌略作简要的介绍，并加评议，作为初步的研究。

钱澄之，字饮光，号西顽，原名秉镫，字幼光，安徽桐城人，生于明万历四十年（1612年）四月二十九日。钱澄之幼年多病，他的母亲仍给予严厉的教导。他年七岁从舅父读书，以后学写文章和诗歌，为他后来从事著述打下了良好的基础。他十六岁时应乡试，考中第四名，稍后随父亲往游南京。他在幼年，深受儒家思想的教养，因而忠君的思想极为浓厚。那时明朝的政治已日趋腐化，官僚中党派的斗争日渐尖锐，以魏忠贤为头子的阉党专横跋扈，攘窃了王朝的行政大权，残酷地迫害人民和知名人士。部分开明的官僚以及市民阶层的知识分子相继而起，以讲学为名，先后组织了东林书院及复社等，请求开放言路，改良政治，同时也抨击阉党及某些大官僚卑鄙营私的丑恶行为，因而遭到嫉视，受到无情的打击。但他们对这样反动的恶势力决不屈服，于是双方展开了激烈的斗争。钱澄之在当时进步的知识分子影响下，自幼也培养了一定的正义感，具有强烈的斗争性，敢于和阉党余孽相对抗。如某御史原是阉党，有一次巡按至皖，仪从很盛，钱澄之在路上遇见他，便公开地向他诋骂，观者都为之震惊。以文才著称的阮大铖曾拜魏忠贤为义父，借以取得高官厚禄，向为正人君子所鄙视。他为了培植党羽，组织中江社，拉拢他加入。钱澄之虽和他有世谊，却拒不参加，且和他日渐疏远，因此为阮大铖所痛恨。但钱澄之决不向权奸屈服。他的正义感和抗直言行贯彻了他的一生。

他旅居南京时，应举未中，和钱棅结交，后游杭州，又和陈大樽、陆圻、夏允彝相识，这些人多是具有爱国思想的。不久，以李自成为首的起义军攻入北京，摧毁了明朝的统治政权。由于吴三桂的勾引，清军便乘机进军关内，占据了北京及北方大部分土地，更向南进军，企图占领全国。钱澄之闻此消息，便急忙赶回南京，和姜居之等人谋划，打算迎立比较贤明的潞王常淓为帝，而马士英、阮大铖等人为了图谋个人的私利，拥立了昏庸年幼的福王由崧，是为弘光帝。阮大铖又借此起复，窃据要职，对于他的所谓怨家仇人，设法倾陷报复，搜捕了不少知名人士，诬称他们为东林余党，投入监狱。且以“拥戴疏藩，谋危社稷”的罪名搜捕钱澄之。钱澄之便变易姓名，逃往嘉兴，隐藏在钱棅的家里。

清朝派兵南下，先后占据了扬州、南京，弘光帝逃亡被俘，马阮等人早已逃走。清军继续向南进攻，于是江、浙、皖、赣一带的爱国人民和知识分子纷纷起义，以抵抗清兵的残暴屠杀，声势浩大。钱澄之也和钱棅共同起义，防守嘉善，抗拒清兵。不久城被攻破，他们的义兵溃散。钱棅被清兵击死河中，钱澄之的妻方氏及女也投水自杀。他为此毁家纾难，牺牲很大。他的爱国的精神是很显著的。他听说唐王朱聿键在福州称帝，建元隆武，便启程到了福州，经黄道周的推荐，考中第一名，被任为延平司理，下乡催交积谷钱粮，打算返回汀州。这时隆武帝驻守汀州，被清兵攻破，逃亡被杀。他遂隐居于汀州北乡寨，仍不肯剃发，终日闭户吟诗。后又经历一些地方军人的威胁和劫掠，幸免于死。以后又移住在沙县，收召了三百人，意图再举，而清兵已经攻来，他的募兵都已溃散，他只好离开闽地，进入广东境内。

这时桂王朱由榔已在端州称帝，年号永历。钱澄之到了端州，参加考试，被任为庶吉士，兼管撰拟敕诰。他向永历帝上疏，提出了许多改革政治的建议，未蒙采用。当时官僚内部矛盾很多，分为吴楚两党，互相争权夺利。钱澄之不属于任何一派，但为了顾全大局，努力营救楚党中直言敢谏，致被吴党诬陷下狱的金堡，以致被吴党误认他是属于楚党，也遭受了排挤。永历五年，清兵攻入梧州，永历帝逃走。钱澄之见大势已去，无可作为，遂间道往粤东，经过大庾岭，进入江西、福建境内部分地区，辗转返回故里。

清朝顺治十七年，永历帝逃至缅甸被俘获，缢死于昆明，于是南明的残余政权彻底被消灭，清朝的统治已经相当稳定，一些明朝的遗民看到复兴的事业已无希望，只好退而隐居，读书写作，以发扬祖国的文化为其终生的事业了。钱澄之于是也即隐居耕田，从事著述，不再过问政治了。他在六十一岁时曾到北京，得与著名的学者顾炎武、孙承泽、朱彝尊等人相往还，康熙二十六年，徐乾学监修明史，聘请钱澄之襄助。他以七十六岁的高龄再到京师，担任了修史工作。当时清朝以文化事业号召明朝遗老来参加，实是为了笼络知识分子，消灭他们的民族意识，钱澄之贸然不察，竟肯参加，未免于民族气节有所亏损了。他在京逾一年，仍返故里。康熙三十二年（1693年）九月一日卒于家，年八十二。

他的著作丰富，计有《田间易学》《田间诗学》《庄屈合诂》《桐城钱饮光先生遗书》《藏山阁集》《五代史》《所知录》等，其中部分有关南明抗清的史料，后来为清朝所忌，列为禁书，不准流传，一直到晚清时期，革命思潮澎湃，他的部分著作也才得覆印行世。当时刊行的《国粹学报》第46期第49期及第74期都介绍了钱澄之的生平及著作，可惜内容简略。新中国成立以前，各家编写的中国文学史，都未提到他的名字。只有近年游国恩等人编写的《中国文学史》，才简单地介绍了他的生平和作品，合肥师院编选的《安徽历代文学家小传》也扼要地叙述了他的著作，可见他的文学事绩湮没已久了。

二

钱澄之的文学创作，以散文和诗歌为较著，散文中的一部分政论文、多与当时的政治有关，颇有参考价值，但是艺术性不强，感染力较差，他的卓有成就的作品则在诗歌方面。他生活在明清两朝政权交替之间，遭遇了政治及社会的很大变动，参加了反阉党反清朝的斗争，后来转徙南方，经常过着颠沛流离的生活，有机会接近广大人民，因此他的大部分诗歌反映了政治上的黑暗腐化、社会上种种不良的现象，更重要的是对人民的生活痛苦，能给予深切的同情。他依据风雅中的劝诫作用，联系现实问题，企图对统治阶级进行揭露和批评，以期对于政治有所改革。他确实能继承《诗经》的现实主义优良传统，和杜甫、白居易等人的文艺理论正是一脉相通的。

他早年曾用乐府旧题试作了些乐府诗，如《官兵行》《有所思》《东门行》《读曲歌》《战城南》等，虽不脱模拟汉乐府的痕迹，但如“犯法杀人，输金得生，何用自爱死道旁”（《东门行》）“父兄踞要津，男儿始作人”（《悲歌》），都可以让我们想见明末政治上黑暗腐化的现象，到了何等令人愤慨的程度。他又用普通诗歌的形式写了不少反映现实的诗歌，其中多有突出的作品，例如：

也知国计正艰难，其奈阎闾已尽残。言利重臣惟搜括，作奸老吏喜增官。诏书屡问灾伤苦，课税宁教赋役宽。来岁田荒民且散，凭谁据实报长安。

——《感时》

他指出人民的生活十分艰难，已到了破产的地步，官吏们惟知尽情搜括，不管人民的死活，更不肯把人民的痛苦向上呈报，他还不知作为最高的统治者是绝不会放过对人民的剥削的，“诏书屡问”不过是奉行公事，而作者如此措辞，也不过是为皇帝掩饰罪责而已。

当时人民的生活极为艰苦，不但遭受统治者的酷残压榨，而且连年都有水旱之灾，已经不能耕田，如“水旱频仍父老嗟，飞蝗又见际天遮，耕农去尽田难认，赋税逋多派枉加”（《杂感》）“劝耕已缺明年种，加派还征隔岁粮”（《悯农和韵》），农民生活之苦可见一斑。在统治阶级的压迫下，人民更是困苦不堪，难以生活，如《捕鱼歌》《燕巢行》《空仓雀》《水夫谣》《石牛驿》等都是反映这一类现实的作品。可见他对于人民抱有深切的同情，的确表现了风雅的讽刺作用，贯彻了自己的文艺主张。

在南明弘光政权的建立及覆灭的前后，他亲身经历了大动乱的时期，自己又参加了反清的斗争，正是风云多事之秋，他的感触是很深的，因此创作了大量的有关现实意义的诗歌，其中以表扬英勇殉国的忠臣及为抗清而牺牲的烈士为最突出。例如他以史论式的笔调歌颂了民族英雄史可法：

史公将略本非长，半壁南朝一死偿。庭议只知除异己，庙谋宁复顾危疆。上江斗罢扬州破，北府屯空建业亡。二竖至今仍免脱，槛车独见送君王。

——《二忠诗》之一

他概括地叙述了史可法处境的艰难、敢于担当国难的勇气，又歌颂他不怕牺牲的爱国精神，是很值得传诵的；可惜情感还不够深厚，感染力不强，只有当他表扬亲密的师友，才显得慷慨激昂，贯注了热烈动人的情感。如他哀悼他的战友钱棅起义殉国的事迹，曾有诗写道：

去岁兹辰绝命天，椎心不敢恨苍天。定知叔宝神难寿，虚拟相如病未痊。血溅长堤留碧草，魂归小阁恋青毡。哭君一字肠堪断，夜半山空叫杜鹃。

——《八月十七日哭仲驭》之一

仲驭即是钱棅的字。钱澄之和钱棅共同起义，钱棅殉难，他有切身的感受，所以诗中充满了沉痛哀悼之情。又如他的《哭峡江曾二云老师》，纪念他的老师曾樱抗清失败自杀殉国的经过，有“沧海未能容信国，白头毕竟表真卿”之句，以曾樱比拟颜真卿、文天祥，对他作了很高的评价。又如永历帝的大学士严起恒曾做主考官，钱澄之出于他的门下。他后来不幸为孙可望之将所杀，钱澄之哀悼他，作《曼公书至得山阴死事信》，有“青天已毕捐躯志，白日空悬报主心”之句，因钱澄之对他有知己之感，所以能用沉痛的语言表彰了他的为国捐躯的义烈。

更值得注意的是乙酉年（1645），清军攻打江西虔州，当地人民据城固守，不幸被清军攻破，人民都壮烈地牺牲了。钱澄之听到此事，很受感动，作《虔州行》，歌颂他们的英勇战斗为国殉难的爱国精神，中有句云：

铁骑连山风雨集，炮火塌天城不摧。城头壮士不畏死，夜半缒城砍敌垒。……城悬粮绝无援兵，四面尽是吹笳声。初犹食马后食人，登楼击鼓鼓不鸣。朔风吹雪酒盏大，守陴人病三日饿。遥见营火渡河来，一半传更一半卧。兵声暗杂风雨声，五更未醒虔州破。闭城刈人人莫逃，马前血溅成波涛。朱颜宛转填眢井，白骨撑拄无空壕。

诗中记述虔州人民在生活极端难苦之下，敢于向敌军进行顽强不屈的战争，充分表现了民族气节，同时对于清军的残暴屠杀也作了真实的揭露，确是一首可歌可泣的史诗。钱澄之不仅表扬殉国的知名人士，也对于这些无名的英雄，致以崇高的评价，可见他始终不忘人民。

当他在永历帝政权下担任微小的官职时，曾赴桂林，和驻守孤城的瞿式耜、张同敞结交，作了许多纪念的诗歌，并写了许多游览桂林的山水诗。他离开桂林以后，途中听说瞿张二人已经殉国，便作了哀悼的诗歌，表扬了他们誓死不屈的爱国精神，语意是十分沉痛的。

他不但歌颂了为国殉身的烈士，对于勇敢善战，对于誓死杀敌的英雄将领也致以无限敬仰之情。如他表彰何腾蛟部将马进忠的战功："将军大呼身先进，人人死战坚为摧，壁门既夺虏营乱，黄昏截杀及夜半。铁骑嘶颤橐驼奔，全军逼水容谁窜。天风吹月月朦胧，照见虏营营已空。僵尸枕藉安足论，余者尽弃麻河中。"（《麻河捷》）那时督师何腾蛟守卫衡阳，准备进攻长沙，并调忠贞营随同前往，可是忠贞营不听调遣，不久溃散。何腾蛟独守湘潭，以致为清军所俘，不屈殉难。何腾蛟既死，没有恢复湖南的希望，这是永历政权的极大损失。钱澄之为此写了《悲湘潭》，惋惜他的英勇不屈的精神及广大人民对他的怀念，却写得淋漓酣畅，饶有生气，可以补充史传之不足。

此外他还写了许多篇组诗，歌颂了死难的烈士，如《哀江南》等，其中多有抗清殉难、声名卓著的烈士，如麻三衡、陈子龙、陈子壮等人，钱澄之能把他们的壮烈事迹写得栩栩如生。但也有些不甚知名的人士，幸赖钱澄之的诗歌始得流传于后世。

钱澄之不仅赞扬士大夫为国捐躯的正义行动，同时也对于殉难的平民予以热情的歌颂，不仅表现了民族的正义，也多少能够突破等级的观念，态度比较公允。

传道城南乞，蓬头发正多，羞他中国变，屡被市人呵。入夜语还泣，沿街骂且歌。沟渠绝粒死，此志是如何。（原注：淳化关丐者。按丐者临死吟一诗云："三百年来养士朝，而今文武尽皆逃，纲常留在卑田院，乞丐羞存命一条"）

——《南京六君咏》之五

清朝统治者进至江南，不久颁发薙发令，宣布南方人民也必须薙发（薙发即剃发。按明朝规定，男子束发结于顶上，再加帽子。清朝规定，男子须把头发编成辫子，四周剃去短发，谓之剃头），如果违抗，就处以死刑。当时明朝的臣民都认为这是迫使投降清朝的标示，多反抗命令，不肯屈服。如《明季南略》卷九记载常熟诸生徐怿、项志守、五牧畜鸟叟都因薙发令颁布而自杀。钱澄之也用诗歌记载了人民的反抗薙发而予以赞扬。本来薙发与否在表面上看不过一件小事，但在当时却与民族气节有关，明朝的许多知识分子和人民反抗清朝薙发令，而且甘以身殉，正是爱国精神的具体表现。钱澄之对于这些英勇不屈的事实予以热烈的歌颂，同样也表现了自己的高尚节操。

三

钱澄之自幼深受儒家的思想的教养，重视死节殉难的烈士，因此他自己的实践也是符合这项标准的。当清朝统治者率兵进入关内，篡夺了农民起义的胜利果实，占据了北方的大部分土地，又向南方进军，企图消灭南明政权。于是民族矛盾异常尖锐，超过阶级矛盾。明朝遗臣和广大人民以及知识分子于是联合起来，共同抵抗清军的残暴进攻。他们相继组织了起义队伍，以轰轰烈烈宁死不屈的精神，展开了大无畏的斗争，前仆后继，不惜牺牲身家性命，他们的爱国精神非常突出，他们的壮烈牺牲也是可歌可泣的。钱澄之也是其中的一员。

他为了维护明朝的统治政权，曾和钱棅共起义军，反抗清兵的残暴的屠杀，失败以后，他写了《悲愤诗》，首叙弘光政权覆灭的原因，自身起义和妻女殉难的经过，结尾云："首祸者谁子，至今犹缓诛""椎心问苍天，苍天安足呼"，表现了异常悲愤的情感，和蔡琰的《悲愤诗》有异曲同工之妙。而《震泽》《漫兴》等诗则是叙述他在太湖一带避难隐居的情形，把颠连困苦的生活描写如绘。他在太湖一带住了一个多月，潜往福建，昼伏夜行，著有《夜渡》《晚涉》《山行》《闽江即事》等诗，近似杜甫自同谷入蜀诸诗，而不及其鑱刻深挚，但也有不少的诗句，如"吞声是国恨，原不悔倾家"（《睦州道上示新安穆秀才修玄》之二）"落魄三衢市，风尘染泪痕。对人声尽变，怪我发犹存"（《衢州遇韦剑威》）都能把自己为国奔走的决心吐露出来了。他到了福州，依附隆武帝，住了一个时期，授官后前往虔州（今江西赣州市），有"杏花落尽田难种，布谷鸣残麦未收"之句（《虔州纪行》之一），反映了农民生活的艰苦。稍后，他又经长汀、清流、将乐、延平，准备仍返福州，有“时事竟难说，秋来悔此行，一官叨半刺，万乘依孤城”（《延平寄客生鉴在》）等诗句，揭露了隆武帝的政权毫无起色，未免有些灰心丧气，大失所望之感。这时鲁王以海在浙东建立了政权，和唐王聿键的政权发生摩擦，形成对立。不久清军进攻浙江，情势危急，隆武帝的统治集团不肯发兵救援，鲁王的政权遂被清军消灭，钱澄之写了《越东破》，首先说：“当今天子高皇孙，鲁国同是至亲藩，改元本非利天下，域内原宜奉一尊”，不只谴责“越东诸臣殊可笑，誓死不开登极诏”，更慨叹隆武帝统治集团不肯援助浙东，以致有“唇亡齿寒”之忧。本来隆武帝声称要亲赴前线督战，但总是拖延着不肯起行。钱澄之非常忧愤，在《无题》诗中说：“廷议半年常不决，澶渊亲诏已全虚”“六龙此日无消息，夜半占星泪几行”，谴责隆武帝不肯亲征，未免辜负了人民的希望。清军攻占浙江以后，继续攻入福建，隆武帝也同样地不能支持，逃亡被杀。掌握隆武帝大权的郑芝龙早已暗向清军勾结，投降清朝。钱澄之非常哀痛，写了《鄞江怨词》《鄞江感怀》《宫词六首》，特别在《有所闻作》中谴责郑芝龙尽撤边防，向清军投降的罪行。

不久他奉命往南平催积谷银两，闻隆武帝进驻汀州，被清军攻破逃走，他无法复命，只好留居延平，后来隐居在山中，作《舆疾吟》等诗，病愈赴沙县，沿途作《过漠埠》《沙县书怀》等诗。这时镇江何应祐招莲子峒贼来，攻破永安城大掠，钱澄之劝他不要滥用武力，几乎被杀。又在沙县遇土贼刘逖之难，曾在街头被痛打，受了重伤，几乎致死，幸而复苏，作《百折行》《城隅卧病》等诗。戊子年（1648），他仍过着转徙流亡的生活，有《力疾入大田纪事》《北门行》等诗，其中如《返横坑》，有云，“返景射山坳，黯黯见柴门，松竹无人过，鸟雀方聚喧，我无亲与戚，所恃吏民恩。不见游子返，剪纸为招魂。叩门惊我在，悲喜动鸡豚。父老满村至，问讯罗酒樽。对酒夜不寐，且为父老言。”这样纯朴的写景和农民亲切的友谊，很容易让我们联想到杜甫的《羌村三首》，而他在《间道奔江右发横坑即事》中又有“呻吟见寡妻，疮痍正流血，翻思困贼中，寸息真添窃。……落日见荒城，灯火乍明灭。……我生值乱离，忧虑焉得说”等句，也都不脱模拟杜甫《北征》的痕迹。

在此不久，他便经由新城、宁都，越过大庾岭进入广东境内，这时永历帝的政权草创，纲纪紊乱，朝中政治也一样的毫无起色。他曾被任为膳部员外郎，看到官途腐化的情况，非常痛心。于是作《寓怀》一诗寄托了自身浮沉下僚，遭受压抑的愤懑心情。

稍后，他参加考试，得中翰林，听说永历帝已颁布亲征诏书，非常兴奋，便写了一首《放诏歌》，并说，“从戎草檄老足用，执殳前导躯可捐”，表示愿到前线参加反清战争，只怕一纸空文，难以实现，果然这位小皇帝并无远志，他的希望终于落了空。到了永历四年正月，雄关失守，永历帝便移驻梧州，钱澄之请假赴桂林，得与瞿式耜、张同敞结交。他听到军情紧急，便急忙返回，途中听说永历帝又转移浔州（今广西桂平），便隐居在乡村之中。他看到南明的前途毫无希望，便经由江西、福建各地，辗转返归故里，途中作了《过端州感怀》《过羊城纪事》《清远峡》《松庵听雨酬关主》等诗。到家以后，回忆脱险的经过，写了《行路难》六十二首，叙述沿途颠连困苦，几至被杀的情况，历历如绘，颇有可取的篇章。他回家以后，欲往庐山，未能得去，遂为行脚僧，往来江上，作《行脚诗上下平韵三十首》，充满了牢落失意的情感，多谈禅宗的典故，有的也回忆过去的经历，如“几回尘梦迷蕉鹿，猛觉灰心是木鱼”“头白尚容还故国，眼枯不敢问诸陵”“餐眠似得真三昧，功德休争第几天”，都可以看出他的心情表面上虽已显得禅寂枯淡，内心却蕴含着热烈悲愤的情绪。南明政权覆灭的哀痛，个人政治活动的失败以及师友的生离死别，都用真挚朴实的辞句企图予以冲淡，但他的那些胸怀抑郁以及不平的愤慨，仍是不断地从字里行间流露出来。

四

钱澄之所写的大量诗歌，以表彰爱国殉身的烈士及反映人民生活痛苦之作为最突出，另有些描写自然景物的诗歌，也颇有一定的成就。这一类的诗歌多半运用五律和七绝的形式，清淡闲远，意味深厚，近似唐代诗歌。当他从事政治活动，奔走于江西、福建、广东、广西等地，沿途写了不少描写自然景物的诗。如，“片云渡溪去，深林客夜行。山空时有响，月小最能明。野火近人失，荒钟出寺鸣。悄然村户静，石路马蹄声。”（《夜行》）“坏道防兵过，高低石径遥。春疏知有舍，火近忽无桥。犬吠夜深近，蛙声月黑骄。野人愁失路，倚杖候南皋。”（《夜过新寮田家》）能把个人的亲身经历和异乡的景物如实地描绘出来，措辞清丽可诵。像这样完整的篇章，集中殊不多见，有些是只有佳句而全篇不够精美完善，如“疾风吹舵响，冻雨杂江鸣”“门掩千家雨，寒归万井秋”“残月衔荒戍，疏星出废楼”“荒城睥睨寒流外，野墅高低落照间”“万里一舟淹岁月，十年双眼暗风尘”等，造句凝练精粹，写景细致生动，近似杜甫的律诗。至于长篇纪行诗则只能叙述途中的见解和遭遇，显得平淡直率，缺少含蓄之意。他的一些小诗则是意境高远的，如，“老树卧空潭，鱼儿粲可数，菖蒲叶更低，昨夜添微雨。”（《山中杂咏》之三）“点烛谈峨眉，老僧亲剥芋，虫声草际移，始觉松窗雨。”（《僧舍》之二）写得颇有理趣，近似王维的辋川诸诗，但所表现的都是旧日知识分子悠闲生活的情调，距离人民的思想情感是很远的。

他在游踪所至之处，也曾观察各地方的风土人情，用诗歌记述出来，“天气冬暄见雪稀，海风八月弄寒威。蚕桑此地称奇货，终日逢人白纻衣。”（《闽江竹枝词》十首之八）“插天高屋怕窗光，铁栗为楹牡蛎墙。客到有茶通不啜，一盘蒌叶裹槟榔。”（《南海竹枝词》之三）异乡风物描写逼真，能继承竹枝词的优良作风。

钱澄之的家世是中小地主，他在家乡有田可耕，有僮仆可用。当他在起义失败以后，从事政治活动，奔走于闽粤之间，每当他避难隐居时，便引起了他的归隐故乡的怀念，曾先后写了《忆江村》《横坑村居即事》，强调乡村景物的美好，农民纯朴生活的最可羡慕。后来他感觉他的政治生活已无前途，便脱离南明的小朝廷，终于得返故乡，满足了蓄积已久的志愿。他于是营建庐舍于祖坟之旁，赎回卖出的田亩，亲自下田耕种，兼又读书著述。他作《西田庄记》，详叙建屋赎田的经过，并且以农耕劝诫子孙说，“吾所望于子孙者读书课耕而已。读书吾家世业，虽极贵不宜辄废。子孙贫而废书，必居下流，势所至也。吾非有世俗之见，望汝读书以科举成名图富贵也，但能明白义理，通古今之时势，传吾之经学，以不愧为田间子孙足矣。古者取士于农，凡力田者皆髦士也。……且劳固可习筋力，习之既久，虽弱者亦强……治日少，乱日多，一遇饥岁，惟耕足以自给。”他劝诫子孙须以读书为世业，不希望他们藉科举以求功名富贵，并教导他们要努力耕田，既可以锻炼筋力，且可免于饥寒。这些都是不同于俗儒的卓越见解，在那时的封建社会中是很值得重视的。他曾写过一篇《北山楼记》，有云：“予少时慷慨有大志，颇欲为陶士行之所为，生非其时，患难颠沛，乃穷慕君曾孙靖节先生栗里之隐，以诗酒终其余生。”这就是说，他在青年时期还有建功立业的雄心壮志，后来在政治上不得意，才退而隐居，以陶渊明的行径为法，因而他在田园中过着半耕半读的生活，写了不少的田园诗，在风格上也接近陶渊明。他写了《仿渊明归鸟诗四章》《田园杂诗》《夏日园居杂诗》及《田园杂诗》。后者共一组十七首，涉及隐居的各个方面，特别是他对于农业劳动的理解和态度写得更为具体："仲春遘时雨，既雨旋亦晴，百草吐生意，众鸟喧新声，纷纷群动出，各各有其营。孰是形骸具，而怀安居情。秉耒赴田皋，叱牛出柴荆，耒耜素不习，用力多不精，老农悯我拙，解轭为我耕。教我驾驭法，使我牛肯行。置酒谢老农，愿言俟秋成。"（《田园杂诗》之二）他既描写了农村雨后清新的美景，又强调人们必须从事农务劳动的重要，"孰是形骸具，而怀安居情"，这话说得何等恳切。他不惯于使用农具，又不会驾驭耕牛，幸赖老农的教导，他才能勉力做下去，一方面表现了农民的朴素良善的品质，另一方面也可以看出他虚心向农民学习的态度。他体会到农耕为人民生活所必需，须要努力耕作，不怕劳苦，不可怠惰。他曾说，"犁锄岂不苦，衣食道在兹""田畴及时治，况复雨初过。亦知冒雨寒，为农焉敢惰"，这正和陶渊明所谓"田家岂不苦，弗获辞此难"，有同样切身的体会。

他更进一步认识到农业劳动对于人们的身心修养有莫大的益处，"奋身田野间，襟带忽又散，乃知四体勤，无衣亦自煖。君看狐貉温，转使腰肢懒""昼作形以惫，久息神以宁，放身草野间，一卧不得醒。岂惟舒我体，亦已忘吾情"，这也似乎是从陶诗的"四体诚乃勤，庶无异患干"融会而出。钱澄之的田园诗深受陶渊明的影响是很显然的。但他们毕竟是封建时代的知识分子，有一定的阶级局限。他们所谓通过农业劳动借以修养身心的说法也还是站在开明的知识分子的立场，在思想情感上还未能和农民打成一片，和农民还有较远的距离。而且钱澄之笔下所描写的农村，也不是那么美好无缺，宁静和谐，在《田家苦》中，他也叙述了自己生活的贫困，遭受催租和还债的逼迫，但未能把农村的阶级矛盾以及农民备受剥削压榨的情况反映出来。

虽然如此，钱澄之以中小地主的身份，又做过南明政府的下级官僚，但他却能放下知识分子的架子，安心归隐故乡，亲身下田耕作，这在过去封建社会中是极为罕见的。唐宋诗人，多以陶渊明为学习的典范，写了不少的田园诗，如王维、孟浩然、储光羲、范成大等人。他们都热烈地称赞田园生活的美好，可是多半停留在表面上，不够亲切，原因是他们都不肯也不能亲自下田劳动，只是站在旁观的地位，抱着欣赏的态度，似乎显示了高人雅士的情调，不切实际。

在写作技巧方面，钱澄之的田园诗流露了清淡闲远的味道，似乎和陶渊明相近，但陶诗的那种丰腴深厚的风韵、开阔爽朗的胸襟、妙造自然的意境，则非钱澄之所能及。这是有关于个人的品德和修养，不是从外在的因素所能比拟的。例如钱澄之的诗，“劝我饮一醉，颓然卧前轩，前轩无人来，春风开我门”（《田园杂诗》）“月吐出定初，雨来鸣磬后，坐令身心虚，悟尽平生谬。北窗久不归，松风终日奏”（《忆江村》），还能通过闲适的隐居领会大自然的妙趣。但他的大部分的田园诗则模拟陶诗的痕迹极为显著。原因何在，不难考见。陶诗直抒胸臆，不假雕饰，纯是从亲身体验得来，正所谓“满心而发，肆口而成”，所以能够符合天籁，妙造自然。而钱澄之却以陶诗为模拟的范本，几乎亦步亦趋，当然难以摆脱因袭的毛病，其可取的成就，也不过仅能得其形似，未能溢出陶诗的范围，这是他的美中不足之处，应予指出。

钱澄之是出身于剥削阶级家庭的知识分子，多年深受儒家思想的教养，不可避免地具有显著的阶级局限，致使他在语言和行动上都暴露了许多弱点和缺点，当然可以理解的。也多半是封建社会中知识分子所难免的。但他那高洁的品格、坚贞的志趣、不畏权奸的正义感、爱国的精神，以及隐居躬耕的决心，都是杰出的表现，应该给予足够的重视。我们须要遵从马列主义、毛泽东思想，以一分为二的观点，以实事求是的态度来评价古人的作品，批判地继承文学遗产，对于钱澄之既须了解他的局限和缺点，更应该肯定他的品德和业绩，从总的方面看，他的成就是瑕不掩瑜的，在中国古典文学史上应该给予相当重要的地位。

（原载《昆明师范学院学报》（哲学社会科学版）1980年第6期）

钱澄之创作论稿

◎陈友冰

钱澄之（1612—1693）是明末清初杰出的学者、诗人和思想家。初名秉镫，字饮光（亦作幼光），自号田间老人，别号西顽。桐城古塘（今安徽枞阳县境内）人。幼从父读，聪慧能文，有大志。明崇祯年间秀才，喜谈经世方略。明亡之际曾结识陈子龙、夏允彝等人，组织云龙社，与“复社”相呼应。先后在南明政权出任吉安推官、延平府推官、礼部主事，翰林院庶吉士等职，官至编修、知制诰。曾在吴江起兵抗清，清兵攻陷桂林后，一度削发为僧，名西顽。后返乡，改名澄之，结庐田间，专心著述。一生著述宏富，著有《田间易学》《田间诗学》《田间文集》《藏山阁集》《庄屈合诂》《所知录》《钱饮光遗书》等，内容涉及哲学、文学、史学诸学科，精深邃密，卓有建树，其学术成就堪与黄（宗羲）、方（以智）、王（夫之）、顾（炎武）等大家相颉颃。他生活在明清之际那个“天崩地解”的时代，亲身参与了当时的一些重大政治活动，与当时政坛很多重要人物都有过交往，且享年82岁，在清初知识层尤其是遗民中行辈甚高，影响亦大，其中诗文尤负重名。有《田间诗集》28卷，《田间文集》30卷，被誉为“诗歌古文满天下”，但因本人参加抗清斗争，诗文中又多当局忌讳之语，乾隆年间曾被禁毁。因此其诗文成就世人知之甚少，更缺乏专门研究。

一

钱氏论文，强调创新，出人意表，反对模拟抄袭，这在封建复古空气弥漫的清初，很有些叛逆的意味。他十分欣赏韩愈的“惟陈言之务去”。在《齐蓉川先生集序》中称赞作者能“文绝去枝蔓，直捻所欲言；诗有气力精思，往往造语出人意表：大抵皆一路孤行，无所依附”。他批评当时的一些文人只会“依经傍传……遵大家之矩镬”（《匏野集序》），并说自己作诗文虽“过于真率，其意亦欲其自己出也”（《与黎博庵先生书》）。后人评价他的文章也称“先生之文……意雅不欲附一家，绝去涂饰，单行孤诣”。至于如何反对“陈言”，钱澄之提出创作必须有真性情，“情至而文生也”（《程姜若松州杂著叙》），又说“文也者，载道之器，即达情之言也”“若文之于人，则必传其真也”（《重刻青箱堂集序》），认为只有道出不同于别人的我之真情感、其意己出，才能做到文学创新。他的创新观点还表现在雅俗之辨上，他认为创作必须“一意孤行，自撼其所独见，不必尽合于古人，亦不顾人之以古人律我也”，这样的诗文作品，“虽瑕瑜不掩，吾必谓之雅”（《追雅堂记》）。他对雅俗的判定，自创一格，对传统诗学也有叛逆意味。

钱澄之还强调“读书穷理，而后为文”。“不读书，则词不足以给意；不穷理，则意不足以役词”（《匏野集序》）“理明而气自足，故养气莫如穷理，穷理莫如读书”（《毛会侯文序》）。另外，他还师法杜甫，强调炼字锻句，认为诗文创作“贵苦吟”“情事必求其真，词义必期其确，而所争只在一字之间”。但要做到字工句稳，仍是必须“读书穷理”：“古人以诗成名，有不由苦吟而得者也。……其工只在一字之间。此一字无他奇，恰好而已。”“所谓一字者，现成在前。然非读书穷理，求此一字，终不可得。盖理不彻，则语不能入情；学不富，则词不能给意。若是乎一字恰好之难也。”（《诗说赠魏丹石》）

在诗歌境界上，钱澄之提出一种虚拟之境，并认为这种玄思的虚境是诗歌的一种至高之境。他举《诗经》中的《泉水》篇为例，指出诗中女主人公所说的宿饮之地“泲”“祢”“干”“言”皆为虚拟。钱澄之甚至认为《载驰》中的“驱马悠悠，言至于漕”也是“心口相语，虚作此想而为之词，非真有此事也”（《田间诗学》）。强调虚构，注重想象，这是文学最基本的特质，钱澄之在清初就能认识到这一点，是难能可贵的。

二

钱澄之的诗歌创作可以1651年终归家隐居为界，分为前后两期。前期诗歌题材广泛、内容丰富。诗人亲历了南明抗清复明运动，通过诗篇讴歌抗清义举，倾诉自己的黍离故国之悲，塑造官民誓死血战、慷慨就义的英雄群像。诗人在这一时期游历了长江以南半壁江山，所创作的诗篇广泛反映了明末清初的社会动荡、民不聊生的残酷现实，也细述了易代之际颠沛流离、饱尝辛酸的生活经历。与此同时，也用饱蘸情感之笔颂扬了河山的壮美，以及各地的风俗民情，因而被称为“诗史”。后期归隐后主要是寄情于山水田园，时而出游咏歌山水、凭吊古迹，时而与昔日战友或同僚相酬唱，以此寄托哀思，表露气节，因而被誉为“田园诗人”。具体说来有以下几个方面：

一是讴歌抗清义举，塑造官民誓死血战、慷慨就义的英雄群像，对丧失民族气节行为进行揭露和谴责。钱澄之用大量的笔墨刻画了众多在抗清斗争中英勇殉国的英雄群像，其中有官有民、有男有女、有少年有老者，反映了汉民族的集体气节。其中有“所祈民命全，甘靖小臣节”的新城令李翔邵，有“铜马百万哮豺虎，仰公乳哺婴儿童”的伟丈夫何腾蛟，有“上书自请缨，天子不召见”英俊枭勇的美少年，有“血溅长堤留碧草”毁家抗清的诗人钱栗，还有发生在诗人故乡不屈服清廷淫威、公然宣称要嫁未剃发男人的奇女子。在《二忠诗》中，诗人以史论式的笔调歌颂了民族英雄史可法；《虔州行》中，则细述了虔州民众在内无粮草、外无援兵的困境中坚持抗清的悲壮事迹；《永安桥》《留发生》则歌颂了宁可死去也不愿剃发受辱的两位平民。作者在热烈讴歌的同时，也痛斥了士大夫中丧失民族气节的行为，其中《髯绝篇听司空耿伯良叙述诗以记之》堪称代表之作。这篇诗作谴责了家乡的士大夫阮大铖这位南明重臣的屈节降清行为。

二是细述了易代之际颠沛流离、饱尝辛酸的生活经历，感伤时事，缅怀故国，抒发了西风黍离故国之悲以及不食周粟的遗民气节。诗人在每个时段都留有诗篇，几乎是一部晚明士大夫抗清传记和气节篇：《又青园夜坐示方奕子》表达了投笔从戎、立志报国的志向；《悲愤诗》叙述他和钱棅起兵抗清直至失败的经过；《震泽》《漫兴》等诗叙述了他在太湖一带避难隐居的情形；在入闽奔赴隆武朝的道中，创作了《夜渡》《晚涉》《山行》《闽江记事》等诗篇，反复吐露为国奔走的决心；《无题》则谴责了隆武帝不肯亲征，辜负了人民匡复河山的愿望；《初返江村作》五首长达近百句，细叙他在举旗抗清失败后经过一番辗转流亡，最后返回故乡时的人生感受，堪称其中代表之作：逃亡流离之中妻子死了，儿女中也只有一子幸存。当诗人九死一生、心力交瘁回到家门，面对的不仅是房舍的破败、田园的荒芜，更是丧亲之痛——胞兄溘然长逝，“拊几一长号，塌焉裂肝脾”，这不仅是诗人一家的苦难，也是动乱之中整个社会灾难的缩影。这类诗作还有《到家》《杜鹃》《悲愤诗》《孤雁篇》《缚虎行》《江程杂感》《扬州访汪辰初不遇》《鸠兹酬张惕中》等。其中《扬州访汪辰初不遇》是对他乡故知倾吐人生暮年的沧桑感慨，尽管一生泪已流干，对苦难亦已麻木，但举家赴难的抗清往事仍云绕在心头：“苦自言难尽，悲无泪可流”“一心识故旧，尽实出危艰”；《鸠兹酬张惕中》中“痛入箭创阴雨夜，梦回鼙鼓海潮声”等句，更使我们想起陆游那著名的诗句“僵卧荒村不自哀”“铁马冰河入梦来”。

诗人不肯臣服清朝的民族气节，不仅政治抒情诗中对昔日的战友、故交倾诉，在田园诗作、咏史之中也有流露。诗人的《田园杂诗》和《咏史》皆是仿陶渊明的同题诗作，其主旨也有相似之处：或是表达对世俗官场的厌弃和与当局的不合作，或是借古喻今，以史为鉴检讨得失，但也带上陶诗所没有的民族气节和时代特色。如《田园杂诗》中的“夙昔慕躬耕，所乐山泽居。忧患驱我远，长恐此志虚。十年一言归，旧宅已焚如”（其一），“在世多不便，去之甘如饴”（其十），“天心与人事，何息不周流。我不离世间，而愿与天游”（其十一）就蕴有这类内涵。《咏史》前三首回顾偏于一隅的西蜀和东晋，虽有诸葛亮和王导、谢安这些能臣，也无法保住江山社稷，这既是对前朝苟安的斥责，更是对南明覆灭的历史经验总结。第四首则表露了诗人独特的历史观：不能以成败论英雄。那种认为“成者宁必圣，败者讵为昏”的成败观，是史家的偏狭之论——“古来功名际，多为史氏冤”。这绝不是单纯的史论，其中折射出的是诗人对清廷的蔑视和抗清失败的不甘心。在《杜鹃》《画眉》《黄莺》《百舌》等咏物词中亦托物起兴，深蕴其亡国之悲和孤臣之叹，如“山花亦似三更血，国事徒伤万古魂”（《杜鹃》），“知君自爱声音远，定选阴阴好树栖”（《黄莺》），“自是耳根难得静，谗言君侧岂吾忧”（《百舌》）等诗句，或是借以抒发诗人亡国遗恨，或是回忆在南明王朝的生活经历，或是含蓄表白遗民不食周粟的民族气节，这与他在编辑《田间文集》时将《伯夷论》放在首篇的意旨是一样的。

三是田园诗作。田园诗是诗人后期诗作的主要内容，在他众多的诗篇中，也以田园诗最富特色，有的文学史干脆就称之为“田园诗人”，认为“在清初田园诗中，钱澄之无疑是一位具有代表性的作家”（朱则杰《清诗史》）。在诗人众多的田园诗作中，组诗《田园杂诗》最具代表性，它多角度、多层面地反映诗人的田间生活，以及经历颠沛流离后对待生活、对待劳动在认识上所发生的变化，如其一：

夙昔慕躬耕，所乐山泽居。忧患驱我远，长恐此志虚。十年一言归，旧宅已焚如。嗟我昆与弟，茅茨倚废墟。徘徊靡所栖，还结田中庐。结庐虽不广，床席容有余。床上何所有？一二古人书。芃芃陂上麦，青青畦间蔬。日入开我卷，日出把我锄。

开篇表达诗人的志趣，并交代自己的担忧，朴素、真实而自然。接下来，通过住宅、陈设、读书、务农等日常生活，表白自己的生活理想和淡泊操守。归田务农，亲身参加劳动，也使诗人对劳动的认识有所提高，摆脱了一般儒生“四体不勤，五谷不分”轻视稼穑的陋习，如其十三写道：“乃知四体勤，无衣亦自暖。君看狐貉温，转使腰肢懒”。再如其十四将“事诗书”的“东家”与“勤稼穑”的“西舍”作比较，得出读书不如种田的结论，因而“从此诫子孙，决志耕不惑”。诗人将亲身的农耕生活体验写入诗篇，读来清新自然、富于生活气息，这也是明末清初部分遗民诗人的共同倾向，亦与陶渊明有类似之处。但钱澄之的田园诗还有不同于传统田园诗的重要特色，即融爱国精神与闲适的田园生活于一体，传递出诗人不肯臣服清朝的民族气节，如前面提到的《田园杂诗》其一、十、十一。

四是广泛反映明末清初的社会现实，揭露清初官吏的横暴，劳役、赋税的苛重，而且多是亲历，堪称一代史诗。他早年曾用乐府旧题创作了一些乐府诗，如《官兵行》《有所思》《东门行》《读曲歌》《战城南》等，虽不脱模拟汉乐府的痕迹，但像“犯法杀人，输金得生，何用自爱死道旁”（《东门行》），“父兄踞要津，男人始作人”（《悲歌》）等描述和感叹，都可以让我们想见明末政治上的黑暗腐败。例如：

水旱频仍父老嗟，飞蝗又见际天遮。耕农去尽田难认，赋税逋多派枉加。窃恐流亡还伏莽，即今盗寇正如麻。朝廷弭乱须蠲免，纵是饥寒且恋家。

——《过江集·杂感》其一

这首诗揭示了农民的悲惨处境：水旱、蝗灾不断，但官府不但不赈灾，反而“赋税逋多”，使得许多耕农只得背井离乡，但背井离乡也难找到安身立命之地，因为到处都是哀鸿遍野、盗寇如麻。这样的诗歌在《田间诗集》中还有很多，如《贼去后过里门》写故里经清兵洗劫后，兄嫂双双亡故，仅留弱女存世的悲惨境地，反映了兵荒马乱给无数家庭带来妻离子散、生离死别的悲惨现实。又如《石牛驿》所描述的“已愁宾客多需索，更苦刁阚难逢迎，朝啼卖女夕卖妇，饥肤戕毁复何有”，反映明末宦官横行造成民众卖儿卖女的惨状。《水口即事》《三吴兵起事答友人问》《沙边老人行》等则反映清初战乱给人民带来的苦难。类似的篇章还有《苦旱行》《水夫谣》《捕匠行》《催粮行》《获稻词》《捉船行》等，从不同角度广泛反映明末清初的社会现实。

钱澄之的诗歌风格在前后期有着明显的变化：早年注名复

社，与陈子龙等交游，其诗颇受明代七子影响：其“五言诗远宗汉魏”“五言似陶公”（沈德潜《清诗别裁》）；七言等“欲出于（唐）初盛之间，间有中晚者，亦断非长庆以下比”。后来投身抗清，败后流亡，颠沛天涯，丰富的生活实践和国破家亡的惨痛经历使他的诗风发生很大的变化：“其间遭遇之坎壈，行役之崎岖，以至山川之胜概，风俗之殊态，天时人事之变移，一览可见。披斯集者，以作予年谱可也，诗史云乎哉？”（《生还集自序》）作者自谦可作年谱，不能称为“诗史”，实际上是可以称为清末实录的。此时不再以三唐为旨归，而是融合前代诗风又具自身的特色：“遇境辄吟，感怀托事，遂成篇帙。既困顿风尘，不得古人诗时时涵泳，兼以情思溃裂，夙殖荒芜，得句即存，不复辨所为汉、魏、六朝、三唐矣。”（《田间诗学》）但诗人的诗风是“屡变而不穷”，朱彝尊总结田间诗风传承是“要其流派，深得香山、剑南之神髓而融汇之”（《明诗综》）。但诗人并不承认这个结论，据纳兰性德《通志堂集·原诗》载：“近时龙眠钱饮光以能诗称，有人誉其诗为剑南，饮光怒，复誉之为香山，饮光愈怒；人知其意不慊，竟誉之为浣花，饮光更大怒曰：‘我自为钱饮光之诗耳，何浣花为？’”可见诗人是务在创新，拒绝模仿。具体说来有以下几个特色：

第一，求真尚质。总览《田间诗集》不难发现，无论是反映时代社会现实，还是抒发自身感受，抑或咏物、吊古伤今、反思历史，种种情事景意无不印有深深的时代烙痕。钱澄之一生诗宗杜甫，最称道杜诗能“体物尽变”“千载而下，读之如当其时，如见其事”（《与方尔止论虞山说杜书》）。创作中他也努力效法杜甫。前期诗作以反映时代社会现实为多，以“诗史”的标准来要求自己，写诗作文都“意在庀史”，钱谦益赞其是“闽山桂海饱炎霜，诗史酸辛钱幼光”。后期隐居，虽然反映现实之作相对减少，但“求真”仍是其努力方向。朱彝尊云：“昔贤评

陶元亮诗云：‘心存忠义，地处闲逸，情真景真，事真意真。’《田间》一集，庶几其近之。”（《明诗综》）

第二，淡语苦情。韩菼《田间文集序》评其诗“冲淡深粹，出于自然”，这一风格的显现有赖于诗人采用了“淡语苦情”的表达方式。“淡语”即白描直写，不加雕饰，不求婉转含蓄，这在上文已做分析。“苦情”则与“淡语”紧密关联，它不仅是“淡语”的内容，而且是形成“淡语”的重要因素。钱澄之一生悽悽惶惶，为国为民奔走呼号。前期举旗抗清，辗转流亡；后期归守田园，不忘民族气节的同时仍在关注国计民生。无论是创作环境或是关注对象都沐浴时代风雨、沧桑巨变，很难心平气和、细细研磨，颇类唐代白居易的新乐府，直面现实，呈直白浅显之势，甚至在表现手法上也类白诗，亦喜在结尾用重笔，直截指斥，公开袒露诗人的情感，如《催粮行》的结尾“君不闻，村南大姓吏催粮，夜深公然上妇床”；《秋水叹》的结尾“君不见卖稻老翁泣诉苦，门外催租吏如虎”；《打旗船行》结尾“君不见江头有盗捕入城，都是昨日打旗船上兵”等皆是如此。朱彝尊在《明诗综》中评价钱诗“深得香山、剑南之神髓”，即指此。

第三，钱诗语言直白浅显，却不粗糙低俗，相反却精于炼字，讲究造语。钱氏膺服杜甫，特别佩服其讲究炼字造语：“杜诗之佳在于格力气韵迥绝诸家，至其体物尽变，造险入神，幽奇屈曲之境，琐屑酸楚之情，一字匠心，生面遥出。”（《与方尔止论虞山说杜书》）。他认为一首诗要写得好，关键在于苦吟，而苦吟的重点又在于每个字的推敲。而要想用准每个字，并不在字面的本身，而是要读书穷理：“古人以诗成名，未有不由苦吟而得者也……其工只在一字之间”“所谓一字者，现成在前。然非读书穷理，求此一字，终不可得。盖理不彻，则语不能入情；学不富，则词不能给意。若是乎一字恰好之难也”（《田间诗学》）。如《嘉善寺》：

古寺壑中好，到来真是禅。松声流夜雨，草色积春烟。钟仆无鸣日，碑残不记年。却因荒寂意，与客更留连。

其中“松声”二句用“流”来形容夜晚风雨中的松涛声，不但有声响还有一种动态感；以“积”来状草色上的岚气，亦更显春色已深。上一句写夜晚、写风雨，下一句写白天、写晴日，不仅构成工整的对仗，而且与下面的仆钟、残碑构成一组深壑山寺的荒寂意象，（其中“草色积春烟”更是一种反衬），这样结句“却因荒寂意，与客更留连”就不仅是诗人的自白，也成读者的共鸣了。所以，从整首诗的构思，对诗句的对仗造语，到字词的锤炼锻造，皆可见苦吟和推敲的功力。再如《水村即事示诸从子》（其四）：

近水山都小，穿湖路尽通。帆低归浦雨，伞敌到家风。门绣苍苔涩，堤号老树空。全家生活计，都在淼茫中。

其中“门绣苍苔涩，堤号老树空”句中“涩”“空”二字是诗人刻意追求的“响”，既生动展现出客观情境，又是诗人心情的精准写照，同时还带出“为何而空，为何而涩”的悬念而开启下文，为结句“全家生活计，都在淼茫中”做好铺垫，诗味也因此顿提，变得绵延而深远。

三

钱澄之的散文创作收录于《田间文集》。文集共30卷，多为钱澄之归隐田间的后半生所作，可以说比较全面地反映了他的生活经历、交游、政治理想、文学思想、经史观点和遗民气节。

《文集》中有不少篇目是记述其经历和交游的，这类文章可与其年谱相互印证，几乎是晚明社会政治以及安徽一带重大事件的实录，如《文学刘臣向墓表》记述的在江淮影响颇大的“中江社”“六皖知名士翕然景附”，实际上却是“附挡之流”用来引诱“皖士”的道具。《武塘慈云寺中元荐亡儿哀辞》记载其爱子丧于盗手，晚年的他却无力申冤的惨痛心路历程。在为友人所作的墓表、祭文和诗文序中，也从侧面反映了遗民集团在晚明清初的遭遇，带有鲜明的时代特色。其中有钱澄之所崇尚的先辈左光斗、杨涟，也有他的同志和战友夏允彝、陈子龙等。通过这些人物传记，一代遗民的命运可窥见一斑，如《书瞿张唱和诗后》即是记录清兵南下时拼死抵抗、英勇殉国的桂林留守瞿式耜与侍郎张同敞的生平与友谊；《哭仲驭墓文》则是记“倾家措响，誓众聚兵”，明知“事且必败，而志不可回”，兵败赴水而死的钱仲驭，皆写得慷慨淋漓，悲愤情深。

《文集》的另一个主要内容是反映其治国方略和施政主张，表现他对国之安危、民之忧乐的深切关注，闪耀着进步理想的光辉。钱澄之生于乱世，却“负气慷”“思立功名，以济世难”，可惜“大厦覆矣，一木岂支”。《文集》中的卷六是钱澄之拟给崇祯帝有关取士用人的建议书。在《拟上兴学取士书》中，他大力抨击八股取士，认为“以文取人，本属无用”，会使“天下之士皆薄行谊而重文艺，益舍实学而尚浮辞，人才之弊，由此其极也”。钱澄之强调实践的重要性，尤其是基层的州县官员更应选用有经验者，在《拟上保举用人书》中，他说：“州县之职不宜以为初任之官，彼其官小，而于民最亲，民之安危所系，即国家之治乱由之。”《文集》卷三和卷七则主要表现他的政治观点和针对实际问题的改革措施。这类议论往往独具慧眼，发人之所未发，如《大吏论》对大吏的职责作了有别于众人的定位，公然反对大吏的事必躬亲，认为这并不有利于治吏；《举吏论》中，他认为民生之困十之有七是坏于吏，认为“吏之非生而贪污者，由上之资格有以致之使然也”，而欲除此弊，“莫如重吏，清其途，而不限其所进”。这都表现出他与众不同的政治眼光。

《文集》中的《所知录》是记南明王朝隆武元年至永历五年间的史事。前后时间虽不到七年，却是南明史上极为动荡、极为惨烈、极其重要的一段时期，钱澄之作为亲历者，真实地记录了当时发生的一系列重大事件，为这段历史留下第一手资料，如：隆武朝的建立，李自成余部的归并，何腾蛟的协调众方，郑芝龙的擅权误国，黄道周的慷慨就义，隆武帝的败亡，绍武朝的短促兴亡，永历朝的建立，桂林保卫战和瞿（式耜）焦（琏）的作用，金声桓、李成栋的反正，永历朝臣的内斗，何腾蛟的死难，两广的丧失、瞿（式耜）张（同敞）的殉节等，后来清廷的史臣对此或是回避，或是辗转记录、主观臆断。钱澄之作为亲历者，所怀情感虽极为强烈，而作为史书的载述却平实严谨，比较客观。作者对这部著作也看得极重，乃至终生难忘。他70多岁时，还与一位友人论及此书：“足下称仆《所知录》，仆何敢当？然此二字，固仆平生自矢。以《所知录》为名，明其不知者多，然犹恐知之未悉也。此事甚大，何时与足下抵掌深论，各出其所知以互相质证乎？仆年过七十，一日尚存，未敢一日忘此志。”（《复陆翼王书》）本书还有个独特之处，即所记史事之下多系以相关诗篇。一些人不理解，认为有违史体，实际上作者是有意为之，别有怀抱。清末著名南明史家傅以礼曾道出作者所不便说出的深意：“恐涉嫌讳，未便据事直书，不得已托诸咏歌，著补纪所未备。观例言所称或无纪但有诗，或纪不能详而诗稿转详等语，即知其苦心所在，乌得以寻常史例绳之。”《所知录》的价值，当时即有很高的评誉，除上面所引的陆元辅（字翼王）赞其“文直事核”外，黄宗羲也曾曰：“桑海之交，纪事之书杂出，或传闻之误，或爱憎之口，多非事实。以余所见，惟《传信录》《所知录》《劫灰录》，庶几与邓光荐之《填海录》，可考信不诬”。连平素论人苛刻的李慈铭对此书亦颇为称道：“田间言是录所记较诸野史为确，洵然。其议论亦多平允，与袁特立、刘客生、金道隐皆为交契，而叙‘五虎’事颇无恕辞，可知其持论之公矣。”（《越缦堂诗文钞》）

钱澄之散文风格，为钱文集作序的韩菼曾概括为“冲淡深粹，出于自然”（《田间文集序》）。具体说来，有以下三点：

首先，情真意切。“情真”可以说是《文集》最鲜明的特色之一。钱澄之在给友人诗文所作的序跋中，多次提到“情”的重要性：“诗本性情，无情不可以为诗”（《陈二如意序》）“情至而文生也”（《程姜若松州杂著叙》）。钱澄之本人作文亦是“情真事切至，使人欲悲欲喜，不能自已”。钱氏散文中，最能体现重情特色的，莫过于为家人、友人写的行略、祭文。在《亡儿满州里祖尘卒纪略》中，他回忆儿子从出生到丧命的点点滴滴。忽闻儿死讯时的怀疑不信，儿亡后，其身前的细微小事如今都如潮水般浮现在老父面前：因奔窜失学而为己不喜，不会治生而为己詈骂，而儿的聪慧、至性、至孝却被自己忽视了。而今天人两隔，只能告慰儿子孙平安，儿之魂地下岂有知哉？这样的白发人对黑发人的诉说，其痛心之情摧人心腑。在追祭亡友杨嘉树的祭文中，忆初见时友之神采飞扬，思友之宽厚仁恕，赞友之天生之才，叹友之鲠直与时相忤，痛友之怀才不遇郁郁而亡，为友之命运多舛而鸣不平，不由发出“痛哉，痛哉”的呼号（《哭杨嘉树文》）。全文情真意切，动己而感人。

其次，自然本色。钱澄之认为文章由自己性情发而为言，词达而已，不必刻意追慕大家，为陈言所锢。这样写出的文字就清楚明晓，即使与大家有相重相左之处，观点有瑕瑜互见之处，也是由自己胸臆出，这就是自然，就是本色。其说是受公安派“性灵说”的影响，袁宏道曰：“独抒性灵，不拘格套，非从自己胸臆流出不肯下笔。”钱澄之也谓“大抵以本色为佳。夫本色，固不妨于纯驳互见。……若必求尽去其病，因以丧失其本色”（《容集序》）。钱澄之所作无论是论说文还是记事文，无不遵从自然本色的准则，不滥用典故，文章思路明晰逻辑性强，叙述清楚，有说服力。世人论三国，喜刘恶曹几成定论，钱澄之却大胆提出新解，并运用实例加以论证：“人斥操挟天子以令诸侯，则驳之操天下以百战取；人斥操欲覆汉室，则驳备岂真欲汉；人斥操奸雄，则驳备取璋之负心，本心可见（《三国论》）。”全文有破有立，条理分明，说理明确，陈言务去。其观点无论是否符合史实，但言之有物，出自己胸臆，可谓自然本色。

再次，理明气畅。他认为文章如人，无气则无神。缺少了“气”，文章就会无筋骨，即使文辞情感再好，也立不起来，缺乏一种感染人的精神、气度、风采。有气则情随之曲折起伏，摇曳生姿，更加动人；这样才会畅达，如风行水上，“行乎其所不得不行，止乎其所不得不止”。达到这种境界，文章才能真正自然融通。至于怎样才能“气畅”，作者认为必须“理明”：“理明而气自情真、词达、自然，浑融一体、水乳交融。故养气莫如穷理，穷理莫如读书”（《毛会侯文序》）。钱澄之之文确有股沛然之气贯注其中，其“理明气畅”的特色在论说文中体现得尤为明显，如在《形势论》中，他首先指出攻守在乎天时、地利、人和，并非由“形势”而定。然后以刘邦、项羽为反例，驳由南攻北之不易；再以曹操、苻坚为正例，论由北攻南之易。接着顺势由谈攻守转论人事，由汉、唐末季，乱贼入关如践无人之地，得出惟恃德者方能守国。文章理足而气盛，才气骏发又一气贯注，理明而辞畅。

钱澄之在清初知识层尤其是遗民中行辈甚高，学术上也有自己的根底，所作《田间诗学》《田间易学》笃实有功力，诗文又富盛名，因此在清初影响颇大。清诗诸选本中，他常被置于醒目的位置：陈维裕的《健衍集》开卷第一人第一首诗便是钱澄之的七古；钱谦益的《吾炙集》选录澄之诗作最多；卓尔堪《明遗民诗》录诗百首以上的仅杜潜、屈大均、钱澄之三人；雍、乾时，刘大櫆选《历代诗约》，清初部分只录钱谦益、吴伟业、王士祯等名家，钱澄之也在其中。很多诗话、诗文评对田间诗文集也多赞誉之辞，如韩菼在《田间文集序》中说："读先生之诗，冲淡深粹，出入自然，度王、孟及陶也。"朱彝尊用昔贤评陶元亮"心存忠义，地处闲逸，情真，景真，事真，意真"来评价钱氏的诗歌；姚文燮在《无异堂集》中论曰："饮光南渡时，党锢之命，流滞岭峤，归则皤然老头陀矣。好饮酒诙谐，放浪山水间，每酒后谈说平生，声泪俱下。时时吟诗，不拘一格，上有汉魏，下迄中晚，随兴所至即为之。古诗感慨讽谕，婉而多风，直得古《三百篇》之旨。"（引自陈田《明诗纪事》辛签卷十）萧穆说："是集诸诗，皆记出处时事，无意求工，而声调流美，词采焕发，自中绳墨。"（《〈藏山阁集〉跋》）；徐世昌《晚晴簃诗汇》评曰："原本忠孝，冲和淡雅中，时有沈至语。"（卷十六《诗话》）。钱澄之的白描手法对后世诗人如查慎行就颇有影响。但是，钱氏的诗文创作的成就与目前的研究现状极不相称，不但参研者为数不多，而且学术成果也颇寥落，且多停留在资料整理和述论这一初始阶段。钱澄之诗文的整体研究还有待于进一步推动和深入。好在《钱澄之文集》六卷已有诸伟奇、彭君华等人整理出版，为钱澄之研究的进一步深入做好了准备。

（原载《安徽农业大学学报》（社会科学版）2010年第1期）

“留得真诗在人间”

——论钱秉镫的诗

◎马亚中

钱秉镫，字幼光，号田间，桐城人。在明末清初“以文章气节，著声海内”。[①]方苞兄弟早年尝亲承謦欬。方宗诚在《制城文录叙》中曾说：“桐城之文，明三百年至钱田间先生渐就博大……虽未尽雅洁，而已开方、刘、姚之渐矣。”刘声木也认为“其论诗文实开桐城诸老之先河”。[②]钱氏不仅能文，“诗尤杰出”。刘大櫆《历朝诗约选》遴选汉魏至清初著名诗人的作品，于本邑只录钱氏一人。因此若要全面地研究桐城派的诗文，就不能不首先注意到这个“振于有明晚季”的著名作家。

幼光生于明万历辛亥。知事之年，正值明王朝内外交困，“冬雷”震震的时候，崇祯政权像一架坏了闸的沉重的铁车，已无可挽回地从陡坡上滑向深崖。国家民族的危难激发了诗人经世的热情。他尝以“明经贡入京师”，出于对国计民生的深切焦虑，“屡上书言时政得失”[③]，无奈贾用不售。之后又“游吴越间”与同邑方密之、云间陈卧子、夏彝仲结社应

---

① 方宗诚《江待园诗钞叙》。

② 刘声木《苌楚斋三笔》《柏堂集后编》卷八，《直介堂丛刻》，庐江刘氏铅印本1929年版，扫叶书房1929年版。

③ 郑方坤《清名家诗人小传》。

和，[1]在野议论朝政。北京陷落后，福王朱由崧由马士英拥立于南京。阉党阮大铖死灰复燃，重新得势，修怨东林。幼光为避党祸，亡命三吴。南京破，又佐钱棅举义抗清，败于震泽，妻孥沉江。遂间道入闽，事唐王。闽破，幼光复庋岭走粤，追随桂王，连上二疏请急营江西，以图恢复，不用。终由御试而入翰林。庚寅之秋，又西上桂林，冬十月返，过梧州，道遇南败溃兵，始知皇御南行。从此失路，禁罔潜踪，亡命归里。幼光将自己宝贵的年华与民族的兴衰，百姓的哀乐紧紧地联系在一起。这段崎岖绝徼、间关万里的生活经历既铸就了他的个性，又丰富了他诗歌创作的内容。钱谦益尝赞古今以来的优秀之作为"有本"之诗，这些诗"结轖于君臣夫妇朋友之间，而发作于身世逼侧、时命连蹇之会"。幼光之作正是"槎枒于肺腑，击撞于胸臆"，一本于自己对曲折艰难的生涯的真切体验，而不存半点"客气假象"。

朱彝尊选《明诗综》至幼光诗而赞叹曰："昔贤评陶元亮诗云：'心存忠义，地处闲逸，情真景真，事真，意真。'《田间》一集，庶几其近之。"竹垞拈出一个"真"字来评价幼光之诗，是对幼光诗歌的艺术成就的极好概括，幼光早年曾与继迹七子的陈子龙辈相游，其自序《生还集》亦谓自己"五言诗远宗汉魏"而"七言诗及诸近体""皆欲出入于初盛之间"。可见其作诗宗旨乃与明七子、陈子龙辈相去不远。但其师法前人，却不同于明七子，在"神理"而不在"字句"。他学汉魏初盛，乃是着重学其情真意挚，质朴充实，天然浑成，立足现实的精神，他在《与黎博菴先生书》中曾说："仆尝语人曰：使余为文以谀子亲，一如子之所欲谀，譬如写生者为写其亲端严妙丽而讳其所不足，美则美矣，然非其亲也。夫写生者亦得其似而已。若之

① 徐璈《桐旧集》引《郡志》语，1927年影印本。

于人则必传其真也。”所强调的也是一个“真”字，为了“传真”，他反对浮辞芜言，反对矫揉伪饰。他自评《生还集》尝说：“断自弘光元年乙酉，迄永历二年戊子冬止……其间遭遇之坎坷，行役之崎岖，以至山川之胜概，风俗之殊态，天时人事之变移，一览可见，披斯集者，以作年谱可也，诗史云乎哉？”为他的诗歌能真实表现自己的生活经历以及时世风俗而感到骄傲。

幼光的诗真实地表现了明末清初的时代风云。他曾在《咏怀》诗中哀叹道：“昏鸱作鬼啸，听者赏其清。猵狙自言好，还见丽姬惊。志士多贱辱，鄙夫负令名。瞶瞶满天下，清浊何由明。”这首诗无疑是诗人对“时世”的“触发”。当年屈原“嫉王听之不聪也，谗谄之蔽明也，邪曲之害公也，方正之不容也，故忧愁幽思而作《离骚》”尝悲愤地唱道：“世混浊而嫉贤兮，好蔽美而称恶”，“户服艾以盈要兮，谓幽兰其不可佩”，“苏粪壤目充帏兮，谓申椒其不芳”。殊不知二千年以后，在崇祯末世社会又一次地陷于楚怀王时的那种混浊黑暗之中，这怎不叫爱国诗人“泪下如流泉”呢！诗人不仅要悲咏“志士多贱辱，鄙夫负令名”世混浊而不为用的愤嫉之怀，而且更将笔锋投向具体的现实人生。诗人在《感时》诗中写道：

也知国计正艰难，其奈闾阎已尽残。
言利重臣惟括饷，作奸老吏善增官。
诏书屡问灾伤苦，课最宁教赋役宽。
来岁田荒民且散，凭谁据实报长安。

这种赤裸裸的揭露、深刻的讽刺、沉重的担忧，体现了诗人一片为国为民、勇敢无畏的赤诚之心。诗人还在《大水歌》中描写了遭受大水灾害的百姓刚刚安定下来，又接踵而起的烦恼，眼前墙摧禾倒，满目凄凉，拿什么去交纳官赋呢？诗人用反笔说道：“白头老翁休叹息，秋来官粮逋不得，回家早计卖妻儿，如今九年之水尧不知！”在这故作豁达的劝慰底下，滚动着作者断肠一样的哀痛和烈焰般的激愤。世事糜烂至此，怎么不叫李自成、张献忠辈揭竿而起呢！诗人虽然是忠于明室的知识分子，但他此时也无暇顾及“温柔敦厚”的诗歌了。诗人在《官兵行》中还描写了官兵的横暴，他们搜刮百姓，枉滥无辜。诗曰：

榜人船头快招手，泊船送钱毋多口。
勿令指作渡江贼，缚去请功枭汝首。

这样的官兵又怎能抵挡李张大军呢？诗人不仅如此这般地表现了百姓的苦难、兵丁的贪狠，还揭示了当时社会的一些特定的现象，如他在《悲歌》中写道：“廉吏不官善地，贪吏不死狱……有钱通鬼神，雷霆车轮转”，较为深刻地反映了明清之际随着商业经济的繁荣、货币流通的加速、金钱日益起着决定作用的社会现实。

作者对现实社会的揭露和批判有时甚至还表现为对皇帝的批评。如《咏怀》《感时》《大水歌》诸诗都表现了诗人对崇祯的不满！他在《悲歌》中说：“闭门能绝交，可以为大臣”，在《成宝慈侍御被逮北上》中又激愤地慨叹：“谁争张俭死，难上李云书”，其锋芒所指，直射九天。所谓“闭门能绝交，可以为大臣”，乃是崇祯当政后的一种特有的政治现象。崇祯临朝十七年，更相近达五十人，可谓是前无古人、后无来者。明季党祸频兴，欲置人于死地，无疑以羼人于党籍为最易。明哲保身，唯有不同是非，闭门绝交为是。一旦仗义执言，卷入党风，则往往黑白莫辨，冤死也“难上李云书”。这里很明显是寄托诗人对崇祯不分芬草、萧艾，不善纳谏用人的讽喻。在南明朝廷，诗人又亲见“武夫悍恣，纲纪陵夷”，[①]奸人逞凶，贤人见逐；庸主碌碌，危机四伏的现状。他的《梧州杂诗》《岭南留后入朝纪事》等诗则是对这种“诸侯多跋扈”“驾驭本虚名”[②]“朝廷波浪中”[③]的现状的纪实，而他的《悲愤诗》《震泽》《山行》《过昌化感旧》《荒刹》《出黄土隘》《行路难》等诗则又非常真实地叙述了他举义抚清、又追随南明小朝廷，最后失路潜归的“忧心一何窜”[④]“崎岖万里天”[⑤]的经历，归乡以后，他又写了《金陵即事》《扬州访汪辰初》《田园杂诗》等作品，真切地反映了胜国遗民隐匿山林的那种“经年痛饮酒”“委顺生死间”[⑥]的处境及其感慨。

幼光不仅以自己对生活的真切体验，来真实地反映明季社会的动荡现实，而且还能真实地袒露出自己内心世界的矛盾、徬徨和痛苦。梧州溃乱以后，南明大势已去。作为一个爱国志士，他却并没有像他的许多前辈那样慷慨激昂，大发一通尽忠报国的热血之辞，然后一死成仁。虽然国破家亡，他的精神受到了沉重的打击，但他的性格坚韧，他还想活下去，然而这眼下是怎样的一种处境和心绪呢？他的《行脚诗》曰：

佛法人情两未通，麻鞋钵袋任西东。
衣冠莫笑当场戏，棒喝难施半死翁。
往事是非都说梦，新年忧喜但书空。
云山何处堪行脚，依旧临江哭路穷。

---

① 汪德渊《藏山阁集序》。
② 钱澄之《藏山阁集》卷十一《岭南留后入朝纪事》。
③ 钱澄之《藏山阁集》卷十二《梧州杂诗》。
④ 钱澄之《藏山阁集》卷八《出黄土隘》。
⑤ 钱澄之《田间诗集》卷二十四《扬州访汪辰初》。
⑥ 钱澄之《田间诗集》卷八《田园杂诗》。

幼光曾经有过许多热烈的追求，但是他的满腔经略不得施展，满腔热血无济于时，到头来反失路奔窜，迫为行脚之僧。幼光是真诚的，他不愿欺骗别人，也不愿欺骗自己。他尘根未断，民族的沦亡、斗争的失败所激起的抑塞感怆之情深深渗透进了他的心灵深处。此时他是不会领悟到四大皆空的佛旨的，他只能饱含着悲哀的眼泪看他自己啊！他既不能真正地进入空门，又不愿横剑自刎，将自己的尸首抛弃在南国青山。他要归去。他在《将归操》中唱道："维漓江之水兮，清且涟漪，欲涉不涉兮，中心然疑：家既以毁兮，于谁爰止？久留南土兮，抑又何依？天地浩荡兮，莫知所之！归兮，归兮，丘垄在目兮吾不可以久……"这里也设有壮怀激烈的陈辞，有的只是催人泪下的实实在在的内心剖白。作者虽曾犹豫徬徨，茫然若失，但扎根于心灵深处的传统的重土观念，很快使他找到了目标。孕育他成长的家乡的山山水水，才是他叶落归根的地方。那里有他活着的亲人，那里还埋葬着他殉难的妻儿，那里有他的祖茔，那里有他生根开花的土地，那里还曾编织过他青年时代多少美丽宏大的梦想！因此他要归去。这是完全合理和自然的。在桐城的山野里，他当了遗民。但他也没有因此而以隐士自居，忘记了过去的一切。他活下来了，然而支持他苟活下去，并聊以自慰的却并不是那么理想化的高尚的精神支柱，他在《田园诗》中袒露说："人生会有尽，行止非自由。止亦不可趣，行亦不可留，如何柴桑叟，汲汲为此忧，经年痛饮酒，冀以忘其愁。吾身听物化，化及事则休，当其未化时，焉能弃所谋？有子亦须教，有田亦望收，天心与人事，何息不周流，我不离世间，而愿与天游"。……诗人内心有着作为遗民的痛不欲生的悲哀，但他又本能地想平安地生活下去，解决这个矛盾的是"酒"，更是"顺天知命"的人生观点，只有抓住了这个人生观点，才能理解诗人后期诗风逐渐转变、归于淡朴的情形。

诗人不仅叙事表意真实可信，而且抒情真挚有很强的人情味。幼光对父老亲友一往情深，欲悲即悲，欲喜即喜，不藏半点假，他的《哀吟》诗是他对先考的一组悼诗，其一曰：

稚孙放学绕庭闹，每近黄昏念不归。
小婢厨中先觅饵，阿奴门外早牵衣。
挽须问字娇痴惯，著膝争甘嗔喝稀。
今日不知人已去，穷皇犹欲叩双扉。

诗人在诗中，只是回忆了祖孙之间琐小的趣闹，但深沉思念的苦涩之味却从中缕缕渗出。透过先父对其孙子的厚爱，我们在作者的眼睛里可以清楚地看到正滚动满眶哀伤的泪珠。他在含泪低吟。

幼光在描写人物个性以及山川景物的时候，也具有很强的真实性，这种真实性往往是建立在对客观对象具体可感的特征的刻画之上，如作者笔下的父亲：“深谈每忆接高贤，无可谈久兴索然。断黑便呼消夜酒，醉行几步上床眠”。（《绝句》）作者并没有因为写的是先父，就笔下留情，加以伪饰，而同样能非常准确地捕捉住人物的个性特征，将他那种不拘小节的粗放神态淋漓尽致地描绘出来，人物就好像是从纸上跳将下来，醉醺醺地奔向大床，倒头便睡。

他所描写的劫后万安寨也历历可辨，诗曰：

瓜死去年篱，箩干古时瓦。
茅屋咽哭声，一二老妻寡。
此地经兵烽，山川至今赭。
田禾老未栽，农月行已夏。
山寺岿然存，松风吹潇洒。

幡飚龛灯灭，苔蚀殿钟哑。
门仗居士闭，壁听游人写。

——《万安寨》

乱后景象，荒残凄凉，连象教之所也只存下破败不堪的躯壳。作者的描写可谓是细致入微，读后真使人有身临其境之感。

诗人的现实主义精神和真率的审美情趣，使他在语言表述上也就形成了质朴自然、平顺流畅的特点。诗人的语言质朴无华，并非粗俗浅陋，它以汉魏乐府、唐宋古文中富有生命力，表现力的语言为主，又浸润于现实生活的甘露。而所谓平顺流畅是指诗人经常采用的句式而言。诗人很少采用拗句。钱诗语句大都按照正常的语法逻辑顺序构成，结构也比较完整、音节节奏与语意单位也大多按常格协调配合。读来琅琅上口、流畅如话。如《扬州访汪辰初》之二：

犹忆城隅访旧年，孤踪早上汉阳船。
一家局促三间室，廿载崎岖万里天。
笔墨资生何处卖？艰危纪事异时传。
白头相见留深坐，又损瓶中籴米钱。

全诗句子结构都较完整，而且这种结构顺序与音节单位和语意单位大都吻合，显得十分平稳。他不像宋人，无意在遣词造句方面争奇斗胜，他所追求的是率真自然的诗美。这方面，显然是受到了白居易的影响。

诗人语言表达的质朴自然、平顺流畅，句法结构等一般只属表达方式，只有当它们被用于表现诗人心灵之意象和体验时，才会显示出艺术的价值。

幼光是一个有胆略的爱国志士，有着坚韧不拔的毅力。他不属于那种感情激烈，然而却比较脆弱、缺乏韧性的人。他不像一块易断的钢，而更像一块坚硬的橡胶。他的理智，顽强而清醒；他的感情浓郁而深沉。艰难的岁月，又决定了他的创作风格。由于他具有很强的理智，又是清醒的和真率的，因此他在自己诗的意象化过程中，不像屈大均的诗那样飞腾变幻，奇象环生。而是长于准确描摹，经过理智制约和感情过滤的意象。如他的《移家当门纪事》宛同一篇纪事散文，非常逼真地叙写了崇祯十四年遇乱，全家迁往南京的始末，如描写移家时的怆惶：“清晨舣舟楫，欲发未能遄。白马掣电来，篙橹纷纠缠。甫能捩柁转，矢石及我舷，嗟嗟五步内，儿以颈血溅，妻儿惊卧病，战悸欲戒癫。腐儒手足乱，至今一指挛。”又写移居后的狼狈：“奔走城西隅，僦居仅有椽。虽无门与扉，次第竹可编。入门乏床褥，烂熳睡一毡。朝寒不能起，坐拥衾中绵。客至无榻施，席地草绵芊。汲井缺瓶绠，日午未炊烟，小儿叫索饭，苦遭严母鞭，大儿强解事，忍饥剧可怜。”几乎完全是对体验最切，印象最深的记忆表象的整理描述，细节生动真切。在诗的意象化过程中，能择取体验最切、印象最深的记忆表现进行有机整合。这是一种近于速写的艺术功夫。诗人在这方面是很成功的。如《扬州访汪辰初》诗中的“识者疏”“草深”“寻巷入”“闭门居”“惊蛮语”“只《汉书》”等等无不切合汪辰初这个年迈的爱国遗民的身份。无一句不是具体的细节，又无一句不是概括的。作品的概括性就体现在特征鲜明的细节之中。

当然作者也有一些作品的想象方式并不是完全按照现实生活的本来面貌进行的。如他的《咏怀》之一就完全超离了现实世界而进入到天国的仙境，作品中的意象的构成因素虽然也来自记忆表象，但诗中的这种综合的意象本身却不是现实中所有的，它是记忆表象的不正常的组合。但即使是这类作品也不同于李白的那种顺着汹涌的情感洪流，上天入地、随意驰骋式的对幻境的描绘，幼光的作品完全是在理性的编导之下展开的，它其实只是现实生活中诗人屡屡上书，而不见采用的真实事件的隐喻。诗作内在的意象的有机整合实际上还是按照诗人经验过的生活逻辑进行的。作者还有一些作品，特别是律诗，往往不是用直接体现表象的语言来传达意境，而是采用一些典故间接曲折地表现意象。然而这种方式并非作者所擅长，不能代表他的风格。

由于作者的感情深沉而内蓄，因此在作品中一般并不采用山洪爆发式的表情方式，而往往是让自己的感情像凝重浑厚的油一样缓缓地流淌开去。这种方式与作者想象方式是密切联系的。早在作者感知并体验现实生活的时候，就已经在记忆深处打上了情感的烙印，由于诗人的想象方式几乎完全是对印记深刻的原始的记忆表象的直接激发，几乎完全是按照现实的本来面目而展开。因此他的情感也往往附丽于记忆表象的展现而得以自然地流露和抒发，这样就形成两种特色：一是情寓于景、情随象生，一是由于并不单纯抒情，或者为情而织象，这样也就不大可能造成喷发式的抒情方式，如前面所例举的悼父诗就是一个典型的例子，诗人是在对其父的一些往事的生动描绘中缓缓地流淌他的感情的，再如作者在梧州失路的潜归途中，他的失而复得的唯一幸存的、形影不离的儿子却又“无端惨死”。这对作者来说无疑是一个晴天霹雳，巨大的不幸向作者袭来，他的内心深处的悲痛是可想而知的，但是作者在诗中并没有狂呼呐叫，却是这样写的：“孤儿相失已三年，万死蛮烟觅汝还。日夕牵衣今又散，乱山何处哭苍天”（《行路难·失子》）。一直写到最后才忍不住地用了一个哭字，其余只是采用叙述性的语言，非常朴素地交待了他儿子失而复得，如今又得而复失的整个过程，既概括又具体，但在这具体的叙述之中却又凝结着诗人多少的悲哀呵！但这种悲哀并没有直接喷发出来，而是借助于对过程的叙述而沉重地流淌了开来。幼光诗的这种抒情方式，使人读后如饮陈酿，醉人至深、经久不衰。

（原载《江淮论坛》1985年第3期）

血与火的史诗

——论钱澄之歌行

◎姜克滨

清代歌行[①]研究热点在于梅村体，吴伟业作为清初的歌行大家吸引了许多学者的目光。但清初歌行兴盛一时，流派纷呈，除了“梅村体”歌行，更有许多值得研究的歌行诗人。近年来，随着清诗研究的深入，越来越多的歌行诗人被发掘出来，钱澄之就是其中一位。钱澄之的歌行主要录存于其《藏山阁集》，由于此集多纪史事，对反清斗争和清军暴行多有记载，被清朝统治者严加禁毁，长期以来仅以抄本流行，许多人对此集知之甚少。龙潭室主在《藏山阁集序》中说：“惟藏山阁集以多忌讳语，未能付剞劂。其已刊行之诗文集亦列入四库违碍书目，版籍不存，识者憾焉。”[②]《藏山阁集》直到光绪三十四年（1908）才得以整理出版，钱澄之诗歌创作的全貌才渐渐被人所发现。钱澄之有许多歌行佳作，“诗史”创作成就斐然，在清初诗坛，足称大家，在当时影响很大。而这样一位在清初诗坛占据重要地位的诗人，学界对其重视程度不够，许多作品鲜有人去研究。在现如今流行的文学史教材中，介绍非常简略。而一直以来，钱澄之被看作田园

① 对于歌行的界定，学术界有不同看法，本文采取的是大歌行观，见薛天纬《歌行诗体论》，《文学评论》2007 年第 6 期。

② 钱澄之《藏山阁集》，黄山书社 2004 年版，第 4 页。

诗人，如朱则杰先生《清诗史》第六章第二节专门论述了其田园诗。钱澄之早期的充满斗争精神的作品往往被人忽略，钱澄之早期所写大量反映社会现实、时代巨变的歌行，更能体现他的诗歌特色。近三十年以来的研究论文也为数不多，较重要的有马亚中《留得真诗在人间——论钱秉镫的诗》，以及王俊才《钱澄之评述》等，在这些论文中，一般多为通论，未对钱澄之歌行作专题研究，正如杨年丰在《钱澄之研究综述》一文中所说："对于钱澄之较有特点的诗学观及诗歌艺术特色的论述还欠深入。"[①]对于钱澄之的诗歌成就，赵永纪先生在《钱澄之的诗和诗论》一文中说："无论从思想内容，还是艺术成就而论，钱澄之都无愧于清初有数的重要诗人之列。"[②]钱澄之的歌行作品有着鲜明的风格和时代特色，在明末清初诗坛有重要地位，因此作一番研究非常必要。

一

钱澄之（1612—1693），初名秉镫，字饮光，号田间，安徽桐城人。明末爱国志士、文学家。明诸生。1645年，清兵攻陷南京，福王政权瓦解，澄之参与起义失败，妻方氏及女殉难，他与长子逃入闽中，后辗转入桂。南明桂王时，担任翰林院庶吉士。著有《田间诗集》《田间文集》《藏山阁集》等。钱澄之诗中多纪清初史实，有关南明隆武、永历两朝的时政，对清廷暴政多有揭露、批判。钱澄之诗无论从内容还是艺术上看，都有很高的价值。邓之诚《清诗纪事初编》中曰："秉镫颇负文名，诗文有法，吐辞骏快可喜，尤善论事。四十以后，与海内名流酬

① 杨年丰《钱澄之研究综述》，《苏州大学学报》2009年第6期。
② 赵永纪《钱澄之的诗和诗论》，《阜阳师院学报》1986年第1期。

酢，辈行日尊。”吴宓在《吴宓诗话》明遗民诗条曰：“《明遗民诗》二册，其中最佳之诗，仍不外瞿兑之《古今名诗选》所已选入之二篇，即（1）杜濬《初闻灯船鼓吹歌》……（2）钱秉镫《田园杂诗》最末一首。”收入钱澄之《藏山阁集》中歌行作品约有84首，多数反映明末清初的社会政治、民生疾苦，艺术水平很高。钱仲联先生曾说：“钱秉镫《藏山阁》诗主要写参加抗清活动，以后《田间诗》写回乡隐居。前者主要反映民族矛盾，后者反映阶级矛盾。”[①]钱澄之歌行，学者对其评价很高，如汤华泉先生在校点本《藏山阁集·序》中说“（钱澄之）七言歌行诸篇多能大气包举，开合自如，笔力雄健，顿挫抑扬。作者用此体颂战功，悼忠烈，具有一种荡人心魄的力量；刺时政，抒愤懑，能引发读者强烈的共鸣。”[②]钱澄之《藏山阁集》中的歌行作品如一面镜子反映了明末清初战争给人民带来的巨大痛苦，其作于1644年到1648年《生还集》不仅描绘了各地义士的抗清活动，而且也表现出作者一心抗清、不屈不挠的革命精神，是作者最重要的诗歌作品。

钱澄之继承了杜甫诗歌现实主义传统，诗歌多反映社会现实。钱澄之多从“实录”精神出发，诗歌真实记录了易代之际的风云变幻和人们的遭遇，“诗史”之称并非过誉。其在弘光朝时，对当时“南明三大疑案”，作有《假亲王》《假后》《假太子》三诗，详细记述了三案始末，对众说纷纭的疑案提出了自己的看法。由于作者对南明史事较为熟悉，因此三首诗可以起到“补史之阙”作用，史料价值极高。他的许多诗篇反映了易代之际清军屠杀人民的史实，如《虔州行》等诗，反映了当时真实的历史状况。《哀江南》以组诗形式为因抗清牺牲的陈子龙、夏允

① 钱仲联《钱仲联讲论清诗》，苏州大学出版社 2004 年版，第 30 页。

② 《藏山阁集》，第 5 页。

彝、祁彪佳、刘宗周等人立传，人数多达三十九人，使他们的抗清事迹彪炳史册。除此之外，钱澄之的诗歌还是他一生抗清、出生入死的战争日记，如其《行路难》以六十四首的篇幅详细叙述了他逃难于粤，九死一生，时刻面临被掳、被杀的凶险状况。他在《生还集》自序中说："其间遭遇之坎坷，行役之崎岖，以至山川之胜概，风俗之殊态，天时人事之变移，一览可见。披斯集者，以作予年谱可也。诗史云乎哉？"[①]钱澄之的诗歌真实记载了诗人的行迹，如同一本年谱，诗人的行动与思想的变化都隐含于内。钱澄之的《生还集》将易代之际诗人的所作所为表露无遗，诗史意识的微观层面转向了诗人的个人生活经历，从诗人之经历来折射整个社会的沧桑巨变。

钱澄之歌行以战争题材见长，《藏山阁集》中描写战争时事的代表作品如《虔州行》《虔州死节歌》《虔州续歌》《哀江南》《悲湘潭》《悲信丰》《悲南昌》等。《虔州行》是表现隆武时虔州（即赣州）之战的歌行，一系列虔州题材的作品组成了一幅波澜壮阔的历史画卷："烟冥冥，雨啾啾，黄昏鬼火遍城头。行人白昼不敢过，问之乃是昔虔州。虔州地形控江楚，关税兼通闽粤贾。船上珍珠不值钱，城中养女能歌舞。闾阎扑地楼插天，家家日暮喧笙鼓。渔阳白马动地来，中原十城九城开。吉安已破皂口失，孤城水上空崔嵬。铁骑连山风雨集，炮火塌天城不摧。城头壮士不畏死，夜半缒城砍敌垒。腰间夺得乌孙刀，背上插来白羽矢。紫髯将军不敢逼，立马西山时咋指。城悬粮绝无援兵，四面尽是吹笳声。初犹食马后食人，登楼击鼓鼓不鸣。朔风吹雪酒盏大，守陴人病三日饿。遥见营火渡河来，一半传更一半卧。兵声暗杂风雨声，五更未醒虔州破。闭城刈人人莫逃，马前溅血成波涛。朱颜宛转填眢井，白骨撑拄无空壕。自从司马誓城

① 《藏山阁集》，第400页。

守，老弱登陴谁敢走。清江龙泉居上游，突围入城今在否？请君磊落忠义人，死去名节千秋新。可怜虔州十万户，日暮飞作沙与尘！”[①]此诗作于丁亥年（顺治四年），诗前小序曰：“江右人来，言虔州以去年十月破，哀而赋之。”钱澄之此首歌行描绘了顺治三年战争史实和清军攻破虔州后的野蛮屠杀。此诗的创作背景在《明史》中如下记载：“顺治二年，南都破，江西诸郡惟赣州存……三年正月，廷麟赴赣，招峒蛮张安等四营降之，号龙武新军。廷麟闻王将由汀赴赣，将往迎王，而以元吉代守吉安。无何，吉安复失，元吉退保赣州。四月，大兵逼城下，廷麟遣使调广西狼兵，而身往雩都趣新军张安来救。五月望，安战梅林，再败，退保雩都。廷麟乃散其兵，以六月入赣，与元吉凭城守。未几，援兵至，围暂解，已，复合。八月，水师战败，援师悉溃。及汀州告变，赣围已半年，守陴者皆懈。十月四日，大兵登城。廷麟督战，久之，力不支，走西城，投水死。同守者郭维经、彭期生辈皆死。”[②]

《虔州行》不仅在于其史料价值，更重要的是诗歌艺术水平也是相当高的。此首歌行为叙事诗，以倒叙手法结构全篇。诗歌开头以“烟冥冥，雨啾啾”和黄昏鬼火的描写渲染了阴森恐怖的气氛，侧面说明清军杀戮之惨。诗人虽写战事，却先写虔州在城破前的繁华与富庶。虔州不仅交通便利，而且商业贸易发达，诗人用“闾阎扑地楼插天，家家日暮喧笙鼓”两句描绘了虔州城热闹和平的景象。“渔阳白马动地来，中原十城九城开”两句转入对战事的描写，句中化用了白居易《长恨歌》中“渔阳鼙鼓动地来”。“铁骑连山风雨集，炮火塌天城不摧。城头壮士不畏死，夜半缒城砍敌垒”四句既写出了清军凶猛的攻势，也写

① 《藏山阁集》，第157—158页。

② 张廷玉等《明史》23册，中华书局1974年版，第115页。

出了抗清志士英勇无畏的精神，诗句极其精炼，富有表现力。诗人在写虔州之战时，并未平铺直叙，而是从多角度、多侧面来写。紫髯将军“立马西山时咋指”的细节描写突出了战争的激烈。而虔州城在“粮绝无援兵”的情况下，抗清志士仍然坚守不降。当弹尽粮绝之时，清军悄然攻破虔州城。而接下来的闭城屠杀让人发指，“闭城刈人人莫逃，马前溅血成波涛。朱颜宛转填眢井，白骨撑柱无空壕”将清军的残暴、灭绝人寰完全展现出来。此四句描写不仅具备“诗史”的实录特点，而且以“溅血”“朱颜”“白骨”等颜色的对比与动静画面的交替，给读者以强烈的心理震撼，引发人们心理共鸣。诗歌结尾以“可怜虔州十万户，日暮飞作沙与尘”对杀人如麻的清军以无限谴责，对虔州死去的十万人民进行哀悼。此首歌行为叙事诗，但字里行间涌动着作者的爱国爱民的热情，加上富有感染力画面的描绘，可谓“惊心动魄，一字千金”。作者在诗歌叙事技巧方面也有不少创新，如“遥见营火”“五更未醒”从交战双方两个视角进行描写，战场描写从宏观与细节两方面来展开，显得波澜壮阔，声势浩大。诗歌中“笳声”“朔风吹雪”“风雨声”等声音描写，对整个战争场面起到了很好的烘托作用。从叙事方面看，《虔州行》完全可与一部描写战争的小说相媲美，其在诗歌艺术方面的成就不亚于唐代的叙事歌行。

二

钱澄之战争题材的歌行多写当时重大时事，往往以人系事，像人物列传，将史、事、人三者有机融合在一起。其歌行吸收了小说叙事的优点，在叙事技巧和人物刻画方面有不少创新之处。如代表作《悲湘潭》：“长沙兵散湖南空，湘潭城中失相公。举朝变色摧天柱，白日惨淡黯行宫。往时百战不足论，即今还弃垂成功。可怜公长才五尺，头童齿豁一老翁。铜马百万哮豺虎，仰公乳哺婴儿同。时危饷诎谁用命，赤手空口驱群雄。湖南湖北竟千里，卷云扫雾随天风。只期长沙不日得，游鱼命在沸鼎中。堵公心劳计转误，忠贞兵来互疑惧。常德焚烧宝庆走，诸将旌旗挽谁住。长沙城坏无人登，穷寇将奔守复固。我兵溃走任东西，相公独在湘潭驻。夜半衔枚虏骑来，湘潭无兵城门开。相公衣冠虏能识，拥去罗拜声如雷。大骂不绝相公死，长沙城中人举哀。功名事业长已矣，忠臣义士胡为哉？君不见忠贞兵过苍梧界，堵公双旌导马回！"[①]此首歌行是为南明抗清将领何腾蛟抒写的赞歌，而南明史事在诗歌中以多视角展开。永历二年（1648）11月在何腾蛟等抗清将领的努力下，抗清斗争取得了很大胜利。湖南全境几乎恢复，义军的英勇斗争，使永历政权的控制区域一度达到了云贵、两广地区。但是矛盾重重、党派纷争的永历政权，无力控制大局。而南明多数将领军心涣散，贪婪怯懦，内讧不断，大好的抗清局面被葬送。在此后的战争中马进忠烧常德走武冈，王进才弃宝庆而逃，各郡邑守将望风而靡。腾蛟当时驻守衡州，看到千里一空，焦急万分。永历三年（1649），何腾蛟前往湘潭，《明史》列传如下记载："腾蛟议进兵长沙。会督师堵胤锡恶进忠，招忠贞营李赤心军自夔州至，令进忠让常德与之。进忠大怒，尽驱居民出城，焚庐舍，走武冈。宝庆守将王进才亦弃城走，他守将皆溃。赤心等所至皆空城，旋弃走，东趋长沙。腾蛟时驻衡州，大骇。六年正月檄进忠由益阳出长沙，期诸将毕会，而亲诣忠贞营，邀赤心入衡。部下卒六千人，惧忠贞营掩袭，不护行，止携吏卒三十人往。将至，闻其军已东，即尾之至湘潭。湘潭空城也，赤心不守而去，腾蛟乃入居之。大兵知腾蛟入空城，遣将徐勇引军入。勇，腾蛟旧部将也，率其卒罗

① 《藏山阁集》，第258—259页。

拜，劝腾蛟降。腾蛟大叱，勇遂拥之去。绝食七日，乃杀之。”[①]

《悲湘潭》一诗先以倒叙手法开头，“湘潭城中失相公”一句描述了英雄之死的故事结局。而诗篇并未直接叙事，而是以“举朝变色”“白日惨淡”等描写烘托了何腾蛟之死对朝廷与民众的巨大心理震动，表现出何腾蛟之死“重于泰山”的崇高。诗歌对人物的刻画由表及里，由外貌到内心，使读者心中形成一幅立体的图画。相比于其他英雄的高大威武，何腾蛟可谓貌不惊人，其身长不过五尺，并且为“头童齿豁一老翁”。但他却有着号令群雄的能力，成为永历王朝的军事支柱。在抗清斗争的关键时刻，南明将领各自为战，追求私利，不以国家利益为重，终于导致了英雄的牺牲。“堵公心劳计转误，忠贞兵来互疑惧”以下四句概括了当时复杂的军事形势，纷纭的事件。而长沙城的描写，突出了何腾蛟忠义的本性，凸显了英雄忠贞不屈的性格。旧部将劝降，礼拜如宾，“拥去罗拜声如雷”，在此种情况下，何腾蛟却选择了绝食而死，“大骂不绝相公死”为刻画其勇者无惧风采的传神之笔。诗歌以实录之笔，叙述时事，在叙事中注重人物刻画，环境、人物、情节三者完美结合，体现了钱澄之叙事歌行杰出的艺术成就。

钱澄之战争题材的歌行不仅以描绘战争见长，而且以传神的人物刻画著称。例如他效法杜甫《酒中八仙歌》的《虔州死节歌》：“虔州城破相公亡，矢石既绝弩犹张。跃马夺门锋莫当，回鞭赴水何慷慨（杨相公廷麟）。太宰清忠海内望，投环仓卒正冠裳（郭太宰维经）。司马有志不得将，出城欲去中彷徨，翻然裹帻殉封疆（万司马元吉）。彭公靖节意久藏，匕首毒药左右防，郁孤台上此志偿（彭兵宪期生）。御史一死扶纲常，从容绝命圣人堂（姚御史奇胤）。别驾潇洒酒中狂，临危不

① 《明史》23册，第176页。

屈项果强（王别驾期汲，金坛人）。虬髯铁面周职方，嚼齿骂贼肉飞扬（周职方瑚）。卢君里居须眉苍，倚杖妻儿次第僵，终焉清冷完幽芳（卢员外观象，虔人）。”[①]钱澄之在此诗小序中写道：“虔州破，死者甚多，偶据土人所传，纪诸篇章，或未为定论也。共得八人。”诗序表明了作者以诗存史、歌颂英雄的创作目的，诗歌展现了抗清英雄英勇就义的情形，反映出他们临危不惧、视死如归的英雄气概。《虔州死节歌》对八位英雄不同的死节描述与《明史》的记载基本一致，非常真实。《明史·列传》对虔州死节英雄记载如下：“杨廷麟，字伯祥，清江人。崇祯四年进士。改庶吉士，授编修，勤学嗜古，有声馆阁间，与黄道周善……廷麟督战，久之，力不支，走西城，投水死。郭维经，字六修，江西龙泉人……维经与御史姚奇胤募兵八千人入赣州，与杨廷麟、万元吉协守。及城破，维经入嵯峨寺自焚死，奇胤亦死之。一时同殉者，职方主事周瑚，磔死。通判王明汲，编修兼兵科给事中万发祥，吏部主事龚棻，户部主事林琦，兵部主事王其宏、黎遂球、柳昂霄、鲁嗣宗、钱谦亨，中书舍人袁从鹗、刘孟鍧、刘应试，推官署府事吴国球，监纪通判郭宁登，临江推官胡缜，赣县知县林逢春，皆被戮。乡官卢观象尽驱男妇大小入水，乃自沉死。”[②]

《虔州死节歌》分别描绘了八位殉国英雄从容赴死的情形，在诗句中展现他们不同的个性风采。写杨廷麟，以“跃马”“回鞭”动作突出其义无反顾的气概；以“投环仓卒正冠裳”表现太宰郭维经为国捐躯之时的从容、镇定。郭维经之死，《明史》记载为自焚死，与诗歌稍异，但并不影响作者刻画人物时对郭维经崇高精神的准确把握。而对万元吉之死，作者

① 《藏山阁集》，第234页。

② 《明史》23册，第7113—7116页。

以“出城欲去中彷徨”来写万元吉的矛盾心态，英雄此时的彷徨并非偷生怕死，而是保存生命以图东山再起。而对万元吉犹豫不决的描写更显得真实可信，使读者感到他是一个有血有肉的英雄人物。对彭期生、姚奇胤的死节描写，突出了他们一心为国的高尚品格，时刻将生死置之度外。王期汲、周瑚，不同于前面自杀殉国英雄，他们被捕受酷刑，在重刑之下，威武不屈，对敌人痛骂，大义凛然的英雄品格现于纸上。诗中对卢观象的描写也重点展现人物的崇高精神，“须眉苍”的老人“倚杖”看着亲人死去，然后从容投水而死。整首诗不仅饱含爱国热情，而且艺术手法高超，刻画了不怕牺牲、各具面目的英雄群像。吴宓在《吴宓诗话》明遗民诗条中说道：“吴嘉纪之乐府诗及五古、七古，写悲惨之实事，真挚动人。”

钱澄之战争题材的歌行，如同分章节的战争史诗，足以代表其歌行风貌。除此之外，钱澄之对民生问题也十分关注，其《田间诗集》中写了一系列有关社会苛政的歌行。在此类歌行中，钱澄之往往对当时的社会现实问题提出自己的观点与看法，抨击社会暴政，这种现实主义创作风格与杜甫一脉相承。诗歌对明末清初的社会现实作了深入描绘，反映了明末清初统治者对人民的残酷剥削与压迫，此方面的代表作如《水夫谣》《苦旱行》《催粮行》《捉船行》《苦寒行》《沙边老人行》《漕卒行》等。清军在一系列的战争中烧杀抢掠，而且对被征服人民多苛捐杂税，给人民带来了巨大痛苦。《水夫行》一诗描绘了长江沿岸水夫的悲惨生活：“水夫住在长江边，年年捉送装兵船。上水下水不记数，但见船来点夫去。十家门派一夫行，生死向前无怨声。衣中何有苦搜索，身无钱使夜当缚。遭他鞭挞无完肤，行迟还用刀箭驱。掣刀在腰箭在手，人命贱同豕与狗。射死纷纷满路尸，那敢问人死者谁。爷娘养汝才得力，送汝出门倚门泣。腐肉已充乌鸢饥，家家犹望水夫归。”[①]

钱澄之无疑对水夫生活极为熟悉，而且对野蛮的征兵制度非常不满。全诗语言通俗易懂，押韵也很随意，但字里行间渗透着作者对水夫的同情与怜悯。“倚门泣”片断，将一家人生离死别的场面刻画得十分生动。结尾“腐肉已充乌鸢饥，家家犹望水夫归”深得唐人笔意，以水夫之死与亲人盼归作对比，形成巨大的反差，引发读者强烈共鸣。钱澄之的《水夫行》也具有反映社会弊政的“诗史”价值，《水夫行》的内容比史书记载更加具体，真实记载了社会底层人民的凄惨遭遇。类似题材的歌行再如《捕匠行》，诗歌反映造船工匠为清军造船凄惨的处境，“十人捕去九人死，终朝锤斫立在水”，即使新婚的工匠也被抓走，最后成为造船的牺牲品。《催粮行》《捉船行》《漕卒行》等歌行从不同的角度全面反映了当时清朝统治者之暴虐，社会之黑暗。

除了表现阶级矛盾，钱澄之歌行也反映了清初的民族压迫，满族旗人的骄横跋扈。如《县门行》：“县门朝开官不出，昨夜大盗进官屋。健儿被伤公子死，衖外知更衖里哭。枞阳临水万余家，公然船过弹琵琶。县上差兵亲认得，鸣锣捉贼通街哗。家家揭竿拦江口，船到江口谁能守？弓箭在手刀在腰，一夫上岸千夫走。差兵昼夜尾船行，获之乃是旗下兵。可怜冤杀城中人，严刑至死无一声。旗下兵来不敢锁，当堂揖官对官坐。官免杀伤已有恩，明日同官赴辕门。移文调取军前用，临去传言谢官送。”[②]诗歌描写一个八旗士兵杀人后逍遥法外的故事。对于入室杀人的大盗，县官抓获以后，得知是八旗士兵，竟然不敢锁。旗兵更把杀人看作儿戏一般，同县官对面而坐。对这样一个杀人犯，县官却无可奈何，任由其扬长而去。相比之下，因为捉贼事

① 钱澄之《田间诗集》，《续修四库全书本》，上海古籍出版社2002年版，第379页。
② 《田间诗集》，第345页。

件，无辜的汉人已经含冤而死。县官对汉人严刑峻法，对旗人则毕恭毕敬，表现了他狐假虎威的卑劣面目。此首歌行从一个侧面反映了清初社会的民族矛盾与民族压迫，批判了清朝统治者的不平等的民族政策。

钱澄之歌行以现实主义的创作风格书写了明末清初血与火的战争史诗，反映了易代之际政治、民生等情形，文学价值很高。朱彝尊在《静志居诗话》中曰："幼光禁罔潜踪，麻鞋间道，或出或处，或嘿或语，诗屡变而不穷，要其流派，深得香山、剑南之神髓，而融会之。"[①]钱澄之的诗史创作，将史的叙事与诗的抒情有机结合，成为诗史创作的典范，对清代诗坛影响深远。

（原载《黑龙江社会科学》2011年第1期）

① 朱彝尊《静志居诗话》，人民文学出版社 1990 年版，第 671 页。

文体与遗民心境的展现

——以钱澄之的晚年著述为例

◎张　晖

遗民心态的探讨，是明遗民论题中极为重要的部分。近年来学界对于遗民的群体心态与个人心态，都有深入的研究。研究群体心态的，多侧重综合利用明遗民的文集和各类档案、地方志、笔记等[①]；研究个体心态的，则多侧重运用具体遗民的诗歌或个人著述[②]。本文将集中探讨明遗民钱澄之（1612—1693）的晚年心境，亦属个人心态研究的范围，但在问题的进入和史料的运用上，欲另辟一途径，拟从钱澄之晚年著述中的不同文体入手，分析钱澄之如何微妙地游移于诗、文、书札、史书等不同文体之间，有差别、分层次地展现或掩盖其晚年的遗民心境，并希望通过对此个案的研究，部分揭示明遗民在著述文体与心境展现之间

---

① 如王汎森《清初士人的悔罪心态与消极行为——不入城、不赴讲会、不结社》一文使用了诗文集、地方志、档案、笔记及各种遗民录等大量史料（王汎森《晚明清初思想十论》，复旦大学出版社 2004 年版，第 188—247 页）。李瑄所著《明遗民群体心态与文学思想研究》（巴蜀书社 2009 年版）一书则是新近的代表成果，同样在综合利用各类史料的基础上，系统论述明遗民在坚持人生理想与处理现实困境时的复杂心态。

② 如严志雄利用屈大均咏梅诗来深入剖析屈大均的遗民心态（《体物、记忆与遗民情境——屈大均一六五九年咏梅诗探究》，《中国文哲研究集刊》2001 年第 21 期）；赵红娟的《明遗民董说研究》（上海：上海古籍出版社 2006 年）则全盘考索董说的著述，对其家世、生平、精神世界等都有细致的分析。

的微妙关系。

钱澄之原名秉镫，字饮光，晚号田间，桐城人。年轻时全力事功，晚年退而著述，是明清之际重要的诗人和学者。崇祯十七年（1644），崇祯帝朱由检自缢煤山，身在江南的一介书生钱澄之，奋然投笔从戎。之后的二十年，他一直在江南、福建、两广等地坚持以各种方式抵抗清政府。具体来说，自顺治二年（1645）至顺治八年（1651）追随南明的隆武（1645—1646）、永历（1646—1662）二朝抗清，曾任隆武朝延平府推官，后任永历朝礼部精膳司主事、翰林院庶吉士，迁编修，管制诰，一度与闻永历朝的中枢大事。1650年桂林兵败后，脱离永历朝廷，并于1651年返回家乡。后在江南一带开展复明运动，直至康熙元年（1662）永历帝、郑成功去世，方才偃旗息鼓[①]。康熙三年（1664），钱澄之重返二十年前追随隆武帝抗清之地福建，不意昔日抗清重地已天翻地覆，士人、黔首对二十年前的旧事多已忘却。心灰意冷之下，钱澄之于康熙七年（1668）从福建返回老家桐城，之后以遗民自处[②]。

自此，钱澄之便主要在家著述，从五十七岁直到康熙三十二年（1693）以高龄八十二岁去世。在此长达二十五年的时间里，钱澄之除在家乡著述外，也外出结交官吏，行迹曾至京师、苏杭和武昌等地。除谋食之外，钱澄之更希望借助官员之手，刊行自己的著述。值得注意的是，在干谒或游幕的同时，钱澄之一直小心翼翼地护持其遗民的气节与身份。史学家陈垣（1880—1971）早就指出高寿遗民保持气节之不易，他注意到明遗民吴中蕃（1618—1696）几乎晚节不保而最终悬崖勒马的

① 钱抝禄《钱公饮光府君年谱》，钱澄之撰，诸伟奇辑校，孙以楷审订《所知录》，黄山书社 2006 年，第 177—210 页。

② 《所知录》，第 211—217 页。另参拙文《从复明志士到穷愁遗老：钱澄之重返福建（1664—1667）的诗歌与史学》，《国学丛刊》2009 年第 4 期。

情况，感慨道："噫！遗民易为，遗民而高寿则难为。血气既衰，戒之在得。老而嗜利，则有委曲迁就者矣。"①

钱澄之亦是高寿遗民的一员。他在放弃抗清之后的二十五年中，努力维持其遗民气节，其间有着大量难以言说的坚韧、复杂与微妙。而本文即想从其著述文体入手，深入讨论他晚年的复杂心境。

一、诗歌中的遗民心境

钱澄之晚年撰写的诗歌基本已收入康熙二十九年（1690）刻行的《田间诗集》。《田间诗集》所收诗起于顺治八年（1651），迄于康熙二十九年（1690），共二十八卷。而康熙七年（1668）以后所撰诗起于第十五卷，其卷数恰好占《田间诗集》的一半，共七百余首。此七百余首诗中，极少遗民心境的出现。1668年，钱澄之刚刚从福建返回故乡桐城，心灰意冷之余，故诗中多涉老、病，如云："雄思侧眼青霄近，老态低头白昼眠。"（《赠汪子伦》其一）"酒兴减因豪太过，病根伏到老才知。"（《赠汪子伦》其二）"老卧沧江万虑灰，天心人事迥无猜。"（《闻雷》）亦感叹日常生活的艰难："米贱僮还思继粟，菜香吾岂叹无鱼。"（《陵阳杂诗》）而回首往昔，自然空幻如梦："往事已成庄叟梦，同人犹话义熙年。"（《宿张慎庵舫亭》）此时的钱澄之确已心灰意冷，筑屋名乐易堂，自号田间，专心田园生活。自此诗中多交游、唱和、田园、行旅之作。清水茂认为钱澄之晚年诗与早年诗相比，"社会批评性渐渐地减少，应酬诗增加了"②，确属实情。

① 陈垣《明季滇黔佛教考》，中华书局1962年版，第254页。

② [日]清水茂《论钱澄之诗风三变》，《东方文化》第37卷第1期。

康熙十一年（1672）冬，时年六十一岁的钱澄之赴京师，寓龚鼎孳（1615—1673）处，流连一年之久，直至龚鼎孳翌年去世。时距甲申之变已近三十年，故国遗老，目睹巍峨宫阙，岂能无慨？但钱澄之刚刚抵达京师时，情绪似乎极为平静，一直到次年（1673）上元节，情绪才突然爆发。《癸丑上元登白塔寺》诗曰：

寺传辽后旧妆台，为放游观趁伴来。南苑冰澌流渐漫，西山雪尽翠新堆。红楼下见端门近，紫禁平临金殿开。举目故宫浑未改，伤心一倍黍离哀。[①]

当时钱澄之偶过白塔寺，本乘兴而来，以游人的身份入寺访古。颔联是诗人登塔之后，放眼所及北京冬日之景物。白塔寺位于阜成门内，颔联所见景物先南方，后西方。颈联则是诗人回头，再看向东边的紫禁城，不免枨触百端，遂以过周室宗庙、彷徨不忍去的前朝士大夫自居[②]。钱澄之随后又过煤山，赋《煤山》诗云：

玄武门通一水环，君王遗恨满煤山。廷争未必南迁谬，驾出犹闻夜阻还。沧海日沉长此暗，青天龙去有谁攀。即今御苑伤心地，草渍啼鹃旧血斑。[③]

登临白塔寺时所见景物，已触及钱澄之隐藏多年的遗民心

① 钱澄之撰，诸伟奇点校，孟醒仁审订《田间诗集》卷十九，合黄山书社 1998 年版，第 400 页。

② 《诗序》言《黍离》一诗的宗旨为“《黍离》，闵宗周也。周大夫行役至于宗周，过故宗庙宫室，尽为禾黍，闵周室之颠覆，彷徨不忍去，而作是诗也。”龚抗云等整理《毛诗正义》，北京大学出版社 1999 年版，第 252 页。

③ 《田间诗集》卷十八，第 400 页。

事，迨行至煤山，遂一发不可收拾。煤山为二十九年前崇祯帝自缢之处，也是明遗民诗集中常出现的伤心之地。此诗首句写煤山之地理位置，次句言崇祯自缢事，“遗恨”带出颔联所说的“南迁”。先言“廷争”，1644年2月，左都御史李邦华、左庶子李明睿等建议朝廷南迁凤阳或南京，内阁极力反对[①]。而以随后的情势来看，南迁或可使明室延长国祚，这就是“未必谬”。“驾出犹闻夜阻还”，似指崇祯帝于3月18日夜逼周后自缢后，携太监王承恩等数十人易服出东华门的事情。当时崇祯帝至齐化门（今朝阳门）、崇文门、正阳门等处，均不得出。后至安定门，城门坚不可启，乃折返宫内[②]。假若崇祯帝当时能突围而出，天下或将是另外一番情势。以上二事，对钱澄之等遗民来说，皆所谓“恨”事也。颈联以“沧海日沉”“青天龙去”两个意象来固定和深化其所“恨”。诗歌至此，已痛苦之极，但仍是述往事。末联则转至当下，写其本人伤心之态，表露其遗民心境。

煤山这一具有特殊意涵的地名并非首次出现在钱澄之诗中，但前一次出现则早在二十年前。顺治十年（1653），钱澄之作《挽蒋谁庵司徒客死长干寺》，该诗前四句云：

煤山变后几人髡，破衲年年滞白门。钞法万言前辈赏，书生一命烈皇恩。[③]

此诗以“煤山变后”来喻明亡，盖是泛指，显非《煤山》诗的特定遗民书写。

① 彭孙贻《流寇志》卷九，浙江人民出版社1983年版，第140—141页；徐鼒《小腆纪年附考》卷三，中华书局1957年版，第70—72页：樊树志《崇祯传》，人民出版社1997年版，第508—521页。

② 计六奇撰，魏得良、任道斌点校《明季北略》卷二十“十八夜周皇后缢坤宁宫”条，中华书局1984年，第454页；《小腆纪年附考》卷四，第96页。

③ 《田间诗集》卷二，第29页。

自此之后，钱澄之在诗中会偶以逸民或遗民自称，如翌年离京时所赋《留别韩元少修撰》（1674年作）诗，首联云：“书生特达主恩新，臭味偏怜老逸民。”（《田间诗集》卷二十）《重游上海访史简庵明府》（1684年作）诗，颔联云：“自怜久客轻黄浦，应少遗民识白头。”（《田间诗集》卷二十五）《甲子除夕西田庄口号》（1685年作）诗，首二句云：“雪拥双扉度岁新，身为万历老遗民。”（《田间诗集》卷二十五）但多是一种泛泛的情绪，也再没有《煤山》诗那样激烈的情绪出现。在七百余首数量的诗篇中有此几首，确实很容易令人忽略。若说诗人平日居家，此类情绪或无由激发；外出至旧都大邑，则能触景生情。但钱澄之晚年数至京师，也曾多次到南京、苏州、杭州等地，为何彼时诗中均少此类情绪的抒发？与其他曾参加南明抗清运动的重要遗民如黄宗羲（1610—1695）、王夫之（1619—1692）等人的晚年诗作相比，钱澄之的晚年诗作显得尤其恬淡，恐怕这也是钱澄之晚年被视为“田园诗人”的原因之一吧①。

二、书札中的遗民心境

钱澄之晚年交游的情形，可通过《田间诗集》考知其大致面貌。但收入《藏山阁集》的《田间尺牍》则可提供另一层面的佐证。《田间尺牍》共110封，最早写于康熙十九年（1680）他六十九岁时，最晚的信写于康熙三十二年（1693）八十二岁辞世之年②。这批信札原藏于钱澄之后裔家中，到同治八年（1869）

① ［日］清水茂《钱澄之的诗》，［日］清水茂著，蔡毅译《清水茂汉学论集》，中华书局2003年版，第100—112页，尤其是第106—111页；朱则杰亦持此观点（朱则杰《清诗史》，江苏古籍出版社2000年，第117—124页）；钱仲联则极为反对这个封号（《钱仲联讲论清诗》，苏州大学出版社2004年版，第30—31页）。

② 分别为《与江磊斋》和《与黄平子》，见《田间尺牍》卷四、三，第525—526、503页。

归萧穆（1834—1904）收藏。光绪三十四年（1908），汪德渊从萧穆子萧幼孚处录副加以刊行，今收入黄山书社校点本《藏山阁集》中[①]。无疑，这批尺牍对于了解钱澄之的晚年心态有着重要的第一手史料的意义。

钱澄之在尺牍中，不时自称“遗民”“遗老”。他在1682年寄给严曾榘（1639—1700）的信中说“先生清谯之暇，屈指故旧，亦念此菰庐中尚有前代一老遗民否？”[②]1686年有《与家绍隆》函，其中说：“都门聚首，谊敦同气，而昆仲以仆马齿叨长，故国遗民，宗盟之中，弥加殷笃。”[③]同年在给徐倬（1623—1712）的信中也说：“大司成当代人师，亦知田间有遗老否？”[④]给龚鼎孳之子千谷（？—1690）[⑤]的信中说：“弟以衰残遗老，不合时宜，而簪履之情殷，有逾常格，固知先生之不忘旧好，实不忘先端毅也。”[⑥]给张英（1637—1708）的信中说：“但使意中知

① 这批尺牍流传的经过，可参看瑷楼居士：《瑷楼居士跋》，《藏山阁集》附录，第532页。谢明阳《钱澄之的遗民晚景——以〈田间尺牍〉为考察中心》，《台湾学术新视野：中国文学之部（二）》，五南图书公司2007年版，第990—991页，谢文从《田间尺牍》入手，依次论述钱澄之晚年的生计、著述、交接及晚节，考证翔实，论析极精。本文论《田间尺牍》部分获益于谢文甚多，谨此致谢。按：光绪三十四年（戊申，1908）列入《龙潭室丛书》刊行的《藏山阁集》仅分《诗存》十四卷和《文存》六卷，与今黄山书社点校本不同。

② 《寄严某》，函中提到时年七十一岁，故系1682年，《田间尺牍》卷三，《藏山阁集》，第505页。严曾榘，字方贻，康熙三年进士，后官至兵部右侍郎。其父严沆（1617—1678），字子餐，为“西泠十子”之一，顺治十二年进士，官至户部侍郎；与钱澄之相熟。祖严武顺，字忍公。严氏三代的情况，参阮元《严忍公子餐方贻传》，收入《揅经室二集》卷5（阮元《揅经室集》，中华书局1993年版，第484—486页）。

③ 函中提到时年七十五岁，故系1686年，《田间尺牍》卷一，《藏山阁集》，第445页。

④ 《与徐方虎》，函中提到时年七十五岁，故系1686年。《田间尺牍》卷二，《藏山阁集》，第468页。徐倬字方虎，浙江德清人，康熙十二年进士。见《清史列传》卷七十，中华书局2005年版，第5765—5766页。

⑤ 钱澄之于康熙二十九年（1690）撰有《客吴门闻龚千谷殁于白下怆今忆昔率尔述怀不自知其言之长也》长诗，《田间诗集》卷二十八，第571—573页。

⑥ 《与龚千谷》，《田间尺牍》卷二，《藏山阁集》，第469—470页。

江村有著述乐志之遗老。”[①]给休宁县令的信中也说：“顷舍亲倪生叔昭回，言所寄未达，兼述老父母习知遗民，时为齿及。”[②]

从《田间尺牍》中可知，钱澄之晚年交往者多清廷官员，其中不乏徐乾学、徐秉义、徐元文、张英、韩菼这样的当世名臣，也有不少地方官，尤其是安徽一地的地方官，钱澄之与他们交往，目的有二，一是要谋求全家四十多口人的温饱，二是想刊刻自己的著述[③]。在这样的背景下，“遗民”对于钱澄之而言，多少是一个社会身份，是一个对外交接时可以使用的身份。因为尺牍比诗歌更具交际性，所以尺牍中自称“遗民”的频率要远比诗歌中来得频繁。

但这些所谓的自称“遗民”或“遗老”，多属泛泛之谈，看不出有多少情感投入和身份认同。反倒是有一次钱澄之在怀念亡妇时所透露出来的感伤，证明其情绪仍不时被抗清的早年岁月所笼罩。康熙二十六年丁卯（1687），时年七十六岁的钱澄之在奔赴湖州时路过震泽，想起弘光朝覆灭时妻儿在此地惨死的往事。他在《与沈圣符》一信中说：

今年为苕上之行，舟过震泽，哀妻子之丧亡，念故人之高谊，倚篷瞻望，泣涕霑襟。值阴雨迷离，同舟遄往，无由登岸一叩云亭，中心悲恋，为不去怀数日。[④]

伤感之余，钱澄之遂于翌年致信黄宗羲，托其为亡妇撰写

① 《与张敦复》，《田间尺牍》卷三，《藏山阁集》，第518页。

② 《与休宁令廖明府》，《田间尺牍》卷三，《藏山阁集》，第496页。

③ 《台湾学术新视野：中国文学之部（二）》，第991—1005页。

④ 《田间尺牍》卷四，《藏山阁集》，第527页。十年前的丁巳（1677），钱澄之也曾路过震泽，赋诗《过震泽口号纪哀》四首，悼念徐方虎及妻儿。见《田间诗集》卷二十二，第452页。但从他随后托黄宗羲撰写墓志铭一事来看，钱澄之十年前的感触似乎远没有这次来得大。

墓志铭[1]。黄宗羲因撰《桐城方烈妇墓志铭》，表彰方氏夫人的节烈[2]。但这种被外在境物偶尔触动起来的情绪，波动不过“数日”而已。尺牍中的类似情绪，实际上也极为罕见。我们能够经常感受的，反而是钱澄之极力支持友朋及家族子弟出仕新朝的态度。如康熙二十八年（1689）在《与家绍隆》一函中说：“得梧垣之报，喜而欲狂。一时言路，吾宗顿有三人，既为朝廷庆得士，亦为吾宗快多才也。”[3]又曾托友人照顾提携子弟：“舍侄光夔，顷以廷试入都，素蒙先生奖借，顺风之吹，知所不惜。”[4]又说：“接三世兄裁答，知大世兄已捷楚闱，不胜庆快。拟即乘风翀翥，以竟先公未竟之绪，以慰老夫通家之望，何又暂息天池，乃竢抟扶摇而上耶？故人年已八十，青眼高歌，所望者尚有几人？勉旃！勉旃！”[5]

可见一般情况下，钱澄之对友朋及子弟的出仕清廷，内心感到真正的愉悦。这一点，我们在《田间诗集》中也能得到印证，但心情的表露，总不如尺牍中来的显豁和直接[6]。当时遗民如顾炎武、黄宗羲等对于子弟的出仕，也都持类似的态度。但似均不如钱澄之表现得如此高兴。那么，钱澄之在书信中的这些表现，是否可以抵消我们在阅读《煤山》诗时所获得的印象呢？抑或，《煤山》诗在晚年诗中本是异数？我们应当如何来全盘理解呢？

---

① 钱澄之此信未收入《田间尺牍》，但保存于黄宗羲所辑《交游尺牍》。见沈善洪主编《黄宗羲全集》第 11 册，杭州：浙江古籍出版社 1993 年，第 390—391 页。

② 沈善洪主编《黄宗羲全集》第 10 册，第 460 页。

③ 函中曰：“顷在吴门，较订拙集授梓，将及一年。”考钱澄之康熙二十七年（1688）至苏州刻书，此函应作于 1689 年《田间尺牍》卷一，《藏山阁集》，第 447 页。

④ 《与张梦敦》，《田间尺牍》卷一，《藏山阁集》，第 458 页。

⑤ 《与叶见初》，《田间尺牍》卷三，《藏山阁集》，第 487 页。

⑥ 如康熙十二年（1673）赋《方虎第后擢庶常志喜一章》，《田间诗集》卷十九，第 404—405 页。此诗虽志喜，但开篇云：“文章信有价，遇合亦有时。”又云：“吾生志千秋，今已心血衰。”可见，钱澄之枨触百端，并非一味志喜。

《田间尺牍》中有一封写给吴李芳（1624—1707）的信，可以用来说明钱澄之一些较为深层的心理状况。该信说：

昨承珍贶，惟有心领，既未适馆，不敢当授餐也。蒙许以一枝暂寄，及复谕令趁原船回，此不逐之逐也。士大夫交接有礼，斯礼既废，即不逐亦应自行矣。弟七十老翁，冒一千五百里之酷暑，访三十余年之旧交，不蒙倒屣之迎，竟同游客之拒。不惟无此人情，亦无比世法也。年兄前程万里，得毋于此道尚宜留心乎？况年兄生平履历本末，与弟略同。弟所少者，今日一新喻令耳，岂宜作此面目相向，使弟当时蒙面干进，宁渠不博一斗大山城耶？笑！笑！都门握手，重申旧好，自反无所得罪，而峻绝已甚。或有谗慝之口，以致如此耶？抑岂真以夜郎自大耶？弟半世交游，足迹几遍天下，到处有逢迎，不意乃困辱故人，传之四方，亦可作一段异闻也。①

这封大骂吴李芳的信函，态度激烈，在钱澄之存留下来的书信中不但是罕见的，而且似乎也是惟一的。吴李芳是湖南邵阳人，他与钱澄之乃抗清时的旧交，曾任永历朝监军道，累官左都御史，入清后于康熙三年（1664）考取进士②。康熙十三年（1674）任江西新喻县令。七年之后，潦倒的钱澄之在与友人的书信中饱含期待地提到吴李芳，希望得到吴的资助："新喻令吴茂生，为患难老友，到任七年，未通一字。见时幸致鄙私。倘得南来，草堂之资，不无少望于此君也。"③然而，当他赴新喻拜访吴李芳的时候，吴李芳非但没有接见他，而且在简单加以施舍

① 《与吴茂生》，《田间尺牍》卷四，《藏山阁集》，第 513 页。

② 吴是康熙三年甲辰科进士，见江庆柏编著《清朝进士题名录》，中华书局 2007 年版，第 155 页。

③ 《与魏青城》，《田间尺牍》卷四，《藏山阁集》，第 513 页。

后，勒令钱澄之立即原船返回。面对这样的奇耻大辱，钱澄之写下了上面这封斥骂信。

不过，此事的来龙去脉，仍有隐秘可以追寻。在信中，钱澄之提到的“都门握手，重申旧好”一事，实际发生在康熙十二年（1673）。是年冬天，已近新年元旦，吴李芳入都谒选，正好与钱澄之在京师相遇。钱澄之有感而发，为赋《吴茂孙谒选都门晤间有怀王而农》一诗，诗云：

忆昔分携端水滨，同时去住困风尘。天南十载悲逋客，冀北三冬遇选人。吾道未妨踪迹异，交情终在乱离亲，衡山曾问墙东隐，闻说终年旧角巾。[①]

根据其诗题，此诗乃钱澄之见到吴李芳谒选而怀念远在衡山隐居的王夫之。诗歌感情真挚，首句回忆与王夫之分携端水之滨，端水在端州，是永历朝廷行在，可见二人在永历朝之同僚情谊。次句以“困风尘”形容当日二人之艰难困苦。整体而言，此诗似对吴李芳有所不满，尤其颔联将同是湖南人的王夫之与吴李芳对比，钱澄之悲痛王夫之“天南十载”，成为“逋客”。对比“冀北三冬”犹赴新朝谒选的吴氏而言，王夫之的坚贞更可想见。此诗吴李芳必然得见，内心对钱澄之当有强烈不满，否则无以解释吴氏后来对钱澄之的冷淡。但钱澄之本人压根未曾意识到这一点，在他本人的记忆中，两人的关系仍是“都门握手，重申旧好，自反无所得罪”，他完全没有意识到他和王夫之共同推崇的遗民气节已经严重地伤害到了吴李芳。他希望吴李芳对其照拂，无非二人有过共同的创伤记忆，为“患难之交”。而一旦吴李芳翻脸不认人，对“遗民气节”不再认同的时候，钱澄之就丧

① 《田间诗集》卷十九，第416页。

失了他平日的冷静，他甚至无暇去冷静揣摩吴李芳这位故人的心理，仅斥骂其为“夜郎自大”。究其原因，“遗民”情节与“遗民”身份认同已深入钱澄之的骨髓，对钱澄之而言，所谓的“遗民”，不仅是其赖以存活的资源，更是其生命全部的尊严。这种尊严以及执著的自我认同从当时的道德观来说，是得到普遍认可甚至尊重的。这种尊严一旦受到挑战，而且挑战还来自昔日的同袍，则是钱澄之无法接受的。

可以说《田间尺牍》给我们提供了一个比较复杂的图像。我们既可以看到钱澄之结交清臣、支持子弟出仕等复杂情况，又可读出钱澄之平日无法言说的对于遗民身份的强烈认同。这是粗略阅读《田间诗集》所不能发现的。

三、墓志铭等哀吊之文的遗民心境

与尺牍类似，墓志也是实用性和交际性很强的文体。同时，墓志更是一种非常“势利”的文体，其背后缠绕着金钱、地位等诸多现实的因素；而某作者文集中墓志铭的多寡及墓志铭主人生前地位的高低，往往可以作为凭据来判断该作者在当时文坛或儒林的影响和地位。不过，这与钱澄之没有关系。钱澄之的声誉限于遗民群体和江南一地，在当时并不显赫，所以，他撰写的墓志铭并不多，连带墓表、祭文、哀辞、传等在内，晚年刻入《田间文集》的也才二十一篇。而他悼念的人除了昔日抗清好友之外，多为至亲、世契，所以墓志的内容多以悼念、追怀为主，并非一味铺排生平，尔后加以议论而已。如果说钱澄之的诗歌、尺牍多酬世之作的话，那么，墓志铭几乎每篇都是刻意经营而成的。而推崇遗民气节，是钱澄之所撰墓志铭最值得注意的共通之点。

康熙二十二年（1683），七十二岁的钱澄之撰写《孙武公传》[①]，言辞激烈，开篇即云：

自甲申国变以来，海内士大夫义不负国而死者，指不胜屈，而江以南尤盛。至于江北数郡，死者寥寥。吾邑素称节义之邦，独能慷慨死不悔者，一孙武公耳。[②]

康熙二十七年（1688）撰《兵部职方司主事泰斋刘公墓志铭》c，结尾云：

当甲申国变时，吾乡士大夫不屈于贼薙染南还者非公一人，未及十年，有死者，有髡者，有不甘贫贱一旦出仕新朝以取富贵者。士固各有志也，而公四十年如一日，能甘人所不能甘，此吾所以独重公也。[④]

在文中，钱澄之以酣畅而又激烈的笔墨来表彰逝者孙临（1611—1646）、刘若宜（1602—1680）在甲申易代之时的气节。这些表彰气节的文字为清廷所忌惮，《田间文集》之所以被禁毁，与这些表述有着直接的关系[⑤]。

---

① 《孙武公传》云："吾与君以崇祯壬申论交，年皆才二十余，君长予一岁耳，交十五年而君死于难，死时年三十六，又三十六年，而予特纪其与予十五年中游处忧患之事而为之传。"钱澄之撰，彭君华校点，何庆善审订《田间文集》卷二十一，黄山书社 1998 年版，第 411 页。崇祯壬申为 1632 年，可知该文撰于康熙二十二年（1683）。

② 《田间文集》卷二十一，第 406 页。

③ 《兵部职方司主事泰斋刘公墓志铭》云："卒于康熙庚申岁三月……越八年，乃得给事公所为公状，杂以己平日与公所游处习知者，因诠次其大概，而为之文。"《田间文集》卷二十二，第 427—428 页。康熙庚申为 1680 年，故该文撰于 1688 年。

④ 《田间文集》卷二十二，第 428 页。

⑤ 《田间文集》被禁的一个理由便是《孙武公传》的悖逆。"查《田间文集》……又孙武公传中亦有指斥语，应请销毁。"参姚觐元编，孙殿元辑《清代禁毁书目（补遗）清代禁书知见录》，商务印书馆 1957 年版，第 205 页。

钱澄之在墓志铭中毫不掩饰自己的情绪，尤其喜欢大量叙述自己与逝者的交谊，回忆死者的言行细节，勾勒逝者的面貌，从而表彰逝者的气节。康熙二十六年（1684）所撰的《哭徐复庵文》，开篇就是激烈的情感倾泻：

呜呼！先生返自海外，殁于岭表，旅榇万里，归殡先茔，凡几年矣。某腼颜偷生，闻声饮泣，今始因依老友，重到苇城，寻岛上之遗孤，哭江头之穗帐，呜呼悲矣。①

随后回忆弘光朝覆灭之后，二人在江南抗清战败后的凄苦：

记遇难之夕，投宿沈圣符之听轩，鉴在、克咸同栖一榻。明月忽敛，苦雨凄来，中夜陡寒，牛衣共覆。弟扶病起立，徘徊达晓；兄枕吾儿以寝，儿抱兄足而泣，兄虽吞声无语，彻夜涕零。②

家破人亡之后，二人相濡以沫。悼念逝者时夹入如此动情的笔墨，怎能不令人动容？另如《杨翁案山墓志铭》，也是通过具体细节来表彰逝者的气节：

甲申，国变。乙酉，留都陷。薙发令下，子森甫髫，亟为制巾服，集宾客，行冠礼，曰："此本朝二百七十九年之法服，吾累世祖宗之所遵守，不可不令孺子见。今而后，听之矣。"③

康熙二十三年（1684）为胡长庚（1596—1683）所撰的墓表中也同样如此：

① 《田间文集》卷二十五，第482页。
② 《田间文集》卷二十五，第482页。
③ 《田间文集》卷二十二，第436—437页。

甲申国变，先生聚其族哭曰："吾家与国共休戚，国亡，其有家乎？"将图所以殉国……每三月十九，聚同志诸子白衣冠，纸钱麦饭，哭故君于野外，比丘旭初为之主，号"冬青会"。终身布冠方领，足迹不入城，尝与予闲步至聚宝门外，望见人从门内出，即唏嘘数声而返，不欲见也。①

另如《方处士子留墓表》《前处士方公直之基表》等文莫不如此。概言之，钱澄之所撰的墓志，摒弃高深晦涩的文辞，明澈如水；注重描写细节，尤喜回忆逝者与自己交往的经历，植入自己丰沛的情感，令墓志铭读来尤具感染力。这些文体上的特点，使得后来崇尚文体洁净的桐城派理所当然地将钱澄之视为开山之祖②。

钱澄之在墓志上的写作，还有两个问题值得注意。首先，钱澄之在如何表述明清易代这个问题上，十分讲究措辞。作为重要历史关节点的甲申之变，是钱澄之在墓志中反复提及的。1654年，方以智（1611—1671）父方孔炤（1590—1654）去世，钱澄之撰《枞阳合祭方中丞贞述公文》③，文中如此表述甲申之变：

曾几何时，而遂有甲申三月之事。呜呼！天崩地坼，率土衔悲。大厦覆矣，一木岂支？④

① 《胡星卿先生慕表》，《田间文集》卷二十四，第460页。同年有《哭胡星卿》诗，见《田间诗集》卷二十四，第493页。

② 具体评论见《钱仲联讲论清诗》，第29页，另参吴孟复《桐城文派述论》，安徽教育出版社1992年版。方苞文体亦有此特点，据方苞所撰《田间先生墓表》，方苞未弱冠即识钱澄之，受其影响甚大。方苞《田间先生墓表》，方苞著，刘季高校点《方苞集》卷十二，上海古籍出版社1983年，第336—338页。

③ 方孔炤去世时的情况，可参任道斌《方以智年谱》，合肥：安徽教育出版社1983年，第194—195页。

④ 《田间文集》卷二十五，第485—486页。

近三十年后的康熙二十一年（1682），有《哭仲驭墓文》，仍说：

以烈皇帝尧爱之君，遂有甲申三月之事，天摧地裂，海岳争号。国破君亡，身家何论。[①]

甲申之变是明遗民的痛事，一旦提及，不免有些声嘶力竭。文中的表述，自然表露出非常直露的遗民态度和立场。但更多的地方，钱澄之选择较为中性的“改革”“鼎革”“国变”等词汇来述说甲申年的改朝换代。用“改革”一词的，如《家尔斐七十初度序》：“君自改革以后，为有司所迫，一上公车，辄以病免，而后遂不复再迫。因抗志高尚，优老林泉。可不谓身名俱泰者乎？”（《田间文集》卷十八）又《前给谏姜公卿墅元配董孺人迁葬墓志铭》表彰其入清后事迹说：“改革后反吴，诣宣城，将卜居敬亭山，以终遣戍之命，自号宣州老兵。临殁，遗命必葬宣城。”（《田间文集》卷二十三）用“鼎革”一词的如《张带三先生七十双寿序》：“遭鼎革，弃官去。”（《田间文集》卷十八）用“国变”一词的如康熙二十一年壬戌（1682）所写《左眠樵初度序》：“未几国变，留都有君。”（《田间文集》卷十八）《陈同人传》：“国变以后，予遭南渡钩党之祸。”（《田间文集》卷二十一）也有在一篇墓志铭中用多种词汇的，如《兵部职方司主事泰斋刘公墓志铭》中说：“崇祯甲申三月十九日之变，烈皇帝身殉社稷，在朝诸臣以死殉帝者若而人。”（《田间文集》卷二十二）又说：“甲申国变，公遁迹浣花庵，薙染为

① 《田间文集》卷二十五，第479页。

僧……改革后归皖。”（《田间文集》卷二十二）除提到“崇祯甲申三月十九日之变”这个历史点的时候有些激动外，随后使用的“国变”和“改革”二词，都是比较冷静的表述。在1682年所撰《故山海卫参军陈公南山元配李夫人合葬墓志铭》中，也是一样的情形。他说：“先君子以改革时死于乱。”又说“未几，有甲申之变，以致改革，公遂绝意世事。”（《田间文集》卷二十二）这些词汇的运用，在钱澄之其他的诗文中也是比较常见的。如康熙二十一年（1682），钱澄之为方以智夫人撰写《方太史夫人潘太君七十初度序》，言方以智：“当甲申之变，万死南还。”（《田间文集》卷十九）《陟园题词》说：“往时，士大夫多置亭馆其上，改革后，荡为墟莽久矣。”（《田间文集》卷二十）晚年的诗中也有类似表述①，但却是冷静的叙述，没有像墓志中那样情绪表达得较为激烈。

第二个问题，钱澄之在如何书写清朝年号的问题上，有着细致的思考。一般来说，钱澄之在墓志中不避讳直接书写清年号。如他在康熙四年（1665）所撰《曾翁愫初配张孺人合葬墓志铭》，提到死者“卒于清康熙甲辰年四月初四日”（《田间文集》卷二十二）。康熙十一年（1672）所撰《故山海卫参军陈公南山元配李夫人合葬墓志铭》：“翁生于万历己丑月日，卒于顺治戊子月日。”（《田间文集》卷二十二）康熙二十五年（1686）撰写《家韦亭广文传》，开篇就说：“康熙二十五年，岁在丙寅。贵池学谕钱君韦亭卒于官。”（《田间文集》卷二十一）康熙二十六年（1687）为方其义（1619—1649）撰《前处士方公次公直之墓表》：“君生于万历己未某月，卒于顺治己丑某月，享年三十有一。”（《田间文集》卷

① 如《贞靖祠前白松歌》云：“先朝国变死者多。”《田间诗集》卷二十五，第514页。

二十四）

此类文字，不知是否经过后人润色修改？或钱澄之将之收入文集时，自己有所修改[①]。其实，自陶渊明不用晋宋年号而用甲子纪年之后，历代遗民的著述多直接书写甲子，以表明自己不承认新朝的态度。钱澄之径直书写新朝年号，是否与前文所揭示的他与官员结交等情况一样，是其态度暧昧和游移的一种表现呢？仅就明清之际而言，坚持书写甲子的遗民如王夫之、徐枋（1622—1694）等当然很多，但不避清朝年号的遗民，也所在多有，即如钱澄之好友金堡（1614—1680）、黄宗羲等在墓志、寿序等文字中均不避清年号[②]。

但若仔细推敲，则会发现情况并非如此简单。钱澄之在《姚瞻子行路吟引》一文中说过：

> 陶元亮世称高士，以今观之，元亮著诗，用甲子纪年，当世不之怪；与柴桑诸子饮酒唱和，卒以乐死。以此为高，即今谁不欲高？谁不能高也。[③]

在钱澄之看来，陶渊明之所谓为“高士”，一是用甲子纪年，二是饮酒唱和，两者都是陶渊明表明个人政治立场的方法。但如果以陶渊明的这两个方法来衡量清初的遗民，那么，个个都是“高士”，究其原因，这两种方法一学就会，学的人不需

---

① 钱澄之文集中确有经过本人修改之处，如收入《田间文集》之《敬亭集序》有云：“以烈皇帝之圣明。”《四库存目丛书》影印康熙刻本《敬亭集》卷首则作“以先帝之圣明”。《田间文集》卷十三，第241页。

② 略举数例：如澹归（金堡）《周母朱太宜人八秩寿序》（澹归和尚著，段晓华点校《遍行堂集》卷五，广东旅游出版社2008年，第126页），黄宗羲《赠刑部侍郎振华郑公神道碑》《山西右参政籲之丘公墓碑》《参议密庵陆公墓碑》《万充宗墓志铭》等（《黄宗羲全集》第10册，第257、262、263、418页）。

③ 《田间文集》卷十六，第300页。

要付出多少代价，即可获得相应的声名。这是虚伪的假遗民，是钱澄之痛恨的。

可见，刻意用甲子纪年是钱澄之所批评的。但若仔细阅读他的文章，会发现钱澄之有时也十分坚持甲子书写的意义。如他为姜埰之妻董孺人所撰的《前给谏姜公卿墅元配董孺人迁葬墓志铭》，为遗民胡长庚（星卿）、方授（子留）所撰的《胡星卿先生墓表》《方处士子留墓表》（以上均见《田间文集》卷24）等，都坚持书写甲子。究其缘由，钱澄之若使用清年号，则逝者大抵非抵抗到底的遗民或与遗民无关的人员；若钱澄之仅书写甲子，则逝者肯定为坚决抵抗的遗民。这是他的书写义例，而他之所以能傲然批评当时那些模仿陶渊明一味以甲子书写的人，也正因为此。

总而言之，钱澄之所撰墓志铭有其体例，而最为突出的现象是他在墓志铭中毫不掩饰地极力表彰遗民气节，这种情况在诗歌、尺牍等文体的写作中是见不到的。

四、史书中的遗民心境

钱澄之晚年除撰写诗文外，大半的精力投入到了学术著作的撰写中，撰有《田间诗学》《田间易学》及《庄屈合诂》等，这些著作都包含有强烈的用世之心。不过他最为看重的，则是一部史书《所知录》。康熙二十年（1681），钱澄之已年过七十，他在给友人陆翼王的书信中说：

足下称仆《所知录》文直事核，仆何敢当……仆年过七十，一日尚存，未敢一日忘此志，如何如何？[①]

① 《复陆翼王书》，《田间文集》卷五，第85页。

可见《所知录》的写作在其心中的地位。那么，《所知录》是一部什么书，值得钱澄之"一日尚存"，便"未敢一日忘此志"呢？

《所知录》是钱澄之精心撰写的南明史书，主要记载从隆武元年（顺治二年，1645年）到永历五年（顺治八年，1651年）七年间的南明史事，也涉及弘光朝（1644—1645）的一些秘闻。大概从顺治八年（1651）春开始，钱澄之就已经计划写作《所知录》的资料[①]；至1681年已三十年，全书仍未杀青。可见其付出了艰苦之努力。

钱澄之自称，《所知录》所记载的南明史事，大多为"所亲见者"[②]。而写作此书的目的，就在于纠正各种有关南明史的"伪说"[③]。同时，他也自信《所知录》"较他野史为稍确也"[④]。正因为如此，《所知录》从一开始面世就被视为较为真实的记录，具有很高的史料价值。黄宗羲于康熙二十七年（1688）曾称赞说：

> 桑海之交，纪事之书杂出，或传闻之误，或爱憎之口，多非事实。以余所见，唯《传信录》《所知录》《劫灰录》，庶几与

① 钱澄之《所知录·凡例》中说"兹编凡戊子以前，皆本诸刘客生之日记也，于湖南战功，多不甚悉，亦因其所记者记之，辛卯春，滞梧州村中，略加编辑。"《所知录》，第11页。

② 《所知录》，第11页。

③ 钱澄之在《所知录》一书的《凡例》中虽自谦抑，但从其夫子自道"去南日远，间有传闻，不敢深以为信，亦不敢记也"，及批评当时关于南明的记载，"伪说横行，颠倒悖谬"，可知其著述的用意，在于取信于人及纠正各类谬说。引文见《所知录》，第11、12页。

④ 《永历纪年下》《所知录》卷四，第132页。

邓光荐之《填海录》，可考信不诬。[①]

黄宗羲此处提到的《传信录》《填海录》二书似均已失传，署名“珠江寓坊”的《劫灰录》如今虽有抄本传世，但流传不广，且经过篡改，史料价值相对有限[②]。惟独《所知录》史料价值甚高，学者认为，此书是“记隆武、永历两朝最直接之资料，堪备南明史事之征”[③]。自晚清以降南明史得到史学界的高度关注之后，《所知录》一直就是研究南明史的必备史料之一[④]。

《所知录》中记载他本人所写的诗歌，往往用来补充或重新叙述历史事件；诗歌或补充历史细节，或发表意见，或抒发感情，不一而足，其总数达七十三首之多。可以说，在中国的历史书写传统中，像《所知录》这样将诗歌书写与历史书写并置

---

① 黄宗羲《桐城方烈妇墓志铭》，《黄宗羲全集》第10册，第460页。李慈铭指出，黄宗羲本人所撰《行朝录》，其中《隆武纪年》《赣州失事》多与《所知录》同，盖取材于《所知录》也。参谢国桢《黄宗羲学谱》，商务印书馆1932年版，第83页。

② 谢国桢《增订晚明史籍考》卷十一，上海古籍出版社1981年版，第542—547页。此书六卷，专记永历朝在粤、黔、滇的史事。今存抄本似已被篡改，如卷一竟名为《永明王僭号始末》，卷二、三《亡国诸人事考》及卷四《日本乞师》一节，保存史料颇多（参《劫灰录》卷一至卷四，线装书局，1995年影印马彦祥旧藏抄本）。关于此书，还可参见陈去病作于1906年（丙午）的《劫灰录跋》（殷安如、刘颖白编《陈去病诗文集》卷四《巢南集外文》，社会科学文献出版社2009年版，第427—428页）及叶景葵丁卯（1927）腊月为《劫灰录》一书所写跋语（见叶景葵《卷盦书跋》，上海古籍出版社2006年版，第26页）。

③ 谢国桢《增订晚明史籍考》卷十一，第520—525页。

④ 晚清以来，《所知录》史料价值之高，已获共识，这从众多南明史研究著作对它的频繁征引就可获知。当然也有少数的例外，如邓之诚在《清诗纪事初编》中认为《所知录》“亦多传闻未审之言，知纪事之作，为最难矣”（邓之诚《清诗纪事初编》，中华书局香港分局1976年版，第123页）。邓氏未交代依据，其观点或受全祖望影响，亦未可知，全祖望的批评意见，见全祖望《题所知录》，《鲒埼亭集外编》卷二十九，朱铸禹汇校集注《全祖望集汇校集注》中册，上海古籍出版社2000年，第1335—1336页。

的体例是比较特殊的[①]。此书中的诗歌不但有很强的“诗史”功能，对于南明很多隐秘的历史事件亦有记载，甚且具有强烈的“尊永历而贬隆武”的褒贬史观。《所知录》不但是一部文献价值很高的史书，而且也是一部最能表露钱澄之遗民心志的著作[②]。较之前文分析的诗歌、尺牍和墓志等文体而言，钱澄之无疑在史书上寄托了最为深沉的遗民情感。

然而，钱澄之晚年耗费大量心血撰写的《所知录》在当时是不得流传的。据清代的藏书目录考之，《所知录》抄本在清初已被收入徐秉义（1633—1711）的《培林堂书目》之“史部”类[③]。钱澄之与徐氏交好，晚年诗文中有大量交游的记录。而且徐秉义是刊刻钱澄之《田间诗集》《田间文集》《田间诗学》等书的赞助者。很显然，《所知录》在清初的语境中，短时间内已无问世的可能，故钱澄之将此书交付徐氏保存，等待时机付刻。可惜清初文网日密，《所知录》随后被禁。幸亏士大夫私下辗转抄

① 据笔者有限的阅读经验而言，与《所知录》体例比较接近的多是“行记”一类的著述。如金代王寂（1128—1194）《辽东行部志》《鸭江行部志》二书，《辽东行部志》记载作者在金章宗明昌元年（1190）出使辽东之事，《鸭江行部志》则记载作者次年（1191）鸭绿江之行。载贾敬颜《五代宋金元人边疆行记十三种疏证稿》，北京：中华书局2004年，第255—311、170—213页。二书均在叙述中夹杂己作之诗，多抒情、交游之作，但因作者有抚今追昔之感或欲保存文献，书中记载他人诗、序、跋等甚多，体例驳杂，与《所知录》精心撰构绝异，另一部稍晚于《所知录》的“行记”有释大汕（1633—1704）的《海外纪事》。刊于康熙三十八年（1699）的《海外纪事》，是释大汕记载他本人于康熙三十四年（1695）赴越南之所见所闻的史书。该书六卷，系诗126首。但《海外纪事》一书除收录诗歌外，还收录启、疏、书、札、祝文、序等诸多文字，加插在叙述中。纪事、纪人的功能，多由书、札、序等文字承担，诗歌多抒情及吟咏风物之作，与《所知录》中诗歌专重纪事与纪人有所不同。《海外纪事》一书收入大汕和尚著，万毅等点校《大汕和尚集》，中山大学出版社2007年版，第347—464页。关于《海外纪事》一书的基本情况，可参考谢国桢《明清笔记谈丛》，上海书店出版社2004年版，第48—50页。

② 本文对《所知录》的介绍和分析，可详见拙撰《诗与史的交涉—钱澄之〈所知录〉书写样态及其意涵之研究》，《中国文哲研究通讯》2012年第20卷第2期。

③ 《二徐书目》，《海王邨古籍书目题跋丛刊》第1册，中国书店影印1915年仁和王存善铅印本2008年版，第458页。

录，得以完整地保留下来[①]。

五、结论

从上文的分析可以看出，晚年的钱澄之对于改朝换代，已是十分冷静和理智的态度。由于现实生活的困顿，更重要的是，出于完整刊刻自己著述的考虑，钱澄之以遗民身份外出交结清廷官吏。诗文和尺牍中都部分展现了这一情形，其中更有支持子弟出仕、对改朝换代的逐渐认可等言语和态度，可以看到钱澄之较为务实的态度。本文需要强调指出的是，这种情况并非钱澄之所独有。当时重要的遗民大多受到了来自现实政治和生活的巨大压力，所以全祖望（1705—1755）在讨论黄宗羲学术时特意指出："但使大节无亏，固不能竟避世以为洁。"[②]而在坚持大节的情况下，每个遗民因为个人经历和生命体验的差异，在诗文中所表现出来的面对新朝的情感和方式都是有所不同的。

就钱澄之而言，他对前朝的眷恋和对往事的记忆从来没有停歇过。在现实生活中，他常常回忆起明清易代之际的惨痛历史，如回想起甲申三月十九日崇祯帝的自缢、乙酉年妻儿的自

① 关于被禁情况，目前可以考知的是《所知录》与《田间文集》《田间诗集》同时列入《军机处奏准全毁书目》及《应缴违碍书籍各种书目》中（参《清代禁毁书目（补遗）清代禁书知见录》，第44、144页），并云："查《所知录》系钱秉镫撰。秉镫事明桂王，为翰林院编修，此书乃纪唐、桂二王事迹，附以南都三疑案及阮大铖始末，中有违犯指斥之语，应请销毁。"（第186页）《所知录》在整个清代的流传情况，至今不能详悉。《培林堂书目》之后，《所知录》在目录书中绝少出现，直至道光年间《荆驼逸史》本《所知录》刊刻后，该书似乎才重新出现在各种书目中，如丁立中《八千卷楼书目》之"史部传记类"（《海王邨古籍书目题跋丛刊》第4册，第75页）。可见因钱澄之著述被禁，导致《所知录》一书在正式的官修书目、私家书目中不能出现。

② 全祖望《答诸生问南雷学术帖子》，《鲒埼亭集外编》卷四十四，《全祖望集汇校集注》中册，第1696页。

沉。他也会因为一些具体的情境而触发他的情绪，如在京师凭吊煤山，或遭到前朝旧友的冷遇。这些，会使钱澄之一反平时为现实生活所压抑、遮掩起来的遗民态度和立场，在诗文中以激烈的情绪来发抒其缅想前朝的心境。

在不同的文体中，钱澄之刻意表露其不同的面貌。诗歌、尺牍、墓志铭以及不能刊行的史书《所知录》，在表达遗民心境的强度上，是递增的。在他所有的著述中，越是私密性的文体，表露其遗民心境最多，力度最强；而越是具备交际性的公开的文体，就越不能展现其遗民心境。或者说，钱澄之似乎也清晰地意识到，越是公开而具备交际性的文体，越不能直抒胸臆；而最能表露心境的著作，只能在最小的范围内与友人交流。比如墓志铭只写给逝者的家属看，而书信也只写给特定的朋友看。至于《所知录》只能寄存在朋友家中，在当时根本不可能刊行，似乎连读者都没有。康熙二十九年庚午（1690），七十九岁的钱澄之寄友人江在湄诗文二集，在《与江在湄》的函中说："先代许多关系文字，俱未及刻，以俟后来阐幽耳。"[①]指的似乎就是《所知录》，言下不无惆怅。

可以说，对于这种文体书写与遗民心境展现之间的微妙关系，钱澄之似乎有一种比较自觉的意识。这种意识，在彻底避世的遗民如王夫之、徐枋等人的著述中是不存在的。在处境与钱澄之约略接近，而且与钱澄之有着密切往来的黄宗羲、顾炎武（1613—1682）等人的著述中，也是不存在的。这种比较特殊的现象说明钱澄之对于写作本身有着迥异时俗的深刻见解，需要

① 《田间尺牍》卷一，《藏山阁集》，第449页。

另文阐释[①]。

（原载《中山大学学报》（社会科学版）2011年第4期）

① 钱锺书早已说钱澄之在诗文理论上的见解非常高明，甚至超过钱谦益。他在分析《诗说赠魏丹石》《陈官仪诗说》二文后指出：“澄之谈艺殊精，识力在并世同宗牧斋之上。”（钱锺书《谈艺录》，中华书局 1984 年版，第 328 页）蒋寅也十分重视钱澄之的诗论，说：“钱澄之谈艺甚精，钱锺书以为在牧斋之上，人或未许也，然其《问山文集序》《诗说赠魏丹石》《陈官仪诗说》诸文论诗文皆透彻，虽老生常谈之题，经其阐发，顿出深意。”（蒋寅《金陵生小言》，广西师范大学出版社 2004 年版，第 135 页）

诗与史的交涉

——钱澄之《所知录》“以诗为史”的书写样态

◎张　晖

其间遭遇之坎壈，行役之崎岖，以至山川之胜概，风俗之殊态，天时人事之变移，一览可见。

——钱澄之《生还集自序》（1649）

明清之际的钱澄之（原名秉镫，字饮光，晚号田间，1612—1693），在南明弘光朝（1644—1645）覆灭之后，先后追随隆武（1645—1646）和永历（1646—1661）二朝。曾任隆武朝延平府推官，后任永历朝礼部精膳司主事、翰林院庶吉士，迁编修，管制诰。作为一介书生，他身涉闽、粤艰险之地，积极从事抗清复明。复明失败后，一度出家为僧，后返回老家安徽桐城居住。晚年穷困潦倒，游历四方，勉力保存遗民气节，以著述终老。[①]

钱澄之的诗文写作、史学和经学研究，在当时都享有很高的声誉。可惜到了乾隆四十五年（1780），除有关《诗经》《周易》《庄子》《楚辞》等研究著作之外，钱澄之的诗文集《田间

① 关于钱澄之的基本情况，见赵尔巽等撰《清史稿》第500卷《遗逸》，中华书局1977年版，第13834页。其晚年窘境，可参看谢明阳《钱澄之的遗民晚景——以〈田间尺牍〉为考察中心》，《台湾学术新视野：中国文学之部（二）》，五南图书公司2007年版，第987—1011页。

诗集》《田间文集》均被禁毁[①]。而他极为重要的一部诗文集《藏山阁集》，因牵涉南明史事甚多，在当时就无法刊刻，只能以抄本形式在私下流传，世人多不知晓。这样，导致钱澄之在诗文上的声名，于乾隆四十五年之后就逐渐不彰于世。

此处所要讨论的是钱澄之另一部在当时无法刊刻的著作：《所知录》。此书是他精心撰写的南明史书，主要记载从隆武元年（顺治二年，1645）到永历五年（顺治八年，1651），七年间的南明史事，也涉及弘光朝的一些秘闻。《所知录》一书的史料价值甚高，是“记隆武、永历两朝最直接之资料，堪备南明史事之征”[②]。自晚清以降南明史得到史学界的高度关注之后，《所知录》一直就是研究南明史的必备史料之一。[③]但是，作为一部史书，《所知录》的体例与通常的史书有着很大的区别。钱澄之在《所知录》中记载历史事件的时候，往往会用他本人所写的诗

① 乾隆四十五年（1780）开始禁书，钱澄之《田间文集》《田间诗集》均列入《军机处奏准全毁书目》及《应缴违碍书籍各种书目》中，为重点查禁之书，参清姚觐元编、孙殿元辑《清代禁毁书目（补遗）清代禁书知见录》，商务印书馆 1957 年版，第 47、49、147 页。当时如此描述二书：“查《田间诗集》，钱澄之撰。澄之本明贡生，其诗乃入国朝所作，词意颇多诋斥，应请销毁。”“查《田间文集》，亦钱澄之撰，中有与金堡书及为堡募缘疏，又孙武公传中亦有指斥语，应请销毁。”分见第 197、205 页。

② 谢国桢《增订晚明史籍考》卷十一，上海古籍出版社 1981 年版，第 520—525 页。

③ 晚清以来，《所知录》史料价值之高，已获共识，这从众多南明史研究著作对它的频繁征引就可获知。当然也有少数的例外，如邓之诚在《清诗纪事初编》中认为《所知录》“亦多传闻未审之言，知纪事之作，为最难矣”。邓之诚撰《清诗纪事初编》，中华书局香港分局 1976 年版，第 123 页。只是邓氏未交代依据，或受全祖望影响，亦未可知。参本文第四部分《尊永历而贬隆武的史观》讨论全祖望批评《所知录》的部分。此外，司徒琳在《南明史：1644—1662》中亦有一处怀疑《所知录》的记载有问题，司徒琳著、李荣庆等译、严寿澄校订《南明史：1644—1662》，上海书店出版社 2007 年版，第 260 页。最近则有赵园的质疑，她在讨论关于甲申三月十九日的诸多记载时认为，“最不可信的，是‘传信’之类的标榜”，并举《所知录》和《甲申传信录》为例，其根据也是全祖望的论述。赵园《那一个历史瞬间》，见赵园著《想象与叙述》，人民文学出版社 2009 年版，第 4 页。赵园的研究有其关怀和立论所在，但以《所知录》为例来论证有关甲申三月十九日的记载多不可信，则是不当的。因为《所知录》不但根本不记载甲申年的任何史事，而且自有其著述体例，与一般道听途说式的“传信录”迥异。

歌来补充或重新叙述历史事件；诗歌或补充历史细节，或发表意见，或抒发感情，不一而足，其总数达73首之多。可以说，在中国的历史书写传统中，像《所知录》这样将诗歌书写与历史书写并置的体例是比较特殊的。[①]这批出现在史书中的诗歌，不但是探讨钱澄之的生平、历史观和诗歌写作的重要范本，而且更是研究中国文学史上诗歌书写与历史书写如何交涉的绝佳例子。

一、“每有记事，必系以诗”的史书《所知录》

钱澄之自称，《所知录》所记载的南明史事，大多为“所亲见者”[②]。而写作此书的目的，就在于纠正各种有关南明史的“伪

① 据笔者有限的阅读经验而言，与《所知录》体例比较接近的多是“行记”一类的著述。如金代王寂（1128—1194）《辽东行部志》《鸭江行部志》二书，《辽东行部志》记载作者在金章宗明昌元年（1190）出使辽东之事，《鸭江行部志》则记载作者次年（1191）鸭绿江之行，载贾敬颜《五代宋金元人边疆行记十三种疏证稿》，中华书局2004年版，第255—311、170—213页。二书均在叙述中夹杂己作之诗，多抒情、交游之作。但因作者有抚今追昔之感或欲保存文献，书中记载他人诗、序、跋等甚多（《鸭江行部志》，第183、199、204、205页；《辽东行部志》，第265、267、273、278、281—283、295页），体例驳杂，与《所知录》精心撰构绝异。另一部稍晚于《所知录》的“行记”有释大汕（1633—1704）的《海外纪事》。刊于康熙三十八年（1699）的《海外纪事》，是释大汕记载他本人于康熙三十四年（1695年）赴越南之所见所闻的史书。该书六卷，系诗126首。但《海外纪事》一书除收录诗歌外，还收录启、疏、书、札、祝文、序等诸多文字，加插在叙述中。纪事、纪人的功能，多由书、札、序等文字承担。诗歌多抒情及吟咏风物之作，与《所知录》中诗歌专重纪事与纪人有所不同（此点论证详见本文第二节）。《海外纪事》一书收入大汕和尚著，万毅等点校《大汕和尚集》，中山大学出版社2007年版，第347—464页。关于《海外纪事》一书的基本情况，可参考谢国桢著《明清笔记谈丛》，上海书店出版社2004年版，第48—50页。

② 钱澄之《所知录凡例》，钱澄之撰，诸伟奇辑校《所知录》，黄山书社2006年版，第11页。

说”[①]。同时，他也自信《所知录》“较他野史为稍确也”[②]。正因为如此，《所知录》从一开始面世就被视为较为真实的记录，具有很高的史料价值。黄宗羲于康熙二十七年（1688）曾称赞说：

桑海之交，纪事之书杂出，或传闻之误，或爱憎之口，多非事实。以余所见，唯《传信录》《所知录》《劫灰录》，庶几与邓光荐之《填海录》，可考信不诬。[③]

黄宗羲此处提到的《传信录》《填海录》二书似均已失传，署名“珠江寓坊”的《劫灰录》如今也有抄本传世，但流传不广，且经过篡改，史料价值相对有限。[④]惟独《所知录》因其史

① 钱澄之在《所知录》一书的《凡例》中虽自谦抑，但从其夫子自道“去南日远，间有传闻，不敢深以为信，亦不敢记也”，及批评当时关于南明的记载，“伪说横行，颠倒悖谬”，可知其著述的用意，在于取信于人及纠正各类谬说。引文见《所知录》，第11、12页。

② 《永历纪年下》，《所知录》卷四，第132页。

③ 黄宗羲《桐城方烈妇墓志铭》，沈善洪主编《黄宗羲全集》第10册，浙江古籍出版社1993年版，第460页。此文乃应钱澄之所请而写，钱澄之致黄宗羲函中自称“今年七十七矣”，可知乃1688年，钱澄之致黄宗羲函。见《黄宗羲全集》第11册，第407—408页。尽管此铭乃应钱澄之所请而写，但黄宗羲所言绝非溢美之言。李慈铭就已指出，黄宗羲本人所撰《行朝录》，其中《隆武纪年》《赣州失事》多与《所知录》同，盖取材于《所知录》也。参谢国桢著《黄宗羲学谱》，商务印书馆1932年版，第83页。

④ 谢国桢著《增订晚明史籍考》卷十一，第542—547页。此书六卷，专记永历朝在粤、黔、滇的史事。今存抄本似已被篡改，如卷一竟名为《永明王僭号始末》，卷二、三《亡国诸人事考》及卷四《日本乞师》一节，保存史料颇多，参《劫灰录》卷一至四，线装书局1995年影印马彦祥旧藏抄本。关于此书，还可参见陈去病作于1906年（丙午）的《劫灰录跋》，殷安如、刘颖白编《陈去病诗文集》卷四《巢南集外文》，社会科学文献出版社2009年版，第427—428页。及叶景葵1927年（丁卯）腊月为《劫灰录》一书所写跋语，见叶氏《卷盦书跋》，上海古籍出版社2006年版，第26页。

料价值甚高，被士大夫私下辗转抄录，得以完整地保留下来。[①]

《所知录》除具有较高的史料价值外，还有一个非常明显的特点，那就是钱澄之在记载史事的时候，经常系以他本人的诗篇。钱澄之在该书的《凡例》中解释道：

某平生好吟，每有感触，辄托诸篇章。……每有记事，必系以诗。或无记而但有诗，或记不能详而诗转详者，故诗不得不存也。删者甚多，亦存其记事之大者而已。[②]

这种书写，就史书的撰写方式来说，是一个比较特殊的例子。历来史书撰写，很少以韵文直接来补充正文之记载、描述的。早期的史书中引用诗歌、韵文，如《左传》引《诗》，《史记》大段引用《楚辞》或司马相如之赋；后世史书则仿效“太史公曰”之类的论赞体，[③]直接用韵文总结或评论史事；这些都不是《所知录》中韵、散浑然一体的写作。所以，《所知录》引起后世一些史学家的不满，认为它“有乖史体”，于是擅自将书中的诗歌删除。面对这种情况，清人傅以礼（1827—1898）颇表不

① 《所知录》在整个清代的流传情况，至今不能详悉。据清代的藏书目录考之，《所知录》抄本在清初已被收入与钱澄之交好的徐秉义（1633—1711）的《培林堂书目》之“史部”类，中国书店编著《海王邨古籍书目题跋丛刊》第12册，中国书店2008年版，第458页。但此后《所知录》在目录书中绝少出现，直至道光年间《荆驼逸史》本《所知录》刊刻后，该书似乎才重新出现在各种书目中，如丁立中《八千卷楼书目》之“史部传记类”，《海王邨古籍书目题跋丛刊》第4册，第75页。可见因钱澄之著述被禁，导致《所知录》一书在正式的官修书目、私家书目中不能出现。关于被禁情况，目前可以考知的是《所知录》与《田间文集》《田间诗集》同时列入《军机处奏准全毁书目》及《应缴违碍书籍各种书目》中，《清代禁毁书目（补遗）清代禁书知见录》，第44、144页。并云：“查《所知录》系钱秉镫撰。秉镫事明桂王，为翰林院编修，此书乃纪唐、桂二王事迹，附以南都三疑案及阮大铖始末，中有违犯指斥之语，应请销毁。”第186页。

② 《所知录·凡例》，第11—12页。

③ 关于早期史书中的论赞体，可参看赵彩花《前四史论赞研究》，中山大学出版社2008年版。

满，并加以辩驳：

> 至注中分系诗篇，人亦疑有乖史体，故传本每多删削者。不知钱氏本擅词章，所附各什，尤有关系。只以身丁改步，恐涉嫌讳，未便据事直书，不得已托诸咏歌，藉补纪所未备，观例言所称“或无纪但有诗，或纪不能详而诗稿转详”等语，即知其苦心所在，乌得以寻常史例绳之。[①]

傅氏以为，《所知录》中诗歌为正文的“注”。在傅氏看来，作为史家的钱澄之身处明清易代的特殊时刻，因而很多事情不能堂而皇之地写入史书，于是转而用诗歌以“注”的方式来代替。然而从上文所引《所知录》的《凡例》来看，诗歌显然与正文有参照印证的作用，其功能似乎不仅仅只是对正文的注解。当然傅氏的解释暗含着另一层意思，即诗歌较之史书而言，叙事比较隐晦，不容易触犯忌讳。这也是古代诗论家在看待诗歌与历史不同作用的时候，常常持有的一种观点。

傅氏的解释是否合理，姑且不论。本文最为关注的是，究竟如何面对《所知录》中的这批诗歌？钱澄之既然说“删者甚多，亦存其记事之大者而已”，那么，未删之前的诗歌的面貌是如何的呢？什么是“记事之大者”呢？删诗又有着什么样的原则呢？

---

① 傅以礼著《华延年室题跋》，国家图书馆编《国家图书馆藏古籍题跋丛刊》第15册，北京图书馆出版社2002年版，第448页。谢国桢为《续修四库全书总目》撰写《所知录》之提要，对于《所知录》中出现诗歌的情况，全袭傅以礼语，可见认同傅氏观点。见中国科学院图书馆整理《续修四库总目提要（稿本）》第31册，齐鲁书社1996年版，第492页。

二、《所知录》的版本、撰写时间、诗歌来源、删诗原则

要知道《所知录》中诗歌的来源，首先须厘清该书的版本情况。在目前所知的十五种《所知录》抄本中[①]，诚如傅以礼指出的那样，其中有不少抄本将钱澄之所写的诗歌删除了。但根据钱澄之本人所撰写的《所知录·凡例》，可以断定，如《荆驼逸史》本、庄士敏钞本等删除诗歌的抄本，一定是抄写者的臆断与妄改，是不足为据的。在那些保存诗歌的各类抄本中，也存在着不少差别。简言之，主要有三卷、五卷、六卷之分，区别如下：

	六卷本	五卷本	三卷本
卷一	隆武纪年	隆武纪年	隆武纪元
卷二	永历纪年上	永历纪年上	永历纪年上
卷三	永历纪年中	永历纪年中	永历纪年下
卷四	永历纪年下	永历纪年下	
卷五	南渡三疑案	南渡三疑案附阮大铖本末小纪	
卷六	阮大铖本末小纪		

本文论述的六卷本据南开大学图书馆藏清抄本[②]、清末新学会社排印本[③]；五卷本据上海图书馆藏清是亦轩抄本[④]；三卷本据江

① 《所知录》的各类抄本甚多，仅诸伟奇在整理《所知录》时，就见到十五种抄本。见诸伟奇《整理说明》，《所知录》，第6—7页。

② 收入《续修四库全书》史部之杂史类第444册，第131—195页。

③ 收入鲁可藻等《岭表纪年（外二种）》，浙江古籍出版社1985年版，第151—248页。

④ 收入《四库禁毁书丛刊》史部第72册，第139—188页。

苏省常熟市文管会藏清抄本[1]。在三卷本中，卷三卷首为“四月日上御经筵”一段，此段文字在六卷本与五卷本中，恰在卷二《永历纪年中》之中间。[2]

诸本之间，《隆武纪年》《永历纪年》两部分在文字上大同小异，所录诗篇亦无差别。所异者只是《南渡三疑案》与《阮大铖本末小纪》二卷，五卷本将此二卷合而为一，文字及所录诗篇有小异而无大别，三卷本则根本没有。对此，学界本有不同意见，或认为《所知录》本无此二卷[3]，或认为有之则是全璧[4]。笔者亦倾向于《所知录》本有此二卷，《南渡三疑案》所记虽为传闻，《阮大铖本末小纪》虽仅记载阮氏一人，但同样在叙述之后系之以诗篇，体例与《隆武纪年》《永历纪年》并无差别。

六卷本《所知录》[5]共载有73首诗歌，今核查，其中68首来源于钱澄之的《藏山阁诗存》。《藏山阁诗存》分《过江集》二卷、《生还集》七卷、《行朝集》三卷、《失路吟》一卷、附录《行脚诗》一卷五部分，收录钱澄之从崇祯十一年（1638）至永历五年（顺治八年，1651）之间写作的诗歌。这68首诗歌，26首出自《生还集》，39首出自《行朝集》，其余3首出自《失路吟》；有些诗题则略有差异（参文末所附“《所知录》所收诗歌与《藏山阁诗存》之关系表”）。

---

① 收入王夫之、钱秉镫撰《永历实录　所知录》，上海古籍出版社1987年版，第225—333页。

② 相同卷数的抄本各有多种，但不同抄本之间仅文字有歧义，所录诗歌篇目无差别。关于众多抄本的情况，参考诸伟奇《整理说明》，《所知录》，第6—8页。

③ 诸伟奇《所知录`整理说明》，第8页。

④ 谢国桢认为如《阮大铖本末小纪》须重订，“俾成完书”，《增订晚明史籍考》卷十一，第525页。

⑤ 本文所有引文及表三均据诸伟奇辑校《所知录》，该版本以新学会社本为底本，参加十多种抄本而成，最称便用。除非引文有重大歧义或须关涉诠释者，否则不另加说明。

《藏山阁诗存》的结集应在1651年之后不久[①]。至于《所知录》的写作时间，早在1651年（辛卯）春，钱澄之就已经开始编辑刘湘客的日记作为《所知录》的资料[②]；但迟至他年过七十（即1681年），钱澄之仍在修订[③]。由此可见，《藏山阁诗存》本是完帙，《所知录》中的诗歌是钱澄之在撰写《所知录》时，依据“存其记事之大者”的原则，从《藏山阁诗存》中选录出来的。

钱澄之晚年在《复陆翼王书》中说：

> 仆昔流离闽中，以吟咏纪事。凡所传闻，即为诗志之，有《哀江南》《续哀》《广哀》及《悲赣州》诸杂诗，俱录入《生还集》。已在岭外，复值乱亡亲见，皆系以诗，亦散见《两粤集》中。[④]

可知钱澄之“以吟咏纪事”的诗篇，主要分为两类：其一为“传闻”，即事；其二为“死事诸君子”，即人。《藏山阁诗存》中的作品，内容本十分丰富，举凡诗酒流连、抒情咏怀，所在多有。然而，一旦要求诗歌记载事件，就只剩下纪人和纪事，尤以纪事为主；而所谓纪人，其目的也在于表彰其人的事迹。如此，采入《所知录》的73首诗歌，自然也无非纪人、纪事两种。同时，这些诗歌又根据“存其记事之大者”的原则，专录与君王、名臣、良将及与军国大事关涉者。如：

① 钱澄之《田间诗集》收录的诗歌始于1651年，与《藏山阁诗存》首尾相衔。可知钱澄之对于自己诗歌的结集有着清晰的安排，非常注意随时按照写作年月来结集。

② 钱澄之《所知录凡例》中说：“兹编凡戊子以前，皆本诸刘客生之日记也。于湖南战功，多不甚悉，亦因其所记者记之。辛卯春，滞梧州村中，略加编辑。”《所知录》，第11页。

③ 钱澄之《复陆翼王书》：“足下称仆《所知录》文直事核，仆何敢当？……仆年过七十，一日尚存，未敢一日忘此志，如何如何？”钱澄之撰，彭君华校点，何庆善审订《田间文集》卷五，黄山书社1998年版，第85页。

④ 钱澄之《复陆翼王书》，《田间文集》卷五，第83页。按：《两粤集》已佚。

（一）纪人。如卷一《故人行》记路振飞，《哭漳浦师》记载黄道周，《陈将军行》记陈谦，《贡川闻王郡伯死为位哭之》记王士和；卷二《章北院行》记章旷，《吊忠诗》记陈子壮、张家玉；卷六《髯绝篇》记阮大铖。

（二）纪事。此为大宗。重要的如卷一《行宫词》三首记载隆武帝及其皇后，当时并称“二圣”。《闽江水雹歌》记载隆武二年正月“雹大如斗”“天昼黑”等异象。《沙边老人行》《楼船行》《赠杨幼于给谏》三首记赣州兵变。《恭纪》记隆武帝焚烧大臣迎降书以安抚人心事。《无题》《鄞江怨词》记隆武蒙尘汀州。《黯淡滩》记马士英等被杀于黯淡滩。卷三《麻河捷行》记马进忠麻河大捷，《悲湘潭》记湘潭失陷事，《悲信丰》《悲南昌》记李成栋战死。卷四《圣德诗》记永历帝赦金堡事，《盱江感事》四首记广州失陷及永历帝驻南宁。卷五《传疑诗》三首记南渡假亲王、假太后、假太子三案。

上文曾引述钱澄之所说“无记而但有诗，或记不能详而诗转详者”（《所知录·凡例》）一语，可见，就钱澄之自己的分类来说，他是通过纪人和纪事这两种不同的诗歌题材，来补充《所知录》一书在记载上没有记载（无记）和未能详细记载（记不能详）这两种遗憾。可是，连历史书写都不能记载的人或事，为何诗歌反而能记载下来呢？这就牵涉到“诗史”的写作观念。

三、《所知录》与钱澄之的“诗史”写作

“诗史”这一诗学观念，最早见于唐代的《本事诗》，用来概括杜甫在安史之乱中流离陇蜀时所写的记载时事的诗歌。后历经宋、元、明、清各代诗人、学者的讨论，内涵衍变得甚为丰富和复杂，但其最为核心的内涵仍是强调诗歌对于现实的记录和

描写。到明清之际，因为身遭国难，大批诗人不但在理论上对“诗史”观念有新的诠释，在创作上同时继承和发扬“诗史”精神。其中最有成就的，当数钱谦益。钱谦益以如椽大笔，将史学传统上的褒贬与诗学传统上的美刺相结合，构造出一套“见证”和“存在”的诗歌美学①。钱澄之身处明清之际的学术和诗学氛围，对“诗史”这一问题在理论上虽无贡献，但在创作中却能坚持实践。

如前文所述，《所知录》中的诗歌大半出自《藏山阁诗存》，《藏山阁诗存》的写作宗旨就是“诗史”。钱澄之在《生还集自序》（作于1649年）中说：

共得诗若干篇，为六卷（引者按：今为七卷），付诸剞劂，目曰《生还集》，志幸也。其间遭遇之坎壈，行役之崎岖，以至山川之胜概，风俗之殊态，天时人事之变移，一览可见。披斯集者，以作予年谱可也。诗史云乎哉！②

《生还集》是《藏山阁诗存》中规模最大的组成部分③，写作时间起于1644年（甲申），迄于1648年（戊子），记载了钱澄之入闽之前以及在闽粤期间的部分岁月。从《生还集自序》可知，《生还集》中的诗歌对钱澄之而言，就是他本人的“年谱”。也就是说，这批诗歌忠实地记载了他个人的生命，具有记载个人历史的功能。钱澄之对待这批诗歌，虽说不敢以“诗史”

① Lawrence C.H.Yim，Qian Qianyi’s Theory of Shishi during the Ming—Qing Transition，Taipei:Institute of Chinese Literature and Philosophy，Academia Sinica，2005.

② 钱澄之撰，汤华泉校点，马君骅审订《藏山阁集》之《藏山阁文存》卷三，黄山书社2004年版，第400页。

③ 《藏山阁诗存》的五部分：《过江集》二卷、《生还集》七卷、《行朝集》三卷、《失路吟》一卷、附录《行脚诗》一卷，以《生还集》规模最大。

自居（所谓“诗史云乎哉”），其目的，还是希望自己的这批诗歌，一来可以记载他个人“遭遇之坎壈，行役之崎岖”，二来还可以记载“山川之胜概，风俗之殊态，天时人事之变移”。换句话说，这批诗歌，钱澄之既将之视为个人的年谱，也将之视为整个时代的历史。[①]

其实，钱澄之的诗歌在当时就已被视为“诗史”。钱谦益曾赋诗提及钱澄之，即以“诗史”称之：

闽山桂海饱炎霜，诗史酸辛钱幼光。
束笋一编光怪甚，夜来山鬼守奚囊。[②]

钱谦益此诗作于1657年，诗中值得注意的是前两句。首句提及钱澄之在隆武（在闽）、永历（在粤）两朝复明的艰难岁月；次句用“诗史”来概括钱澄之在那段辛酸岁月里写下的诗歌，即《藏山阁诗存》中的作品。

钱谦益的门人钱曾（1629—1701）亦以“诗史”来品评钱澄之的诗作，他于1681年赋诗云：

记得行杯诉别筵，荷香分袂又三年。
一身老去谈诗史，四海穷来玩《易》笺。
作客意消芳草后，怀人句好断云边。

---

① 将自己的诗歌视为自己的年谱，可以说是明清鼎革之际很多遗民的想法。如张煌言在《奇零草自序》（作于1662年）中说：“年来叹天步之未夷，虑河清之难俟。思借声诗，以代年谱。”张煌言著《张苍水集》，上海古籍出版社1985年版，第52页。姜埰《敬亭集自序》：“非欲使世人知吾诗，盖自京国丧乱以后，生死万态，或转侧戎马，命若悬丝；或漂泊江湖，身同行乞。……他日使吾子孙读之，知吾半生踪迹如斯也。”姜琛《敬亭集》，《四库全书存目丛书》集部第193册，庄严文化事业有限公司1997年版，第545页。

② 钱谦益《金陵杂题绝句二十五首继乙未春留题之作》第十四，钱谦益著，钱曾笺注，钱仲联标校《牧斋有学集》卷八，上海古籍出版社1996年版，第419页。

风樯今日难回棹，搔首蓬窗独泫然。[①]

钱曾在“一身老去谈诗史，四海穷来玩《易》笺”两句中，道出了钱澄之晚年倾心于《易》学的情况，同时也以“诗史”来肯定钱澄之的诗歌[②]。

可知，钱澄之的诗歌具备记载历史的功能，在其身前就已获承认。然而，这批具有“诗史”功能的诗歌一旦纳入史书《所知录》，又会产生一幅什么样的局面呢？

四、尊永历而贬隆武的史观

作为史书，《所知录》被黄宗羲称为“考信不诬”，但随后全祖望（1705—1755）却对之提出批评：

梨洲先生亟称《所知录》之可信，然录中多袒“五虎”，盖田间翁与刘湘客厚，尤与金堡厚也。其谓金堡所以不死桂林之难，盖欲收葬稼轩，则可发一笑矣。《岭表纪年》则谓高必正留严起恒，是日金堡大约朝臣，共排张孝起，田间亦在其列，堡啖之以修撰兼御史故也。然则田间正不独以与湘客厚而左袒之，盖热中于进取耳。嗟乎，“是何天子，是何节度使”，尚求进不已

① 钱曾《欲至枞阳就见饮光，挂帆东下不得停，书此觅便寄之。君于圣安朝祸遘，饮章、屏营草野者，逾年始得解。国亡流落，牧翁采其诗入〈吾炙集〉中。前年至虞山，寓留守公春晖园。晨夕过予述古堂，谈规外事甚悉，助予诗注实多。予亦出所藏诸家〈易〉解，益君〈易〉笺所未备，聚首浃旬，卒卒别去。每为诵老杜“泉路交期”之句，不觉泪下如绠縻也》，见谢正光笺校、严志雄编订《钱遵王诗集笺校》增订版，台北中国文哲研究所 2007 年版，第 298—299 页。

② 实则在钱澄之看来，诗与《易》之间存在某种相通的情况，故每曰“诗通于《易》”，关于这一点，可参考严寿澂《诗通于〈易〉：田间诗论诠说》，《传统中国研究集刊》第六辑，上海人民出版社 2009 年版，第 253—273 页。实则重视诗与《易》之间的关系，清初如屈大均亦如此。

乎？[1]

全祖望的指责十分严厉，因其娴于南明文献，所以他的意见被后世不少学者接受。如晚清李慈铭（1830—1894）虽赞赏《所知录》对“五虎”持论甚公，但金堡之事，仍袭用全祖望的意见。[2]这就使得钱澄之的史学，有种令人不可轻信的感觉。后至傅以礼，方大力为钱澄之辩诬。[3]此一公案，今已澄清。金堡欲收葬瞿式耜之事，学界也？已认可。[4]全祖望的质疑虽然过于苛刻，但因为钱澄之与金堡交厚，金堡又系当时极富争议之人物，故怀疑《所知录》是否有史家之公论，亦属正常。此就史家书写而言。如果我们仔细阅读那些有关金堡的文字及相关诗歌时，就会发现另外一些微妙的现象。

《所知录》记载金堡之事，最为重要的就是永历四年（1650）吴党陈邦傅打击楚党“五虎”之事。金堡作为“五虎”之首的“虎牙”，下狱几死，赖瞿式耜、钱澄之等人解救，方得以出狱，但已饱受酷刑，左腿已折，被贬至清浪卫（今贵州岑巩）。[5]钱澄之当时任翰林编修，在解救金堡的过程中发挥了相当的作用。[6]他于庚寅（1650）五月给永历帝上了一道《请宽金给事

① 全祖望《题所知录》，《鲒埼亭集外编》卷二十九，朱铸禹汇校集注《全祖望集汇校集注》中册，上海古籍出版社 2000 年版，第 1335—1336 页。

② 李慈铭《孟学斋日记》乙集下，见《李慈铭日记》第 5 册，广陵书社 2004 年版，第 3472 页。

③ 傅以礼《华延年室题跋》，《国家图书馆藏古籍题跋丛刊》第 15 册，第 449—450 页。

④ 廖肇亨《金堡之节义观与历史评价探析》说：“金堡上书孔有德，乞收瞿式耜骸骨，甚为时人所称。”《中国文哲研究通讯》1999 年第九卷第四期，第 98 页。

⑤ 司徒琳《南明史：1644—1662》第五章《复振与第三次抵抗：两广的永历政权》，上海书店出版社 2007 年版，第 119—121 页。详细描述参顾诚《南明史》第十九章《永历朝廷内部的党争》，中国青年出版社 1997 年版，第 586—595 页。

⑥ 参《永历纪年下》，《所知录》卷四，第 114—115、123 页。

疏》，后得到永历帝的答复："金堡量改近戍，该部知道。"[①]当钱澄之得知消息后，兴奋地写下《圣德诗》：

文帝贵止辇，太宗宝魏徵。古来神圣主，皆有纳谏名。
我皇仁且孝，至德无容称。屈己听臣下，不大色与声。
小臣叨侍从，窃睹神采英。大帅对失措，圣度和且平。
所以诸藩镇，见者识中兴。……举朝叹圣德，臣等实不能。
虚怀本天授，皇哉我圣明！[②]

颂圣诗需典雅重大[③]，此诗深得其中三昧。钱澄之因解救金堡成功，感而赋此诗。然而，在解救过程中，一度很不顺利，钱澄之有诗记曰：

诏狱非仁政，况逢离乱辰。从龙宽典得，请剑小臣频。
狼狈悲同类，艰危附党人。山阴真相国，申救跪沙滨。[④]

彼时永历帝将"五虎"下锦衣狱，阁臣严起恒（1599—1651）欲解救，但不得面圣，只好跪沙滨申救，又不允[⑤]。当此之时，钱澄之内心悲愤，故赋前诗。首句即批评"诏狱非仁政"，又称严起恒为"真相国"，立场清晰可见。好在随后营救

① 《藏山阁文存》卷一，《藏山阁集》，第 364 页。
② 《永历纪年下》，《所知录》卷四曰第 115 页。
③ 如杨万里《诚斋诗话》曰："褒颂功德五言长韵律诗，最要典雅重大。如杜云：'凤历轩辕纪，龙飞四十春。八荒开寿域，一气转洪钧。'又云：'碧瓦初寒外，金茎一气旁。山河扶绣户，日月近雕梁。'李义山云：'帝作黄金阙，天开白玉京。有人扶太极，是夕降玄精。'七言褒颂功德，如少陵、贾至诸人唱和《早朝大明宫》，乃为典雅重大。和此诗者，岑参云'花迎剑佩星初落，柳拂旌旗露未干'最佳。"见丁福保辑《历代诗话续编》，中华书局 1983 年版，第 138 页。
④ 《永历纪年下》，《所知录》卷四，第 111 页。
⑤ 《永历纪年下》，《所知录》卷四，第 121 页。

成功，故有《圣德诗》，对永历帝改为称颂。

钱澄之为永历三年冬（1650）进士，是永历亲试取中的八人之一，授翰林院庶吉士①。通过科考进入仕途是当时读书人最为荣耀之事，钱澄之本为贡生，对科考也怀有极大的热忱，可惜生逢乱世，无缘于此。早年他在隆武朝任漳州府推官，是因为其恩师、时任吏部尚书兼大学士黄道周（1585—1646）的推荐，并通过吏部的考试，虽擢置第一，但终非由科考而得授，钱澄之对此十分遗憾②。隆武帝在位期间亦曾举行乡试，“凡四方流寓诸生俱得入试，特旨广额七十名”③，但钱澄之当时已任官职，无法参加考试。所以，当他被永历帝亲试取中为进士、授翰林院庶吉士之后，感而赋《临轩曲》二十首，描述殿试整个过程，极感激涕零之能事，《所知录》全部收入。至书中所引之诗，凡涉及永历帝者，无不褒赞。如《小诗恭纪》首二句云：

传道文华殿，君王政自为。④

言永历之勤政也。《郧将入对歌》末云：

叩头再拜出君门，忆起胸中未尽言。
天威咫尺说不得，始信君王是至尊。⑤

---

① 关于八人姓名及录用情况，参《所知录》卷三《永历纪年中》，第100—101页。殿试在己丑冬十二月二十四日，已入公元1650年。参《藏山阁集》之《藏山阁诗存》卷十一，第282页。

② 钱澄之《拟上行在书》云：“臣与德操合词具疏求俟乡试。奉旨：‘国家多事，破格用人，某等既经辅臣荐举，吏部即与试用，不必更俟乡试。钦此。’臣与德操随到吏部，于本月日，与诸选人一体考试，蒙冢臣曾樱，擢置第一，授职推官。”《藏山阁集》之《藏山阁文存》卷一，第344页。

③ 《隆武纪年》，《所知录》卷一，第35页。

④ 《永历纪年下》，《所知录》卷四，第100页。

⑤ 《永历纪年下》，《所知录》卷四，第112页。

此诗称赞永历之君王气概也。至《藏山阁集》中称颂永历之诗更多，因与政事无涉，所以均未采入《所知录》[①]，可知钱澄之在撰写《所知录》时，对于相关诗歌之去取，肯定费了一番衡量。

钱澄之因受永历帝擢拔之恩，加之拯救金堡成功，故对永历帝几无贬抑之辞，已如前述。但《所知录》中诗歌所呈现出来的隆武帝形象，却较为复杂。钱澄之赴粤之前，由于黄道周的推荐，到隆武朝任职。他在《所知录》中记载：

上性俭素，伤国家多难，敕断荤酒，衣大布衣，后宫十余人皆老妪，于嗜好泊如也。特好读书，博通典故，为文下笔数千言立就。[②]

完全是圣明天子、中兴之君的形象。后系《行宫词》二诗，加以颂扬。

当时福建有唐王称隆武帝，浙江有鲁王监国，彼此争正统、不合作，是二者迅速覆亡的原因之一。1646年（隆武二年、鲁监国元年）六月，鲁王大败，福建隆武政权遂失去地利。然而此时，隆武却因为皇子的出生而给大臣封官加爵以示庆贺。《所知录》记曰：

七月，上诞元子，大赦覃恩，从龙诸臣悉加封爵。御史钱邦芑疏言："元子诞生之辰，正浙东新破之日，同盟且应见恤，剥肤益复可忧。臣以为是举朝同仇发愤之秋，非覃恩受赏之时

① 重要的如《放诏歌》，称永历"当今天子正神武"，《藏山阁集》之《藏山阁诗存》卷十一，第280页。又在《酬龚在田孝廉》诗中称永历为"正统"，《藏山阁集》之《藏山阁诗存》卷九，第246页。

② 《隆武纪年》，《所知录》卷一，第18页。

也。且覃恩不宜太优，爵赏不宜太滥，若铁券金章徒以锡从龙之旧，则将来恢复疆土，何以酬汗马之勋？非所以重名器，劝有功也。”不报。[①]

当时庆贺的表奏甚多。[②]《所知录》独独择录钱邦芑（？—1673）的反对奏疏，可见钱澄之内心亦持反对立场。此段文字后所系二诗，更态度鲜明地加以反对。《读钱邦芑谏草》表彰钱邦芑眼光的老辣，末四句为：

一疏破群迷，遂使人主惧。谏草满皂囊，兹当推独步。[③]

至于《越东破》一诗，直斥骂矣：

当今天子高皇孙，鲁国同是至亲藩。
改元本非利天下，域内原宜奉一尊。
越东诸臣殊可笑，誓死不开登极诏。
天子洒笔亲致书，相期先谒高皇庙。
闽中恃越为藩篱，如今越破闽亦危。
往时纷争不足论，与国既失应同悲。
昨夜中宫诞元子，通侯鹊印何累累。
中兴所重在边疆，恩泽滥冒同烂羊。
唇亡齿寒古所忌，君不闻元子之诞唇先亡！
蓝元子生而唇缺也。[④]

① 《隆武纪年》，《所知录》卷一，第36页。
② 计六奇撰，任道斌、魏得良点校《明季南略》卷之八《皇子诞生》条，中华书局1984年版，第323—324页。
③ 《隆武纪年》，《所知录》卷一，第37页。
④ 《隆武纪年》，《所知录》卷一，第36—37页。

钱澄之从未供职于鲁监国，是故立场倾向于隆武。对于鲁王不奉隆武的天子诏而在浙江自立监国，表示不满。但诗中点出浙江为福建的藩篱，隆武在越破之时，不顾唇亡齿寒，为皇子出生而庆祝，极为不智。诗歌末句极讥笑之能事，嘲笑皇子唇缺，以喻浙江、福建之关系，可谓大胆之至。钱澄之作为臣子，竟然能在诗中发出如此言论，颇疑此诗在隆武政权覆灭后改写而成。

实则皇子问题，在当时为一至为重大的问题。隆武帝本无子嗣，所以他曾手写诏书给鲁监国说：

朕无子，王为皇太侄，同心戮力，共拜孝陵。朕有天下，终致于王。[①]

话虽如此，但此事或许一直如鲠在咽，令隆武帝内心极为不舒服。眼下自己有了儿子，江山有继，隆武帝又怎肯履行前诺！正因如此，才会大肆庆祝，“举朝如梦如醉”。[②]情势如此，钱澄之却能赞同钱邦芑，于众醉之中保持清醒，可知其内心愤懑之至。实则钱澄之对闽、浙两政权的关系，早有清晰认识。他在1646年年初（乙酉十二月）于《拟上行在书》中就说:

鲁王监国绍兴，诸臣不奉我正朔，同室起衅，贻笑敌人。陛下含容不校，手诏解和，此见陛下之大度而远略矣。既为一本，况属同舟，宜尽弃小嫌，协力共济，应有军需，以时输给，计程置驿，有警辄闻，岂惟笃亲之谊，亦是固圉之谋。

① 《隆武纪年》，《所知录》卷一，第27页。亦见黄宗羲《行朝录》卷一《隆武纪年》，沈善洪主编《黄宗羲全集》，第2册，浙江古籍出版社2005年版，第118页。

② 《明季南略》卷之八《皇子诞生》条，第324页。

他更指出：

闽所以偷安者，以有江东烽火相望，敌人不敢越而南向也。倘江东不守，仙霞一关，岂足恃哉？昔唐高祖入关，推戴李密，使御东师。宋太祖不取太原，留蔽二虏。况势为唇齿之邦而左右之手救乎？[①]

可见钱澄之的一贯立场及对隆武的期许。

甚至于后来隆武蒙尘，《所知录》中载《无题》诗四首及《鄞江怨词》，对隆武帝加以盖棺定论时，仍提及此事：

去日追班入紫宸，花间鹓鹭片时亲。
纶扉白发南阳旧，侯印黄金恩泽新。
羽檄遥知边奏至，龙颜时向内家颦。
自闻东越唇亡后，早使忧天泣小臣。[②]

钱澄之对隆武帝开始尊敬，后转而失望，但对永历帝则基本没有怨言。作为一名史家，这样的一个大的立场，钱澄之是通过诗歌而非史传文字来加以透露的。这或许就是他自己所说的“记不能详而诗转详者”，也是傅以礼所说的“恐涉嫌讳，未便据事直书，不得已托诸咏歌，藉补纪所未备”。

五、忠义的历史

《所知录》卷四《永历纪年下》最后一组诗《哭峡江曾

① 钱澄之《拟上行在书》，《藏山阁集》之《藏山阁文存》卷一，第347页。
② 《隆武纪年》，《所知录》卷一，第39页。

二云老师》四首，为钱澄之悼念曾樱（字二云，？—1648）所作。1650年桂林城破后，钱澄之仓皇北返，途中听闻曾樱已于数年前殉节，遂哭之以诗。曾氏为万历四十四年（1616）进士，曾任隆武朝吏部尚书、文渊阁大学士。1648年清军攻占厦门，曾氏全家殉难[①]。钱澄之1645年（乙酉）在福建参加隆武朝吏部考试时，曾樱曾将之擢置第一，故称其为老师[②]。前三首意在悼念，第四首则是自伤，诗云：

昔岁谬叨漳浦荐，主恩特诏试天官。
书生不以先容进，国士偏承破格看。
一命滥参延郡幕，三年窃戴侍臣冠。
同朝知己捐躯尽，每念师恩泪不干。[③]

诗歌一开始回忆自己当年蒙黄道周（漳浦）的推荐步入仕途，颔联、颈联讲述自己在隆武、永历两朝的任职经历。尾联不胜凄恻，一来痛惜同朝好友之死，二来怀念师恩、痛惜老师之殉节。

《所知录》在此诗之后，又言：

自此之后，上驾日南，音问阻隔，传闻多不实，自有从行诸臣日记。予所知者止此矣。[④]

可见，钱澄之用曾樱之死来对《所知录》前四卷所述隆武、永历两朝之事作一总结，这意味着南明的历史是以名臣良相

① 柳亚子《南明史纲初稿》据《残明宰辅年表》云曾樱于永历四年（1650）督师闽浙，见柳亚子著《南明史纲史料》，上海人民出版社1994年版，第47页。待考。

② 钱澄之《拟上行在书》，《藏山阁集》之《藏山阁文存》卷一，第344页。

③ 《永历纪年下》，《所知录》卷四，第131页。《所知录》原无诗题，据《藏山阁集》补，《藏山阁集》之《藏山阁诗存》卷十三，第323页。

④ 《永历纪年下》，《所知录》卷四，第131页。

的死亡来终结的。

《所知录》中记载的死事其实甚多。当1650年十一月初四（11月26日）孔有德（？—1652）攻占桂林之际，兵部尚书、文渊阁大学士瞿式耜（1590—1651）、兵部侍郎张同敞（？—1651）、内阁辅臣严起恒（1599—1651）相继被害。这三人均与钱澄之有着密切的关系，所谓“同朝知己”，所以钱澄之先后有《得留守及张司马死难信》八首及《曼公书至得山阴师死难事信》四首加以悼念。尤以哭严起恒诗最为沉痛，其一云：

乱日风闻疑至今，蛮江果见大星沉。
青天已毕捐躯志，白日空悬报主心。
多难相依臣节苦，异时不去圣恩深。
中兴未奏公先死，泪洒天南听捷音。[①]

此诗有意与杜甫悼念诸葛亮的名篇《蜀相》互文，《蜀相》曰：

丞相祠堂何处寻，锦官城外柏森森。
映阶碧草自春色，隔叶黄鹂空好音。
三顾频烦天下计，两朝开济老臣心。
出师未捷身先死，长使英雄泪满襟。

钱澄之此诗不但在韵脚上与《蜀相》相同（均押十二侵韵）[②]，诗句亦多互文（intertextuality）。首句述说自己对严起恒之死不敢信，也不能信，所谓“乱日风闻”，姑且听之，故一直

① 《永历纪年下》，《所知录》卷四，第130页。
② 汤文璐编《诗韵合璧》，上海书店出版社1982年版，第230—238页。

存疑。次句言“大星沉”，以“大星”喻严起恒在朝堂上的重要性，又用一“沉”字喻其死，深具沉痛感。严起恒是山阴人，就公而言，为永历朝除瞿式耜之外最为重要的文臣；[①]从私而论，是钱澄之科举中式时的恩师，二人私下交往甚多，感情深厚。[②]关于严起恒之死，《所知录》记载甚详：

相传有张护军者甫至，即上山阴相公舟，问：“滇封毕竟是秦非秦？”公曰：“君远来迎驾，迎驾功甚大，朝廷自有特恩。若专来问此，是挟封也！”与张辩，声色甚厉。张不逞，公遂赴水死。死一夜，虎负公尸出诸岸。[③]

“相传”即指诗题中所指的曼公（方以智），严起恒投水而死的详情是钱澄之从方以智处辗转得知的。张护军显然是当时盘踞云南的“秦王”孙可望（？—1660）的手下，此前朝廷封赏孙可望为公爵，而盘踞广西的将领陈邦傅却伪造说朝廷封孙可望为“秦王”，并提前告知孙可望，其目的在于挑拨孙可望与朝廷的关系[④]。孙可望果然中计，恼羞成怒之下，欲以迎驾之功来逼迫朝廷对其加以封赏。在这一情况下，严起恒被逼得投水自尽。钱澄之对此极为悲愤，故在句二中用一“蛮”字，一喻严起恒死于荒蛮之地，二喻严起恒死于野蛮不臣之兵将之手。三、四句言严起恒虽已身死，然其报主之忠心依然悬于天地之间，“青天”“白日”喻其忠心清白可表。《蜀相》云：“老臣心”，钱诗转云

① 参王夫之《瞿严列传》，《永历实录》卷二上海古籍出版社1987年版，第23—29页。

② 钱澄之己丑年（1649）有《谒谢山阴师值五十初度窃睹御赐斐叠敬呈》诗二首，《藏山阁集》之《藏山阁诗存》卷十一，第286页。诗中称严起恒“吾师”“知遇”。正是因为严起恒的提携，钱澄之才得以起草诏令。又，严起恒曾在钱澄之劝说下，极力营救金堡。《永历纪年下》，见《所知录》卷四，第121页。

③ 《永历纪年下》，《所知录》卷四，第130页。

④ 其中详细过程，见司徒琳《南明史》，第123页。

“报主心”，诗意更豁然。句五言严起恒在多难时节支撑朝廷日常运转之不易，句六言其无论何时都感念圣恩。能做到如此地步，大概皆有赖于严之“苦节”与“报主心”。七、八两句转入结语，极沉痛。《蜀相》云“出师未捷身先死”，钱诗挪用之，但套入当时语境，改云“中兴未奏公先死”，甚为贴切。当时南明诸臣，无不翘首以望“中兴”的来临。钱澄之在其诗中，就殷盼“中兴”。其诗有云：

努力勋与名，勿负中兴初。（《别新城诸友》其一，1648年作）。[①]

长虑一杯成永诀，可怜万死见中兴。（《得刘客生信》，1648年作）。[②]

中兴根本仗谁留，楚粤经年次第收。（《寄呈留守瞿相公》，1648年作）。[③]

帝王应运非偶然，中兴必有符瑞先。（《献玉篇》，1649年作）[④]

中兴一直是钱澄之的梦想，此刻虽遭逢巨变，却仍在句八中吟出“听捷音”，可见其仍怀抱希望，不欲与诸葛亮“泪满襟”式的失败落入同一个历史结局。诸葛亮本是中国历史上德才兼备、鞠躬尽瘁的贤相，钱澄之在诗中通过与杜甫《蜀相》的互文，将严起恒比作永历朝的诸葛亮，极力表彰其忠心、气节与才

---

① 《藏山阁集》之《藏山阁诗存》卷九，第231页。

② 《藏山阁集》之《藏山阁诗存》卷九，第234页。

③ 《藏山阁集》之《藏山阁诗存》卷九，第240页。

④ 《藏山阁集》之《藏山阁诗存》卷十，第252页。

干。[①]《所知录》中的相关历史书写仅能叙述严起恒之死，而此诗在叙述事件的基础上，又盖棺论定似地交代了严起恒的忠心、气节、才干及其在永历朝的重要性，给历史书写予重要的补充。

钱澄之在不断利用诗歌来表彰忠臣良将之时，对于误国之臣也同样系之以诗，加以贬斥。《所知录》卷一记载方国安、马士英（1591—1646）等降清被杀事十分具体，说：

贝勒在延平，杀降官马士英、方国安、方逢年，悬其首于黯淡滩。先是，北兵渡江，阮大铖迎降，方国安同士英、逢年等走台州，阴计间道归闽，渐可退入滇黔。乃遣人上疏，言北兵陷浙，势且入闽，劝早为防御计，以此输忠为入朝张本也。已为贝勒招出，从入闽。及北兵陷延平，追骑至顺昌县，获御杠，搜得其疏。贝勒出以示三人，遂骈斩之。

《所知录》对于马士英等人投敌之后又暗中上书隆武帝之事交代甚为清晰，并无贬斥之意，但是随后所附《黯淡滩》一诗，则立场显见：

方帅穷归应蒿竿，更诛马相七闽欢。
严州阁老降何事？白首同悬黯淡滩。[②]

方帅即方国安，明总兵，后封镇东侯，降清后拥兵入

① 实际上，钱澄之本人有时对诸葛亮的才干是有所怀疑的。他认为诸葛亮不取汉中而支持刘备取成都是错误的，见钱澄之《武侯论》，《田间文集》卷二，第32—34页。

② 《隆武纪年》，《所知录》卷一，第41页。《黯淡滩》一诗又见《藏山阁集》之《藏山阁诗存》卷五，第137页。

浙。[①]“应蒿竿”言其首级悬于蒿竿之上。句二言诛杀马士英，福建一地百姓欢腾。[②]方逢年为遂安人（今浙江淳安，旧称严州），崇祯时曾任礼部尚书兼东阁大学士，是为严州阁老。[③]方逢年本是德高望重之辈，却依然投敌，故钱澄之质问之。句四言三人皆已年高，投敌之后却不免落得斩首示众的下场。白首是说年高，反讽三人虽年高，却不德劭，又不能保持晚节。此诗以冷淡口气缓缓道来，对投敌的明臣加以反讽。一部南明史，是由忠臣良将的血和泪书写而成的，而对奸佞之臣的斥责与嘲讽，正是对忠臣良将的最好纪念。

六、余论

1997年，清水茂（1925—2008）完成一篇研究钱澄之诗歌的论文，将钱澄之诗分为晚年的田园诗和早年抗清具有“诗史”特质的两大类。[④]在讨论后者的时候，清水茂认为钱澄之“把亲身经历见闻写成《所知录》，并加上自己的作品，又显然是想留下一份历史的形象记录，以‘诗史’自居”。[⑤]他从《所知录》中选

① 方国安生平，见张岱《石匮书后集》第48卷《马士英阮大铖列传附方国安》，上海古籍出版社2008年版，第690—692页。

② 七闽为福建旧称，出自《周礼·夏官·职方氏》：“职方氏掌天下之图，以掌天下之地，辨其邦国、都鄙、四夷、八蛮、七闽、九貉、五戎、六狄之人民与其财用、九穀、六畜之数要，周知其利害。”见孙诒让撰、王文锦、陈玉霞点校《周礼正义》第10册，中华书局1987年版，第2636页。马士英情况，除见于张岱《石匮书后集》外，见张廷玉等撰《明史》第26册第308卷，中华书局1974年版，第7937—7945页。

③ 见《明史·方逢年列传》，《明史》第21册第253卷，第6545页。谢国桢《崇祯朝之党争》之《崇祯五十宰相表》，谢国桢著《明清之际党社运动考》，上海书店出版社2004年版，第63页。

④ 清水茂《钱澄之的诗》，清水茂著、蔡毅译《清水茂汉学论集》，中华书局2003年版，第100—112页，尤其是第106—111页。朱则杰在《清诗史》中亦持同样分类，见朱则杰《清诗史》，江苏古籍出版社2000年版，第117—124页。

⑤ 《清水茂汉学论集》，第108页。

择了一首七言古诗《悲南昌》来分析，认为该诗“不用典故、如实叙事”“直叙事实、不加粉饰”。钱澄之的《悲湘潭》《悲信丰》《悲南昌》诸诗，显然摹仿杜甫《悲陈陶》《悲青坂》，但“比之杜甫二作，钱澄之对事实的描写要更为详尽”[①]。在清水茂看来，钱澄之诗歌的特点在于不用典故与直叙事实，而《所知录》中的相关诗歌则最大限度地发挥了其诗歌的特点，对历史事件给予了详尽的叙述。[②]确实，《所知录》中的诗歌，过去较多得到重视的是《闽江水雹歌》《沙边老人行》《虔州行》《麻河捷行》《悲湘潭》《悲信丰》《悲南昌》等长篇的纪事古诗，因为其叙事直接、详尽，承担起了用诗歌记载历史的“诗史”功能。然而，即使我们承认钱澄之的这些诗与杜诗相比，确实更能详尽地叙述历史事件，但我们也注意到，与《所知录》中的历史书写相比，钱澄之的相关诗歌对于同一历史事件的叙述毫无优越可言。韵语叙事的含糊、游移与暧昧，导致诗歌对相关事件的时间、人名、地名以及来龙去脉等的记载，显得极为不清晰。所以，本文认为《所知录》中最为精彩的并非是那些纪事性特别强的诗歌，而是那些能把褒贬和立场寓于诗中的诗歌。而这些诗歌，恰好也是与“诗史”书写传统相契合的作品。

历代的“诗史”说，其基本内涵在于强调诗歌对于现实的书写，但自从宋人李遐年提出杜甫诗用《春秋》笔法写作之后，则开始重视诗歌写作上的褒贬功能。明代的杨慎在讨论“诗史”时，希望诗歌不要直陈，而能够做到含蓄蕴藉或意在言外地记载时事。许学夷也强调诗歌在叙事上不要直陈，而是要通

① 《清水茂汉学论集》，第110、109页。

② 关于钱澄之诗歌的整体特点，现代学者的意见大同小异。如严迪昌认为是“白描自然、冲淡深粹”，《清诗史》，浙江古籍出版社2002年版，第202页。对于钱澄之诗歌平淡、白描、不用典故等特点，均给予认可。但钱诗直叙事实的特点，则是清水茂大力表彰的。

过“抑扬讽刺”的方法来保持诗歌的文体特征。而曾与钱澄之同在永历朝任职的王夫之在讨论“诗史”时，也强调诗歌的美刺、讽谏功能，反对直叙事实。这些论述在整个“诗史”的理论诠释史中，占有主导的地位；反而清水茂提及的那些直叙事实的“诗史”写作，似乎历来只有王世贞等极少数人给予过正面的支持。明清之际的“诗史”说以钱谦益最为代表，尤其推崇褒贬和微言大义的《春秋》笔法，大胆记录当时的重要历史、政治事件及己身之遭际。[①]《所知录》中那些蕴含着褒贬意识与表彰忠孝气节的作品，分明就是契合了“诗史”的传统和当时的潮流。这些作品，一方面有着较高的艺术性和美学价值；另一方面，能与历史书写产生相互印证的功效。诗歌中表现出来的无论是对事或对人、对君王或对臣子所持有的褒贬和立场，都是单纯阅读《所知录》中的历史书写所无法获得的信息，都是对《所知录》中的相关历史书写给予的补充。诗歌书写或凸现钱澄之在相关历史事件上的立场，或表明钱澄之对历史人物的观感，和较为冷静地描述事件的历史书写相得益彰。综观《所知录》全书的诗篇，那些叙事性较强的作品确实能较为详尽地叙述历史事件；那些暗寓褒贬的作品则能体现诗歌与历史在产生交涉时，诗歌所具备的特殊的褒贬、美刺的功能与价值。

最后，还有一点思考需要提出。作为一部史书，《所知录》中夹杂着若干诗歌书写。经过我们的论证，这些诗歌已然可以确信为该书的有机组成部分，像清朝学者那样随意地将其删去（如《荆驼逸史》本、庄士敏钞本等，见本文第二节）自然是很不妥当的。但是，诗歌书写毕竟仍然要以配合历史书写为目标。这从钱澄之本人拟定的“无记而但有诗，或记不能详而诗转详者”这

① Lawrence C.H.Yim.Qian Qianyi ’ s Theory of Shishi during the Ming—Qing Transition，pp.11—20.

一《所知录》的体例上就可看出：诗歌书写本来就是要对历史书写进行一种补充。简言之，是“以诗证史”的。所以，无论我们如何细读《所知录》中的诗篇，或如清水茂似的强调其叙事上的优越性，或如本文这样阐发其中所蕴藏的作者的褒贬与立场，诗歌为历史服务这一根本立场是无法改变的。

然而，当我们读到钱澄之在诗歌中表达他贬隆武而尊永历、喻严起恒为诸葛亮等精彩的、富有生命气息的判断时，我们的目光便往往被那些精彩的诗篇所吸引，那些历史书写反而似乎逐渐退化为一些背景知识，一些用来帮助读者阅读和理解诗歌的背景知识。在阅读的过程中，我们是否可以调整阅读策略，将《所知录》阅读成一部记载钱澄之个人生命的诗集（何况，这些诗本来就出自诗集《藏山阁诗存》）？如此，书中的那些历史叙述，就成了对诗歌写作背景及本事的笺释。是否可以这样说：钱澄之的《所知录》是一部有着大量与历史书写相得益彰的诗歌书写的史书，也是一部对记录自己如歌岁月的诗篇的历史笺释和再叙述？

就具体的文本而言，有些诗篇如非《所知录》交代具体史实，确实难以考索其所指。如《端州诗》：

侧耳羊城信，穿烽二使来。诏开藩镇泣，风斗海船回。
事变知天意，时危有将才。长城真可恃，驻跸漫惊猜。[①]

诗中仅交代事件与广州、藩镇有关，并无出现任何具体的人名，就算娴熟于南明史事的学者认真研读，也未必能详知其所指。《所知录》则交代其背景：

① 《永历纪年下》，《所知录》卷四，第109页。

永历四年庚寅正月元旦，上御行殿受朝贺。初六日南雄报至，南韶守将罗成曜弃韶州走。上将移跸西幸，召对群臣，皆言车驾不宜轻动。给事金堡、御史彭佺争之尤力。上命金堡同戎政侍郎刘远生往广州敕谕诸将。诸将初欲弃城航海，为飓风折回，始定死守计。远生与堡复溯流上清远，闻南韶虽望风奔溃，北兵尚未至也。①

据此可知《端州诗》所指，其旨趣也是深具讽刺和褒贬的。《所知录》中收录的《端州诗》（或题《端州杂诗》）十四首、《梧州诗》（或题《梧州杂诗》）五首，都出自《藏山阁集》中的《端州杂诗》（共二十五首）和《梧州杂诗》（共二十六首）。②凡未收入《所知录》中的诸诗，虽然钱澄之在诗中也有一些自注，但均不如收入《所知录》的数首来得诗意显豁。这类描写一时、一地、一事的作品，一旦情境转移，读者就莫知其所云了。据此，我们认为《所知录》中相关历史事件的描述，就是对书中诗篇的笺释，又有何妨呢?

更进一步来说，后现代史学家认为“历史似文学”，③也有

---

① 《永历纪年下》，《所知录》卷四，第109页。

② 《藏山阁集》之《藏山阁诗存》卷十，第253—258页；《藏山阁诗存》卷十二，第291—295页。

③ White Hayden，Metahistory:The Historical Imagination in Nineteenth—century Europe(Baltimore and London:TheJohns Hopkins UP，1973)，pp.5—7.White Hayden，Tropics of Discourse：Essays in Cultural Criticism (Baltimore and London:The Johns Hopkins UP，1978)，pp.58—63.中文评述，可参见黄进兴《“历史若文学”的再思考：海登·怀特与历史语艺论》，见黄进兴著《后现代主义与史学研究》，三联书店2008年版，第53—93页。

在文学作品中阅读历史的。[①]他们的愿望，大致在消除历史与文学之间的界限、真实与虚构的界限。但其根本目的，仍在于为史学寻找出路。《所知录》虽然是一个诗歌和历史互相交涉的特殊文本，但归根结底，它依然是一部历史著作。本文的阅读，也在极力寻找《所知录》中诗歌的历史意义。然而，我们或许也可以将之翻转过来，视其为一部诗集，一部有着七十三首诗歌且附带有作者本人详细笺释其背景和本事的诗集。这，是不是意味着我们在阅读《所知录》、在重新思考诗歌与历史之间的交涉时，一切阅读的中心将会落在诗歌之上，而非历史之上呢？

① 拉卡普拉（Dominick LaCapra）就曾通过研究司汤达（Stendhal）、托马斯·曼（Thomas Mann）、福楼拜（Gusteve Flaubert）、艾略特（George Eliot）等人的文学作品来看历史。Dominick LaCapra，History，Politics，and the Novel（Ithaca，NY:CornellUP，1987）；History and Criticism（Ithaca，NY:Cornell UP，1985）.

附录：

《所知录》所收诗歌与《藏山阁诗存》之关系表

《所知录》中诗题(依先后为序)	《所知录》中卷次	《藏山阁诗存》中卷次	备注
行宫词（三首）	卷一（隆武纪年）	卷五《生还集》	《生还集》题“宫词六首”，《所知录》所收为其中三、四、五首
故人行	卷一（隆武纪年）	卷五《生还集》	
未有诗题	卷一（隆武纪年）	卷四《生还集》	《生还集》题“哭漳浦师”（三首），《所知录》所收为其三
闽江水雹歌	卷一（隆武纪年）	卷四《生还集》	《生还集》题“闽江冰雹歌”
沙边老人行	卷一（隆武纪年）	卷四《生还集》	
楼船行	卷一（隆武纪年）	卷四《生还集》	《生还集》题“楼船行赠杨清江相公”
未有诗题	卷一（隆武纪年）	卷四《生还集》	《生还集》题“赠杨幼于给谏”
虔州即事	卷一（隆武纪年）	卷四《生还集》	
鹬鸽行赠刘客生御史	卷一（隆武纪年）	卷四《生还集》	《生还集》题“鹬鸽行赠刘客生”
陈将军行	卷一（隆武纪年）	卷四《生还集》	《生还集》题“陈将军”
萃士歌	卷一（隆武纪年）	卷四《生还集》	
越东破	卷一（隆武纪年）	卷四《生还集》	
读邦艺谏草	卷一（隆武纪年）	卷四《生还集》	《生还集》题“读开少御史谏草漫书”
恭纪	卷一（隆武纪年）	卷四《生还集》	《生还集》题“初见朝恭纪”

《所知录》中诗题（依先后为序）	《所知录》中卷次	《藏山阁诗存》中卷次	备注
未有诗题	卷一（隆武纪年）	卷五《生还集》	《生还集》题“贡川闻王郡伯死为位哭之”
无题	卷一（隆武纪年）	卷五《生还集》	
鄞江怨词	卷一（隆武纪年）	卷五《生还集》	
黯淡滩	卷一（隆武纪年）	卷五《生还集》	
虔州行	卷一（隆武纪年）	未收	
虔州死节歌	卷一（隆武纪年）	卷九《生还集》	
虔州续歌	卷一（隆武纪年）	卷九《生还集》	
章北院行	卷二（永历纪年上）	卷十二《行朝集》	
未有诗题	卷二（永历纪年上）	卷十一《行朝集》	《行朝集》题“吊忠诗”，《所知录》所收为其一·二
过岭与太羹谈虔事	卷二（永历纪年上）	卷九《生还集》	《生还集》题“初度岭与张太羹谈虔州事”
端州杂诗	卷二（永历纪年上）	卷十《行朝集》	《所知录》所收为“行朝集”之“端州杂诗”又十一首之五
端州杂诗	卷二（永历纪年上）	卷十《行朝集》	《所知录》所收为“行朝集”之“端州杂诗”十四首之十一
麻河捷行	卷三（永历纪年中）	卷十《行朝集》	《行朝集》题“麻河捷”

《所知录》中诗题(依先后为序)	《所知录》中卷次	《藏山阁诗存》中卷次	备注
悲湘潭	卷三(永历纪年中)	卷十《行朝集》	
端州诗	卷三(永历纪年中)	卷十《行朝集》	《行朝集》题“端州杂诗”又十一首,《所知录》所收为其一
端州杂诗	卷三(永历纪年中)	卷十《行朝集》	《所知录》所收为《行朝集》之“端州杂诗”十四首之四
悲信丰	卷三(永历纪年中)	卷十《行朝集》	
悲南昌	卷三(永历纪年中)	卷十《行朝集》	
端州杂诗	卷三(永历纪年中)	卷十《行朝集》	《所知录》所收为《行朝集》之“端州杂诗”十四首之十二
端州杂诗	卷三(永历纪年中)	卷十《行朝集》	《所知录》所收为《行朝集》之“端州杂诗”又十一首之六
端州杂诗(三首)	卷三(永历纪年中)	卷十《行朝集》	《所知录》所收为《行朝集》之“端州杂诗”又十一首之十一、“端州杂诗”十四首之九、十
端州杂诗	卷三(永历纪年中)	卷十《行朝集》	《所知录》所收为《行朝集》之“端州杂诗”十四首之十三
端州杂诗	卷三(永历纪年中)	卷十《行朝集》	《所知录》所收为《行朝集》之“端州杂诗”又十一首之十

《所知录》中诗题(依先后为序)	《所知录》中卷次	《藏山阁诗存》中卷次	备注
端州杂诗	卷三(永历纪年中)	卷十《行朝集》	《所知录》所收为《行朝集》之“端州杂诗”十四首之十四
端州杂诗	卷三(永历纪年中)	卷十《行朝集》	《所知录》所收为《行朝集》之“端州杂诗”又十一首之三
书所闻	卷三(永历纪年中)	卷十一《行朝集》	
广州杂诗(二首)	卷三(永历纪年中)	卷十一《行朝集》	《所知录》所收为《行朝集》之“广州杂诗”五首之二、三
小诗恭纪	卷三(永历纪年中)	卷十一《行朝集》	《行朝集》题“闻上御文华殿亲政小诗恭纪”
临轩曲	卷三(永历纪年中)	卷十一《行朝集》	
端州诗	卷四(永历纪年下)	卷十二《行朝集》	《所知录》所收为《行朝集》之“梧州杂诗”之四
梧州杂诗	卷四(永历纪年下)	卷十二《行朝集》	《所知录》所收为《行朝集》之“梧州杂诗”之九
郧将入对歌	卷四(永历纪年下)	卷十二《行朝集》	《所知录》题“郧将军入对歌”
沮对篇	卷四(永历纪年下)	卷十二《行朝集》	
圣德诗	卷四(永历纪年下)	卷十二《行朝集》	

《所知录》中诗题(依先后为序)	《所知录》中卷次	《藏山阁诗存》中卷次	备注
梧州杂诗	卷四(永历纪年下)	卷十二《行朝集》	《所知录》所收为《行朝集》之“梧州杂诗”之二
梧州诗	卷四(永历纪年下)	卷十二《行朝集》	《所知录》所收为《行朝集》之“梧州杂诗”之十七
梧州诗	卷四(永历纪年下)	卷十二《行朝集》	《所知录》所收为《行朝集》之“梧州杂诗”之十八
旺江感事(四首)	卷四(永历纪年下)	未收	
梧州诗	卷四(永历纪年下)	卷十二《行朝集》	《所知录》所收为《行朝集》之“梧州杂诗”之十四
桂林杂诗	卷四(永历纪年下)	卷十二《行朝集》	《所知录》所收为《行朝集》之“桂林杂诗”之五
虞山歌	卷四(永历纪年下)	卷十二《行朝集》	《所知录》题“虞山歌为留守相公赋”
桂林诗	卷四(永历纪年下)	卷十二《行朝集》	《所知录》所收为《行朝集》之“桂林杂诗”之六
桂林杂诗	卷四(永历纪年下)	卷十二《行朝集》	《所知录》所收为《行朝集》之“桂林杂诗”之四
遥哭瞿张二公	卷四(永历纪年下)	卷十三《失路吟》	《所知录》题“得留守及张司马死难信”
未有诗题	卷四(永历纪年下)	卷十三《失路吟》	《所知录》题“曼公书至得山阴师死事信”

《所知录》中诗题(依先后为序)	《所知录》中卷次	《藏山阁诗存》中卷次	备注
未有诗题	卷四（永历纪年下）	卷十三《失路吟》	《所知录》题“哭峡江曾二云老师”
传疑诗（三首）	卷五（南渡三疑案）	卷三《生还集》	
髯绝篇	卷六（阮大铖本末小纪）	卷九《生还集》	《所知录》题“髯绝篇听司空耿伯良叙述诗以纪之”

（原收录于张晖著《中国诗史研究》三联书店2012年版）

钱澄之诗学的易学渊源发微

◎刘立群

钱澄之（1612—1693），本名秉镫，字饮光，晚号田间，安徽桐城人，明清易代之际著名诗人，东南诗坛雄长领袖。钱澄之早年追复隆武、永历政权，身罹党锢亡命天末，既而持节自守、归乡客隐，故其为诗既能效法屈子而激烈慷慨，亦不乏陶渊明“放下担子，可以隐避田园，没齿无怨言”[①]的风格。钱澄之中后期耽心著述而绩学有得，其学有四维：《田间易学》与《田间诗学》积数十载之力而成，最为其“生平心血”所在；二经之学外，他又以《庄》继《易》、以《屈》继《诗》，合庄、屈二学为《庄屈合诂》以翊翼二经。钱澄之注重以易学、诗学宏阔沟通学术各端，主张诗通于《易》、屈学亦易学、庄子亦诗人。从易学之阈审视钱澄之诗学，钱氏易学不仅为其流荡飘忽的遗孤文心提供了性命安顿、调适自我的经典依凭，更深刻影响了其诗文致思，韩菼即论曰：“先生之于《易》，不独以之持身，以之立教，即其小文单辞，罔弗有旁通发挥之趣。”[②]钱氏诗学既深具易学底色，然学人鲜少由此发论，故本文即试就其诗学背后的易学渊源予以推阐。

---

① 怒潮《田间诗人钱饮光——陶渊明第二》，《世界月刊》1929 年第 6 期。

② 钱澄之《田间文集》，黄山书社 1998 年此后脚注的书籍出处暂缺“版”字，第 1 页。后引是书仅随文标注。

一、以《易》制行与藏潜期待

明清鼎革而乾坤崩裂，作为体认前朝而规避死节的遗孤文人，在如何思索天地开闭、出处安顿与身心调适的问题上，易学影响之力甚大，读《易》已近乎成为“标准的遗民行为”[①]。清初戴名世所论“大抵贤人君子，遭世末流，胸有郁勃感愤，借《易》以致其扶阳抑阴之意，是亦出于忧患之所为也”[②]，即堪称对明代遗民以易学解读时代动荡、排遣忧患的敏锐观察与精当概括。康熙三十一年（1692），即钱澄之离世的前一年，钱氏时年81岁，查慎行因有庐山之游而过访，并留有诗曰：“层峦俯瞰万松梢，中有高人旧结茅。自入鹿门诗一变，竟驯龙性《易》初爻。云盘远势鸦翻阵，花作新泥燕补巢。未免累翁鸡黍约，往还原不拒贫交。”[③]其中“竟驯龙性《易》初爻”一语，乃指涉钱澄之一变前期激烈诗风而改换冲和自然之貌，对此前人多有点破，如陈田《明诗纪事》谓：“冲淡深粹，出于自然，度王孟而及于陶矣。”[④]朱彝尊《静志居诗话》亦拟陶渊明论之：“昔贤评陶元亮诗，云心存忠义，地处闲逸，情真、景真、事真、意真，《田间》一集庶几其近之。”[⑤]文心即人心，即人之生命，“故亦可谓文学即人生”[⑥]。钱澄之诗风递嬗与其晚年暮气既深、血气衰落有关，但更重要的，则在于他中后期出处行止多本于《易》。钱澄之家世学《易》，其治《易》凡五十余载，受学、逋逃、归乡之际，先后诠次《见易》、新撰《火传》，最

① 赵园《明清之际士大夫研究》，北京大学出版社 1999 年版，第 432 页。
② 戴名世《戴名世集》，中华书局 1998 年版，第 81 页。
③ 查慎行《敬业堂诗集》，上海古籍出版社 1986 年版，第 377 页。
④ 陈田《明诗纪事》，上海古籍出版社 1993 年版，第 3026 页。
⑤ 朱彝尊《静志居诗话》，人民文学出版社 1998 年版，第 671 页。
⑥ 钱穆《现代中国学术论衡》，广西师范大学出版社 2005 年版，第 247 页。

终编成《田间易学》。其《田间诗集》中类之于“拥被夜深谈《易》理，与君耐可老青山”“劝子以学《易》，望子以知天”“吾衰人共弃，讲《易》是天涯”[①]等读易、谈易、用易、教易之象随处可遇。“吾治《易》者也”的学术体认与其遗民身份错综相贯，《易》学充沛并启示了他的中后期生命，为之引导出一种与时消息、待时而动、直追“遁之肥也，节之弗苦”的人生易境。查慎行以《乾》卦初爻总括其易学涵养下退藏潜隐的人生志意与诗格嬗变，可称洽切。

钱澄之后期以《易》制行的突出特点，在于以“阴阳消长”论君子进退。四库馆臣论钱氏易学，认为其治《易》乃“黄道周之余绪”“益以诸家之说”而“大旨以朱子为宗”。然而钱澄之在对《周易》本质的认知上，实与朱熹“卜筮之书”之论有着鲜明不同，其贞定易学乃道阴阳之学：“所谓《易》者，阴阳也”[②]“‘《易》以道阴阳’，则一语已抉其奥矣。”[③]钱澄之认为，圣人作《易》而君子学《易》，故需依圣人之所观，“视阴阳之消长以为进退，然后身安”。[④]阴阳变化体现于天地自然，最密于昼夜更迭，故应法昼夜而休息：“《易》之所以变化不穷者，用在反复也，反复莫密于昼夜，君子日乾夕惕，法昼夜也。”[⑤]阴阳消息现于《易》书，则假奇偶两画以象之，君主、臣民、君子、小人等对待关系也由之得见：“所以见奇偶两画之妙，阴阳、君民、君子、小人，都判于此两画中。”[⑥]结合奇偶两画与阴阳消长来省思判定君子行止，颇为钱澄之所熟用。康熙十二年（1673），钱澄之北上入京，适逢龚鼎孳因家人与门客劝

① 钱澄之《田间诗集》，黄山书社 1998 年，第 42、65、75 页。后引是书仅随文标注。
② 钱澄之《田间易学》，黄山书社 1998 年，第 604 页。后引是书仅随文标注。
③ 钱澄之《庄屈合诂》，黄山书社 1998 年，第 3 页。后引是书仅随文标注。
④ 《田间文集》，第 155 页。
⑤ 《田间易学》，第 177 页。
⑥ 《田间易学》，第 670 页。

阻而退隐不能，深感疾惫，钱澄之即为之讲述学《易》“当视阴阳消长以为进退”的重要性：

夫阴阳消长，气运为之，君子小人皆有不能自主之势。气运相催，人心以变，其始也微有异同，其后也判若水火。哲者见于几先，昧者信诸事后。事后而悔之，无及矣。

据钱澄之《系遁说》一文，钱氏依凭阴阳消长为龚鼎孳言说进退之道，乃是借《遁》卦各爻分析隐遁时机之重要性，指出九五“嘉遁”之时君臣无间，见机最早并能以礼而退，为最善之“遁”，其次则为九四之“好遁”，再次则为九三之“系遁”，但“系遁”终因“为臣妾所系”，并为“门人宾客”疑惑视听，“内揆诸理，外牵于私，二者交战，不能自决，以至于疾”。[①]亦即明确指出龚鼎孳当下情形正与“系遁”爻辞及《传》辞“系遁之厉，有疾惫也”相应，需及时全身远害。龚鼎孳对钱澄之所解大为信服，豁然心解遂以致仕。

以“阴阳消长”论此身进退之机要，实在对《周易》“隐德”地充分发用。明代遗民治《易》而特取“屯”“明夷”“剥复”等易理之“隐德”，乃为时代共相，如陆世仪《寄如皋吴白耳书》曰：“此际论身，似若细事，然吾辈身任绝学，责在万世，正不可轻视一死。箕子一爻，所宜熟读也。”[②]即旨在以《明夷》六五爻辞中箕子佯狂保身而“利贞”之事自勉，黄宗羲《明夷待访录》中“夷之初旦，明而未融”之论亦与此相契。对此，钱谦益即概论曰：“读者观而玩之文王、仲尼

① 《田间文集》，第155页。

② 陆世仪《论学酬答》卷三，清小石山房丛书1874年版，第22页。据《北京图书馆藏珍本年谱丛刊》第69册，中影印的《论学酬答》标注此。

之《易》，于明夷、屯难之中，思过半矣。”[①]钱澄之对《周易》“隐德”的体认，则主要见诸其对《乾》卦六龙之德的深刻洞察中。钱澄之认为，在六十四卦各象中，通乎阴阳消息而潜、见、惕、跃、飞、亢的乾龙之性最应为君子效法。其引程子之说谓：“龙之为物，灵变不测，故以象《乾》道之变化、阳气消息、圣人进退。”[②]钱澄之《感怀诗》其二亦赞曰：

万物各有智，至神莫如龙。龙为阳火精，乃藏渊水中。当其乘风云，飞腾凌虚空。化为鱼与蛇，蹄涔亦能容。头角既以尽，变化乃不穷。日日游世间，无人得其踪。[③]

《乾》卦六龙应阴阳消长之时而变化，“六龙不具，不为《乾》德”[④]，“圣人以四德为体，六龙为用”而进退，足资君子取法。值得指出，在六龙之德中，钱澄之特别注意“潜龙”，其《题曾氏八卦图》曰：“请观周世《易》，卦莫尊于《乾》。六爻以龙称，其初即为潜。”[⑤]其效陶之作《田园杂诗》中亦曰：“请问大《易》理，此理不易听。《乾》卦冠潜龙，遁世去其名。”[⑥]清廷底定天下，极力笼络名望者流以消弭反清情绪，而钱澄之却独能优游牢笼之外，唐甄曰：“惟时征召之命遍于岩穴，而先生晦迹远引，能令当世荐贤者齿之不及，可谓善藏其用者矣。”[⑦]而此正与钱澄之重“潜藏”之德有密切联系。

但值得注意的是，钱澄之对藏用之义的理解显然更为深

① 钱谦益《牧斋有学集》，上海古籍出版社1996年版，第1634页。
② 《田间易学》，第165页。
③ 《田间诗集》，第27页。
④ 《田间易学》，第192页。
⑤ 《田间诗集》，第78页。
⑥ 《田间诗集》，第158页。
⑦ 《田间文集》，第3页。

刻。其释《文言》“不见是而无闷，乐则行之，忧则违之，确乎其不可拔，潜龙也”曰：

德至不成名处，才是真遁。不见是而无闷，此名心尽处也。遁世如龙之蛰，犹可测为龙，不见是者，为鱼，为蛇，为蝘蜓，不得以龙目之矣。[①]

即以德至而名心泯灭为潜遁精义，主藏用结合而不泥“潜蛰”之形迹。故其《感怀诗》其二对《史记》中孔甲所驯之“潜龙”抨击甚烈：“如何延津水，中有雌与雄。水深亦可涸，剑去亦可从。往来人所指，藏身焉得工。不见夏孔甲，豢与畜豕同。身死醢作鲊，徒为庖厨充。”《题曾氏八卦图》中也谓“神龙不见首，岂必长在渊”。亦即钱澄之虽重潜德，但另一方面，更主张一种因时动静、贞而不固、与世相推迁的进退观。其《龙舒任太翁毓生初度序》一文发挥《系传》“显诸仁，藏诸用”一语，对任太翁的潜藏之道极力称赞：

迹翁生平，大抵以藏为其道。藏其迹于阛阓，藏其名于乡党，此可见之藏者也。若夫藏其学于训家，藏其德于混俗，因以藏其福泽于俭素，藏其功名于子孙，此不可见之藏，《易》所谓不用以为大用者也。[②]

亦即，钱澄之所重之“藏”并非遗世独立，而是现诸接物待人之中。鉴于遗民身份及其文名的敏感性，钱澄之于诗文事业亦取此道，并因之有“藏文于文”之论，《求是堂集序》中曰：

① 《田间易学》，第183页。
② 《田间文集》，第364页。

"先生藏文于文，文之侈也，殆先生善藏用之一端乎？"[①]即主张将言说遗民心志、"乾乾有其事"的诗歌文章藏诸酬赠交际之文中，也因此，钱澄之在诗、书、序、论等不同文体的转换之间，也呈现出遗民心境的强弱差异性。[②]

钱澄之以《易》制行的另一突出表现，在于借"剥复"之理，形成自身对天地开闭的认知体系，为自我体认亡明、期待自守提供心理依据。钱澄之体认龙德虽重潜藏之象，但并不以此为无所事事，而是身怀期待之心。他解读《乾》卦九三"君子终日乾乾，夕惕若厉，无咎"曰："君子与日俱动，与夜俱静，静不是休息，乾乾其有事也。惕若者，无事而有事也。世称龙善睡，物不能害之，惟其善警惕也。"[③]即喻指君子身处困境，要有警惕而待动之性。而此实与其在明清易代之际的复杂心态相合，即潜藏志意背后始终含有期待之心，而这种期待心态在其借助汉易十二辟卦解读天地开闭时最具代表性，具体来说包含两个层面：

其一，依汉代卦气说，"剥复之道"为天地闭而复开的关要，亦象征天道人事的治乱转换，钱澄之在对剥复之道的解读中，即暗藏了其对前朝政统与道统虽亡不绝的期待认知：

夫《剥》《复》之交，不有《坤》乎？《坤》之时有阴而无阳，虽一阳之复，未始不腹于十月之《坤》。然当其为《坤》，疑阳必战，而犹欲使斯世指为贤人伏处在野，以幸吾道之不亡……《传》曰："天地闭，贤人隐。"隐非隐其身也，将使世亡其贤，贤亡其道，其亡也乃以不亡。是说也，仲方得之而

① 《田间文集》，第235页。

② 张晖《文体与遗民心境的展现——以钱澄之的晚年著述为例》，《中山大学学报》2011年第4期。

③ 《田间易学》，第167页。

不言焉。吾故曰：仲芳之学在《乾》，而行在《坤》。吾观其藏身之固，而知其行．察其绪言之旨，而知其学矣。[①]

钱澄之认为，治乱交替之际的《坤》卦虽全为阴爻，象征君子贤人的阳爻藏而不见，亦即《传辞》所谓“天地闭，贤人隐”，但《坤》虽无阳而其中实有“疑阳必战”，即君子贤人虽不出世但始终潜藏期待而保证政统、道统不绝，以期待《复》卦“一阳来复”之日。

其二，钱澄之以《剥》卦“孤阳在上”的仅存“硕果”隐喻易代之际的前朝遗孤，并暗示君子应坚贞自守、经天地磨炼：

且夫《剥》之上惟九也，故曰“硕果不食”，至于《坤》而纯六无九，则所为硕果者食矣，乃于《复》而再生乎？夫人之死而复生，必有未尝死者也，死则不生矣；木之枯而复荣，必有未尝枯者也，枯则不荣矣。吾尝默察《坤》《复》之理，而知《剥》之阳未尝绝于《坤》也。盖一阳不胜其摧折，造物者惜之深而护之密，于是乎腹于《坤》焉，使之深根固藏，以至于《复》而始见，故《坤》者十月之卦也。[②]

钱澄之认为，象征天地新开的《复》卦初九“一阳之复”，即《剥》卦上九之“硕果仅存”，“硕果”剥烂而复活，亦即君子贤人经历天地变换而重生。而在此之间，则需要坚贞固守而“胜其摧折”，以愈发之生气迎接“贞下起元”：“外愈剥烂，则内藏愈深，而生趣愈妙，是之谓贞也。故反《剥》为《复》，即赞以‘亨’，而《复》于初九曰‘元吉’，此‘贞下

① 《田间文集》，第204页。
② 《田间文集》，第144—145页。

起元'之义乎？"[1]

对于钱澄之这种思明、复明的心绪，学人曾结合钱澄之诗歌中的"南京长干寺塔塔光"意象予以揭示[2]，而钱澄之以剥复之道展露其期待心态的表述，也可与其诗歌创作相印证。顺治十二年（1655）方孔炤离世，钱澄之所作《方贞述先生挽章》中"硕果晨星零落尽，普天赢得几人悲"，即感喟前明同志者寥落无几。在十二辟卦中，冬月"冬至"与《复》卦相对，此时阴气最盛而同时阳气复归，在易代遗孤者那里也象征着治世的希望与道统的显现，故而在《田间诗集》中，钱澄之涉及"冬至"意象的诗歌众多，如《冬至日寻左子兼同访重崖上人不值偶成》中："阳气暗生长至日，禅心须验苦寒天。"[3]《寒夜念天界同参诸子》其二中："读《易》偶知冬至节，参禅不入祖师堂。果然火死灰重活，但觉阳生冻未妨。"[4]其与钱谦益在顺治十四年（1657）一同礼拜南京长干寺塔时，所作《冬至夜同介丘友苍陪虞山翁礼塔即事》中亦曰："未死心还待一阳"。[5]所谓冬至"须验苦寒天""火死灰重活""未死心还待一阳"等并非简单的时节、景象铺叙，实则暗藏钱澄之隐忍难发的期待之心与坚贞不移的自我劝诫。只是伴随时间的发展，屡经"近来占验总无凭"一类的失望，钱澄之所期待的"火死灰重活"也渐转为其在《冬至后一日》中所写的："忽惊皓月中天出，且喜微阳昨夜回。蜡烛可怜重吐穗，寒炉岂有再然灰。"[6]由此，期待者的心态也渐次失去而仅存潜藏之义，于是也就出现了查慎行在钱澄之末年为其总括的"竟驯龙性《易》初爻"一语。

---

① 《田间易学》，第 174 页。
② 张晖《易代之悲：钱澄之及其诗》，人民文学出版社 2014 年，第 66 页。
③ 《田间诗集》，第 221 页。
④ 《田间诗集》，第 109 页。
⑤ 《田间诗集》，第 62 页。
⑥ 《田间诗集》，第 221 页。

二、诗主性情与易学歧合

易学不仅为钱澄之的遗孤文心提供性命安宅，更深刻影响了其诗歌理论。从诗论层面看，无论是晚明主情思潮的自然延续，还是基于对尚情受病而溃防误国的反思，性情论诗始终是明末清初士人颇为突出的诗学症候，黄宗羲即曾论曰："今之论诗者，谁不言本于性情。"[①]钱澄之即为其中之典型，沈德潜论其诗："饮光自抒情性，无意工诗。"[②]此说虽未尽合辙，但也的确揭橥出钱澄之诗主性情的核心诗学观。如其《二龙唱和诗引》中谓："诗也者，性情之事也。"其《与张敦复学士书》曰："人无性情，可与言诗乎？"《征刻南音集序》亦云："自季札审音，风雅偏归诸上国；迨灵均作赋，词章特盛南方。岂惟声教使然？抑亦性情有异。"[③]凡此皆可见钱澄之对诗歌生成、格调呈现乃至弥纶品鉴诸层面的认知，多根柢于性情之论。对此，学人围绕其性情与学问的平衡关系、对清初唐宋诗之争的弥缝价值等屡作辨析，但对其背后的易学内涵却多存而不论。其实，钱澄之性情观的端绪即在易学，并在以之论诗时随自引申而适度突破，呈现出一种诗学与易学间的微妙歧合关系。

钱澄之诗论所持之性情观，跳脱了晚明的尚情路径而重回儒家诗学情志兼尽、发情止礼的轨道上来，代表了此期性情论诗而渐趋传统的主流。其于《叶井权诗序》中曰：

诗以道性情，而世有离情与性而二之，是乌足与语情乎？诗也者，发乎情止乎礼义，准礼义以为情，则情必本诸性可

① 黄宗羲著，吴光主编：《黄宗羲全集》第10册，浙江古籍出版社2012年版，第106页。
② 沈德潜《明诗别裁集》，中华书局1975年版，第127页。
③ 《田间文集》，第304、87、508页。

知。《三百篇》以下，惟汉为近古，魏晋以还，情亦少杂矣，然其诗犹沉绵曲郁，而不至于放，则犹有礼义存焉。至六朝而情荡矣，所述者，大抵皆艳冶之私，靡丽之习，其事至亵，其声极新，令闻之者心志慆淫而不能自持，卒左于溃防裂检，风俗横流，国随以亡，皆情误之也。是岂知有性情者乎？[①]

钱澄之在此从性情离合角度对诗史予以检讨，敦定了诗歌本乎性情而性情“不可二之”的论点，其“因情误国”之论虽未直言明代，但其背后的反思之意却可以想见。其在《重刻青箱堂集序》中所云与此相近：

夫天下未有离情以为道者，非道之情，妄情也，非情之道，伪道也。文也者，载道之器，即达情之言也。彼盖于君亲伦物之际，至诚恺恻，不能以自已，于是发之而有言，言之直捷痛快，一如人意中之所欲出，斯为文，言之不能直陈，引物连类，反复顿挫，使人自得诸言外，斯为诗，盖未有非道而可言情，无情而可为诗文者也。[②]

道与情亦即性与情，钱氏在此亦是主张性情之合、情本礼仪道义，同时主“古今诗人皆有情人”之论，但拒斥离性之杂情、荡情、妄情。经历时局变迁与学风转向，“情本于性”的性情观，已成为明清之际士人共有的主流认知模式，但若擘肌分理，则其间又存在着不同的生成与言说路径。如贺贻孙后期主张“诗人之佳处多是忠孝至性”，但究其实质，却是早期公安派、竟陵派“性灵说”在时代动荡背景下的重新表述：“时值国

① 《田间文集》，第258页。
② 《田间文集》，第274页。

变，三灾并起，百忧咸集，饥寒流离，逼出性灵，方能自立堂奥。”[①]黄宗羲的诗学性情论则走向个体化性情的反面，主张抵制“一时之性情”“一己之性情”，力倡“万古之性情”“以孔子之性情为性情”[②]，在展现出对儒教诗学传统予以全力肯认的同时，也不免失之偏狭。与之相较，钱澄之的诗学性情观，则反而显得更加融通灵活，而这与其导源于自身的易学脉络有着直接关系。

首先，在《田间易学》中，钱澄之一方面继承了王弼“不性其情，何能久行其正”[③]、朱熹《易本义》中“收敛归藏，乃见性情之实”之说，从《文言》“利贞者，性情也”中体察出“性为情本”的绝对规定性，主张“敛情归性”、批驳唯独以情用事而流于浮情、溢情的情况：

性者，情之本，情者，性之用。有生以后情用事，而性日漓，失其本情矣。利贞者，敛情以归性也，道家谓之敛情归宗。[④]

另一方面他又突出“情用”的必要性，“天下无无情之性，若情槁则性灭矣”，认为性见于情、惟有旁通其情方可见性，故其在《田间易学·乾》中借《文言》“六爻发挥，旁通情也”一语发挥道：

性见于情，不旁通其情，不足以见其中藏之性。是故六爻之发挥，偏正互用，经权并行，未尝一毫有逾其天则，是之谓旁通。横渠曰：“旁通不独六爻，盖遍披六十四也。”今夫中不

① 贺贻孙《水田居文集》卷五，四库全书存目丛书1997年版，第16页。
② 《黄宗羲全集》第10册，第47页。
③ 王弼、韩康伯注，孔颖达疏《周易正义》，北京大学出版社1999年版，第80页。
④ 《田间易学》，第193页。

可见，而见于和；性不可见，而见于情。乾不可见，而见于六龙。时乘六龙，其发而皆中节之和乎？[①]

《文言》所谓“发挥旁通”，本指由《乾》卦六爻“发越挥散”，并借其中的各种卦象沟通“万物之情”，东汉陆绩、三国虞翻、唐代李鼎祚则将《坤》卦纳入，并由此推阐出对卦互动的卦变论：“《乾》六爻发挥变动，旁通于《坤》，《坤》来入《乾》，以成六十四卦。”[②]钱澄之在此对性情关系的论述，明显受到这种“发挥互用”逻辑的启发，从而主张在喜怒哀乐的随处感发中见其中和之性，不拘执、不遗漏而达到一毫不“逾其天则”“发而皆中节之和”。他在《庄屈合诂·德充符》中则将这种六爻发挥、时乘六龙而偏正互用的言说思维，换置为与卦气论紧密结合的四时结构：“情有喜怒哀乐，岂惟一乐？时有春夏秋冬，其宜皆春？春者，和之谓也。发而皆中节谓之和。惟和，虽有喜怒哀乐，而其乐不改；虽有夏秋与冬，而无非春意。一息不和，则灵府有物间之，而德不全矣。曰‘德者，成和之修’，言其全乎和也。”[③]在此，春即“乐”、即“中和之性”，夏秋冬即“喜怒哀”，四时皆用方有春，诸情旁通乃有中和之全。而此亦即钱澄之“性情不二”诗学观的理论基础。

其次，“敛情归性”“性情不二”仅是在体用关系视角下的性情论说，而深入考察钱澄之所谓“性情”的内部肌理，则可以发现：钱澄之易学对性情的建构具有动态而不固定、敞开而非封闭的特征，并由此为创作主体不断闭邪存诚以复性且自抒性情以写诗提供了空间。综观钱澄之对“性”的界定具有“成性”与“偏执之性”的层次差异，所谓成性与偏执之性，乃钱澄之从

① 《田间易学》，第195页。
② 《周易正义》，第140页。
③ 《庄屈合诂》，第86页。

气化论出发，吸纳《易传》“成性存存”[①]之说而对“性”的隶定，其在解读《系辞》“继之者，善也；成之者，性也”时谓：

> 继者，循环不已，即一阴一阳之谓也。善字尚属阴阳，一息不继，则或滞于阴，或滞于阳，失诸偏而不善矣。至成性，方从人禀受处说，谓之成性，是有得于一阴一阳，而非偏于一者也。[②]

阴阳相合而为善，人禀受其全则为成性，得其偏则非成性而为偏执之性。所谓偏执之性的表现即为“见仁见智”的是非偏见之争：“继善成性，人之禀诸阴阳也；见仁见知，人之偏于阴阳也。”[③]整体观之，钱澄之的这种人性观，保留了张载、朱熹等宋儒辨人性为“天地之性”与“气质之性”的二分模式，比如在钱澄之看来，“成性”是最理想之“性”“成性存而道义出”，但仅圣人与天地可进乎此：“成性存而道义出，无过不及，时措之宜，犹之天地之变化也，天地之所为《易》，即圣人之所为道义也。”[④]即与宋儒“天地之性”说相近。但其卓异之处则在于他并未陷入宋儒“论天地之性，则专指理言；论气质之性，则以理与气杂而言之”[⑤]的窠臼，反而吸纳宋儒“善反之，则天地之性存”的合理论说，认为偏执之性虽与成性有先天阴阳禀受的差异，但同样具备中和之成性的可能，并通过“礼乐本身在于《节》”“六爻俱言人心之复”等“体《易》所以尽性”的易学论证，为偏执之人通过诗书礼乐以复性提供了可能，故其于《庄屈合诂·养生主》中曰：“人受天地之中以生，人性未

① 《周易正义》，第493页。
② 《田间易学》，第606页。
③ 《田间易学》，第610页。
④ 《田间易学》，第614页。
⑤ 朱熹撰，朱杰人、严佐之、刘永翔主编《朱子语类》，《朱子全书》第14册，上海古籍出版社2010年，第196页。

有不中者，虽以桀、跖闻公是公非，未有不识其是非者。《中庸》之‘中’，《论语》谓之‘复礼’，《诗》《书》谓之‘天则’。”[①]而从诗学角度言，钱澄之的这种人性论说具有两方面意义：

其一，为创作者提供了不断“闲邪存诚以复性”的路径。其于《蒋亭彦诗引》中论诗人之复性曰：“不闲之以正，则或尖诸邪，不用之于专，则或流诸滥，无邪无滥，而后谓之性情，而后可以言诗。”[②]所谓“不闲之以正，则或尖诸邪”，即其于《乾》卦九二中体察出的“闲邪存其诚”：“庸言之信，庸行之谨，闲邪存其诚。”“《乾》之九二，处得其中，都不著费力，信言谨行，但用闲邪，怕他入来。”[③]所谓“不用之于专，则或流诸滥”，即其于《坤》卦六二中体察出的“主敬”功夫：“《坤》二之主敬，亦所以存诚。直内方外，大抵著力，所谓诚之者，人之道也。”[④]由此即可见钱澄之论诗人之复性，正是基于其对天地性情旁通互用的理解。其二，“成性存而道义出”的人性观为创作者完成复性功夫后，自抒性情而写诗提供了思想基础。钱澄之认为，成性贵于自然现成而最忌拟议、自欺与乡愿，故其《庄屈合诂·齐物论》以成性诠解“随其成心而师之”的“成心”谓：“成心，即大《易》所谓成性也。本来现成，不假拟议，一涉拟议，便非本心，即为未成乎心。古德云‘但莫瞒心，心自神圣’。《大学》云‘毋自欺也’……岂乡愿之流，漫无可否，随声附和者乎？”[⑤]这种自师成心成性的理论言说，使钱澄之完成了由“尽己进德”到“修辞立诚”的过渡：“尽己之谓忠，有诸己

① 《庄屈合诂》，第 50 页。
② 《田间文集》，第 297 页。
③ 《田间易学》，第 183 页。
④ 《田间易学》，第 218 页。
⑤ 《庄屈合诂》，第 28 页。

之谓信，忠信只是一念不肯自欺，则用力真实，所以进德。修辞立诚，亦只是一言不肯自欺，则言行合一。”（《田间易学》第186页）故其论诗重“有诸己”之真性情：“夫性情之事，盖难言之，难于真耳……自己出者，有诸己而后出，所谓真性情也。”[①]在《容斋集序》中，钱澄之更是力倡本色为诗而排击诗文之“乡愿”：“予尝谓古今之人品诗文不定一格，大抵以本色为佳……丧失其本色，则亦乡愿而已矣。孔子曰：‘乡愿，德之贼也。’以为诗文，是亦诗文之贼也。”[②]

再次，钱澄之基于易学性情观而延展于诗学，但其诗学性情论与其易学亦有歧出之处。钱澄之性情论诗特重“至性”，其《姚绥仲诗序》曰：“夫无至性者不可以论诗，性之至者，言之质率无文，或过于愤激。”[③]所谓至性，与完成复性功夫后的“成性”境界相近，在忠孝道义上具有不假拟议的特征，在发言写诗上甚至不避“无文”“愤激”。由此，钱澄之对至性至情之屈原最为推崇，认为屈原之死节正是因其能至性而得道：“是故天下非至性之人，不可以悟道，非见道之人，亦不可以死节也。”[④]于是他以此批驳了时人对“温柔敦厚”的不正确理解，其《叶井权诗序》谓：

而近之说《诗》者，谓《诗》以温厚和平为教，激烈者非也，本诸太史公所云“《小雅》怨诽而不乱”。吾尝取《小雅》诵之，亦何尝不激乎……若夫本诸忠爱孝友以为情，此礼义之情也，性情也。性情惟恐其不至，可谓宜得半而止乎？

① 《田间文集》，第309页。
② 《田间文集》，第60页。
③ 《田间文集》，第282页。
④ 《庄屈合诂》，第2页。

明清易代之际，“诗可以怨”与“温柔敦厚”的矛盾冲突是颇为敏感的诗学问题，钱谦益、陈子龙、方以智等人对于“诗可以怨”的合理性与否持论纷纷，如陈子龙虽怀“怨刺”之心，但始终以为“悲歌已甚，不祥”，主张改换“时衰而思古之盛王”的别致书写路径。在这里，钱澄之究原《小雅》本义，并本于其“至性”论认为，所谓温柔敦厚者多半出于忠爱孝友的性情之至，所以无需规避怨怒激烈。值得指出，钱澄之的这种论诗主张直承其易学性情论而来，但同时也与他从易学中体认出的“持满用半”论相矛盾，其上文中所说的“性情惟恐其不至，可谓宜得半而止乎”即为此周旋。所谓“持满用半”，是其关于天道人情的一种认知，其在《庄屈合诂》中曰：“圣人之学，只用其半。物理人情，至半为盛，过半则衰。邵子之学本此。”[①]在《持满说》一文中，钱澄之专就此论予以推阐：

孔子观欹器，喟然而叹曰：“夫物乌有满而不覆者哉？”子路进问曰：“持满有道乎？”子曰：“挹而损之。”夫挹损之事，盖在将满之时，挹之以不令其满，而非于既满之后也。《书》曰：“满招损。”《易》曰：“亢龙有悔，盈不可久也。”俟既满而始求损焉，则已难矣。尝观宋儒邵雍于《先天易卦图》，以《坎》《离》为阴阳之限，《离》当寅而尽于卯中，《坎》当申而尽于酉中。谓卯酉为阴阳之溢数也，用数不过乎中，故取寅申而不取卯酉。盖其学以得半为中，又不欲至乎已半，而以不将半为中也。[②]

《先天易卦图》是邵雍接续汉代京房卦气图排布而成的以

① 《庄屈合诂》，第10页。

② 《田间文集》，第156页。

六十四卦分二十四节气的卦图，其核心是由“冬至子之半，天心无改易”的“子半说”，发散为《乾》《坤》《坎》《离》四卦与子、午、卯、酉、二至二分相搭配的历法形态，其思想基础源于阴阳分限“中亦得半”说。钱澄之“持满用半”论正由此而来，并结合其对“孔子观欹器”、《易传》“亢龙有悔”等问题的理解，形成了一种“察天之道，顺人之情，因阴阳之消息，通昼夜之进退”[①]的处世态度，也的确是他至性论诗不避“愤激”的一种障碍。这种出处观与至性诗学观之间的矛盾困惑，在其《姚经三诗序》对作者情感的“强弱”之辨、《客建宁赠司李姚仲子经三序》对“以弱为强”等问题的探讨上皆有体现，前文《叶井权诗序》也正是对此矛盾予以专门维护。如果总而观之，“以《易》制行”与“以诗用情”确实为钱澄之全部思想之两橛，也因二者之间的纠缠关系，其诗歌风格在整体上呈现出自然冲和与慷慨激烈并存的特点，前者可以其后期效陶诸作为代表，后者则主要体现在其《藏山阁集》《所知录》等纪死节、阐幽光、铺写“天时人事之变移”的前期作品中。对此，如果借用钱澄之精研备深的庄子、屈子来进行解释的话，前者可谓之“潜”，而后者则可谓之“亢”:“庄子本于《易》，屈子亦《易》也。《易》之时乘六龙，有潜有亢，庄处其潜，而屈当其亢，时为之也。吾以屈子续《诗》，庄子亦诗人也。《诗》可以群，可以怨，屈子其善于怨，庄子其善于群者乎？”[②]

三、感应投射与以感论诗

钱澄之《庄屈合诂自序》曰：“诗也者，感之为也。”以

---

① 《田间文集》，第158页。

② 《庄屈合诂》，第3页。

"感"论诗，为钱澄之诗学的另一核心范畴，并将其弥散为诸多相成相近之说。如《停云轩赋序》申述物我感应与兴会的先行必要性："夫物与情遇而有感，感而有端，端以引绪，绪以成文，凡文之成，未有无其端者。吾尝为诗，当其命题构思，百计以求之，无当也，忽然感之，或得片语焉，或得一字焉，倘所谓造端者非耶……然后知文章之端，固必造于感也。"[①]其《西粤纪行诗序》则谓创作需深探人生"境遇"而感："性情之感，视乎境遇，感而有言，乃所以为诗，乃所以为风也。"[②]《叶井权诗序》则突出诗歌感兴人心之效用："托之歌咏，以见其庶几闻之者，因以感发兴起，而不敢为非，于是乎始贵有诗"。[③]综观钱澄之以"感"论诗，涉及传统诗学中的主体感物论、兴会灵感论、读者知人论世论、诗歌功用论等诸多命题，可以说多属"老生常谈之题"，研究者对此即使有"谈艺殊精"[④]、虽平淡而"透彻"[⑤]的直观感受，也鲜少深入探究。其实，钱澄之以"感"论诗之所以能精致透彻，在于其背后有深层的易学理论援奥。

首先，钱澄之对易学中感应原理的重要性体察深致。其在《太上感应篇序》中谓："感应之说原诸大《易》"。在《易经》中，《咸》卦与"感应"直接相关，另在《乾》《泰》《睽》《归妹》诸卦中对感应问题亦有关涉，分别涉及天人、远近、屈伸、刚柔、气类等不同层次范畴，并由此拱卫出一个容纳同卦相感、主客体经验性相感、阴阳气类相感的理论范型。而钱澄之对易学感应论的阐述则主要是接续《易传》《彖辞》，如其在《田间易学·咸》中引《彖传》曰："天地感而万物化生，圣

① 《田间文集》，第 290 页。
② 《田间文集》，第 284 页。
③ 《田间文集》，第 258 页。
④ 钱锺书《谈艺录》，中华书局 1984 年版，第 328 页。
⑤ 蒋寅《金陵生小言》，广西师范大学出版社 2004 年版，第 135 页。

人感人心而天地和平，观其所感，而天下万物之情可见矣。”[①]而其意义则在于将这种感应论的价值极力凸显，并由此建构其“感应废，则世界离散”的世界观：“圣人以《易》教世……惟精义入神，故可以随所感应而无害，若冥感却应则非也。感应废，则天地不交，而万物不生矣，上下无交，而世界离散矣。”[②]依钱澄之理解，感应是天下万物生成与在世的基础，也是三才之域各相通透的管道，圣人凭感应来掌握世界并作《易》以教世，神无方而《易》无体，所以君子学《易》以解读卦象吉凶、沟通万物之情，同样也需凭借其“感”来观、应圣人之所感。故其《后偶然作》于感应论颇致赞叹：“大《易》咸为感，仲尼圣在时。”凭借对感应论的体悟，钱澄之明确将其投射到诗论中来：

吾学《易》者也，尝谓诗通于《易》，《易》无体，以感为体，诗有音，感而成音，彼无所感，而吟者无情之音不足听也，是以论诗者，当论其世也，论其地也，亦曰观其所感而已。[③]

所谓“观其所感”即观圣人之所感，此指观诗人之所感。在此，钱澄之明显将天地相感、圣人感应万物、君子感应圣人的易学逻辑带入了诗学，认为无论是诗人感应事物而创作，还是读者品鉴诗歌，都与《周易》所蕴含的感应原理同质同构，并以此特别强调感应对于创作主体的必须性，并要求读者通过论其世、论其地来因时感应诗人之感的来源，深化感受强度。这些含义也与前文《停云轩赋序》中“知文章之端，固必造于感”、《西粤纪行诗序》中“性情之感，视乎境遇”庶几近之。

其次，感应论作为圣人作《易》、君子吉凶断定的基础，其

① 《田间易学》，第383页。
② 《田间易学》，第680页。
③ 《田间文集》，第292页。

最终根源是阴阳气类相感[①]，而这也正是钱澄之感应论诗的基础。前文“《易》无体，以感为体”乃化用《世说新语·文学第四》：“殷荆州曾问远公曰：‘《易》以何为体？’答曰：‘《易》以感为体。’殷曰：‘铜山西崩，灵钟东应，便是《易》耶？’远公笑而不答。”[②]铜为山之子，山为钟之母，殷仲堪理解，山崩而钟应即是阴阳二气相感，亦即是《易》。佛学家慧远“《易》以感为体”的看法，其实是佛教因果报应论的言说逻辑，殷仲堪明显会错其意，但反而阴差阳错地更接近《易经》以阴阳气类相感为体的实质。钱澄之对此典故应颇为了然，其《仿渊明饮酒诗十二首》其四即曰：“朗鉴无藏影，洪钟无匿音。忽然相值时，感应不自禁。”[③]在《周易》中，《象》辞对“咸”的解释是“虚”：“君子以虚受人。”王弼由“虚”作进一步申说：“以虚受人，物乃感应。”[④]钱澄之沿此路径，并融通《庄子》虚而待物之论，推阐出了以气代心、虚而感应之理：“气也者，虚而待物者也。虚者非气也，惟虚而后可以待物。人之生也以气，自有心而气一听于气矣。虚则随感随应，一切持行运动，皆气为之，无所容心焉，谓之待物者，物来顺应，自然而然也。回闻心斋之说，而谓“得使之也’，气使之也；其初‘未始得使’，心使之也。以心使，是为人使；以气使，是谓天使。”[⑤]即钱澄之认为感应妙道的关键，正在于虚而集气，以气类而相感。基于此种认知，钱澄之频繁以之论诗入文，如其诠说《九歌·礼魂》曰：“鬼神以音乐响感召，故好歌舞。又：鬼，阴物；南，阴方。故歌舞多用阴人，亦以类相感也。”[⑥]而在

---

① 沈顺福《感应与存在——〈周易〉感应论分析》，《周易研究》2007年第2期。

② 徐震堮《世说新语校笺》，中华书局2001年版，第132页。

③ 《田间诗集》，第50页。

④ 《周易正义》，第140页。

⑤ 《庄屈合诂·人间世》，第63页。

⑥ 《庄屈合诂》，第220页。

《盖乐堂雨集记》中，他更将这种声气感应论施诸文章，以此解答龚云石对饮酒“辄雨”的疑惑：

酒固召雨。在《易》象，《坎》为酒，为雨，凡六十四卦中，言酒者必有《坎》象焉。酒与雨，固能以气相召也。《需》之《象》曰：“云上乎天，《需》，君子以饮食燕乐。”不知其饮食燕乐以需雨乎？抑雨之有需于饮食燕乐乎？[①]

钱澄之认为，酒与雨皆为坎为水，乃为气类相感应者，所以饮酒可召雨，并以《需》卦云上于天而欲雨、九五爻辞“需于酒食”与此相印证，可谓是典型的感应论文章。

由此出发，钱澄之颇为注重以声气、气韵论诗，并强调诗歌在气类相感而合“群”方面的功用性。如其《陈二如杜意序》评杜诗，不袭取元稹“尽得古人之体势，兼昔人之所独专”[②]的成说，更极力反对钱谦益对杜诗词义忠孝的非“常情”化解读，而曰：“然吾以为：其奇在气力绝人，而不在乎区区词义之间也……唯是其气力浑沦磅礴，足以笼罩一切，遂使人不敢细议其弊。”[③]其在《追雅堂记》中对雅俗之辨的判定也是主于气韵：“雅俗之间，邪正所由辨焉。吾之论文，亦以此辨之。吾之辨雅俗也，不于其辞章，而于其气韵。”[④]其《问山堂文集序》亦曰：“今读其文，体制不一，而要皆畅其意中之所欲言，意之所至，而文生焉，皆气为之也。”[⑤]凡此皆足见其论诗文主气的大概。《二龙唱和诗引》是其论唱和诗的文章，对于唱和诗，钱澄

① 《田间文集》，第169页。
② 元稹撰，冀勤点校，《元稹集》，中华书局2010年版，第690页。
③ 《田间文集》，第245页。
④ 《田间文集》，第177页。
⑤ 《田间文集》，第250页。

之多持否定之意，如《印法参考序》批评潘介丘“好和韵”而伤“中锋之志”，《两园和诗引》指斥元、白、皮、陆所开启的和韵之风，乃为诗道之大弊。而在《二龙唱和诗引》中，钱澄之以声气感应论诗，则对唱和行为予以了极大褒奖：

吾读二方子唱和诗，而有悟于声气之故也。夫诗者，声之事也。声者，气为之也。推律元者，必验气以审声，声之本诸气，信矣。《易》《文言》，分别物类，乃有“同声相应，同气相求”之辨。而今于人伦之类，称朋友曰同声，称兄弟必曰同气。夫同声不必同气者有矣，要未有气同而声不同者也。而有不同者，君子以为气之沴矣。譬如治律者，一音不调，议者必求诸黄钟之本。是故诗小道也，语其微，通乎造化；唱和一事，语其要，根极伦理。[①]

钱澄之所谓《文言》“分别物类”与“同声相应、同气相求”之说，即其于《田间易学》中征引的气类相感之说：“同声相应，同气相求，水流湿，火就燥，云从龙，风从虎，圣人作而万物睹，本乎天者上，本乎地者下，则各从其类也。”（《田间易学》第187页）钱澄之的理路是将这种阴阳造化论进一步扩充到伦理层面论诗，认为诗歌唱和本乎气类相感，更根于、助于朋友与兄弟等伦理的安定，尤其是兄弟同气相应之诗，如果两气相伤而“气沴”，则为伦理之坏。这种对兄弟唱和予以推奖的例子，在其《获经斋四箴》其三中也得到了体现：“门内靡争，惟德一让。所争几何？和气以丧。古称埙篪，予和汝唱。兄曰弟兮，于长乎仗，弟曰兄兮，胡幼与抗？”[②]可以说，易学中的气

① 《田间文集》，第304页。
② 《田间文集》，第524页。

类相感说为明末清初诗学提供了深层次的理论根基，并由此生发出了路径不一、持论有异的诗学主张，比如与钱澄之相交甚好的方以智，由气类感应的绝对性与《恒》卦《象辞》“雷风恒，君子以立不易方”中，体悟出“天地惟声气不坏”“自然感应，发于性情，莫先于声”[①]的诗学观，为文学本质论提供了深邃的易学依据。与之相较，钱澄之以气类感应沟通诗歌唱和与人伦秩序，则在为传统诗学中的“诗可以群”增添了全新的理论内涵之外，更有着团聚明末遗民、切磋共勉的现实意义。

再次，钱澄之易学感应论的突出特色，乃在于其对“无心”的旁通发挥。关于感应“无心”问题，《易经·咸》九五爻辞之“憧憧往来”应为此一理论的起点，此后经《象辞》“贞吉悔亡，未感害也”、《系辞》“无思无为，寂然不动”、王弼“以虚授人”等论说发衍，逐步形成了围绕身心交感、思虑贞定等问题的理论雏形。钱澄之“无心”感应论的特色，在于吸纳南宋丘富国“感去其心而为咸”、明代季本“虚中无我”之论的同时，将“无心”原理宏阔到天、地、人三域的各个层面。他在《见易》中曰：

感应之妙，以无心而神。天地之感，天地不知也，而自然化生。圣人感人心，圣人不知也，人心亦不知也，而自然和平。和平者，忘帝力而顺帝则，皆无心也。一涉有心，即霸者欢虞之治，有应者即有不应者。何以为咸？男女之生育，亦由是道也，男以无心感，女以无心应，不期其生而生焉，故有百计求嗣而不得者，有以多子为甚苦者，则有心无心之别也。[②]

① 方以智《浮山文集》，华夏出版社2017年版，第336页。
② 《田间易学》，第384页。

天地阴阳交感、圣人感化人心、王者教化百姓、男女之生育，一皆出于无心、自然而然之感应，一涉有心起意，便难达理想的感应效果。以其中的政治为例，霸者之治出于有心而“恩泽暴见易知”，百姓故之以有“欢虞乐之”[①]者亦有不应者，可见此并非感应之要道，所以钱澄之对文王“忘帝力顺帝则”的无心之治最为推崇，他诠解《诗经·皇矣》中的“帝谓文王，予怀明德，不大声以色，不长夏以革，不识不知，顺帝之则。帝谓文王，询尔仇方，同尔兄弟，以尔钩援，与尔临冲，以伐崇墉”，认为文王一意暗修、无心于人们对他的闻见，不好大喜功不动名位之思，一切听天自然，而又能顺应帝则，“谓崇不可以不伐，兵不可以不兴”，是最理想的自然而感应、无心而通政的王道之治。[②]

凭借对无心感应的理解，钱澄之以此收摄天地景象进入诗文。如其《听雪轩记》一文，借“听雪”话题而极深研几，认为陶渊明“倾耳无希声，在目皓已洁”、杜甫“烛斜应更见，舟重竟无闻”等咏雪诗所写的听之以耳而雪无声的观点，及根据《庄子》“听之以心”而听雪的说法，皆不足为凭，听雪的最高境界乃是“无心”之听：

陶元亮之咏雪也，曰：“倾耳无希声，在目皓已洁。”杜子美亦曰：“烛斜应更见，舟重竟无闻。”是雪之为物，不可听也；可听者霰也，非雪也。然《庄子》有云：“不听之以耳，而听之以心。”苟以心听，虽雪亦焉有不可听乎？吾从子扶升以“听雪”名其轩，则直以无心为听，亦犹曰听之而已……吾听雪，雪又有听。岂唯吾无心？雪亦无心，吾与雪相听于无心而

① 赵岐注，孙奭疏《孟子注疏》，北京大学出版社1999年版，第349页。

② 《田间诗学》，第705页。

已。[①]

钱澄之主张，只有“无心”感应、而不是刻意听雪，才能真正沟通物我而“几于道”。应该指出，钱澄之所谓“无心”，并非“冥漠”“空无”，其实质与佛教空观思想有着本质差异，钱澄之《见易》曰：“外氏以无心为圣，谓之随缘赴感靡不周，此出世之学也。若世为之感应纷错，苟不定于一贞，其始也，自谓物来顺应，而其后至于莫知适从。憧憧往来，朋从尔思，一贞而百虑定矣。”[②]亦即，钱澄之“无心”论的实质，乃是从《咸》卦“一身取象，四居心位”出发，由“心之寂然不动，百体晏然”“一贞而百虑定”的身心对待关系，铺衍而成的一种物我间的直觉性思维和抛弃憧憧思虑、以自然为宗的主体心态。而钱澄之的这种“无心”论内涵，更对其文艺思想产生了深刻影响：其一，隔断憧憧思虑的“一贞”心态，启发了钱澄之“外薄嗜欲”“超乎声利”的创作论，其《潘俨思诗引》曰：“好为诗，则必其能外声利，薄嗜欲，意思萧闲，不以俗见累其胸。”其二，注重无心自然、不刻意，成为钱澄之重要的文艺观，如其论书画曰：“能书能画能诗，彼其视家若子，偶然家之子之耳，亦如其书与画，然未尝有意于书与画也，而书画特妙，正以有意无意得之。”[③]即主张书画创作应在有意无意之间，只有无心感应自然而不刻意创作才能“特妙”；其《题松林琴鹤图》论曰：“有机械者，必有机事；有机事者，必有机心。机心存于胸中，则纯白不备；纯白不备，则神生不定；神生不定者，道之所不载也。”[④]亦是认为艺术创作需卸掉机心排除机事方可。其《诗

① 《田间文集》，第172页。
② 《田间易学》，第384页。
③ 《田间文集》，第336页。
④ 《田间文集》，第386页。

说赠魏丹石》中“夫篇有长短大小之不同，而起结开合，变化无端，顿挫抑扬，自然节奏，行乎不得不行，止乎不得不止，皆不可以有意为也”①，则是就篇章结构等法度层面发论，主张无心而作抵制起意。而凡此又皆与其对易学感应论的深切思理有着必不可分的关系。

四、结语

“一种学问，总要和人的生命、生活发生关系。”②政权迭代之无常感绪，丧乱奔突之生死体验，以及遗民式的恢复期待，共构了钱澄之等明末遗民爆发式治《易》的基本经验依据，他们从中观取的“阴阳消长”“剥复之道”与“潜隐之德”，更为其省思前朝党争、砥砺坚守并因应时代提供了经学性的话语支持。是以，钱澄之无论是心许陶潜“鸟倦飞而知还”式的田园吟咏，还是法效屈原“无所逃于天地之间”式的至性悲歌，其背后皆有《小过》“有飞鸟之象焉，不宜上，宜下”、《蛊》卦“志之有像……志可则也”③一类的易理基托，其对陶渊明自适而“潜”与屈子激烈而“亢”这两种诗风的兼收并蓄，也都是钱澄之对“乾者，天之性情”“君子与天，共一乾体”等天道性情观的心解。综观中国文学，诗歌从来都不是纯粹的“语言”艺术，而是与人的出处观、性情观紧密绾合，更深得经、史、子之学的生发涵养。钱澄之以《易》制行，不仅为其忧患无依的诗文之心提供了性命之“安宅”，也与其诗学思想贯通融摄，为之衍发出“敛情归性”、至性直抒与气类相感、无心自然的诗学理论主张，形成了“绝去雕饰，单行孤诣”、白贲无色而“无所不受”的创作

① 《田间文集》，第308页。
② 顾随《中国古典诗词感发》，北京大学出版社2011年版，第1页。
③ 《庄屈合诂》，第286页。

风格，以一种“我自为钱饮光之诗耳”[1]的胆识魄力挺立于明清之际的东南诗坛。

（原载《古典诗文的经纬—古代文学理论研究》，华东师范出版社2018年版）

① 康奉、李宏、张志主编《纳兰成德集》，北京古籍出版社 2006 年版，第 495 页。

主要论文（论著）索引

一、著作：

文献整理类：

1.（清）钱澄之撰；殷呈祥点校. 庄子精释屈赋精释［M］. 合肥：黄山书社， 1995.

2.（清）钱澄之撰；钱澄之全集［M］.合肥：黄山书社，1996年.

3.（清）钱澄之撰；吴怀祺校点.田间易学［M］.合肥：黄山书社.1998.

4.（清）钱澄之撰；彭君华校点.田间文集［M］.合肥：黄山书社.1998.

5.（清）钱澄之撰；殷呈祥校点.庄屈合诂［M］.合肥：黄山书社.1998.

6.（清）钱澄之撰；诸伟奇校点，孟醒仁审定.田间诗集[M].合肥：黄山书社.1998.

7.（清）钱澄之撰；汤华泉校点.藏山阁集［M］.合肥：黄山书社.2004.

8.（清）钱澄之撰；朱一清校点.田间诗学［M］.合肥：黄山书社.2005.

9.（清）钱澄之撰；诸伟奇等辑校.所知录［M］.合肥：黄山书社.2006.

传记年谱类：

1.钱王刚.钱澄之传［M］.合肥：安徽人民出版社.2014.

2.钱王刚.钱澄之传［M］.合肥：合肥工业大学出版社.2017.

3.钱王刚.钱澄之传［M］.合肥：安徽人民出版社.2017.

4.钱㧑禄撰；钱奕珠点校.钱澄之先生年谱［M］.安徽师范大学出版社.2018.

学术专著类：

1.谢明阳.明遗民的“怨”“群”诗学精神——从觉浪道盛到方以智、钱澄之［M］.大安出版社，2004年.

2. 张晖.易代之悲 钱澄之及其诗［M］.北京：人民文学出版社.2014.

3. 陶有浩.《易》理为宗 钱澄之易学思想研究［M］.合肥：安徽大学出版社.2017.

二、报刊论文：

1.萧穆《〈藏山阁集〉三种》，《国粹学报》第49期。

2.马其昶：《钱田间先生传》，《民彝》1卷10期（1918年3月）

3.怒潮.田间诗人钱饮光—陶渊明第二［J］.世界月刊，1929年第6期.

4.姚子素.桐城文录入选诸家著述考［J］.学风，民国二十三年（1934）第4卷第4期.

5.何晓履.民族学者钱田间小传，学风（安徽省立图书馆编印）7卷1期（1937年1月20日）.

6.黄籽耘.读钱澄之田园杂诗，人民日报1962年8月28日.

7.刘天行.明末遗民钱澄之的诗歌［J］.昆明师范学院学报（哲学社会科学版），1980年第6期.

8.何鹏.试谈钱澄之的文艺思想［J］.艺谭，1982年第3期.

9.刘诚.南明抗清斗争诗史——读钱秉镫《藏山阁诗存》［G］钱仲联主编.明清诗文研究丛刊（试刊）第二辑，1982.

10.陈祖武.钱澄之著述考略［J］.文献，1984年第3期.

11.马亚中.留得真诗在人间——论钱秉镫的诗［J］.江淮论坛，1985年第3期.

12.赵永纪.钱澄之的诗和诗论［J］.阜阳师范学院学报（社会科学版），1986年第1期.

13.王俊才.钱澄之评述［J］.河北师范学院学报（哲社版），1988年第2期.

14.初旭：钱澄之夜归鉴赏，中国古代山水诗鉴赏辞典，江苏古籍出版社1989年，986—987页.

15.朱则杰：钱澄之扬州访汪辰初，清诗鉴赏，浙江大学出版社1991年，第35—40页.

16.何长江.试论钱澄之的田间诗及其与陶诗意象比较［J］.天津教育学院学报（哲社版），1991年第3期.

17.钱仲联.《钱澄之全集》序［J］.古籍研究，1994年.

18.吴怀祺.钱澄之与清初易学［J］.古籍研究，1995年第1期.

19.清水茂：论钱澄之诗风三变，东方文化第37卷第1期（1999年），第77—87页.

20.谢明阳：钱澄之的遗民晚景—以田间尺牍为考察中心，台湾学术新视野——中国文学之部（二），台北：五南图书公司，2007年，第987—1011页.

21.汤华泉.钱澄之《藏山阁存稿》编集流传考述［J］.文献，2003年第1期.

22.庄学香.钱澄之与阮大铖［J］.古典文学知识，2002年第3期.

23.汪学群.钱澄之的经世易学［J］.中国社会科学院研究生院

学报，2003年第4期.

24.张铭.钱澄之诗歌创作的艺术成就［J］.安庆师范学院学报（社会科学版），2004年第4期.

25.赵庆元，吴娜.情真·词达·气畅·自然——钱澄之《田间文集》探析［J］.阜阳师范学院学报（社会科学版），2004年第4期.

26.赵庆元，赵春燕.钱澄之《田间诗集》评析［J］.安庆师范学院学报（社会科学版），2004年第5期.

27.张兵.桐城文化氛围与钱澄之的诗歌创作［C］.第十一届明史国际学术讨论会会议手册，2005年.（摘要）

28.汤华泉.钱澄之《藏山阁集》集外诗零拾［J］.古籍研究，2005年第2期.

29.程美华：钱澄之学杜论略，中国历史文献研究会、安徽省古籍整理出版办公室编《明清安徽典籍研究》，黄山书社2005年，第112—121页.

30.胡金望.诗人、学者、志士的知遇情怀——从《藏山阁集》看钱澄之与黄道周的交往［J］.闽台文化交流，2006年第1期.

31.张永义.以庄继易:钱澄之的庄学观［J］.中山大学学报（社会科学版），2006年第5期.

32.黄语.钱澄之前期交游考［J］.厦门教育学院学报，2006年第4期.

33.王政.由《田间诗学》二南邶鄘卫风看钱澄之说诗［J］.淮北煤炭师范学院学报（哲学社会科学版），2006年第6期.

34.谢明阳.钱澄之的遗民晚景——以《田间尺牍》为考察中心，台湾学术新视野——中国文学之部（二），台北：五南图书公司，2007年6月，第987—1011页.

35.诸伟奇.钱澄之的《所知录》［J］.安徽史学，2007年第3期.

36.诸伟奇.钱澄之与《钱澄之全集》的编纂［C］.第三届全国桐城派学术研讨会论文集，2007年.

37.李瑞智.论钱澄之田园诗的艺术特色［J］.甘肃高师学报，2008年第3期.

38.潘冬.钱澄之《诗》学观探析［J］.新西部（下半月），2008年第12期.

39.张铭.钱澄之的诗歌创作主张［J］.安庆师范学院学报（社会科学版），2009年第1期.

40.严寿澂：诗通于《易》——田间诗论诠说，《传统中国研究集刊第六辑，上海人民出版社2009年6月，第253—273页.

41.潘冬.钱澄之《诗》学思想探析［J］.凯里学院学报，2009年第2期.

42.魏琳.论钱澄之田园诗的创作风格［J］.大众文艺（理论），2009年第15期.

43.张晖.钱澄之《田间诗集》版本及佚诗［J］.文学遗产，2009年第6期.

44.杨年丰.钱澄之研究综述［J］.苏州大学学报（哲学社会科学版），2009年第6期.

45.陈友冰.钱澄之创作论稿［J］.安徽农业大学学报（社会科学版），2010年第1期.

46.宋健.论道盛弟子对《三子会宗论》的再阐释——以方以智、钱澄之、屈大均为中心［J］.南京师大学报（社会科学版），2010年第1期.

47.张瑞杰.试论钱澄之对桐城派的影响［J］.长治学院学报，2010年第1期.

48.宫丹丹.钱澄之中后期交游考［J］.淮南师范学院学报，2010年第2期.

49.张瑞杰.钱澄之“情道”观在散文创作中的体现［J］.西昌

学院学报（社会科学版），2010年第1期.

50.欧丽丽.浅析钱澄之诗歌中的民族情结［J］.内蒙古农业大学学报（社会科学版），2010年第2期.

51.杨年丰.试论钱澄之《藏山阁集》的诗史精神［J］.深圳大学学报（人文社会科学版），2010年第5期.

52.夏正亮.论钱澄之对陶渊明的接受［J］.湖北师范学院学报（哲学社会科学版），2010年第5期.

53.姜克滨.血与火的史诗——论钱澄之歌行［J］.黑龙江社会科学，2011年第1期.

54.赵春燕，陈佩文.钱澄之生平考证及后期之“客隐”说［J］.广播电视大学学报（哲学社会科学版），2011年第2期.

55.张晖.文体与遗民心境的展现——以钱澄之的晚年著述为例［J］.中山大学学报（社会科学版），2011年第4期.

56.陈欣.论钱澄之的楚辞观与方法论［J］.学术交流，2011年第10期.

57.纪晓建.琅琅石户经声远，破案焚香诵楚辞——由《藏山阁集》看钱澄之哀民伤世情怀［J］.中国韵文学刊，2012年第1期.

58.周挺启.钱澄之《田间诗学·古序考》论析［J］.商丘师范学院学报，2012年第4期.

59.张瑞杰.试论明末清初遗民诗人吴嘉纪、钱澄之诗作异同［J］.山西农业大学学报（社会科学版），2012年第6期.

60.张瑞杰.试论明末清初遗民钱澄之记体散文的创作特点［J］.常熟理工学院学报，2012年第7期.

61.纪晓建.有谁问我心修法，授予灵均一卷经——明遗民钱澄之对楚辞接受与研究［J］.海南大学学报（人文社会科学版），2012年第5期.

62.杨年丰.明遗民钱澄之诗歌中的汉朝情结［J］.山西财经大学学报，2012年（S3）.

63.杨年丰.明遗民钱澄之生平述略［J］.山西财经大学学报，2012年（S4）.

64.黄建荣.钱澄之《屈诂》的注评特色散论［J］.江西社会科学，2012年第12期.

65.赵春燕."天时已变江流里，人事常悲夕照中"——析钱澄之遗民心态之悲深恨长［J］.语文学刊，2013年第1期.

66.张元，王翠.论钱澄之的慎刑轻狱思想［J］.理论观察，2013年第3期.

67.王丽.钱澄之的史学思想［J］.宜春学院学报，2013年第8期.

68.骆永顺.钱澄之以史证易的解易方式——以随卦为例［J］.社科纵横（新理论版），2013年第3期.

69.蒋国保.钱澄之易学思想散论［J］.周易研究，2013年第5期.

70.骆永顺.浅论钱澄之《田间易学》成书年代［J］.黑龙江史志，2013年第21期.

71.张明花.钱澄之《田间诗学》考［J］.求索，2013年第11期.

72.吴航.钱澄之清康熙十二年行迹系年［J］.淮北师范大学学报（哲学社会科学版），2014年第1期.

73.韩焕忠.钱澄之对《庄子》的佛学解读［J］.徐州工程学院学报（社会科学版），2014年第5期.

74.林欢纯.钱澄之庄学研究中的遗民意识初探［J］.韶关学院学报，2014年第9期.

75.黄振萍.清代学术史研究范式的反思——以钱澄之为例［J］.明清论丛，2014年第2期.

76.陶有浩.钱澄之人性论探析［C］.第二届安徽文化论坛："文化安庆与社会主义文化建设新路径"研讨会论文汇编，2014年.

77.吴航.钱澄之南明史记载的认识与实践［C］.南明史学术研讨会论文集，2015年.

78.陶有浩.论钱澄之史学观的易学思想特色［J］.史学史研究，2015年第3期.

79.张晓芬. 和而不流，别而不僻——论钱澄之《田间诗学》中“群”的意识［C］.诗经研究丛刊（第二十七辑），2015年.

80.杨年丰.钱澄之传略［J］.长春师范大学学报，2015年第11期.

81.张晓芬.和而不流，别而不僻——论钱澄之《田间诗学》中“群”的意识［J］.诗经研究丛刊，2015年第2期.

82.周挺启. 论钱澄之《田间诗学》的训诂成就及其不足［C］.诗经研究丛刊（第二十八辑），2015年.

83.杨年丰. 钱澄之《田间诗学》借经说史的诠释思路与内涵［C］.诗经研究丛刊（第二十八辑），2015年.

84.周挺启.论钱澄之《田间诗学》的训诂成就及其不足［J］.诗经研究丛刊，2015年第3期.

85.杨年丰.钱澄之《田间诗学》借经说史的诠释思路与内涵［J］.诗经研究丛刊，2015年第3期.

86.于浩.情与史的交融:钱澄之《田间诗学》中的情感体悟与史鉴意蕴［J］.中国典籍与文化，2016年第1期.

87.牟哥.管窥钱澄之史学思想［J］.佳木斯职业学院学报，2016年第1期.

88.吴航.明遗民钱澄之交游三考［J］.白城师范学院学报，2016年第4期.

89.陶有浩.论钱澄之以《易》理为旨归的易学观［J］.社会科学研究，2016年第3期.

90.吴航.钱澄之南明史记载的认识与实践［J］.淮阴师范学院学报（哲学社会科学版），2016年第3期.

91.方弘毅.论钱澄之诗歌的“诗史”功能［J］.名作欣赏，2016年第26期.

92.吴航.钱澄之晚年信札系年考证［J］.古籍研究，2016年第2期.

93.董根明.钱澄之史学思想初探［J］.安徽史学，2017年第4期.

94.钮则圳.“以儒解庄”与“会通庄屈”—钱澄之《庄屈合诂》的注庄立场与遗民情结［J］.中华文化论坛，2018年第4期.

95.周雪晴.论钱澄之的晚年纪行诗［J］.世界文学评论（高教版），2018年第1期.

96.张琰.论钱澄之《楚辞屈诂》中的“遗民视角”［J］.扬州教育学院学报，2018年第3期.

97.任新民.钱澄之及其《庄子内七诂》述评［J］.朱子学刊，2017年第1期.

98.刘立群.钱澄之诗学的易学渊源发微［C］.古典诗文的经纬—古代文学理论研究（第四十七辑），2018年.

99.金媛，陈开林.皖籍作家佚文摭遗——以吴应箕、方文、钱澄之、程瑶田、凌廷堪为例［J］.古籍研究，2018年第2期.

100.谢模楷.钱澄之《屈诂》的经学阐释及其影响［J］.河北师范大学学报（哲学社会科学版），2019年第1期.

101.施仲贞，周建忠.论钱澄之《屈诂》中的儒道互补思想［J］.南通大学学报（社会科学版），2020年第3期.

102.朱华英.庄骚融通视野下钱澄之的屈骚阐释［J］.山东青年政治学院学报，2020年第4期.

103.葛亚杰.明末清初遗民士人对屈原精神的诠释——以王夫之、钱澄之、屈大均为例［J］.湖南工业大学学报（社会科学版），2020年第5期.

104.程大立.岭南三大家与桐城派［J］.广州大典研究，2020年

（Z1）.

105.翟勇.情感的回归：隆武朝的黄道周及其门人诗风［J］.北京化工大学学报（社会科学版），2021年第1期.